住房城乡建设部土建类学科专业"十三五"规划教材
高等学校工程管理专业系列教材

工程项目管理理论与方法

周　红　主编
成　虎　主审

中国建筑工业出版社

图书在版编目（CIP）数据

工程项目管理理论与方法 / 周红主编；成虎主审
. —北京：中国建筑工业出版社，2022.5
住房城乡建设部土建类学科专业"十三五"规划教材
高等学校工程管理专业系列教材
ISBN 978-7-112-27205-1

Ⅰ.①工… Ⅱ.①周… ②成… Ⅲ.①工程项目管理
－高等学校－教材 Ⅳ.①F284

中国版本图书馆 CIP 数据核字（2022）第 043657 号

    本书按照工程项目管理理论与方法的向上哲学思辨、向下技术创新的趋势，同时考虑工程项目管理知识的性质，总体归类为 3 篇，分别为导论、基础理论与方法、管理创新。本书共分为 15 个章节，导论篇包括绪论和哲学视野下的工程；基础理论与方法篇包括工程项目系统与分析方法、工程项目风险管理、工程项目组织理论、工程项目进度控制技术与方法、工程项目成本控制技术与方法、工程项目质量控制技术与方法、工程项目采购管理、工程项目合同管理、工程项目 HSE 管理、工程项目沟通管理；管理创新篇包括可持续建设与施工、精益建造与住宅工业化、建筑信息技术、自动化与智能化。

    本书可作为高等院校土木建筑类、工程管理与工程造价类、项目管理、MEM 及相关专业的本科生、研究生教材和教学参考用书，也可作为建筑业企业和建设管理部门专业技术人员的培训教材。

    为更好地支持相应课程的教学，我们向采用本书作为教材的教师提供教学课件，有需要者可与出版社联系，邮箱：jckj@cabp.com.cn，电话：(010) 58337285，建工书院 http：//edu.cabplink.com。

责任编辑：张　晶
文字编辑：冯之倩
责任校对：赵　菲

住房城乡建设部土建类学科专业"十三五"规划教材
高等学校工程管理专业系列教材
工程项目管理理论与方法
周　红　主编
成　虎　主审

*

中国建筑工业出版社出版、发行（北京海淀三里河路 9 号）
各地新华书店、建筑书店经销
北京红光制版公司制版
北京云浩印刷有限责任公司印刷

*

开本：787 毫米×1092 毫米　1/16　印张：19　字数：470 千字
2022 年 6 月第一版　　2022 年 6 月第一次印刷
定价：48.00 元（赠教师课件）
ISBN 978-7-112-27205-1
(39024)

版权所有　翻印必究
如有印装质量问题，可寄本社图书出版中心退换
（邮政编码 100037）

前　言

工程项目与项目应该有对象上的不同，而且这种不同恰好是"工程"的固有属性。因此，从工程哲学上认识和区别"工程项目"很有必要。在工程项目管理中始终贯穿管理科学、系统科学的基本方法，知道"从哪里来"才知道"往哪里去"，明确工程项目管理的理论基础和方法是非常必要的。建筑业正在发生着巨变，逐渐趋于国际化、自动化、信息化、工业化和智能化，"管理创新"将成为未来的主旋律。作者在研究生"工程项目管理"课程的教学与研究中逐步形成了对本书框架和内容的构思。

本书分为3篇，即导论、基础理论与方法、管理创新，共计15个章节。第1篇为导论篇，包括绪论和哲学视野下的工程，系统地介绍与工程项目管理基础理论与方法相关的学科的创建与发展。第2篇为基础理论与方法篇，其中，工程项目系统与分析方法、工程项目风险管理和工程项目组织理论三个章节，根据当今的发展趋势和最新理论成果，在传统知识的基础上，应用系统工程方法、细化风险管理内容、增加了项目组织成熟度模型；在工程项目进度控制技术与方法、工程项目成本控制技术与方法、工程项目质量控制技术与方法三个章节中，引入相应的新技术和模型方法，以便帮助学生建立一定的研究性思路；此外为工程项目采购管理、工程项目合同管理、工程项目HSE管理、工程项目沟通管理。第3篇为管理创新篇，包括可持续建设与施工、精益建造与住宅工业化、建筑信息技术、自动化与智能化，作为对传统工程项目管理知识的补充，并对现有的知识体系进行更新。

本书可作为高等院校土木建筑类、工程管理与工程造价类及相关专业的本科生、研究生教材和教学参考用书，也可作为建筑业企业和建设管理部门专业技术人员的培训教材。

本书的编写人员来自厦门大学、哈尔滨工业大学、东南大学、南京审计大学和厦门理工学院，由周红担任主编，成虎担任主审。本书的内容和案例来自于历年来编写组的研究与工程实践和斯维尔BIM比赛的方案实例。主要编写人员有周红（第1章～第5章、第9章、第11章～第15章）、徐照（第6章）、杨晓冬（第7章）、林翰（第8章）、严庆（第10章）。特别感谢我的研究生黄文路、邓方迪、黄文、龚思予、吴文瑾、赵颖慧、沈希文、顾佳楠、寇雪妮、陈子玥、高滨玮等和本科生丁彦月同学为本书的资料收集、校对和制图等所做的工作。

2016年一个偶然的机会，在截止日期前两天，我得到了住房和城乡建设部正在申报"十三五"规划教材的信息，匆匆忙忙、诚惶诚恐地填写了申报书。2017年末的某一天我收到了来自中国建筑工业出版社的立项批件，借此感谢同行专家给我宝贵的机会！

本书很荣幸得到了住房和城乡建设部工程管理教学评估委员会专家、大连理工大学李忠富教授和东南大学成虎教授的推荐。本书在编写过程中参考了学术前辈的经典论著和同行们的研究成果，在此一并致以衷心的感谢！

编写组对本书涉及的理论与技术的认识和实践都具有这样或那样的局限性，敬请读者批评指正，以便我们修订完善。

本书的编写获得了国家自然科学基金项目"基于能值分析的重大工程项目集成生态评价研究"（71271180）、"基于BIM和多源数据集成的地铁施工精准风险评估与实时控制"（71871192）和"厦门大学研究生教材资助项目"的共同资助。

目　录

第1篇　导　论

第1章　绪论 ... 3
1.1　工程项目管理的界定 ... 3
1.2　工程项目管理的发展 ... 6
1.3　工程项目管理未来趋势 ... 15
【复习思考题】 ... 16

第2章　哲学视野下的工程 ... 17
2.1　工程哲学引论 ... 18
2.2　工程伦理学引论 ... 24
2.3　工程可持续发展与工程创新 ... 29
【复习思考题】 ... 31

第2篇　基础理论与方法

第3章　工程项目系统与分析方法 ... 35
3.1　工程项目系统 ... 35
3.2　系统分析方法 ... 37
3.3　工程项目策划与评价 ... 41
3.4　工程策划案例——安溪县汽车总站项目 ... 44
【复习思考题】 ... 47

第4章　工程项目风险管理 ... 48
4.1　风险管理概述 ... 48
4.2　风险管理理论 ... 52
4.3　风险管理方法 ... 60
4.4　案例 ... 66
【复习思考题】 ... 72

第5章　工程项目组织理论 ... 73
5.1　项目组织概述 ... 73
5.2　项目管理模式 ... 82
5.3　项目管理过程评价 ... 88
5.4　项目组织行为和文化 ... 91

【复习思考题】……93
第6章　工程项目进度控制技术与方法……94
　6.1　进度管理概述……94
　6.2　网络计划……95
　6.3　进度控制……102
　6.4　网络计划的优化……107
　6.5　案例……114
　　【复习思考题】……118
第7章　工程项目成本控制技术与方法……119
　7.1　成本管理概述……119
　7.2　成本管理的内容……124
　7.3　信息技术下的成本管理……133
　　【复习思考题】……139
第8章　工程项目质量控制技术与方法……140
　8.1　质量管理概述……140
　8.2　质量管理的原理及工具……142
　8.3　质量控制的数理统计方法……145
　8.4　质量保证体系……157
　8.5　质量控制……158
　8.6　质量管理案例……160
　　【复习思考题】……166
第9章　工程项目采购管理……168
　9.1　采购管理概述……168
　9.2　材料采购实务案例……177
　9.3　供应链管理与融资……183
　　【复习思考题】……189
第10章　工程项目合同管理……190
　10.1　合同管理概述……190
　10.2　建设工程合同及法律依据……191
　10.3　建设工程合同管理……196
　10.4　合同管理全过程实务……202
　　【复习思考题】……206
第11章　工程项目HSE管理……207
　11.1　HSE管理概述……207
　11.2　项目健康管理……210
　11.3　项目安全管理……211
　11.4　项目环境管理……216
　　【复习思考题】……220

第12章　工程项目沟通管理 …………………………………………………… 221
　12.1　沟通管理概述 ……………………………………………………………… 221
　12.2　项目沟通过程、方式和渠道 ……………………………………………… 223
　12.3　有效的工程项目沟通管理 ………………………………………………… 228
　12.4　跨文化沟通管理 …………………………………………………………… 230
　12.5　沟通管理案例——泉州西街民居改造项目 ……………………………… 232
　【复习思考题】 …………………………………………………………………… 235

第3篇　管理创新

第13章　可持续建设与施工 …………………………………………………… 239
　13.1　可持续建设 ………………………………………………………………… 239
　13.2　绿色建筑 …………………………………………………………………… 244
　13.3　绿色施工 …………………………………………………………………… 248
　【复习思考题】 …………………………………………………………………… 252
第14章　精益建造与住宅工业化 ……………………………………………… 253
　14.1　精益建造概述 ……………………………………………………………… 253
　14.2　精益建造的理论体系 ……………………………………………………… 254
　14.3　住宅工业化概述 …………………………………………………………… 257
　14.4　住宅工业化的体系分类 …………………………………………………… 260
　14.5　住宅工业化的数字化应用 ………………………………………………… 263
　14.6　案例分析：防疫应急装配技术立大功 …………………………………… 267
　【复习思考题】 …………………………………………………………………… 271
第15章　建筑信息技术、自动化与智能化 …………………………………… 272
　15.1　建筑业信息化与信息系统技术 …………………………………………… 272
　15.2　建筑信息模型(BIM)技术 ………………………………………………… 277
　15.3　其他关键信息技术及相关应用 …………………………………………… 281
　15.4　自动化和智能化技术 ……………………………………………………… 285
　【复习思考题】 …………………………………………………………………… 290

参考文献 …………………………………………………………………………… 291

第 1 篇 导 论

第1章 序

第1章 绪　　论

1.1　工程项目管理的界定

1.1.1　项目与项目管理
1. 项目及其特征

自从项目管理的逐步形成、创立和推广以来,"项目"已经成为一个通用词汇,一切皆项目,大到航空航天项目、川藏铁路;关系到平常社会经济生活的房地产开发项目;小到组织一次团练活动,都是项目,项目几乎无处不在!关于项目的定义,大体相似。

(1) 美国项目管理协会(PMI,Project Management Institute),定义项目是为完成某一独特的产品或服务所做的一次性努力。

(2) 联合国工业发展组织《工业项目评估手册》对项目的定义是,一个项目是对一项投资的一个提案,用来创建或发展某些工厂企业,以便在一定周期内增加货物的生产或社会的服务。

(3) ISO10006 则定义项目为,具有独特的过程,有开始和结束日期,由一系列相互协调和受控的活动组成。过程的实施是为了达到规定的目标,包括满足时间、费用和资源等约束条件。

从上述定义可以得出,项目是指一系列独特的、复杂的并相互关联的活动,这些活动有一个明确的目标或目的,必须在特定的时间、预算、资源限定内,依据规范完成。项目参数包括项目范围、质量、成本、时间和资源。

一般认为,项目具有独特性、临时性、目标性,并受资源约束。首先,上述定义中,均强调项目的独特性。项目是不可重复的、独特的,例如大到一次活动、大型工程,小到一栋房屋,都不会完全重复。其次,项目是临时性的组织,有明确的开始和结束时间,持续时间是有限的。项目都具有一定的目标,比如质量目标、进度目标和成本目标等。同时,所有的项目都会受到资源约束,例如资金、生产资料、劳动力等。项目管理实践表明,项目管理技术与方法对于一项临时性的活动应是行之有效的。

从项目的独特性、目标性、明确的时间等特征,可以区别项目活动与企业生产活动。项目活动不同于企业日常生产,企业日常生产是重复性的、周而复始的,例如在生产线上生产一瓶矿泉水。组织一次大型的推介活动,我们可以称作一个项目,但它显然不是一个重复性的活动。大型的推介活动是一次性的,并具有明确的要求和目标。

2. 项目管理及内容

项目管理(简称PM,Project Management)就是项目管理者在有限的资源约束下,运用系统的观点、方法和理论,对项目涉及的全部工作进行有效的管理。在《PMBOK(第六版)》中将项目管理定义为,将知识、技能、工具与技术应用于项目活动,以满足项目的要求。项目管理通过合理运用与整合特定项目所需的项目管理过程得以实现。

从上述定义可以看出，项目管理是以项目为管理对象的理论方法体系，而不是任何一项管理活动。相对于企业管理、公共管理、工商管理等，项目管理是指在一定的约束条件下，实现既定的项目目标。项目管理运用系统管理的思想、理论与方法，项目工作由成员来完成，通过项目经理来集合成一个整体，因此，需要用系统的观点来管理项目。项目生命周期是由一系列项目管理活动组成的，即项目管理过程。项目管理通过合理运用与整合按逻辑分组的项目管理过程而得以实现。过程分类方法有很多种，但《PMBOK®指南》把过程归纳为五大类，即五大过程组，分别为启动、规划、执行、监控和收尾。除了过程组，过程还可以按知识领域进行分类。知识领域是指按所需知识内容来定义的项目管理领域。十个知识领域包括：整合管理、范围管理、进度、成本、质量、资源管理、沟通管理、风险管理、采购管理和项目相关方管理。在这些知识领域中，项目整合管理是项目管理哲学，体现了项目各个阶段、各个过程的目标与系统总目标的统一，是系统管理思想的体现。

项目一开始就是有目标的活动，项目的目标也具有层次性。对于一个工程项目来说，成本、工期和质量是三大基本目标。随着对项目管理认识的加深，在项目目标中还需要增加对各方满意度的考量。

1.1.2　工程项目与工程项目管理

引例：

港珠澳大桥（图1-1）是我国境内一座连接中国香港、珠海和中国澳门的超大型跨海通道，全长55km，设计使用寿命120年，总投资约1200亿元，是世界上工程规模最庞大的桥梁。大桥于2003年8月启动前期工作，2009年12月开工建设，筹备和建设前后历时达十五年，于2018年10月正式运营。

图1-1　港珠澳大桥

图1-2　川藏铁路

川藏铁路（图1-2）起于四川省成都市成都南站，经成都市双流区抵达西藏自治区首府拉萨，总长1629km，预计总投资约3600万亿元，是继青藏铁路后第二条进藏"天路"。铁路全线分为三大路段进行推进：成都至雅安段、雅安至林芝段、林芝至拉萨段。其中，成雅段已于2018年12月28日开通运营，拉林段于2021年6月25日开通运营，雅林段现于2020年11月开工建设。

1. 工程项目及其特征

工程项目就是以"工程"为目标产出物的活动，也就是以工程建设为载体的项目，它需要消耗一定的资源、支付一定的费用、在一定时间内完成和符合一定的质量标准。工程项目往往把"项目"的定义和特征都视为工程项目应有的特征。当然，工程项目与项目之间存在联系，这两者似乎难以区分。但是如果我们从"工程"这一角度来理解和区别二者，就不难区别。这对准确地把握"工程项目"及"工程项目管理"非常重要。

殷瑞珏院士将工程定义为，"人类的一项创造性的实践活动，是人类为了改善自身生存、生活条件，并根据当时对自然规律的认识，而进行的一项物化劳动的过程，它应早于科学，并成为科学的一个源头"。工程学不是单一学科的理论和知识的运用，而是一项复杂的综合实践过程。例如，房屋建筑、市政工程、城市轨道交通，无一不是改善生存条件的复杂活动。这种活动相对于重复性的日常生产或者一次性项目，都具有时间上的长期性、对象上的复杂性，需要众多人员的参与，需要消耗大量的资源和能源，其在全生命周期都会对项目的环境、社会、经济系统有一定的影响，并且具有不可逆性。因此，工程项目具有长期性、复杂性、不可逆和可持续性的特征，以区别于各种各样的"项目"。

工程项目管理的特点归结于建筑产品的特点。一般来说，有以下特点。

(1) 单件性。每个工程的规模和内容都各不相同，无法进行批量生产。

(2) 区域性。建筑产品的供给与需求被区域分割。

(3) 不动性。建筑工程均具有体积大、价格高的特点，属于不动产。

(4) 长期性。生产需要比较长的时间，而且生产过程受自然条件影响大。

(5) 投资的风险性。工程项目都属于投资，因而具有一定的风险性。

(6) 社会性。建筑被称作凝固的音乐，具有社会文化特征，反映了社会物质生活水平和精神生活面貌。例如，嘉庚建筑多为绿色屋顶，与闽南建筑的黑瓦迥然不同，表达的就是陈嘉庚先生对起家之地马来西亚的感恩之情。

(7) 可持续性。我国古代的京杭大运河、都江堰水利工程、万里长城等，经历了历朝历代，堪称"长寿"；中华人民共和国十大工程，至今还在服务。从可持续发展理论的视角，工程项目建设是代际工程，要从社会和历史的角度去考量。

(8) 复杂性。随着大型、特大型、巨型工程的增加，工程项目越来越复杂。例如，三峡工程的项目参与方有4000多家；港珠澳大桥克服了世界级的难题；川藏铁路投资近4000亿；穿过无人区，在有些里程上将考虑完全无人化，用机器人代替人克服恶劣的施工条件。

2. 工程项目管理及其内容

工程项目管理的主要内容与项目管理知识体系有相同的部分，也有特有的内容。例如，项目整合管理被认为是项目管理的哲学。然而，工程项目管理本来就存在工程哲学问题，也就是从哲学的视角审视工程，从而得出工程的目标体系、系统方法，同时工程项目在现实目标和理性目标上与项目管理是一致的，因而，进度、成本、质量、风险、采购、沟通必然成为工程项目管理的基本内容。由于工程项目涉及环境、健康和安全，因而，本书纳入了HSE（健康、安全和环境）方面的内容。随着建筑业的发展，在信息时代建筑业新技术不断突破和涌现，如精益建造与工业化、绿色设计与施工、施工自动化和智能化等，正在解构和重建旧的工程项目管理模式，逐步形成新的理论与方法体系。

工程项目管理是工程项目的管理学，因此更加注重单个工程的建造，对于工程来说，本书特指的是土木与建筑工程。简单地说，企业管理是批量的工作；公共管理是公共事务的管理；工商管理的商品属于易于移动而且批量生产的产品。然而这种区分不是一成不变的，建筑业创新致力于消除工程项目受环境制约、单件性、劳动力密集型的特征。并且，建筑业的发展趋势是工业化，工程项目的生产过程越来越具有企业生产管理的特征。预制构件的生产过程，完全具备了企业生产管理的特征。过去，我们强调土木建筑工程生产对象的个性化，生产过程受自然环境的制约，进而强调工程项目的管理对象区别于企业产品生产的特殊性。然而，工程管理的现代化目标就是"像造汽车一样造房子、造工程"，成为流水线生产的生产管理。

1.2 工程项目管理的发展

1.2.1 科学管理创建及主要思想

工程项目管理，是将管理学理论及其相关理论应用到工程项目领域。科学管理的创建与理论、系统科学理论、项目管理理论、博弈论，均成为工程项目管理的主要理论与方法依据。

弗雷德里克·泰勒被称为"科学管理之父"，他在《科学管理原理》中提出科学管理，管理要科学化、标准化，并将"科学管理"定义为："诸种要素——不是个别要素的结合，构成了科学管理，它可以概括如下：科学，不是单凭经验的方法。协调，不是不和别人合作，不是个人主义。最高的产量，取代有限的产量。发挥每个人最高的效率，实现最大的富裕。"这个定义，既阐明了科学管理的真正内涵，又综合反映了泰勒的科学管理思想。

科学管理的萌芽与发展离不开时代背景。从西方国内工业革命开始，生产规模的扩大，促使资本家开始雇佣从事生产管理的人员，管理阶层单独出现，劳动专业化开始受到重视。1841年美国马萨诸塞车祸事件，反映了由于企业规模的不断扩大和生产的日益复杂化，资本家越来越难以独立完成管理自己企业的任务，科学管理呼之欲出。这个时期，仅靠增加劳动强度提高生产率的做法遭到了工人的强烈反对。管理者开始考虑如何在生产效率、工资和工作条件之间找到平衡。泰勒、甘特和吉尔布雷斯被认为是"科学管理运动"的先驱。

泰勒的工作一直围绕"如何提高生产效率，如何通过提高劳动生产率增加工人的工资"来进行研究。1881年，泰勒开始在米德维尔钢铁厂进行劳动时间和工作方法的研究，米德维尔的试验是工时研究的开端，也为以后创建科学管理奠定了基础。泰勒的工作主要集中在"合理的工作量""计件工资制度"，先后发表了《计件工资制》《车间管理》《科学管理原理》等著作。泰勒的科学管理思想至今还发挥着巨大的作用。

亨利·甘特是泰勒创立和推广科学管理制度的亲密合作者，也是"科学管理运动"的先驱者之一。甘特提出了任务和奖金制度，甘特图是他最著名的发明。甘特是在泰勒的指导下开始从事管理研究的，并为帮助泰勒创立科学管理原理作出过重大贡献。与泰勒不同，甘特非常重视工业中人的因素，因此他又被誉为是人际关系理论的先驱者之一。甘特和泰勒都重视工业生产中的和谐问题。泰勒重视管理者，而甘特重视工人。甘特认为做任何事情都必须符合人性。过去的总政策是强迫，但是压力的时代必须让位于知识的时代，今后的政策将是教育和引导，将有利于一切有关的人。在管理方式上，甘特强调，任何企业取得成功的首要条件是采取一种被领导者愿意接受的领导方式。管理中的金钱刺激只是影响人们的许多动机中的一个动机，远远不是全部，作为管理者除了要重视经济因素外，还要更多地关注其他相关因素。甘特的这些思想，被有些管理学者认为是早期关于人类行为认识的里程碑。

弗兰克·吉尔布雷斯是动作研究的先驱，被称为"动作研究之父"。他一生都在研究"用最有效、最好的方法工作"，主要是动作研究和时间研究。1912年，在泰勒和甘特的影响下，吉尔布雷斯放弃了收入颇丰的建筑业务，改行从事"管理工程"的研究，著作有《疲劳研究》《动作研究》《残疾人的动作研究》，莉莲·吉尔布雷斯著有《管理心理学》，吉尔布雷斯夫妇的贡献在于发展了动作研究和时间研究，并提出了差别计件工资制度。他们的研究至今仍在影响着这个领域，研究方法至今仍有现实的价值。

亨利·法约尔创立了一般管理理论，本质上属于关于组织的理论。法约尔是一家法国钢铁公司的总经理，他从自己的实践出发、从企业整体管理出发创作了经典之作《一般管理和工业管理》。他认为，科学的管理应该由计划、组织、指挥、协调和控制等职能组成。法约尔是第一个对管理原则进行研究的人。孔茨和纽曼继承了他的思想。

马克斯·韦伯是泰勒和法约尔同时代的人，因提出理想的行政组织体系理论被称为"组织理论之父"。他是从社会学跨界的管理学家。韦伯行政组织体系（官僚体制或科层制）的思想是通过行政制度，也就是由职务或职位而不是通过个人或世袭地位来管理，行政结构可以作为一种标准模式，从而易于小型企业或者世袭组织向大型组织中的专业化管理过渡。韦伯与泰勒的看法相似，即管理是以知识为基础实施控制。领导人应该具备技术能力，通过正式培训、考试来选拔，并依据事实而不是主观偏好来管理。从纯技术性角度来看，理想的行政组织体系在精确性、纪律性和可靠性方面都优于其他组织形式，是已知对人实行必要控制的最理性方法。

1.2.2 管理理论的发展

不同的管理学研究者从不同的角度来归纳管理理论的发展。但是，管理理论的发展始终随着社会经济生活的变化和需要不断地演进。管理科学理论是在第二次世界大战期间形成和发展起来的，此时人们不仅关注生产效率，更加关注效果，决策成了企业的核心职能。本书将管理理论的发展分为三个阶段，科学管理时代、社会人时代和现代管理科学时代。

1. 科学管理时代

20世纪初～20世纪30年代，被称为科学管理时代，以"物"为中心，以泰勒的《科学管理原理》为标志。这个时期以泰勒、法约尔和韦伯为代表，又称为古典管理理论学派。这个时期管理思想的共同特点是，强调管理的科学性、合理性、纪律性，而未给管理中人的因素和作用以足够的重视。管理部门面对的仅仅是单一的职工个体或个体的简单总和。工人是从事固定的、枯燥的和过分简单的工作的"活机器"，又被称作封闭系统——经济人阶段。社会是由一群无组织的个人所组成的，他们在思想上、行动上力争获得个人利益，追求最大限度的经济收入。

从美国科学管理的实践来看，泰勒制在使生产率大幅度提高的同时，也使工人的劳动变得异常紧张、单调和劳累，因而引起工人们的强烈不满，并导致工人怠工、罢工以及劳资关系日益紧张等事件的出现；另一方面，随着经济发展和科学进步，有着较高文化水平和技术水平的工人逐渐占据主导地位，体力劳动也逐渐让位于脑力劳动，也使得西方的资产阶级认识到单纯用古典管理理论和方法已不能有效控制工人以达到提高生产率和利润的目的。因此，引发了对新的管理思想、管理理论和管理方法的寻求和探索。

2. 社会人时代

1930~1945 年，被称为社会人时代，以"人"为中心，是管理理论发展的阶段。以梅奥和巴纳德为代表，管理学的重心从"物"转到"人"，将西方的社会学和心理学等引入管理的研究领域，提出通过调节人际关系、改善劳动条件等来提高劳动生产率。最为著名的是霍桑实验——关于工作条件、社会因素与生产效率之间关系的试验。1924~1932 年，美国哈佛大学教授梅奥主持在美国芝加哥郊外的西方电器公司霍桑工厂进行了一系列实验。1933 年，梅奥出版了《工业文明的人类问题》。梅奥发现，工人不是只受金钱刺激的"经济人"，个人的态度在决定其行为方面起重要作用。霍桑试验对古典管理理论进行了大胆地突破，第一次把管理研究的重点从工作和物的因素转到人的因素上，不仅对古典管理理论作了修正和补充，开辟了管理研究的新理论，还为现代行为科学的发展奠定了基础，而且对管理实践产生了深远的影响。梅奥还发现"非正式组织"的存在，这是对人际关系理论的重要贡献。员工不是作为一个孤立的个体而存在，而是生活在集体中的一员，他们的行为很大程度上是受到集体中其他个体的影响。

3. 现代管理科学时代

1945 年至今，现代管理科学时代。第二次世界大战之后，随着现代科学技术日新月异的发展，生产社会化程度的日益提高，生产活动更呈现出大生产的特点，使企业经营环境更为复杂多变。许多学者和管理专家都从各自不同的背景、不同的角度、用不同的方法对现代管理问题进行研究，相继出现许多管理理论和新学派。

20 世纪 40 年代，哈罗德·孔茨继承了法约尔的管理思想，创立了管理过程学派，提出管理即组织。纽曼也承袭了法约尔的思想，但略有不同。1959 年，孔茨首次提出"管理理论的丛林"，将现代管理理论分为 6 个代表性的学派，分别为管理过程学派、经验或案例学派、人际行为学派、社会系统学派、决策理论学派和数学学派。进而，他又扩展到 11 个学派，增加了系统管理学派、群体行为学派、权变理论学派、经理角色学派和经营管理学派，各学派相互交叉渗透，体现了其他学科对管理科学理论的影响。

20 世纪 60 年代，这个时期由于科学技术和生产力的发展，一般管理理论复兴，但是企业要面对市场，并适时地做出战略决策。现代管理学之父彼得·德鲁克在这一时期提出目标管理和经理人自我控制。

20 世纪 70 年代，系统管理理论、心理学和行为科学理论均对一般管理理论产生了影响。系统管理学派随着系统科学的发展而形成，在信息技术时代越来越为各个领域所认识，也就是全局、系统和应变观念。早期的人际关系、人本主义学派的代表有基斯·戴维斯、克里斯·阿吉里斯，以 1969 年马斯洛需要层次论最为家喻户晓。马斯洛理论是管理心理学的五大支柱之一，把需要分成生理需要、安全需要、社交需要、尊重需要和自我实现需要五类，依次由较低层次到较高层次。了解员工的需要是应用需要层次论对员工进行激励的一个重要前提。在不同组织中、不同时期的员工以及组织中不同的员工的需要充满差异性，而且经常变化。马斯洛的《人本管理》以人性为中心，按人性的基本状况进行管理，从人性出发来分析、考察人类社会中任何有组织的活动，就会发现人类社会中有一种较为普遍的管理方式。

自 20 世纪 60、70 年代以来，信息技术革命使企业的经营环境和运作方式发生了很大的变化。20 世纪 80 年代，管理理论的发展开始关注管理哲学，强调发展"企业文化"，比较注重诸如宗旨、企业目标、信念、价值准则、道德观念等"软"因素。进入 20 世纪 90 年代，信息技术高速发展，全球竞争日趋激烈，经济一体化程度大大提高；另一方面，劳动分工细化发展到一定程度，已经导致机构臃肿、成本攀升、反应迟缓。因此，出现了现代管理理论新思潮：企业再造理论和学习型组织。

彼得·圣吉，被称为彼得·德鲁克之后的管理大师。1990 年，他在《第五项修炼——学习型组织的艺术与实践》中，将系统动力学与组织学习、创造原理、认知科学、群体深度对话与模拟演练游戏融合，发展出了影响世界的"学习型组织"理论。因此，该书被西方企业界誉为"21 世纪的企业管理圣经"。其主要内容有"自我超越""改善心智模式""建立共同愿景""团队学习""系统思考"五项管理技巧，并试图通过这些具体的修炼办法来提升人类组织整体运作的"群体智力"。《第五项修炼——学习型组织的艺术与实践》涉及个人和组织心智模式的转变，深入到哲学的方法论层次，强调以企业全员学习与创新精神为目标，在共同愿景下进行长期而终身的团队学习。

"企业再造"理论的核心是进行企业业务流程重组，以求在成本、时间和质量等绩效指标上取得显著的改善。1993 年哈默和钱皮出版了《再造企业》，1995 年钱皮又出版了《再造管理》。其以一种再生的思想重新审视企业，并对传统管理学赖以存在的基础——分工理论提出质疑，这一全新的思想震动了管理学界，被称为管理学发展史上的一次革命。IBM 公司流程改造的故事更是被引为经典。该理论强调企业"从头改变，重新设计"，必须摒弃已成惯例的运营模式和工作方法，以工作流程为中心，重新设计企业的经营、管理及运营方式，以便能够适应新的世界竞争环境。

企业再造与企业文化，在实现企业深层次、根本性变革方面的作用是相同的。"企业再造"从企业的"硬环境"着手重新树立企业各方面活动的理念和规则，"企业文化"从企业的"软环境"着手重塑企业新形象。为追求效益把文化概念自觉应用于企业，把具有丰富创造性的人作为管理理论的中心。我国企业界已开始接受这一先进理念，并将其运用于管理实践。

计算机技术的发展，管理信息系统被称为管理科学理论的一部分。随着信息技术的长足发展，社会迭代加速，人机协同，为了适应多变的外部环境，产品周期越来越短，管理面临新挑战。近年来，为应对上述新动向、新趋势，企业管理趋向项目化，也就是取消了直线式组织的中间层，企业总部直接面向具体项目。随着移动互联网、物联网大数据、人工智能等技术的迅速发展与普及，人机共存的智能时代的管理理论与方法正在面临全面的变革和重构。

1.2.3　系统科学简述

管理科学的传统名称为"运筹学"。1939 年英国曼彻斯特大学的布莱克特成立了运筹学小组，被称为系统科学学派中的运筹学派。因此，本书将对系统科学的发展进行简述，以建立管科科学、系统科学、项目管理与工程项目管理之间的知识连接。

切斯特·巴纳德打破了关于组织内容分析的传统封闭系统理论，将组织视为一个投资者、供应商、顾客及其他人的开放系统，但是 20 世纪 60 年代系统理论才对管理思想产生影响。系统的思想可以视为朴素的哲学，如亚里士多德就初步具备了整体论的系统观。此后，西方的德谟克利特和柏拉图的观点、我国的《黄帝内经》和《道德经》等，也有"系统"思想的体现。20 世纪 20 年代，系统科学才逐步形成理论体系。美籍奥地利理论生物学家贝塔朗菲多次发表文章，表达了系统论的思想。他提出生物学中有机体的概念，强调必须把有机体当作一个整体或系统来研究，才能发现不同层次上的组织原理。一个有机体既能够影响环境，又能够被环境所影响，组织是一个开放的系统，这对理解组织设计相当重要。

随着信息技术、大数据技术、通信技术和人工智能技术等的迅猛发展，信息论和控制论出现了复兴的动向。同时，工程项目越来越复杂，我国管理学者领衔的重大工程理论与方法无一不以复杂性科学为理论基础，协同学等也重新回到人们的视野。

系统是指由相互联系、相互区别、相互作用的元素所形成的，具有特定功能的集合或整体。它有三层含义：①元素是构成系统的基本单元。单个元素不能称为系统。系统中至少包含两个不同的元素，元素之间存在相互作用。②系统有一定的结构。③系统具有一定的特性或功能，这些特性或功能是由系统中各个元素之间的作用或结构所产生的。

1. 20 世纪 40~50 年代，系统科学的"老三论"

（1）一般系统论

美籍奥地利理论生物学家贝塔朗菲的代表著作《一般系统论》，从生物和人的角度出发，提出问题的解决不能沿用无机界机械论的分析方法，并且提出不能把各个部分简单拼接成整体，必须考虑子系统与整个系统的相互关系，这样才能认识各部分的行为。他将协调、有序、目的性等概念用于研究有机体，形成研究生命体的单个基本观点、系统观点、动态观点和层次观点。20 世纪 50 年代，理论生物学家贝塔朗菲、经济学家鲍尔丁、生物学家杰拉德、生物学家拉波波特共同发起"一般系统研究会"，他们四人被称为"系统科学运动之父"。

（2）信息论

美国数学家克劳德·香农的代表作《通讯的数学理论》和《在噪声中的通信》，被誉为是现代信息论奠基之作。其运用数学统计方法，从量的方面描述信息的传输和读取问题，提出了信息量理论、编码理论等，建立信息熵的数学公式。其后，香农进一步扩展信息论范围，使其能处理语用信息、语义信息和非概率信息等广义信息，这一领域发展到今天，即为自然语言处理（NLP），是目前信息技术的一个热点领域。

（3）控制论

美国数学家诺伯特·维纳的代表作《控制论》《平稳时间序列的外推、内插和平滑化》，将生理学、生物学、行为科学等学科中有关控制问题的研究成果与机器控制原理的伺服系统理论相结合。控制论的发展与复杂性研究紧密结合，逐渐被应于工程控制、神经控制、经济控制、军事控制、生物控制、人口控制、生态控制和社会控制等众多领域。

2. 20 世纪 60~70 年代，系统科学的"新三论"

（1）耗散结构论

耗散结构论是研究耗散结构特性、稳定和演变规律的科学，把统计学、热力学和物理学从平衡状态推广到非平衡状态，建立时间、空间和功能上的有序演化状态。代表人物是比利时物理化学家、布鲁塞尔学派伊利亚·普利高津，代表作为《结构耗散和生命》《时间·不可逆性和结构》。

(2) 协同学

德国物理学家赫尔曼·哈肯的著作《高等协同学》，源于现代物理学和非平衡统计物理学，是一门研究完全不同的学科中存在的共同本质特征的横断科学。它通过分类、类比，来描述各种系统和运动现象中从无序到有序转变的共同规律。协同学是关于系统如何协同工作的科学，它采用平衡和非平衡相变理论来描述自组织现象的成果，并结合激光理论，总结出一套处理激光系统的自组织理论和方法。

(3) 突变论

代表作为法国数学家勒内·托姆的《结构稳定性与形态发生学》。突变理论是耗散结构论和系统学的数学基础和工具，它以辩证的方法处理不稳定与稳定、间断与稳定、突变与渐变等矛盾，并将其用简洁的模型表现出来。

(4) 混沌理论

美籍华人学者李天岩和他的导师数学家约克发表了《周期 3 意味着混沌》。混沌学提供了一个将两种互不形容的描述体系（即确定论描述和概率论描述）统一起来的方法，从而更加深刻、客观地描绘出系统演化的完整图像。

(5) 系统管理学派

美国管理学家约翰逊、卡斯特和罗森茨韦克，认为企业是由人、物资、机器设备和其他资源在特定的目标下组成的一体化系统，人是众多要素中的主体，其他要素则是被动的。企业是一个开放的系统，它同周围环境（例如自然环境、客户、竞争者、供应商、政府等）之间存在着动态的相互影响，并具有内部和外部的信息反馈机制，能够不断地自动调节，以适应环境变化和自身成长的需要。这些思想和理论形成了《系统理论和管理》。

80 年代以来，系统科学空前繁荣。国际上，以美国圣菲研究所为代表，主要研究横断学科的复杂性。我国的系统科学有两个代表人物，钱学森和华罗庚。钱学森教授提出了开放的复杂系统。华罗庚主要建立了"优选法和统筹法"，成立了"双法学会"。随着信息时代数字经济的迅猛发展，人工智能技术在不断取得突破，系统科学理论不仅进入一个新的发展阶段，也更加深刻地影响和指导管理科学理论的发展。

1.2.4 项目管理的发展

一般的认为，项目管理起源于航空航天项目。1939 年，第二次世界大战爆发，甚至"项目管理"被认为是世界大战的副产品，"战争的无序之中，诞生出了项目管理的有序"。曼哈顿计划被认为对"项目管理"起了决定性的作用。

项目管理的起源可以追溯到 1917 年亨利·甘特发明的甘特图。到 20 世纪 20 年代，出现了"产品品牌管理"，即指定一人对某一产品的研发、生产和营销等所有工作负全责，这是项目经理的前身。"项目"一词正式出现是在 20 世纪 30 年代，美国航空业逐步采用类似"项目办公室"的方法来监控飞机的研制过程。美国工程行业也开始设立"项目工程师"职位来监控和协调项目相关的各个部门。

20 世纪 50 年代，"项目经理"一词出现，贝曲尔特公司最先使用这个词汇。美国企业和军方相继开发出 CPM（关键路径法）、PERT（计划评审技术）、GERT（图形评审技术）等技术，也就是著名的"北极星导弹计划"。系统科学对项目管理产生了深远和根本性的影响，哈罗德·科兹纳把项目管理看成系统管理方法的延伸。嘉迪斯在《哈佛商业评论》发表了题为"项目经理"的文章，探讨了高新技术行业项目经理的作用。

20 世纪 60 年代，NASA 在阿波罗计划中成功采用了"矩阵管理技术"，即采用矩阵式组织的方式来管理项目。美国海军要求承包商在"北极星"项目上采用 PERT（计划评审技术），其中 PDM（紧前关系绘图法）是 PERT 技术的一部分。随着计算机技术的发展，人们开始编制软件用于提高 PERT 和 CPM 方法的运行效率。美国国防部率先在导弹项目上应用 WBS（工作分解结构），从此 WBS 成为项目管理的核心工具和知识。1964年，约翰米在《商业地平线》杂志上发表文章专门介绍矩阵式组织。1965 年，IPMA（国际项目管理协会）在欧洲瑞士成立。1967 年，美国国防部借助 C/SCSC（成本进度控制系统方法）把项目管理正式系统化，C/SCSC 也是现代挣值管理技术的前身。EVM（挣值管理）被运用于"民兵导弹计划"，这个项目对提升 EVM 的地位有非常重大的意义，此时 EVM 还是 C/SCSC 的一部分。1969 年，McAUTO CPM 软件销售商恩格曼倡议发起了 PMI（美国项目管理协会）在美国宾夕法尼亚州成立。

20 世纪 70 年代，项目管理发展成为具有自身特色的专业学科，并且认识到"人性"对项目管理的重要影响。项目管理领域开始组织文化的研究与应用。20 世纪 80 年代是传统项目管理和现代项目管理的分水岭。我国在 20 世纪 80 年代引入了项目管理，1983 年"项目经理制"成为实行施工项目管理的标志。

20 世纪 80 年代，美国、英国和澳大利亚等国家设立了正式的项目管理学位课程。1981 年，PMI 正式启动了题为"道德、标准和认证（ESA）"的研究计划；1983 年，PMI 发布了 ESA 的研究报告，"范围管理"被正式提出来；1984 年，PMI 推出严格的、以考试为依据的专家资质认证制度 PMP；1987 年，PMI 公布了项目管理知识体系（PMBOK）的草稿。

1992 年，英国的项目管理协会出版了欧洲版的项目管理知识体系，也就是《APM 知识体系》。1996 年，PMI 发布项目管理知识体系《PMBOK》，此后每隔 4～5 年更新一版，2018 年《PMBOK（第六版）》正式启用，这标志着项目管理从此具备了成熟的知识体系。1996 年，澳大利亚项目管理协会出版了世界上第一本项目管理能力标准，即《项目管理能力国家标准》。1996 年 12 月，美国国防部主管采办与技术的副部长批准了新的 32 项挣值标准（EVMS），并将该标准列入 1997 年新版的《DOD Instruction 5000.2R》中。1997年，ISO 以 PMBOK 为框架颁布了《ISO 10006 项目管理质量标准》。1998 年，IPMA 推出 ICB（国际项目管理专业资质标准）。1999 年，IPMA 发布了《IPMA 能力基线》。PMP 成为全球第一个获得 ISO 9001 认证的认证考试；PMP 如今已经被全球 130 多个国家引进和认可。

我国项目管理领域的发展和国际上类似，已开展了相应的学位课程和国际认证。

1.2.5 我国的工程项目管理历史与发展

普遍认为我国的历史长河中有管理哲学，最早的系统思想代表为黄帝的《黄帝内经》和老子的《道德经》。我国传统哲学智慧里有类似需要层次论的思想，如《礼记·大学》中的"修身、齐家、治国、平天下"；也有学习型组织，如《庄子》中的"吾生也有涯，而知也无涯"。我国的工程管理起源于最初的工程实践。先人们不断探索并总结工程的经验教训，无形中形成了"渗透着工程管理思想"的理念与方法，并用于指导实践。中国古代工程在工程建设管理上已经达到了相当高的水平，特别是工程的质量管理理念已经相当完善，留下了诸如都江堰、赵州桥、应县木塔等优秀工程。因此明晰我国工程管理发展的历史脉络，追溯我国现代工程管理思想的渊源，有助于更好地构建和发展我国的现代工程管理理论与实践。

1. 我国古代的工程项目管理经验

我国历史上有诸多伟大的工程，如万里长城、都江堰水利工程、京杭大运河等，但是并没有形成相应的理论体系。2018年卢有杰的《中国营造管理史话》填补了我国缺少营建史的空白，其以古代劳动力使用为线索，追踪了我国营建业余建筑市场形成的过程，各个朝代的营建关联制度、政策及民间对营建活动的支持，一直到民国时期营建业初步形成"小繁荣"，使得我国几千年的工程建造与管理有了完整的体系。我国古代的工程基本上是军事、水利、陵寝。关于施工组织最经典的是北宋皇宫的故事，而反思工程的可持续发展、与自然和谐的现代工程教训，李冰父子的都江堰水利工程是竞相引用的经典案例。面对复杂的军事工程、陵寝工程和水利工程，我国的工程项目管理目标是如何实现的呢？

（1）计划管理

我国的工匠注重运筹帷幄，有"庙算多者胜"这样简单明确的经验隽语。北宋皇宫的修建就是一个流传千年的完美的施工组织计划。工程的"项目经理"丁谓成功地解决了烧砖头需要的泥土从何而来、大量的建筑材料（如石材、木材）的运输方式如何选择、建筑完成后建筑垃圾如何处理等一系列施工组织和计划问题。为了方便物料运输，丁谓先在皇宫中开河引水，通过人工运河运输建筑材料；同时利用开河挖出的土烧砖；工程建成后再用建筑垃圾填河，最终为该皇宫建设工程项目节约了大量投资。

（2）模数化和标准化

唐代初期已有针对工程立项和质量管理制定的国家律令《唐律》。北宋李诫的《营造法式》分别规定了各工种的标准做法、用工定额、用料定额，比较完备、具体，并下令颁行全国，用于政府工程管理。其次是清代雍正十二年（1734年）颁行的《工部工程做法》，也规定在政府工程中实施。这两部标准规范编制颁行的主要目的都是"关防工料"，即控制建筑工程的用工用料，不仅有助于规模化生产、保证质量，而且可以防止贪污浪费。

（3）质量管理和计件制度

古代的工程，如城墙、陵寝、烧结砖如何保证质量呢？追究责任则是通过政府在工程建设中推行的"物勒工名"制度，而"物勒工名"传统又使一部分优秀工匠脱颖而出，演化成"商标"形态。在这些工程上比较典型的是城墙的建设，明代城墙保留至今的古城墙上都有生产者的名字。秦灭六国，需要大量的冷兵器，据史料记载，那时候就有了朴素的标准化生产，也就是冷兵器的规格标准化和批量生产，并建立层层负责的质量保证体系。这样不仅质量有保证，还能够对工匠的工作效率进行计量，因而实现按劳取酬。在质量控制方面，我国古代的工程建设者积累了很多智慧。例如，对于夯土城墙的质量检查，发明了标准的"定平""取正"的测量工具，并创造因地制宜、简单易行的检测方法，如在水平的地中央竖柱，并通过悬绳的方法来确定垂直方向。对于瓦的检测，先敲击听，一块一块地检验，然后再试水观察吸水情况。对于城墙夯土的质量，采用骑马射箭，测量入射深度的方法。工程的质保年限按建筑物等级规模作出规定，一般建筑3～5年，重要建筑则为7～10年不等。

（4）有相应的费用预测、计划、核算和审计体系

《儒林外史》第40回中描写萧云仙修青枫城城墙，工部对他的花费清单进行全面审计，认为清单中有多估冒算，经"工部核：……该抚题销本内：砖、灰、工匠，共开销19360两1钱2分15毫……核减7525两"。《辑古篡经》记载，唐代就已经有夯筑城台的用工定额——功；北宋的《营造法式》实际上更是一部土木建筑技术和工料计算方面的规范；同样，清工部的《工程做法则例》中有许多内容是说明工料计算方法的，甚至可以说它是一部工料计算的规范。

(5) 建造管理制度和道德问题

我国在汉武帝时期就形成了特有的工程管理制度，即工官制度。例如，《钦定大清会典则例》中记载了"乾隆三年重修奉先殿告成，在工王大小官员加级记录各有差，匠役由内务府工部量加赏给"，提高了参与工程的匠役及督造官员的积极性。国家对施工监管人员的日常工作职责也有严格要求。规定"诸局分造作局官，每日躬亲遍历巡视，工部每月委官点检，务要造作如法，工程不亏"。工程的质保年限期限之内出现严重质量问题，同样要追究主管官员的责任，隐匿不报者将被革职查办。《世宗宪皇帝上谕内阁》中记载了"朝日坛景升街牌楼方及三年即便倒坏，将原监督工部郎中藏珠等革职，枷号于工部之门，俟其应赔银两全完之日，着工部堂官请旨"❶，可见当时的质量管理达到了严格甚至苛刻的程度，很好地保证了工程质量。

(6) 师带徒的技术培训制度

古代工程师采取世袭制度，故每位工程师的专业素养都非常高。例如样式雷、竹桥几大家族等。匠役的工作性质主要分匠、夫两种，"匠"从事木石泥瓦等技术性工种，"夫"从事建筑材料搬运、供应等纯体力劳动。为了保证所建工程质量，从事技术性工种的军、工匠皆为永久性服役，且世代相传，若有逃亡原籍补充。

2. 我国现代工程项目管理的发展

20世纪60年代，在数学家华罗庚的倡导下，中国引进了项目管理技术中的网络计划技术，这种方法被命名为"统筹法"。20世纪80年代，随着现代化管理方法在我国的推广应用，进一步促进了统筹法在项目管理过程中的应用，但主要应用在国防和建筑行业。这个时期，计算机技术也开始应用于工程项目的工期计划和控制。20世纪70年代，信息系统方法引入项目管理，提出项目管理信息系统。

20世纪80年代，项目管理的理论与方法正式进入工程建设领域。1982年，我国利用世界银行贷款建设的鲁布格水电站是第一个运用现代项目管理方法的大型项目。可以说，我国项目管理的工程实践从水利工程开始，逐步推广到土木建筑行业。20世纪80年代陆续推广和实行"项目法施工""项目经理责任制"。相对于项目管理的国际认证，1987年国家计委、建设部等有关部门联合发出通知，在一批试点企业和建设单位要求采用项目管理施工法，并开始建立中国的项目经理认证制度。

20世纪90年代，工程项目管理继续深入发展，形成职业经理制度和执业工程师认证制度，并建立相应的规范。20世纪90年代初，在西北工业大学等单位的倡导下成立了我国第一个跨学科项目管理专业学术组织——中国优选法统筹法与经济数学研究会项目管理研究委员会（Project Management Research Committee，简称PMRC），PMRC的成立是

---

❶ 资料来源：卢有杰《中国营造管理史话》。

中国项目管理学科体系开始走向成熟的标志。许多行业也纷纷成立了相应的项目管理组织，如中国建筑业协会工程项目管理委员会、中国国际工程咨询协会项目管理工作委员会、中国工程咨询协会项目管理指导工作委员会等都是中国项目管理学科得到发展与日益应用的体现。1991年建设部进一步提出把试点工作转变为全行业推进的综合改革，全面推广项目管理和项目经理负责制。比如这一时期的二滩水电站、三峡工程都是采用现代的项目管理方法。

21世纪开始，国家外国专家局引进PMBOK，成为PMI在华唯一一家负责PMP资格认证考试的组织机构和教育培训机构。PMRC于2001年在其成立10周年之际也正式推出了《中国项目管理知识体系（C—PMBOK）》。2002年劳动保障部正式推出了"中国项目管理师（CPMP）"资格认证，标志着我国政府对项目管理重要性的认同，项目管理职业化发展成为必然。2003年，我国推出了注册建造师执业资格考试。2017年，我国住房和城乡建设部和质量安全监督总局联合发布了《建设工程项目管理规范》。

2000年以来，全生命周期理论应用于工程项目管理领域，成虎教授出版了《全寿命期管理》。自三峡工程建设以来，重大工程项目与社会、经济和环境的相互作用引发了关于重大工程项目管理理论的思考和探索。同时，中国工程院的院士们开始开展关于"工程哲学"的探讨。盛绍瀚教授主持的重大工程项目管理的一系列成果，成为中国特色独立构建的工程项目管理新理论。钱学森提出的复杂系统理论成为这些研究的理论依据。

自2009年以来，BIM技术引爆全球，引发了建筑业软件革命和协同工作模式的变革。为应对劳动力缺乏的担忧，工业化、信息化、自动化技术、建筑机器人开始蓬勃发展。

我国的工程项目管理知识体系，不仅囊括了项目管理的知识体系，而且具有特有的内容，如合同管理、HSE管理、信息管理。2016年，王基铭院士对石化工程项目进行了研究，并采用结构方程模型得出了知识模块之间的相互影响关系。随着工程项目越来越大型化、复杂化、国际化，工程项目管理开始吸收管理科学、系统科学和其他相关学科的营养，其理论与方法体系越来越丰富和完善。

1.3 工程项目管理未来趋势

工程项目的发展趋势决定了工程项目管理的发展趋势。工程项目的发展离不开所处的时代背景，受制于科学技术发展水平，且受制于社会、经济、文化背景。信息技术的突飞猛进、人工智能技术的不断突破。全球气候变化、老龄化、少子化带来建筑业劳动力危机、国际地缘政治动荡等一系列全球性的重大变化，影响未来相当长时间里工程建设的发展趋势，进而影响工程项目管理的创新与发展。这种变化已经发生在以下几个方面。

（1）自然灾害、地缘政治动荡不安、经济全球化受到空前挑战，人类社会存在高度动态性，不确定性和风险性增大成为共识。不仅是在殷瑞钰等的《工程哲学》中有所总结，而且《PMBOK（第六版）》加大了项目风险管理的内容。

（2）跨区域大型复杂工程的出现，重构经济地理格局。这些工程从规划到运营，已经超出了现有的工程项目管理，需要更加宏观的系统思考和理论建构。

（3）信息技术、互联网技术和人工智能等新技术浪潮带来技术的加速迭代，信息化、人机协同、智能化正在引发建筑业的技术变革，BIM 技术、VR 技术、AR 技术等带来智慧工地、智慧城市的悄然兴起，新技术不断涌现。

（4）环境污染、全球气候变暖和生态失衡，使生态工程、绿色建筑、绿色替代能源等成为工程建设的价值追求，并被 ASCE 作为未来 50 年土木工程发展的一个方向。

（5）国际工程不断增加。一方面是在"一带一路"倡议下，我国的建筑业走出去；另一方面借助互联网技术、发达的全球通信网络，使跨国合作成为一种整合全球优质工程技术资源的通用方式。

（6）为解决劳动力不足和老龄化问题，自动化和工业化正在逐步改变传统的建筑业生产方式，如住宅工业化、无人驾驶、建筑机器人等。

重大工程引发工程与环境、社会、经济相互关系的思考，促使工程界思考"工程哲学"问题。自 2004 年中国工程院组织工程哲学的讨论，并形成一系列成果以来，重大工程领域也取得了丰硕的研究成果。2009 年 BIM 技术进入产业化阶段，引爆了全球性的建筑业软件革命、协同工作项目管理模式再造的探索，至今仍然是国际行业研究的热点。同时，信息技术所带来的数据量空间增加，从而带来关于工程大数据的探讨，并展开智慧城市、人机共存的智能社会的前瞻性研究。上述这些前期的研究，逐步形成了对工程项目管理理论与方法的趋势判断。

（1）工程哲学思维和系统观成为工程项目管理的主要方法。面对工程项目与社会、环境关系问题的拷问，进行哲学思考，研究工程的方法论，系统科学重新回到研究方法的中心，成为工程项目管理理论研究的方法论。

（2）随着科学技术的交叉融合，需要构建信息时代和迈向智能时代的工程项目管理新理论。土木建筑工程领域的"新工科"教育，正是认识到工程建设已经走向多学科、多技术集成的新的发展阶段的反映。传统的工程项目管理在新技术浪潮下，将全面解构和重建。

（3）技术创新关系到工程项目的成功。随着建筑业的转型升级，工程项目管理越来越体现技术密集型的特征。不仅仅表现在工程项目管理的过程和实务，而且从新技术、新方法上进行了具体的技术创新，再造工程项目管理的工作流程和工作范式，从而使工程项目管理的技术与方法向更高层次发展与升级。

【复习思考题】

1. 以重大工程为例，说明项目与工程项目的区别与特点是什么？
2. 管理科学、系统科学、项目管理与工程项目管理的相互关系是什么？

第 2 章 哲学视野下的工程

引例：引发迁移的大型工程

长江三峡工程是我国为了调节洪峰、缓解能源紧张及改善长江航运条件而修建的举世瞩目的特大型水利工程。它的论证、建设和建成，引发了很多领域的讨论与思考。

2004 年保罗·K·盖勒特和芭芭拉·D·林奇发表了"引发迁移的大型工程项目"，这篇文章中指出现代化思想意识的核心是对技术的信赖和对征服自然的崇信，这种观念很容易让国际贷款机构、建筑公司和好大喜功的国家对大规模、大场面产生一种特别的偏好。所有大型工程项目都要引发迁移，这是一种社会——自然过程。这种迁移，不仅改变了被迫迁移的居民的命运，还包括：①大量的岩石和土壤被迁移；②水文模式被迁移；③自然生境被迁移，新的生境产生（如滋生蚊虫的死水潭，又如军事基地占用的开阔地）；④因生态迁移，一些物种、动植物也随之迁移。迁移的结果是导致依靠原有资源生存的社区丧失了获得生活资料的机会。如图 2-1 所示。

2001年中国湖北的巴东县进行拆迁，为长江三峡库区蓄水做准备。
Richard Jones摄影/SINOPIX-REA供稿。

图 2-1 引发迁移的大型工程

杨永峰院士在"重大工程对血吸虫流行区扩散的潜在影响"中，分析了三峡工程、南水北调、退田还湖工程的实施带来了该区域存在血吸虫病流行的潜在危险。建坝前三峡水流湍急且河床多为砂石滩地，无钉螺滋生场所，现场调查没有发现中间宿主钉螺和当地感染的动物宿主，三峡库区历史上为血吸虫病非流行区。据 2003 年三峡建坝生态环境改变与血吸虫传播研究调查结果显示：库区每年去血吸虫流行区打工者有 25.54 万人；吴成果等通过调查发现在库区三峡中心医院和重庆医科大学附属血吸虫病例回顾性调查发现有 9 例临床病例，在库区万州、丰都、渝北 3 区县调查流动人口中发现血吸虫疫水接触者、曾经患病者、血吸虫血清抗体阳性者，在列车旅客问卷调查中也发现来自疫区的疫水接触者和患病史者，这些均说明有大量血吸虫病传染源进入三峡库区。三峡库区一旦有钉螺孳生，就会发生血吸虫病流行。三峡建坝后长江入湖泥沙将引起部分芦苇滩向草滩、芦杂滩退化，而这些植被洲滩家畜和渔民数量多，牲畜、人口粪便污染严重，感染螺密度高，因此血吸虫病疫源地面积增加，进入这些地带活动的人群数量可能增加，血吸虫感染率可能随之上升。在芦苇退化区，敞放洲滩家畜的数量会增加，因此增加了血吸虫病家畜传染源的数量。

2.1 工程哲学引论

关于工程与哲学的探讨应当追溯到李伯聪1988年的著作《人工论提纲》。1993年《我造物故我在——简论工程实在论》明确提出"我造物故我在"这个哲学箴言，并明确提出需要把"工程哲学"作为新领域开拓。2002年《工程哲学引论》是第一本探讨工程哲学的中国著作，构建了工程哲学的范畴系统，提出哲学的新领域，包括本体论、认识论、方法论和工程论等组成部分，科学哲学应从战略上转向以工程哲学为重心，以指引人类生存和发展的方向。大型工程，如三峡工程、南水北调、退耕还湖工程等，所引发的工程、环境、社会、经济系统的相互影响、相互作用，早已引发工程界的注意和重视。关于工程目标的哲学思考，成虎教授早在博士论文提出了"与环境协调、可持续发展"的哲学目标。2004年中国工程院殷瑞钰、汪应洛、李伯聪等出版了《工程哲学》，引爆工程哲学思考和工程方法论的热潮。《PMBOK（第六版）》中明确提出，项目整合管理是项目管理哲学。工程和人类一样，房屋、机器、水坝等也都有自己的"生命周期"，因此，工程全生命周期理论是哲学思维的体现。

2.1.1 工程与哲学

1. 工程

陈昌曙先生曾指出："在英文中，工程是engine（机器）和ingenious（有创造才能）的复合词，后者又源于拉丁词ingenenerare（创造）。"那么，"engineering"（工程）就是指机械制造。1828年最早给工程下定义的托马斯·特尔福德在给英国民用工程师学会的信中说，工程是"驾驭自然界的力量之源，以供给人类使用与便利之术"，这里工程是手段的意思。一直以来，西方把工程归结为技术手段，人们没有将其纳入独立关注的视野，直至20世纪60年代以后，工程问题才独立进入人们研究的视野。

工程一词在古汉语中就有，一般将其分为"工"与"程"。工者：工，匠也。《说文解字》说："工者，巧饰也，象人有规矩也。"《书经·尧典》中指出，天子之六工，曰土工、金工、石工、木工、善工、草工。《说文解字》说："程者，品也，十发为程，十程为分，十分为寸。"《荀子·致士篇》说："程者，物之准也。"《汉书·东方朔传》说："程其器能用之如不及，又驿程道里也，又示也。"古代的"工程"一般就是指土木构筑，强调施工过程、成果及对成果的评价。

我国《辞海》中对"工程"的表述为：将自然科学的原理应用到实际中去而形成的各学科的总称。如土木建筑工程、水利工程、冶金工程、机电工程、化学工程、海洋工程、生物工程等。这些学科是应用数学、物理学、化学、生物学等基础科学的原理，结合在科学实验及生产实践中所积累的技术经验而发展出来的。主要内容有：对于工程基地的勘测、设计、施工，原材料的选择研究，设备和产品的设计制造，工艺和施工方法的研究等。《现代汉语词典》对工程的释义是：土木建筑或其他生产、制造部门用比较大而复杂的设备来进行的工作，如土木工程、机械工程、化学工程、采矿工程、水利工程、航空工程等。

上述定义从工程所指称的对象上，又被进一步划分为四大类或者四种情况：一是一般性的指称大型的物质生产活动，如土木工程、冶金工程、采矿工程；二是在（广义的）生产范围内仅把那些新开工建设的或新组织投产的建设项目称为工程，而当这些新建工程项目建设完成并投入生产之后，人们往往就不再把投产后的项目的日常生产活动称为"工程活动"，而仅仅将其称为"（狭义的）生产活动"了；三是用于指称某些大型的科研、军事、医学或环保等方面的活动或项目，如美国20世纪40年代实施的"曼哈顿工程"；四是用于指称某些具体目标明确的大型社会活动，如希望工程、扶贫工程。哲学意义上对"工程"作出的界定，是李伯聪教授在《工程哲学引论》中提出的，即工程是人类改造物质、自然界的完整的、全部的实践活动与过程的总称。

2. 哲学

哲学（英语：Philosophy，源于希腊语：Φιλοσοφία），按照词源有"爱智慧"的意思。哲学是对普遍而基本的问题的研究，这些问题多与实在、存在、知识、价值、理性、心灵、语言等有关。哲学与其他学科的不同之处在于其批判的方式通常是系统化的方法，并且以理性论证为基础。在对于哲学的研究中，具有非凡影响力的学者有：苏格拉底、柏拉图、亚里士多德和马克思。他们提出了有关形而上学、知识论与伦理学的问题。

被誉为古希腊"哲学之父"的泰勒斯说哲学就是探讨世界本原的学问。苏格拉底则从人生的目的和意义出发，认为"哲学是关于人生知识和道德行为的一门学问，学哲学就是学做人。"为此他提出关于人生哲理的四大命题：一是，我知道"我什么也不知道"（"自知其无知"）；二是，不经过思考的人生是不值得过（活）的；三是，认识你自己；四是，美德即知识。

苏格拉底的学生柏拉图指出："thauma"（惊奇）是哲学家的标志，是哲学的开端。哲学由惊奇而发生，在其注目之下，万物脱去了种种俗世的遮蔽，而将本真展现出来。柏拉图的学生亚里士多德把哲学进一步规范化和科学化。亚里士多德说："作为哲学，要研究形而上学问题，所谓形而上学问题，就是经验之后的实在问题，即超验的问题"。亚里士多德在《形而上学》中说："求知是所有人的本性。人都是由于惊奇而开始哲学思维的，一开始是对身边不解的东西感到惊奇，继而逐步前进，而对更重大的事情发生疑问。一个感到困惑和惊奇的人，便自觉其无知"。

近现代的哲学定义和理解更加多样化。比如辩证法大师黑格尔认为：哲学是一种特殊的思维运动，哲学是对绝对的追求。而马克思则直接站在人类文明的时代高度说"任何真正的哲学都是自己时代精神的精华""哲学是人类文明活的灵魂""哲学是现世的智慧"。在现当代人文思潮盛行的背景下，海德格尔说："哲学就是对于那些超乎寻常的东西作超乎寻常的发问，这种学问就是哲学"。比如，"为什么有'存在物'（存在者）而没有无？"意即："为什么存在者存在而无反倒不在？"（即老子的"知其白，守其黑"）。

"哲"一词在中国起源很早，历史久远，如"孔门十哲""古圣先哲"等词。"哲"或

"哲人",专指那些善于思辨,学问精深者,即西方近似"哲学家""思想家"之谓。一般认为中国哲学起源于东周时期,以孔子的儒家、老子的道家、墨子的墨家及晚期的法家为代表,而实际上在之前的《易经》当中,已经开始讨论哲学问题。西学东渐,哲学进入中国后,国内学者将哲学定义为:关于宇宙和人生的基本思想。国学大师胡适在他的《中国哲学史大纲》指出:"凡研究人生且要的问题,从根本上着想,要寻求一个且要的解决"这样的学问叫作哲学。著名的中国哲学家冯友兰在《中国哲学简史》中提出:"哲学就是对于人生的有系统的反思思想"。著名的逻辑学家和哲学家金岳霖先生把哲学定义为"说出一种道理来的道理,或者是说出一种道理来的成见"。著名马克思主义哲学研究专家孙正聿老先生说:"哲学就是对思想的前提性批判"。这一定义与哲学的反思和批判的功能相吻合。

归结起来,哲学尽管有以上种种不同的理解和定义,但我们从整个历史阶段来看,哲学的定义不外乎在以下三种最基本的意义上使用。一是,古希腊的原初含义"爱智慧";二是,哲学在古希腊发展成熟阶段时亚里士多德所定义的"形而上学"(metaphysics)(可以直译为"物理学之后",或者叫作"后物理学");三是,"批判"。哲学发展到近代,特别是到19世纪的德国古典哲学阶段,从康德开始,哲学被理解和定义为"批判"(critique),并一直沿用至今。

3. 土木工程的哲学认识

阅读材料:黑色工业之都

20世纪初的伦敦是一座黑色的工业之都,辉煌却又灰蒙蒙。由煤炭支撑的工业革命让伦敦城内遍布工厂,家庭也烧煤取暖,煤烟排放量急剧增加。烟尘与雾混合变成黄黑色,经常在城市上空笼罩,多天不散。图2-2为1937年2月12日,著名的巴特西发电厂浓烟滚滚,高耸的烟囱也成为伦敦地标之一。

图2-2 1937年的伦敦

老舍先生在小说《二马》中对当时的伦敦有以下描述:

"伦敦的天气也忙起来了。不是刮风,就是下雨,不是刮风下雨,便是下雾;有时候一高兴,又下雨,又下雾。伦敦的雾真有意思,光说颜色吧,就能同时有几种。有的地方是浅灰的，在几丈之内还能看见东西，有的地方是深灰的，白天和夜里半点分别也没有。有的地方是灰黄的，好像是伦敦全城全烧着冒黄烟的湿木头。有的地方是红黄的，雾要到了红黄的程度，人们是不用打算看见东西了……除了你自己的身体，其余的全是雾。你走，雾也随着走。什么也看不见，谁也看不见你，你自己也不知道是在哪儿呢。"

土木工程（Civil Engineering），是指房屋、公路、铁路、桥梁、水工、港工、地下等工程的总称，是人类改造世界的物质实践活动的成果。土木工程包括铁路、桥梁、港口、码头、房屋建筑等人类生活和发展的必要场所与空间。土木工程是工程的一部分，是人类改造物质世界的完整的全部建造活动过程及形成的人工自然及评价的总称。土木工程成果是物质的，对于土木工程的评价是非物质的。

在历史的一段时期，人们认为土木工程活动是"战天斗地""人定胜天"，著名的改造自然的工程有阿斯旺水坝、咸海调水等。工业文明所带来的欣喜若狂被全球十大环境事件所惊醒，其中图 2-2 雾都伦敦是烟霾的典型，人们从环境事件带来的灾难中开始反思工业发展所带来的危害，开始思考工程与环境的哲学问题。21 世纪以来，大气污染所引发的雾霾（图 2-3）已经成为始终困扰的难题，倒逼了工程与环境哲学问题的反思和研究。

图 2-3　北京雾霾（图片来自网络）

土木工程活动的本质特征就是创造一个人工自然物客观存在。因此，作为一个新的存在物而言，它是一系列规定的总和。土木工程一旦建成，就成为自然的一部分，但是人工自然与自然是有区别的。这表现在，工程的复杂程度、工程形状的规则性、工程设计的可控性、工程存在的有限性和工程存在的非生态性。然而，人对工程的改造又是可以与自然相协调的。例如哈尼梯田、福建土楼（图 2-4），原居住民的生产和生活活动都成为自然景观的一部分，并取自自然回归自然。

李伯聪从工程哲学的视角总结了工程的哲学观，包括工程系统观、工程社会观、工程人文观、工程生态观和工程伦理观五个方面。工程活动实际上是对这样一个工程理念的具体诠释。

（1）工程系统观

工程是技术的集合，不但需要认识工程的各种要素，还需要把工程看成是一个系统，从系统的观点去认识、分析和把握。在我国古代的工程中均体现了这种系统性的工程思考和实践，如万里长城、都江堰水利工程等。在航空航天的卓越基础与丰富理论与实践的基础上，钱学森于 1990 年提出了"开放的复杂巨系统"。

图 2-4 哈尼梯田和福建土楼

(2) 工程社会观

"工程"为人类服务，是社会存在和发展的物质基础。这是工程的社会属性，工程目标、工程活动、工程评价都是以"社会"为核心的。工程活动由"人类"来完成。工程一方面满足了社会需求，一方面给社会带来了影响。

(3) 工程生态观

生态灾害促使人类开始反思改造自然的活动，因此工程生态观应运而生，并成为一种工程论证和评价的主要思想。人造自然的活动一定要符合自然的客观规律，这是人类获得的工程教训，同时，也进一步推动了人类对工程更深刻的认识。

(4) 工程伦理观

在人工世界中，工程已经与人类产生前所未有的交互影响，例如人工智能、监控建筑工人的行为、纳米材料的生产过程对工人的健康造成损害等都涉及伦理问题。

(5) 工程人文观

工程活动由人来完成，不可避免地涉及文化背景，同时工程活动的成果又塑造和影响所在地方的社会文化面貌。目前，如何诠释工程文化还处在初步探索阶段。

2.1.2 工程哲学的发展

在开创工程哲学的过程中，中国和欧美的工程界和哲学界都开始逐步改变长期存在的"工程界不关心哲学、哲学界不关心工程"的固有传统，工程界和哲学界开始了相互学习和研究的新传统，也就是，工程界逐步树立"工程界学习和研究哲学，提高工程界的哲学觉悟""哲学界学习和研究工程，提高哲学界的工程觉悟"。在工程哲学开创过程中，以中国、美国、英国三国的工程院为代表，及时关注了工程哲学在本国兴起的趋势和意义，并且给予了不同方式的支持。

1. 工程哲学理论的发展

工程哲学思想的萌芽可以追溯到 19 世纪早期至 20 世纪中叶，主要集中在对工程本质的争论。1818 年英国民用工程师学会的成立，标志着工匠与工程师在职业划分的明确分离和现代意义上的工程师的出现。从而开始了对工程本质的追问，并最初把工程定义为"驾驭自然界的力量之源，以供给人类使用与便利之术"。19 世纪中叶以后，这一工程本质的传统理解受到了质疑，正是在质疑与争论的过程中，工程哲学思想初见端倪。

在 20 世纪 80 年代之前，只有很少数的哲学家注意到了"工程中"有值得研究的哲学问题，其中比较重要的著作有罗杰斯的《工程的本性——一种技术哲学》和凯恩的《工程方法的定义》，这个时期的研究主题带有很大的局域性、发散性。

20世纪80年代，在对欧美技术哲学研究困境的反思中，以埃因霍温理工大学、特温特大学和代尔夫特大学的克罗斯和梅杰斯为代表，提出了技术哲学研究的"经验转向"，讨论了哲学界和工程界共同关注的问题，如人工物的双重本质、人工物的设计与生产过程以及设计过程的哲学问题等。随着欧美技术哲学的经验转向，西方工程哲学研究开始引起了广泛的关注。在此期间，有越来越多的哲学家关注工程实践过程，意识到哲学家与工程师之间的对话是必要的，这有力地促进了工程哲学思想的发展。

1991年，美国出版了《非学术科学和工程的批判思考》（"技术研究丛书"第4卷），其中包括五个部分：历史背景（讨论工程方法和工程定义问题）、认识论问题、价值问题、政策问题和工程教育研究。该论文集成为当时欧美学者对工程哲学态度的集中反映。米切姆是著名的技术哲学家，他为《非学术科学和工程的批判观察》一书撰写了《作为生产活动的工程：哲学评论》，认为工程就是生产活动。1998年，米切姆在《哲学对工程的重要性》一文中谈到工程和后现代的关系，他说"工程师是后现代世界的未被承认的哲学家"。至此，工程与哲学、工程师与哲学家的关系开始有所明示。

20世纪90年代时，美国民用工程师协会学报、国际技术史学会的连续出版物中分别从本体论、认识论、方法论和工程教育等方面探讨工程领域中的问题，并有学术专著出版。这些研究成果的出现标志着工程哲学在20世纪90年代已初具雏形。

在这个时期工程哲学的研究中，主要有以下几位欧美学者。皮特、文森蒂、沃尔夫等从不同的角度对工程知识、工程伦理、工程设计、工程师的地位与责任等进行了深入的研究。布西阿勒里、文森蒂和凯恩研究的重点是工程方法论问题。哥德曼对工程哲学的许多重大问题都有精辟分析，他不赞成把工程说成是科学的应用。他认为：工程知识和科学知识是有根本区别的两类知识。工程和工程哲学表现出了一系列与科学和科学哲学迥然不同的本性和特点，工程有自己的知识基础，并提出了深刻的不同于科学哲学的认识论和本体论问题，工程哲学应该是科学哲学的范式而不是相反。

在20世纪末的哲学地图上，"科学哲学"位于中心区，"技术哲学"位于边缘区，而"工程哲学"则又处于"技术哲学"的边缘区。进入21世纪之后，中国和欧美发达国家对于工程哲学的重视程度和研究力量的投入出现"明显加强"的趋势，研究进展出现"明显加速"的趋势。工程哲学基本上是在中国和欧美同时、同步形成。

2001年，李伯聪发表了《"我思故我在"与"我造物故我在"——认识论与工程哲学刍议》一文，从对象、过程、研究的范畴等方面对比了认识论和工程哲学的不同，指出开展工程哲学研究是当前迫切的时代要求。2003年，美国学者布西阿勒里出版了《工程哲学》一书，成为西方第一部以"工程哲学"命名的著作，是美国工程哲学形成的标志。2004年，美国工程院工程教育委员会把"工程哲学"列为当年的六个研究项目之一，认为"工程哲学"是一门新的学科。随后，中国工程师和哲学家提出并阐释了一个包括"五论"——工程技术科学三元论、工程本体论、工程方法论、工程知识论、工程演化论，且以工程本体论为核心的工程哲学理论体系框架。

21世纪以来，工程哲学的核心问题是如何从本体论高度（而非仅从工程学角度）认识工程。在20世纪的欧美和中国，广泛流行的观点是把工程解释为"科学的应用"，其实质是把工程看作科学的"派生物",我们可以把其称为"工程派生论"观点,与之相反的观点是"工程本体论"。中国工程师和哲学家在研究工程本体论时,提出"工程是直接的、现实的生产力",强调这是与"工程派生论"迥然不同的"工程本体论"观点,并倡导必须从工程本体论高度分析和认识有关工程的各种微观、中观和宏观问题。工程本体论由于突出了工程活动是发展生产力的活动,而不同于某些哲学家主张的自然本体论或物质本体论;由于突出了工程活动是以人为本的活动,而不同于神学本体论。

2. 工程、技术与伦理

作为一种新兴技术,机器人技术逐渐成为工程技术伦理的热点话题。美国亚利桑那州立大学约瑟夫·贺克特教授等人探讨了机器人技术以及相关的责任伦理问题,并提出了两类具体问题:①通过编程可以使机器人具备决策能力,这将会产生一定的伦理后果,此时工程师与计算机科学家的伦理责任是什么?②在一定意义上,机器人可以(应当)成为自主的道德行为者么?美国索诺玛州立大学约翰·苏林斯教授从远程认识论的视角探讨了机器人系统被用于战争而带来的伦理问题。西班牙拉萨尔工程和建筑学院纽瑞亚·玛西亚等人提出,机器人逐渐成为一个种族与人类共存,人类应当积极思考如何面对这样一个新种族的出现以及如何面对各种社会分裂现象。哈耶克在20世纪中叶向人类社会提出严正警告:"科学走过了头,自由将无容身之地。"

美国罗彻斯特理工学院韦德·罗比森教授批判了工程伦理的社会环境论,即认为伦理问题外在于工程职业,伦理章程存在的前提是工程师生存的社会环境,伦理问题仅仅是在与其他群体(雇主、客户、其他工程师和公众等)相关时才会产生。作为一项职业,工程并不是纯粹的科学,工程实践本身也内在包含了伦理问题和道德思考,伦理问题不仅仅是在人际关系中。对应于罗比森的观点,美国新泽西理工学院艾瑞克·卡兹教授以纳粹时期工程师的职业道德批判为例提出了另外一种看法。他认为,人工物的政治性决定了无论工程师们创造什么都包含了一系列具体的政治价值和意识形态。他也不能预知其本人进行技术设计时被包含的价值是不是一种善的价值,即便是一种善的价值,他也无法知晓这样一种价值能否带来美好的社会。

2.2 工程伦理学引论

引例:怒江水电站

怒江水电规划始于2000年12月,中国国家发改委于2003年7月主持通过了由云南省完成的《怒江中下游水电规划报告》,其规划以松塔和马吉为龙头水库并修建13座大坝,年发电量1029.6亿度。在怒江问题上,纯粹的民间组织质疑并最终改变了政府的决策,怒江水电开发被暂时搁置。但也一直是"反坝派"和"主坝派"争议的焦点。怒江水电开发必须处理好流域、生态环境、当地民众等问题。

支持者的意见是:怒江发展水电,有助改善中国电力供应不足问题;此外,如果将发展该项目与扶贫工作结合起来,也有助于提高当地贫困人口的生活水平;另外,当初申报世界自然遗产时,已为开发怒江留有余地,因此不会对遗产造成破坏。

反对者认为:目前中国的绝大部分河流都已经进行了水电开发,只有怒江和雅鲁藏布江还保持着原始生态,而这种原始生态的价值是不可替代的;此外,怒江地区的"三江并流"已入选世界自然遗产目录,拥有北半球几乎所有生物类,是地理—生物—民族生态多样性的瑰宝,其地质、生态条件脆弱,水电开发可能破坏这一区域作为遗产的存在。10万村民"深入云端",多民族传统和生活方式都将灭失。

怒江—萨尔温江是否应该被开发,或者说应该如何开发早已成为一个国际热点话题,许多相关的政府、企业及民间组织都参与其中,不断向外界传递出各自的声音。

2.2.1 土木工程中的伦理问题

1. 土木工程与伦理

伦理是指在处理人与人、人与社会相互关系时应遵循的道理和准则,是指一系列指导行为的观念,是从概念角度上对道德现象的哲学思考。它不仅包含着对人与人、人与社会和人与自然之间关系处理中的行为规范,而且也蕴涵着依照一定原则来规范行为的深刻道理。工程伦理学则是以工程活动中的社会伦理关系和工程主体的行为规范为对象,主要探讨如何思考处理工程决策、设计、施工过程中与社会、人、环境的关系,并使之符合一定的社会伦理价值。

工程活动是人的本质力量的对象化,自它诞生之日起就开始了与自然资源和自然环境之间互动的历史,此过程会牵涉一系列伦理问题。这些问题中最突出的是工程的建设侵犯到了下一代的利益,占用了本该属于后代人的资源。近年来,工程和土木工程的伦理问题主要表现在以下几个方面。

(1) 科技运用与工程实施的负面因素

科技应用和工程建设会对人类社会、自然环境产生很大的负面影响,有时还会带来许多生物工程问题以及社会伦理道德问题等。随着工程能力的不断增强,工程对社会的影响不断增大。如水电工程的实施导致大批库区居民的搬迁。这意味着居民需要离开原本熟悉的生活环境与生存方式,而且长期生活所建立起的人脉关系及积淀的人情世故会随着搬迁而逐渐消逝。

(2) 工程活动的价值追问

伦理学范畴中曾提出一个问题,应当如何公正合理的分配工程活动带来的利益、风险和代价。在工程共同体共同作用的工程实践活动中,进行有效的利益分配以及风险责任分配是一件非常困难的事情。近年来,工程事故频繁发生,如日本福岛核电站事故、中国天津港事件等,这些事件都呈现出工程的大规模、复杂化和综合性等特征。正是由于工程的这些属性,所以在工程事故发生时,难以确认风险的承担者及其相应的代价。

(3) 工程利益冲突

工程活动中工程共同体之间的关系复杂而紧密。利益关系存在于工程共同体之间、工程与社会环境和自然环境之间。工程中个体分饰角色不同导致参与各方对项目价值取向不同。工程活动的实施与控制在诸多条件下进行,承担价值选择责任的各利益主体也不尽相同,能否正确、合理地认识和协调工程项目各利益相关者的关系,实现效益与公平的统一,是工程伦理要解决的问题之一。

(4) 工程评估中的伦理审视

最早关于项目成功的标准是被称为"铁三角"的成本、质量、进度。随着人类社会经济发展的快速推进,该标准已经不能满足现如今对于工程成功标准的定义。工程决策者、工程利益相关者认定的工程成功在本质上通常是经济利益最大化。而在伦理学的视角下,工程需要做到与自然和谐相处、环境友好和社会公平。经济利益最大化、环境友好和社会公平如何平衡、如何取舍，还有待进一步规范。

（5）工程活动中的伦理精神匮乏

工程伦理精神是在工程项目集体行动中，项目工程共同体对其伦理公共本质的自觉意识，为实现"善"的项目工程共同体集体行动和"善的工程"提供了意识和意志、个体和组织的双重引领。在工程共同体集体行动的过程中往往会急功近利，常常将道德放在次要位置，甚至为了追逐自身利益，轻视甚至忽视自身应尽的伦理使命与伦理责任，而伦理精神的匮乏往往会导致工程的二次失败。

2. 工程伦理学的发展

工程伦理引起西方社会关注的时间比较早。20世纪初，工程师专业学会在其成立之初就制定了伦理准则，表明了工程师对工程伦理的正式关注。美国电气工程师学会以及美国土木工程师学会相继在1912年和1914年制定了自己的伦理准则。20世纪70年代，工程伦理学正式产生于美国，随后在德国、法国、英国、澳大利亚等多个国家迅速发展起来。工程院校也开始同步重视工程伦理教育，将工程伦理学作为一门学科融入工程专业的教育体系中。

20世纪70年代中期，欧美哲学界存在技术哲学的伦理转向。技术哲学界所熟悉的技术哲学家米切姆、芬伯格、邦格以及德国技术哲学家拉普等纷纷开始探讨高新技术开发的后果、技术的社会影响，追问什么是进步、技术发展的前景以及工程师的责任等问题。此外，环境的恶化、工程中的风险、短期效应与长远后果的差异等，也引起了人们的急切关注。

20世纪80年代，美国工程和技术鉴定委员会明确要求，凡欲通过鉴定的工程计划都必须包括伦理教育内容。20世纪90年代，美国工程教育协会（ASEE）和国家研究委员会（NRC）提出了工程师应当遵守的伦理道德，呼吁采取相应的教育对策。法国、德国、英国、加拿大等发达国家的各种工程专业组织都设立了专门的伦理规范，并将其确定为合格工程师的必备条件。美国电子和电气工程师研究所、美国土木工程师协会等学术团体也制定了相应规范，强调必须加强对复杂组织工程责任问题的研究，并且在立法方面展开对工程责任的追究。

20世纪90年代以来，美国、荷兰、澳大利亚等西方发达国家的工程伦理关注的焦点逐步从工程的微观伦理向宏观伦理转变。其中，美国的工程伦理转向尤为明显，诸多学者把宏观伦理问题与工程问题联系在一起，关注美国的工程伦理及其转向、工程伦理转向的应用前景。工程伦理转向主要表现为工程伦理在主体、关注对象、关注的时间域、行动的理念、方法等方面的扩展和转变。

在主体方面，工程伦理不仅面向工程师，而且面向工程管理者和工程领导者。工程领导者必须考虑宏观伦理问题，社会责任是工程领导的核心。在工程伦理关注对象方面，从微观伦理到宏观伦理，工程伦理扩展了关注的对象和问题域，开始包括宏观伦理问题和社会责任问题。从工程伦理关注的时间域来看，宏观伦理不仅关注当下的工程及其对社会的各种影响，而且关注工程潜在的对未来可能产生的影响。在工程伦理的行动理念上，宏观伦理从仅仅关注工程师的工程活动过程，扩展到关注工程活动的效果。这要求工程职业对其行为后果负责，并在工程设计和工程决策时考虑这些问题。

2002年，德国工程师协会颁布了《工程伦理的基本原则》，为工程师提供了工程活动中责任冲突的评判标准。2008年，美国洛杉矶大学理工学院菲利普教授指出工程伦理是当今工程教育的共同趋势，西方发达国家在经历了经济高速发展带来的许多负面效应以后，已经特别注重工程对人类生活的整体影响，日益重视对工程活动的伦理考量。

当前，国内在以工程自然观为核心的工程伦理学上已基本形成了如下观念。工程理念和工程观是工程活动的基本观点，它渗透在工程活动的全过程，并影响工程战略、决策、规划、设计、运行、管理的各个环节。工程以服务公众为目的，应鼓励公众作为有资质的行动者介入重大工程的决策、设计和评价，促进工程决策的科学化、民主化，从根本上将未来可能发生的利益冲突在工程实施之前解决，使可能产生的负面影响尽量消灭在萌芽中。

3. 工程伦理的核心问题

技术伦理、利益伦理及责任伦理这三大伦理共同构成工程伦理的核心问题。技术伦理要求工程中应用到的技术要对公众和社会负责。利益伦理则是需要协调工程共同体间的利益关系，实现效益与公平的统一。责任伦理要求工程师承担相应的职业责任，确保工程的质量和安全，进而推动改善公众、社会的福祉和对环境的保护。

（1）技术伦理

对技术伦理的关注，不仅能够消解工程界对工程技术伦理的片面认识，而且还有助于制约和监督工程实践活动。技术伦理是对技术活动进行伦理审视和反思，蕴涵着深厚的伦理精神，并对技术行为及其涉及的内外关系进行约束和调节，使工程技术活动更加趋于规范化。技术伦理通过运用伦理道德准则制约、规范和指导工程师的技术研发和运用行为，杜绝以毁灭生命和破坏生态环境为目标的任何技术研发项目，尽可能降低、克服和避免不合理工程技术活动的多方负面影响。技术伦理使技术发展逐渐回归到工程可持续发展的轨道上，避免工程在与技术相互作用的过程中形成负面社会效应，最终实现工程技术活动对公众的生存和发展具有善的价值。

（2）利益伦理

工程活动本质上是一种经济活动，旨在最大限度地获取相应的经济效益。现代工程共同体包括工程师、工人、投资者和管理者以及其他利益相关者，工程实践活动将会改变不同利益主体间的利益关系，有可能会导致利益主体间的矛盾和冲突。工程利益的获取必然与诸多因素相互交错，甚至有时会以牺牲其他主体的利益为代价，在这种情境中必须对这些利益关系进行权衡，作出理性的、合理化的价值选择。利益伦理能够使工程共同体形成对效益与公平的正确认识，形成对伦理道德规范的恪守，自觉把工程伦理规范和原则内化于心、外化于工程实践活动的道德行为，而这不仅关系到工程质量的最善化，而且还关系到社会效益和生态利益的实现。

（3）责任伦理

工程师在工程实践活动中所承担的职业责任是责任伦理的重要内容。工程师在工程实践活动中不仅要遵循"雇主至上"原则、履行好"技术服务"的角色责任，而且还应该遵循"公众至上""生态至上"以及"人员安全与健康至上"原则，履行好"公众和生态利益守护者"的角色责任。责任伦理规划了工程师在工程活动中承担的责任范围和内容实质。不仅从道德和责任层面引导和规范从事技术活动的工程师的实践行为，还有助于培养出一批技术与责任双优的工程师,最终改善工程师责任意识薄弱的社会现象,确保工程技术活动始终沿着造福人类的正确方向发展。

2.2.2 工程师的伦理角色

冯·卡门提出一个很著名的观点"工程师创造从未存在的世界"。李伯聪教授的"我造物故我在",突出了包括工程师、工人、工程投资者在内的"工程共同体"是造物主,是大量物质财富的创造者,并且"工程师"的根本在于造物。

工程师是工程活动的重要主体,是技术变迁和人类进步的主要力量。他们不受利益集团偏见影响,对确保技术变革最终造福人类负有重要的责任。美国土木工程师协会要求工程师在履行职业责任时必须将公众的安全、健康、福祉置于首位,并努力遵守可持续发展原则。土木工程师需要正确地运用自己所学的知识,理性地认识肩负着在人与自然、人与社会关系中起到重大责任的土木工程师应具备的道德素质以及相应的伦理责任。

(1) 工程师承担着促进工程安全、防范风险、关爱人员生命和健康的责任。工程师作为工程实践中的技术专家,在工程设计和指导工程实施过程中发挥着重要的作用,具有相应的技术决策权力。工程师的技术决策结果对工程安全具有直接影响,稍有疏忽就有可能造成严重的工程事故。因此,工程师在技术决策过程中要具备较高的安全意识,要关注工程活动有可能对施工人员和工程产品使用者所带来的安全隐患。除此之外,工程师还应该具有较高的关爱生命、关爱健康的责任意识,在工程技术活动中能够将生命价值放在一切标准的首位。在工程实践中关于工程风险系数的确定必须做到可接受和可控,该系数的确定不能伤害到工程施工者和使用者的健康和生命权利。

(2) 工程师承担着对雇主忠诚的责任。由于工程师受雇于雇主,工程师理应对雇主忠诚、为雇主提供服务,尽可能避免利益冲突并为雇主创造更多的经济效益。在工程活动中,工程师会面临两种伦理考量,"不加批评的忠诚"和"批评的忠诚"。前者是指工程师完全秉持雇主利益至上的原则,对雇主的决策不加以判断和考量,有时可能会以牺牲公众利益和自然利益为代价;后者是指工程师以职业伦理的约束尊重雇主的各种决策,即守持职业操守、优先考虑公众福祉和生态安全,而此时有可能会与雇主的要求产生冲突,使工程师的真知灼见被埋没。工程师的伦理责任要求工程师以"批评的忠诚"为其行事准则,有效规避工程技术活动的风险和对公众利益的损害。

(3) 工程师承担着守护公众利益的责任。作为社会的一员,工程师在设计工程方案、技术研发和应用的过程中,必须坚持"公众至上"原则。由于工程活动是工程师进行的社会性试验,如果工程活动引发重大安全事故,会给公众的健康和安全带来危害。因此,具有可靠职业伦理素养的工程师必须在工程技术活动中基于公众立场,履行"公众利益守护者"的职业伦理责任,即秉承职业良心、坚持技术和伦理标准、坚守道德底线,以道德上负责任的方式作出有利于确保工程质量、实现公众福祉的科学决策,使工程活动成为实现人类美好生活的造物活动。

(4) 工程师承担着保护自然利益和地方文化资源的责任。环境污染、生态失衡已经成为影响和制约人类生存和发展的障碍,生态文明是当今时代的主流价值取向之一。工程技术活动是工程师运用技术知识从事直接干预和改造自然和人类社会生活的活动,这就要求他们必须承担相应的生态责任,尊重敬畏自然、遵循自然规律、把握适度原则,将工程职业伦理规范和社会责任融入技术设计和实施的每个环节,从而减少工程技术活动对自然环境以及地方文化资源的破坏，形成工程与自然、社会的良性互动。我们这个世界面临的两大变革，即人同自然的和解以及人同本身的和解。在工程伦理学视野下，前者要求工程师承担保护生态环境的责任，追求工程与自然的和谐相处；后者则是要求工程师尊重与保护地方人文风俗，包括物质文化遗产与非物质文化遗产两大类。

对于土木工程师来说，应该具有对自然、对社会的强烈责任感。对于因土木工程建设活动引起的社会伦理问题，采取积极影响和干预的态度，本着服务社会、造福人群的宗旨，善尽对社会、专业、雇主、同僚的责任，做一个不负社会信任托付的工程师。

2.3 工程可持续发展与工程创新

2.3.1 工程可持续发展观

当今世界所面临的首要问题是维持人类发展和保护地球。美国土木工程师协会（ASCE）的伦理章程中将可持续发展定义为："可持续发展是一个变化的过程，在这个过程中，投资的方向、技术的导向、资源的分配、制度的改革和作用应满足人们当前的需求和渴望，同时不危及自然界承载人类活动的能力，也不危及子孙后代满足他们自我需求和渴望的能力。"工程现已成为助力人类在地球上生存和提高人类生活质量的主要推动器，有助于人们渡过灾难、应对公共卫生挑战、确保粮食安全和水资源安全、创新与创造新产品和服务。总的来说，工程在实现可持续发展方面发挥着核心作用，促进人类社会的可持续发展是工程的重要价值目标。在工程伦理视域下，工程实践的发展不仅要追求当前之善，更要追求长久之善。工程可持续发展主要指的是工程主体创造出保护资源、环境与生态的工程。

长期以来，工程关注的重点大都是效率和效益问题，工程速度越快越好，成本越低越好。但如今，工程需要追求可持续发展目标，不仅要满足当代人类生活发展需要，还要不损害子孙后代的福祉和利益，更需要与自然环境友好相处。例如，我国青藏铁路穿越可可西里、羌塘等国家级自然保护区，为保障藏羚羊等珍稀野生动物的正常生活、自由迁徙和繁衍，青藏铁路沿线设置了33处野生动物通道，让藏羚羊自由迁徙。

可持续发展目标的行为对象现已不仅局限于工程师单个行为体，而是工程共同体所有成员。也就是说，在工程实践过程中不仅工程师要追求可持续发展的伦理目标，投资者、管理者、工人和其他利益相关者都应该追求可持续发展的伦理目标，并努力为这一目标的实现作出贡献。生态环境不再是孤立的少数人的关注点。美国工程伦理学家迈克·马丁提出工程师、公司、政府、社区、市场机制和社会活动分子都要承担起环境伦理责任，促进生态的可持续发展。

可持续发展是工程的最终走向。当前世界工程人才培养与实现可持续发展目标还有一定差距，包括气候变化、生物多样性等可持续发展的理念、知识和能力亟待加强；人工智能、大数据等第四次工业革命的领航技术亟须被所有领域的工程师所掌握；科技和工程伦理规范亟须完善并被知晓和恪守；面对日益复杂的问题，工程师跨专业、跨领域和跨国界的协同合作亟须进一步加强。2020年3月4日是联合国教科文组织设立的全球首个"促进可持续发展世界工程日"，以此纪念工程师的成就以及工程为建设更美好的世界所作出的贡献。

2.3.2 哲学视野下的工程创新

从工程本体论观点来看，工程活动是人类最基本、最重要的社会实践活动，而且工程活动本身就是一种创新活动，体现在每个工程都是不一样的，一次性的特点是土木工程活动与其他工商业生产活动的重要区别。在谈到工程与创新的关系时，殷瑞钰院士认为"工程是现实的、直接的生产力，是创新活动的主战场"。

何继善院士等认为：工程创新是创新的主战场，主要体现在时间、内容、程度三方面（图2-5）。从时间上看，参照工程活动的三个阶段，将工程创新分为决策创新、实施创新和运营创新。从内容上看，不同领域的工程其创新的基本表现和具体特点是有差异的；就算在同一领域中，每项工程也会因为特殊的初始条件、边界条件和不同的目标要求，导致工程创新的差异。它包括材料创新、计算理论创新、工艺创新、检测方法创新和管理模式创新五方面的内容。从程度上看，工程创新的技术含量各有差别。它包括工程发现创新、方法创新、技术原理创新、技术集成创新和技术应用创新。

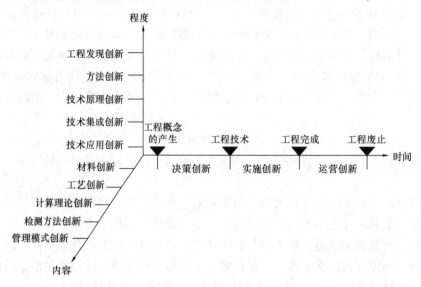

图2-5　工程创新的定义（图引自：何继善，王进，喻珍. 工程和谐与工程创新的互动关系研究[J]. 中国工程科学，2008，10（12）：4-9.）

准确地把握工程创新，需要区分它与技术创新的不同。熊彼特最先确立创新的概念，并认为技术创新是指新产品和新工艺的引入。与技术创新相比，工程创新则是既要进行组织创新，又要进行技术创新。土木工程中的工程创新主要是管理创新和工程技术创新的集成。工程创新还需要上升到哲学的角度，运用"系统思考、整体推进、主客观最佳结合"的工程哲学思想，辩证地理解工程活动，系统整合工程活动中的实践要素，指导工程活动的创新性发展。

工程创新是一种集成创新，它不是一个简单的线性过程，而是从规划、设计创新到实施，并与其他要素融合的过程，这些要素包括技术、经济、社会、法律、文化等要素。就工程创新活动本身而言，工程创新的过程是在"创新空间"中通过不断地"选择"与"建构"把"可能性"转化为"现实性"的过程。因此，工程创新的实质和基本内容被认为是创新空间中的选择与建构。

工程创新也是一种开放式创新，更为强调可持续发展。工程创新不能为创新而创新，而要以可持续发展为目标，以使创新达到的综合效益最大化。工程可持续发展是工程创新的出发点和归宿，而创新是维持工程可持续发展的原动力，又是实现更高层次和谐的内驱力。应该认识到，当前工程创新能力与实现可持续发展目标所需能力之间尚有差距。未来可在"第四次工业革命"的背景下，开展工程创新方面的研发，以应对增进人类福祉与健康、清洁饮水和粮食安全、气候危机、能源脱碳、人口老龄化、灾难风险管理、生物多样性、城市发展等诸多挑战。

【复习思考题】

请根据本章的工程哲学与伦理学知识，对本地区大型工程进行哲学分析，深入探讨"工程哲学"在实践中的指导作用及其对项目成功所起的决定作用，并提出自己的认识、观点和建议。

第 2 篇　基础理论与方法

第2章　草地環境のランク

第3章 工程项目系统与分析方法

3.1 工程项目系统

3.1.1 工程项目系统定义

工程项目建设是一个解决问题的过程,是在一定的环境中有效地运用可获得的资源和技术实现预期功能,以达到工程项目目的的一次性活动。为了有效地解决工程项目问题,需要充分理解问题的性质,问题所处的环境、范围及其局限性,解决问题途径的内在因素和各因素之间的相互关系,并综合地加以处理,即是"范围管理"。随着科学技术、社会经济的发展,现代的工程项目趋向于高度综合性、复杂性,并与周围环境紧密联系,呈现出明显的系统性质。钱学森是我国系统工程的开创者和奠基人,于1978年发表了《组织管理的技术——系统工程》一文,第一次在中国阐述了系统工程,将系统工程定义为组织管理系统的技术。因此,工程项目系统思维便是应用现代系统科学思想和技术手段,来处理工程项目构思规划、设计和实施中的范围管理问题。

3.1.2 工程项目的目标体系

1. 项目与项目管理的成功

目前关于"项目成功"与"项目管理成功"并没有统一的定义,归结起来,项目成功一般是指在规定的时间、费用等条件下完成预定目标;项目管理成功一般是指项目的管理者,在有限的资源约束下,运用系统的观点、方法和理论,对项目涉及的全部工作进行了有效地管理,实现了项目的预定目标。

项目成功与项目管理成功息息相关、相辅相成。就评价指标而言,项目成功与项目管理成功是一致的,有硬指标,例如时间、成本、质量等;和软指标,例如利益相关者满意度、顾客需求、健康与安全、环境影响及商业价值、可用性、可靠性、文化协同度等。

虽然项目的成功和项目管理的成功相关联,但项目成功与项目管理成功是否能共同达成,依然与其他因素有关。例如,工程中的角色不同引起的差异:如果一个项目管理公司完成了业主委托,就是同时实现了项目的成功与项目管理的成功。然而该项目对于业主方来说,依然可能未达到预期的目标,如与当地的建筑文化产生冲突,此时项目的成功与项目管理的成功是不一致的。也有其他不可控的因素,例如一个项目成功实施了项目管理工作,但这个项目可能会由于组织制定新的战略方向而中止,此时项目成功也就无从谈起。

尽管项目利益相关方对项目成败的判断标准并不是完全一样,但在成功的项目中,项目各方是在向一个共同的目标而努力的。而在不成功的项目中,大家却在相互牵制,没有形成合力。从业主方角度出发,既需要项目能满足项目成功的目标,例如质量、成本、进度,同时也需要项目管理能成功实施,项目的结果与项目管理的结果应做到协调一致,这样才能称为同时实现了项目与项目管理的成功。

2. 工程项目目标

引例：

2009年6月，兰新高速铁路建设项目获国务院批复，并于同年11月正式开工。经过长达5年的建设与联调联试，2014年12月26日，兰新高速铁路全线开通。兰新高速铁路是目前世界上一次建成通车距离最长的高速铁路，全长1776km，总投资1435亿元，从兰州西站到乌鲁木齐站，线路横跨新疆、甘肃、青海三个省区，沿途经过青海西宁、甘肃张掖、新疆哈密等31个车站。兰新高速铁路是西北地区首条国铁级双线电气化快速铁路，设计时速为200km，其中兰州至西宁段和哈密至乌鲁木齐段提速为250km/h，大幅缩短了新疆和内地的时间距离，成功将西北地区各城市纳入"一日生活圈"。

图3-1　兰新高速铁路新疆段的防风明洞

兰新高速铁路的建设面临着自然环境所带来的巨大挑战。兰新高速铁路穿越新疆烟墩风区、百里风区等四大风区，其间大风频发，部分区段年均大于8级大风的天气达208天，是我国乃至世界上铁路风灾最严重的地区之一。为最大限度地解决大风对铁路运输的影响，兰新高速铁路在修建过程中，设置了路基挡风墙、桥梁挡风墙、防风明洞（图3-1）共计462km的防风工程，其规模在世界高速铁路在建工程中位居首位。

兰新高速铁路这条横贯东西的现代"钢铁丝绸之路"，不仅使新疆一跃成为中国向西开放发展的最前线，推动新疆打造国际化物流枢纽，同时也放大了西北地区的资源配置空间，促进资本聚集和财富倍增，成为西部经济发展的"助推器"。

从兰新高速铁路的案例可以看出，现代工程项目目标不仅涵盖了项目成本、进度、质量和用户满意度四大目标，还会影响项目影响区域社会经济的发展。可以说，工程项目的目标与项目是不同的。工程项目的目标可以分为三个层次，在成虎教授《全寿命全集成管理》中认为，成本、工期和质量是工程项目的基本目标，这是工程项目可以成为一个具备一定功能的产品的基础，称之为现实目标。随着管理理论的发展，项目不仅追求成本、工期和质量，还需要各方面满意，也就是项目参与方均需要满意，不仅是用户满意，这个目标被称为理性目标（成虎，2004）。此外，随着工程项目的规模越来越大，投资大、周期长，其对社会经济和环境的影响扩大，甚至由于投资项目的建设会影响到建设区域的环境、社会系统。随着工程项目的环境影响受到重视，并且工程项目本身就需要消耗资源和能源，因此，从可持续发展视角提出了工程项目需要与环境协调和可持续发展的哲学目标。

传统意义上的工程项目目标是指在一定的时间、费用限制条件下完成满足一定质量要求的工程产品，可以归结为质量、成本、进度。此外，随着工程哲学观与工程伦理观的逐步建构，将可持续发展与人类福祉纳入工程项目管理目标体系，构成一个多目标系统。

（1）工程项目质量目标是指工程项目应满足用户进行生产、生活所需的功能和使用价值，符合设计要求和合同约定的质量标准。

（2）工程项目成本目标是指完成工程项目所发生的各项支出应控制在预期的费用之内。

（3）工程项目进度目标是指在与质量、费用目标协调的基础上，在规定的时间内实现工期目标。

（4）可持续发展概念最早出现于1980年国际自然保护同盟的《世界自然资源保护大纲》，其中指出："必须研究自然的、社会的、生态的、经济的以及利用自然资源过程中的基本关系，以确保全球的可持续发展。"随后，在1987年世界环境与发展委员会出版的《我们共同的未来》报告中，将可持续发展定义为："既能满足当代人的需要，又不对后代人满足其需要的能力构成危害的发展。"该定义被广泛接受并产生了深远的影响。对于工程项目来说，许多项目造成了资源的巨大浪费与环境的严重破坏，因此，关注可持续发展目标就是指项目应当既能满足现在需要，又能适应未来发展的能力，实现人与自然、人与社会的和谐统一。

（5）人类福祉指的是健康、幸福并且物质上富足的生活状态，是可持续发展的最终目的。该概念诞生于第二次世界大战结束，各行各业百废待兴，初期研究主要集中在经济学和社会学领域，随着经济和社会的发展，人类福祉的研究逐渐得到来自生态学、环境科学、地理学等各领域研究者的重视。当下部分工程项目的修建是为了经济利益的需要，而忽视了工程项目的社会责任，关注工程项目的人类福祉目标，便是指项目应有利于实现人类福祉，满足当代人和后代人的物质和精神需要。

按照项目成功与项目管理成功的定义，该多目标系统能否实现以及实现程度，便是衡量工程项目成功与项目管理成功的标准。实施工程项目管理应对这个有机的多目标系统进行整体控制，寻求目标系统的整体最优化。构建目标系统结构时，可以按照层次分析的思路，首先确定项目的总体目标，然后以项目的具体要求、环境和资源条件、合同条件等为依据，对目标系统进行分解，构建项目目标系统。

3.2 系统分析方法

系统工程方法论是指在更高的层次对如何分析和用好各类方法进行研究，按照系统工程方法论提出的顺序可分为霍尔方法论、切克兰德系统工程方法论、综合集成系统方法论和物理—事理—人理方法论，其中以霍尔方法论最具代表性。

系统工程方法以认识、研究、设计和构思作为系统的客体，按照事物本身的系统性，把对象放在系统的形式中加以考察，并为探讨结构复杂的客体确立必要的原则。按照系统工程的发展环节，可分为系统预测方法、系统评价方法与系统决策方法。

3.2.1 霍尔方法论

霍尔方法论是美国系统工程专家霍尔（A·D·Hall）等人在大量工程实践的基础上，于1969年提出的一种系统工程方法论，其内容反映在可以直观展示系统工程各项工作内容的三维结构图中（图3-2）。霍尔三维结构的出现，为解决大型复杂系统的规划、组织、管理问题提供了一种统一的思想方法，因而在世界各国得到了广泛应用。

霍尔三维结构是将系统工程整个活动过程分为前后紧密衔接的七个阶段和七个步骤，同时还考虑了为完成这些阶段和步骤所需要的各种专业知识和技能。这样就形成了由时间维、逻辑维和知识维组成的三维空间结构。

（1）时间维表示系统工程活动从开始到结束按时间顺序排列的全过程，分为规划、拟定方案、开发、生产、安装、运行、维护七个时间阶段。

（2）逻辑维是指时间维的每一个阶段内所要进行的工作内容和应该遵循的思维程序，包括明确问题、确定目标、系统综合、系统分析、系统评价、决策、实施七个逻辑步骤。

（3）知识维列举需要运用的各种知识和技能，包括工程技术、医学、法律、社会科学、教育、环境等。

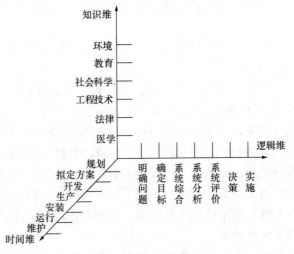

图 3-2　霍尔三维结构

三维结构体系形象地描述了系统工程研究的框架，对其中任一阶段和每一个步骤又可进一步展开，形成分层次的树状体系。

3.2.2　系统预测方法

无论是对系统进行规划和分析，还是对系统进行设计和决策，首先要对系统的有关因素进行预测。通过预测可以获得系统的必要信息，为科学的逻辑推断与决策提供可靠、正确的依据。系统预测方法可分为定性预测方法和定量预测方法，其中定性预测方法中以主观概率法、德尔菲法（专家调查法）较为常用，定量预测方法中以时间序列法以及回归分析法较为常用。

（1）主观概率法

主观概率是指根据发展趋势，分析者主观判断事件发生可能性的大小，反映个人对某件事的信念程度。所以主观概率是对经验结果所作主观判断的度量，即可能性大小的确定。在很多情况下，人们没有办法计算事情发生的客观概率，因而只能用主观概率来描述事件发生的概率。

（2）德尔菲法

德尔菲法依据系统的程序，采用匿名发表意见的方式，即专家之间不得互相讨论，不发生横向联系，只能与调查人员联系，通过多轮调查专家对问卷所提问题的看法，经过反复征询、归纳、修改，最后汇总成专家一致的看法，作为预测的结果。

（3）时间序列法

时间序列法的基本原理是从过去按时间顺序排列的数据中找出事物随时间发展的变化规律，并推算出演变的趋势。常用数学模式是预测目标与时间的函数关系：

$$y = f(t) \tag{3-1}$$

式中　y——预测目标；

t——时间。

移动平均法是时间序列法中较为常见的一种方法，公式如下：

$$f_t = \frac{1}{n}\sum_{i=t-1}^{t-n} x_i = \frac{1}{n}(x_{t-1} + x_{t-2} + \cdots + x_{t-n}) \qquad (3\text{-}2)$$

式中　f_t——第 t 期的预测值；

　　　x_t——第 t 期的实际值；

　　　n——分段平均中数据的个数。

(4) 回归分析法

回归分析法是指利用数据统计原理，对大量统计数据进行数学处理，并确定因变量与某些自变量的相关关系，建立一个相关性较好的回归方程（函数表达式），并加以外推，用于预测今后因变量变化的分析方法。根据因变量和自变量的个数分为一元回归分析和多元回归分析；根据因变量和自变量的函数表达式分为线性回归分析和非线性回归分析。

3.2.3　系统评价方法

系统评价是系统工程中复杂而又重要的一个环节。问题的解决或者解决问题的方法和方案哪个更优，都依赖于系统评价。评价的目的是为了决策，系统评价的好坏影响着决策的正确性。系统评价方法以层次分析法与模糊综合评价法最为常用。

(1) 层次分析法

层次分析法解决多目标决策问题的基本思路是：首先，找出决策问题所涉及的主要因素，将这些因素按目标、准则、措施等分类；然后，构造一个反映各因素关联隶属关系的两两成对比较，得到各因素的相对重要性排序；最后，按层次结构关系，得到对各选择方案的综合排序。

(2) 模糊综合评价法

模糊综合评价法是借助模糊数学的一些概念，为实际的综合评价问题提供评价的方法。以模糊数学为基础，应用模糊关系合成的原理将一些边界不清、不易定量的因素定量化，从多个因素对被评价事物隶属等级状况进行综合性评价。

3.2.4　系统决策方法

系统决策方法是为了达到特定的目标，运用科学的理论方法，分析主客观条件后，提出不同的方案，并从中选择最优方案的过程。这里仅介绍常用的方法，决策树法与贝叶斯决策法。

(1) 决策树法

决策树分析法是一种运用概率与图论中的树对决策中的不同方案进行比较，从而获得最优方案的风险型决策方法。图论中的树是连通且无回路的有向图，入度为 0 的点称为树根，出度为 0 的点称为树叶，树叶以外的点称为内点。决策树由树根（决策节点）、其他内点（方案节点、状态节点）、树叶（结果节点）、树枝（方案枝、概率枝）、概率值、损益值组成，如图 3-3 所示。

(2) 贝叶斯决策法

决策者面临几种可能的状态和相应的后果，且对这些状态和后果得不到充分可靠的有关未来环境的信息时，只能依据"过去的信息或经验"去预测每种状态和后果可能出现的概率，在这种情况下，决策者可根据确定的决策函数计算出项目在不同状态下的函数值，然后再结合概率求出相应的期望值，此值就是对未来可能出现的平均状况的估计，决策者可以依此期望值的大小作出相应决策。贝叶斯决策法是最常见的以期望为标准的分析方

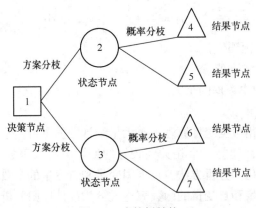

图 3-3 决策树结构

法。它是在不完全情报下,对部分未知的状态用主观概率估计,然后用贝叶斯公式对发生概率进行修正,最后再利用期望值和修正概率作出最优决策。

3.2.5 工程项目管理的一般方法

系统工程方法、管理研究方法和管理科学模型与方法,是工程项目管理目标分解和系统分析的全局性的方法,这对理解和掌握工程项目管理的基本原理非常重要。

1. 四维霍尔方法论

系统工程方法是工程项目管理的全局性的方法。霍尔三维结构集中体现了系统工程方法的系统化、综合化、最优化、程序化和标准化等特点,是系统工程方法论的重要基础内容。霍尔三维结构模式的出现,为解决大型复杂系统的规划、组织、管理问题提供了一种统一的思想方法。图 3-4 就是在霍尔模型基础上发展出的工程项目管理的四维模型体系。将霍尔三维结构运用到工程项目管理之中,将逻辑维扩展为对象维和技术方法维,可以发现四个维度下的步骤涵盖了工程项目的全部内容。时间维表示工程项目从策划、评估、决策、设计、施工、竣工验收、投入生产的全过程;技术方法维的步骤涵盖涉及各个相关学科的各类方法,包括数学方法、经济学方法、管理技术、信息技术、心理学方法、系统工程等;知识维包括完成工程项目所需的各个专业的知识;对象维可以是工程项目管理所涉及的项目、企业、建筑业、建筑市场、承包商等各个大类。

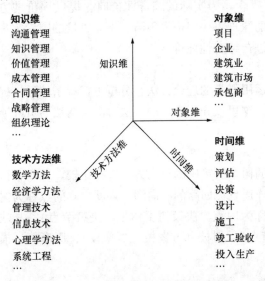

图 3-4 工程项目管理的四维霍尔模型
（原型为霍尔模型）

除此之外,系统科学的一些模型与方法,如决策方法、评价方法、预测方法、系统可靠性、博弈论、复杂性科学、管理仿真等理论都是工程项目管理决策、评价、计划与实施的科学依据。

2. 管理科学的一般方法简述

通常所说的管理科学方法，一般分为定性方法和定量方法。定性方法比较熟知，如问卷调查法、头脑风暴法、专家打分法、德尔菲法等。定量方法，即工程项目管理领域的具体模型与算法方法，既有管理科学的技术与方法，如层次分析法、模糊综合评价法等。再如，进度优化模型，在运筹学是生产调度模型，常用的算法有粒子群算法、遗传算法等。在通常认为难以预测的合同谈判和招标投标报价领域，博弈论也逐渐成为工程合同谈判、投标报价领域常用的理论与预测模型。此外，还有管理仿真方法。现代建模技术和仿真技术已经成为管理科学中的重要手段，管理仿真中常用的技术有多 AGENT 技术、系统动力学、社会网络分析、MATLAB 等。

工程项目领域管理又有专业的技术与方法，如 CAD 技术、BIM 技术。随着信息技术的发展，进度优化的传统算法和空间建模技术结合起来，就可以解决传统的、单纯的数学建模可能带来的空间碰撞问题。

3.3　工程项目策划与评价

工程项目策划与评价是工程项目管理的重要组成部分，处在工程项目全生命周期的逻辑起点，即前期策划阶段。根据系统科学的思维，将目标系统以及系统分析方法贯彻到工程项目的策划与评价之中，将为项目建设的决策和实施增值。

3.3.1　工程项目策划

工程项目策划是指通过调查研究和收集资料，在充分占有信息的基础上，针对工程项目的决策和实施，进行组织、管理、经济和技术等方面的可行性科学分析和论证，目的在于保证工程项目完成后获得满意可靠的经济效益、社会效益和环境效益。工程项目策划一般包括以下内容。

1. 项目构思

工程项目构思是指对拟建项目的地点、性质、目标、范围、功能的设想和初步界定。工程项目的提出，一般根据国家经济社会发展的近远期规划以及提出者（单位或个人）生产经营或社会物质文化生活的实际需要。因此，项目构思策划必须以法律法规和有关政策方针为依据，结合实际建设条件和地区经济社会环境进行。

2. 项目的目标设计和项目定义

这一阶段主要是通过对上层系统的情况和存在的问题进行进一步研究，构成项目目标系统，包含上文提到的质量、成本、进度等子目标。这个阶段包括以下工作：

（1）情况分析和问题研究。即对上层系统状况、环境状况、市场状况和组织状况进行调查，对其中的问题进行全面罗列、分析和研究，确定问题的原因，为正确的项目目标设计和决策提供依据。主要分析内容包括：①拟建工程所提供的服务或产品的市场现状和趋向分析；②上层系统的组织形式，企业的发展战略、状况和能力，上层系统运行存在的问题分析；③企业所有者或业主的状况分析；④项目其他干系人，如合资者、合作者、供应商、承包商的状况分析；⑤自然环境及其制约因素情况分析；⑥社会的经济、技术、文化环境分析；⑦政治环境和法律环境，特别是与投资、与项目的实施过程和项目的运行过程相关的法律和法规分析。

(2) 项目目标设计。目标的设计是在明白拟建项目所要解决的问题的基础上，提出工程项目应该实现的目标。工程项目采用目标管理方法，在项目早期就必须确定总目标，并将它贯彻在工程项目的整个实施过程中，以指导总体方案的策划、可行性研究、设计和计划以及施工过程，并作为工程项目后评价的依据。

(3) 项目定义和总体方案策划。项目的定义是指确定项目目标系统的构成和范围界限，对项目的各个目标指标作出说明，并根据项目总目标对项目的总体实施方案进行策划。

(4) 项目审查。这里的审查主要是对项目构思、情况和问题的调查和分析、目标设计的过程和结果的审查。

(5) 提出项目建议书。项目建议书是对项目总体目标、情况和问题、环境条件、项目定义和总体方案的说明和细化，同时提出在可行性研究中分析的各个细节和指标，作为后继可行性研究、技术设计和计划的依据。它已将项目目标转变成具体实在的项目任务。

3. 可行性研究

可行性研究是在工程项目投资决策之前，从经济、技术、市场、生产、法律、政策等多方面对工程项目投资建设的可行性进行全面的论证和评价。

一个完整的可行性研究报告至少应包括三方面的内容：一是分析论证投资项目建设的必要性，主要通过市场预测工作来完成；二是项目投资建设的可行性，主要通过生产建设条件、技术分析和生产工艺论证来完成；三是项目投资建设的合理性，主要通过项目的效益分析来完成。具体来说，可行性研究论证主要包括：①产品的市场需求；②政策分析；③财务分析；④投资估算和资金筹措；⑤社会经济效益分析；⑥建厂条件和厂址选择；⑦项目设计方案；⑧项目施工计划和进度要求；⑨组织机构设置；⑩人员培训机制；⑪环境保护与劳动安全；⑫节能分析；⑬社会风险效益分析。

4. 项目评价与决策

在可行性研究的基础上，对工程项目进行全方位的论证和分析。根据可行性研究和评价的结果，由上层组织对项目的立项作出最后决策。工程项目评价是可行性研究的理论基础，统领着可行性研究的实践内容；可行性研究是工程项目评价的工程实践，是工程项目评价理论在具体实践过程中的落实。

5. 项目任务书的编制

通过对工程项目的评价和决策，其建设的必要性与可行性得以验证，然后编制项目任务书。项目任务书是工程项目列入建设的主要文件，是编制设计文件的主要依据，包括建设规模、建设依据、建设布局和建设进度等多方面内容。项目任务书在可行性研究的基础上做了进一步实施性研究，是制约建设项目全过程的指导性文件。工程项目策划的最终成果表现为项目任务书。

项目前期策划过程如图 3-5 所示。

3.3.2 工程项目评价

工程项目评价是指在项目可行性研究的基础上，从国家全局以及企业的角度，对拟建项目的计划和设计方案进行全面的论证和评价。工程项目评价力求客观地、准确地将与项目执行相关的资源、技术、市场、财务、经济、社会等方面的基本数据资料汇集报告给决策者，使其能够在全面而深入了解和掌握项目有关情况的条件下，实事求是地作出正确的

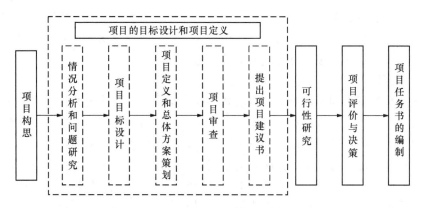

图 3-5 项目前期策划过程图

决策。借鉴世界银行贷款项目评估体系,将工程项目评价分为以下几个方面。

(1) 市场评价

市场评价是指针对所确定的企业目标,采用定性和定量分析方法,重点审查、分析和评价项目是否有必要确立或兴建的过程。

市场评价主要包括从社会发展宏观角度论证项目建设的必要性,分析项目是否符合产业政策、投资方向、行业规划和地区规划;通过市场调查和预测,对产品市场供需情况及产品竞争能力进行分析比较。

(2) 经济评价

建设项目的经济评价主要包括财务评价与国民经济评价两大部分。财务评价是在国家现行的财税制度和市场价格体系下,分析和预测项目的财务效益与费用,计算财务评价指标,对拟建项目的财务可行性和经济合理性进行分析论证,为项目的科学决策提供依据的一种经济评价方法。

国民经济评价是建设项目经济评价的重要组成部分。它是按合理配置稀缺资源和社会经济可持续发展的原则,采用影子价格、社会折现率等国民经济评价参数,从国民经济全局的角度出发,考察建设项目的经济合理性。

除此之外,还应对财务经济评价和国民经济评价两方面的不确定性进行评价,包括盈亏平衡点分析、敏感性分析、风险分析等。

(3) 技术评价

技术评价主要是针对项目的技术、工艺和设备方案的先进性、经济性和可行性等作出全面的评价。在技术评价中,技术条件分析涵盖的范围很广,包括可能影响项目实施的一切因素,如工艺流程方案、设备方案、工程设计方案、建设条件、建设规模等。

(4) 机构评价

机构评价主要是针对工程项目的组织机构、人事制度、管理体制等关于项目执行机构的组织与管理要素进行的评价。在机构评价中,内部组织机构是否合理、技术人员是否有足够的技术水平、项目是否具有必要的培训设施、信息交流渠道是否有效等都是机构评价的内容。

(5) 环境评价

环境评价是指对可能影响环境的项目,在事前进行调查和研究的基础上,预测和评定项目可能对环境造成的影响,以防止和减少这种影响,并为制定最佳行动方案提供依据。在环境质量现状监测和调查的基础上,运用模式计算、类比分析等技术手段进行分析、预测和评估,提出预防和减缓不良环境影响的措施。

(6) 社会评价

社会评价是指识别和评价投资项目的各种社会影响,分析当地社会环境对拟建项目的适应性和可接受程度。评价投资项目的社会可行性,其目的是促进利益相关者对项目投资活动的有效参与,优化项目建设实施方案,避免投资项目的社会风险。

工程项目评价理论对应可行性研究的落实点,具体来说,市场评价对应可行性研究中的市场需求分析、政策分析;经济评价对应可行性研究中的财务分析、投资估算和资金筹措、社会经济效益分析;技术评价对应可行性研究中的建厂条件和厂址选择、项目设计方案、项目施工计划和进度要求;机构评价对应可行性研究中的组织机构设置、人员培训机制;环境评价对应可行性研究中的环境保护与劳动安全、节能分析;社会评价对应可行性研究中的社会风险分析。如图 3-6 所示。

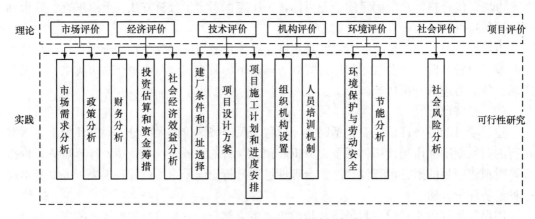

图 3-6 工程项目评价与可行性研究关系

3.4 工程策划案例——安溪县汽车总站项目

3.4.1 项目系统分析及目标设计

安溪县坚持强县富民与绿色发展相结合,突出山水生态特色,培育发展信息技术、服务外包等战略性新兴产业,着力构建新型城镇发展格局和现代产业体系,全力打造"宜居宜业宜商宜游"的现代山水茶都和信息产业基地。

其社会经济发展模式决定了其商贸往来、人员流动频繁的特点,而其所处的地理位置和交通基础设施现状决定了公路交通不可动摇的地位。20 世纪 80 年代以来,安溪县投入巨资进行交通基础设施建设,并取得了显著成效。由于近年来安溪城区范围不断扩大,而原有安溪汽车站(图 3-7)又位于城区中心,给城区交通带来了巨大的压力。

通过对安溪县社会经济发展、城市布局和客运站场现状的系统分析,明确安溪汽车总站(图 3-8)项目建设的目标主要有以下三点。

图 3-7　安溪老汽车站

图 3-8　安溪汽车总站

（1）提高旅客发送能力，满足客运发展的需要

随着经济的发展，人民生活水平的提高，人们的价值观念发生了深刻的变化，对公路运输的数量和质量都提出了更新、更高的要求。旅客出行既要安全方便，又要舒适快捷，能够通达更广大的地区，服务网络更加广泛。安溪车站的建设正是以站场为节点的功能齐全、管理先进、全方位服务的新型服务体系，其以超前的意识，结合城区总体规划，在满足人民群众需求的同时，将安溪总站建成高品位的标志性客运建筑。

（2）改善客运设施，提高客运服务水平的需要

现有的安溪汽车站规模偏小，停车场、候车区、站前广场等功能布置不合理，无法适应现代客运的发展需求。随着人们物质文化水平的不断提高，旅客对客运部门的要求也不断提高，要求有个舒适的候车环境和安全的乘车条件，并有候车、乘车、餐饮等一系列服务设施。目前安溪车站地处老城区，人员车辆穿梭、交通组织困难，无法满足旅客出行的高层次要求。

（3）整合客运服务设施，促进城市发展的需要

城市发展需要有合理的客运枢纽系统相配套，以保证城市经济的健康发展。原车站地处老城区，往来车辆加剧了城区内交通的拥堵，将车站移至合适的区位，将地块整合为其他用途，有利于城市的进一步发展。

3.4.2　可行性研究论证

对安溪汽车总站建设的可行性研究是项目前期工作的重要内容，也是工程项目评价的具体依据。从工程项目评价的六个方面出发，对该案例进行可行性研究论证，具体包括以下内容。

1. 市场评价

（1）市场需求分析

市场需求分析的目的是论证该项目的市场需求是否确切，并对前景进行预测。安溪县公路运输站场设施的规划建设与安溪县的经济社会发展相比，显然薄弱且有较大差距，公路运输站场建设滞后于公路建设的矛盾日益显现，在旅客运量逐年增长的情况下，供需矛盾日益突出，人们对于出行市场有更多的追求与需要。

（2）政策分析

政策分析的目的是论证该项目的兴建是否顺应政策的需要。"十二五"期间，安溪将组织实施一批重大基础设施项目，推动安溪县进入"高速"时代，融入泉州、厦门"一小时经济圈"，完善基础设施功能，增强经济发展后劲。该政策将推动安溪汽车总站的修建。

2. 经济评价

（1）财务分析

财务分析的目的是评估项目的经济风险及论证项目是否具有盈利能力。通过对安溪汽车总站项目整体的盈利能力、财务生存能力、偿债能力和不确定性进行分析，表明项目具备较强的盈利能力和抗风性、稳定性，但运营期第一年应适当补充短期流动资金，以平衡收支。其余年度均具有良好的财务可持续性，且偿债能力和不确定性分析满足投资需求，项目财务分析结论可行。

安溪汽车总站项目盈亏平衡分析表明，项目盈亏平衡点比较低，盈利能力比较稳定；敏感性分析表明，营业收入最为敏感，其次为建设投资变动，最后为经营成本，而按照该项目的规划，建成后将成为泉州公路运输场站的重要组成部分，所以该风险较小。

（2）投资估算和资金筹措

分析投资估算和资金筹措的目的在于论证项目的资金运作是否合理。投资估算包括对安溪汽车总站项目的总投资估算，主体工程及辅助、配套工程估算，以及流动资金估算；资金筹措包括该项目资金来源、筹措方式、各种资金来源所占的比例、资金成本及贷款偿付方式的说明。该项目的投资估算合理且资金筹措安排清晰。

（3）社会经济效益分析

社会经济效益分析的目的是论证该项目是否具有社会效益，是否能促进社会的发展。安溪汽车总站的建设将为区域后续发展提供良好的投资环境，可以吸引资本，有助于县内相关产业的发展，加快安溪形成物流产业园的速度。除此之外，项目的带动效应也能刺激和激发其他相关产业的发展，形成持续的税费来源。因此该项目有利于促进所在地的经济发展，可增加财政税收，同时适应社会发展需要、完善城市服务。

3. 技术评价

（1）建厂条件和厂址选择

分析建厂条件和厂址选择的目的在于论证项目选址是否满足项目的目标设计。项目用地选址于安溪县城区二环路东侧，南侧为45m宽的已建城市道路，东侧为德苑公路，北侧为山地，该地段交通便捷，周边基础设施配套齐全，在此建设公路客运站是十分适宜的。该项目在城区的位置也较为合适，站址辐射覆盖面大，旅客出行方便。

（2）项目设计方案

分析项目设计方案的目的在于考察设计方案是否完备且合理。在选定的建设地点内对安溪汽车总站进行项目建设方案的设计，包括站场生产流程设计、交通组织设计、总平面布置、结构设计、给水排水设计、电气设计、暖通专业设计等，设计方案完整。

（3）项目施工计划和进度要求

分析项目施工计划和进度要求的目的在于考察施工安排是否明确且合理。根据项目进度安排，计划2019年8月开工，2021年8月项目全面竣工，2021年9月～12月进行试营业，2022年正式投产运行。该安排符合勘察设计、设备制造、工程施工、安装等工程所需时间与进度要求。

4. 机构评价

（1）组织机构设置

分析组织机构设置的目的在于考察项目组织机构是否合理。在正常开展站务作业的情况下，站内各部门定员编制共计 97 人，分为领导层、站务层、管理层，其中领导层共 4 人，站务层共 79 人，管理层共 14 人。与专业公司签订合同，由其提供保安人员和保洁服务，这部分人员不计入编制。

（2）人员培训机制

分析人员培训机制的目的在于考察技术人员是否具有合格的技术水平。该项目加强了重点岗位安全培训和服务培训，并强调树立干部职工安全生产意识和服务意识，提高服务水平。聘请了专业管理公司人员负责车站的日常管理和运营，最大限度地保证投资效益。

5. 环境评价

（1）环境保护与劳动安全

分析环境保护与劳动安全的目的在于预测项目对环境的影响，提出环境保护方案。在建设期与运营期对安溪汽车总站的环境影响进行分析，并提出对应的环境保护措施，采取环境保护措施后，该项目对环境的破坏和污染程度比较轻微。

（2）节能分析

节能分析的目的是论证项目的能源选用，节能措施是否符合用能、节能标准。该项目依据有关合理用能标准、节能设计规范，对能源品种的选用、用能状况进行了分析，并提出对应的能源合理利用措施。

6. 社会评价

社会风险分析的目的在于考察项目是否会引起社会矛盾。本项目已经纳入安溪县发展规划重大基础设施项目，各政府部门对本项目都表示支持，外部政策条件良好，且居民出行条件和环境的促进作用使其被当地群众所接受。项目无特殊的文化要求和技术要求，能够与当地文化技术相互适应和协调发展。

【复习思考题】

1. 杭州湾大桥是不是个成功的项目？运用本章的知识，结合运营数据，简要说明理由。
2. 如何运用系统分析方法开展工程项目策划？请以某类工程为例进行具体说明。
3. 选择一个你感兴趣的实际大型工程项目，尝试应用霍尔模型进行分析。

第4章 工程项目风险管理

随着工程建设规模越来越大，极端环境条件、社会风险事件发生越来越频繁，工程建设过程中不确定性加剧，项目面临的各类风险能否被很好地控制成为决定项目成败的关键。随着技术更新加速，经济社会不确定性增加，对项目目标应主动控制，防范风险。风险管理已经成为项目管理过程中的重要工作。

4.1 风险管理概述

4.1.1 风险管理国内外发展

风险管理（Risk Management）是对潜在的损失（风险）进行识别、评价，并根据具体情况采取相应的措施进行处置，以减小对目标的负面影响的过程。它是一种避免损失的思维方式，也是一种系统化、强调团队合作的工作方法，更是一个持续改进的过程。工程项目风险管理的理论研究是伴随着国际工程建设市场的形成和发展而产生的。在第二次世界大战期间，在系统工程和运筹学领域中就开始应用风险分析技术。20世纪60年代，风险分析技术应用于工程项目管理。学者们先后开发、研究了各种项目风险评价技术，如早期的项目计划评审技术以及后来的敏感性分析和模拟技术等。当今世界上一些大型土木工程项目均采用了风险管理。

纵观几十年风险管理科学的发展历程，风险管理呈现出研究领域逐步延伸、研究范围不断扩大、分析模型日渐成熟的三大趋势。风险管理由发达国家向发展中国家延伸，最早起源于发达国家，美国是风险管理的发源地。1950年，墨菲等人在其合著的《保险学》一书中阐述了"风险管理"概念。1960年，美国保险管理协会（American Society of Insurance Management，ASIM）纽约分社与亚普沙那大学合作，首次试验开设为期12周的风险管理课程。1961年，印第安纳大学赫奇斯教授主持成立了ASIM的"风险及保险学课程概念"特别委员会，并发表《风险与保险学课程概念》一文，为该学科领域的培训与教育指明了方向。1963年，梅尔和赫奇斯合著《企业风险管理》，该书后来成为该学科领域影响最为深远的历史文献。1982年，美同保险管理协会（ASIM）更名为风险与保险管理协会（Risk&Insurance Management Society，RIMS），这标志着风险管理从原来意义上的用保险方式处置风险转变为真正按照风险管理的方式处置风险。1983年，在美国RIMS年会上，世界各国专家学者共同讨论并通过了"101条风险管理准则"，以作为各国风险管理的一般准则，其中包括风险识别与衡量、风险应对、风险财务处理、索赔管理、职工福利、退休年金、国际风险管理、行政事务处理、保险单条款安排技巧、交通、管理哲学等。1986年，由欧洲11个国家共同成立了"欧洲风险研究会"，进一步将风险研究扩大到国际交流范围，说明风险管理的发展进入一个新阶段。英美两国在风险研究方面各有所长，且具有很强的互补性，代表了该学科领导的两个主流。德、法、日等发达国家的风险管理都是在美国理论体系下发展起来的。日本继承了美国的"风险管理"模式。1988年，日本风险管理学会成立，关西大学龟井利明教授出版了《风险管理的理论与实务》一书，各大学也相继开设了风险管理课程。像其他的西方先进理论技术一样，风险管理在日本起步虽晚，但成果颇丰，逐渐形成一套适合本国的理论体系。

风险管理技术原是20世纪60年代以来现代项目管理中不可缺少的工具，但我国在20世纪70年代末、80年代初引进项目管理理论及方法时，未能同时引进风险管理，原因在于，当时我国经济发展水平较低，人们风险意识普遍较差，尚未认识到运用风险管理技术来抵御风险并转移风险的重要性；其次，我国正处于计划经济体制，国家是唯一或主要的投资主体，为了节省投资而不愿增加风险管理费用；此外，保险公司刚开始组建恢复，风险管理的环境尚未形成，工程保险和工程风险管理人才稀缺。

我国风险管理的研究起步于20世纪80年代，并同时应用到工程项目管理中。改革开放以来，随着社会主义市场经济体制的完善，对风险管理的研究在学术界已经成为一个热点。1980年，"决策论"等一系列理论方法开始在我国推行，并首次提出了"风险"一词。后来进一步研究了风险问题，形成了决策理论和决策理论学派以及风险决策的方法，并学习了西方国家企业风险管理的办法。1983年，我国学者开始具体研究管理的风险问题，提出了风险的定义和分类，并第一次提出"经营风险"的概念，总结推广了企业进行市场风险预测和运用风险分析方法于经营管理的做法和经验。20世纪90年代初，我国学者针对如企业家的风险心理素质、经营者风险补偿的定量分析等更多方面的风险问题进行研究，并综合分析了经济风险，提出风险强度、风险系数、风险收入、风险成本、风险补偿、风险临界点等一系列新的概念，总结了衡量风险大小、风险数量分析的方法。1997年至今，估值理论、资产组合理论等一大批与世界同步的风险管理理论和技术在中国得到推广和应用。同时，风险管理中融入了遗传算法、人工智能等各种自然科学的前沿理论和工程技术。2006年6月，国务院国有资产监督管理委员会印发了《中央企业全面风险管理指引》（国资发改革〔2006〕108号），指出全面风险管理代表着风险管理最前沿的理论和最佳实务，该文件为企业开展风险管理工作提供了系统的指导。

虽然工程风险管理在中国已逐步被采用，但仍存在一些制约发展的因素，主要包括以下几点：业主和政府的风险管理意识仍然淡薄、工程风险识别困难、风险评价的误差大、风险管理手段落后等。如何解决这些问题，逐步消除这些制约因素，是风险管理应该重点研究的内容。

近年来，随着社会的快速发展，由于工程结构的复杂性和项目规模的增加，新的复杂施工方法应用的同时也伴随项目风险的增加。要顺利实现项目目标，减少相关风险的可能性，就要求在项目的整个生命周期中有效地管理风险。鉴于传统的风险评价工作非常依赖于经验和数学分析，决策通常是基于知识和经验的直觉，不够准确。因此，开发风险可视化技术，利用建筑信息模型（BIM）和与BIM相关的工具来帮助解决早期风险识别、事故预防、风险沟通等的风险管理模式逐步发展起来。基于BIM的风险管理模式是工程项目风险管理的新兴发展方向和技术手段。

4.1.2 风险的定义

风险（Risk）一词在字典中的解释是"损失或伤害的可能性"，通常人们对风险的理解是"可能发生的问题"。比较统一的认识是风险是可以用概率表示的不确定性。我国风险管理学界主流的风险定义分为两个层次：

（1）强调风险的不确定性。风险是事物可能结果的不确定性，可以用概率来衡量风险。

（2）强调风险给人们带来的损害。用风险度来衡量风险的各种结果，以及其结果差异给风险承担主体带来的损害。

综上，我们可以看出风险会给事物的结果带来不确定性，且这种不确定性可能是有害的。

风险一般包含三个要素，即风险因素、风险事故和风险损失。风险因素是指产生、诱发风险的条件或潜在原因，是造成损失的间接原因。风险事故是指造成生命财产损失的偶发事件，是造成损失的直接原因。风险损失是指非故意的、非预期的经济价值的减少，可分为直接损失和间接损失，通常以货币单位衡量。相对于划分损失，更重要的是找出已经发生的和可能发生的损失，即使难以定量分析，也要定性分析。

风险因素是风险形成的必要条件，是风险产生和存在的前提。风险事故是风险存在的充分条件，在整个风险中占据核心地位。风险事故是连接风险因素与风险损失的桥梁，是风险由可能性转化为现实性的媒介。

4.1.3 风险的特征

现代工程项目的风险种类较多，影响巨大，结果也比较复杂。总的来说，工程项目风险具有普遍性、偶然性与必然性、可识别性与可控性、复杂性等特征，具体内容如下。

（1）普遍性

普遍性是指一般工程项目中都有风险存在，每个项目的各个阶段也都有出现风险因素和风险事故的可能，而对于项目的各个参与方也都要根据自身的能力承担相应的风险，以获得预期的收益。

（2）偶然性与必然性

由于人所处的环境不同和对客观事物认识的局限性，使得人们主观上对风险的认识与风险的实际情况之间存在差异，从而产生了风险不确定性。风险及所带来损失的后果往往是以偶然和不确定的形式呈现在人们面前，它完全是一种偶然、杂乱无章的运动轨迹，观察、记录何时何地发生何种风险及损害程度如何非常困难。单个风险的发生具有偶然性，但大量风险发生则具有必然性和规律性，因此，可以用概率对风险发生的可能性进行衡量。

（3）可识别性与可控性

风险是可以识别的，因而也是可以控制的。所谓识别，是指可以根据过去的统计资料，通过有关方法来判断某种风险发生的概率与造成的不利影响（费用、损失与损害）的程度。所谓控制，是指可以通过适当的技术来回避风险，或降低风险发生的损失程度。现代科学技术的发展为风险识别与风险应对提供了理论、技术和方法。

（4）复杂性

工程项目风险的成因一般不是单一的，而其形成的影响和后果也有较大的差异，甚至同一类风险的变化过程也千差万别。局部风险最后可能成为全局性风险。例如，进度上的临时性偏差随着时间的推移也可能成为影响项目工期、质量和成本目标的大问题。

4.1.4 风险的分类

不同的风险在性质、形态、成因及损失状况上表现出不同的特点。划分风险的类型有助于更好地识别风险、度量风险和控制风险，以实现风险管理目标。按照不同标准，对风险可以进行相应的分类。

(1) 按风险来源划分

风险根据其来源可分为政治风险、经济风险、管理风险、自然风险和社会风险等。政治风险是指因政治方面的各种事件和原因而导致项目蒙受意外损失的风险；经济风险是指企业在商品的生产和营销过程中，由于经营管理不善、市场预测失误、价格变动或消费需求变化等因素导致企业产生经济损失的风险，以及外汇汇率变动和通货膨胀引起的风险；管理风险通常是指人们在经营过程中，因不能适应客观形势的变化或因主观判断失误或对已发生的事件处理欠妥而构成的威胁；自然风险是指由于自然力的非规则运动所引起的自然现象或物理现象导致的风险，如风暴、火灾、洪水等所导致的物质损毁、人员伤亡的风险；社会风险是指由于反常的个人行为或不可预料的团体行为所造成的风险，包括企业所处的社会背景、秩序、宗教信仰、风俗习惯及人际关系等形成的影响企业经营的各种束缚或不便。

(2) 按风险损害对象划分

按风险的损害对象划分，可将风险划分为财产风险、人身风险和责任风险。财产风险是指财产发生毁损、灭失和贬值的风险，如厂房、设备等有形资产和产品品牌、企业形象等无形资产因自然灾害或意外事故而遭受损失的风险；人身风险是指由于人们因早逝、疾病、残疾、失业等而带来的风险，由于所有的损失最终都要由人来承受，因此，从某种意义上来说，所有的风险损害对象都是个人；责任风险是指由于团体或个人行为违背法律、合同及道义上的规定，给他人或其他单位造成人身伤害或财产损失，从而过失一方必须承担法律上的损害赔偿责任的风险。

(3) 按风险的可控程度划分

按风险的可控程度划分，可将风险划分为可控风险和不可控风险。可控风险是指由人为因素造成的，在一定程度上可以控制或部分控制的风险。它主要指人们对此类风险的运行规律已有较多的了解并能较好把握，或者随着科学技术的发展人们对此已找到相应的有效方法进行预测和控制；不可控风险是指无法左右和控制的风险，它主要指人们仅仅依靠自己的力量不能预防、抵御和较难进行管理的风险。

(4) 按风险发生的形态划分

按风险发生的形态划分，可将风险划分为潜在风险和意外风险。潜在风险是指风险事故发生之前相当长的时间内不暴露出来，形成潜伏的风险状态，逐渐发展扩大造成事故的风险；意外风险是指完全没有防备突然发生事故的风险。

(5) 按风险后果的承担者划分

风险若按其后果的承担者来划分，可以分为项目业主风险、政府风险、承包商风险、投资方风险、设计单位风险、监理单位风险、供应商风险、担保方风险和保险公司风险等。这样划分有助于合理分配风险，提高项目承受风险的能力。

4.2 风险管理理论

风险管理是一种避免损失的思维方式，也是一种系统化、强调团队合作的工作方法，更是一个持续改进的过程。

风险管理旨在识别、量化和管理业务或项目中暴露出的所有风险，PMBOK（项目管理知识体系）将其描述为与计划、识别、分析、响应和监视项目风险有关的过程，并且是项目经理必须胜任的十个知识领域之一。国际标准化组织定义了风险管理过程，包括应用系统和逻辑方法来建立风险管理体系，创建沟通和咨询机制并构建项目中的风险管理识别、分析、评价、处理、监视和记录系统。风险管理是一种具有逻辑性、系统而全面的方法，用于识别和分析风险，并通过沟通和协商来处理风险，以成功实现项目目标。系统的过程包括风险识别、分析、评价和控制。其中风险识别旨在找出潜在风险的范围，而风险分析则在整个过程中发挥核心作用。当无法消除风险时，就必须尽早、有效地识别和评价风险。项目的所有活动都涉及风险，并且整个项目和风险管理之间存在直接或间接的目标关系。

由上述内容我们可以看出，风险管理是组织对可能遇到的风险进行预测、识别、评价、分析，并在此基础上有效地处置风险，以最低成本实现最大安全保障的科学管理方法。下文中我们将对风险识别、风险分析、风险评价、风险应对这四部分内容进行详细介绍。

4.2.1 风险识别

风险识别是风险管理的基础。作为风险管理的第一个环节，其是对风险的感知和发现。识别风险有助于风险管理单位及时发现风险因素、风险源，减少风险事故的发生。风险管理人员是在进行了实地调查研究之后，运用各种方法对尚未发生的、潜在的及存在的各种风险进行系统的归类，并总结出企业或项目面临的所有风险。风险识别所要解决的主要问题是：识别风险因素、风险的性质以及后果，明确识别的方法及其效果。

1. 风险识别的内容

风险识别工作的主要内容包括：项目全过程风险的识别、项目全要素风险的识别、项目环境风险的识别和项目全团队风险的识别。风险识别还可以按照项目风险是属于内部因素造成的还是属于外部因素造成的进行分类识别。

（1）项目全过程风险识别

项目全过程风险识别是指按照项目阶段进行风险识别，识别出项目各个阶段可能存在的风险，以及引起这些项目风险的原因和影响因素。并对这些项目风险进行初步评价，以明确项目各个阶段的风险情况，然后才能通过对项目风险的度量和监控，从而保证项目风险管理的顺利进行。

（2）项目全要素风险识别

项目全要素风险识别主要是指对项目各要素的风险进行分析，判断项目各要素中可能存在的风险。并分析引起项目要素发生风险的原因，然后对这些项目风险进行初步说明。由于项目各要素之间是互相影响的，所以还需要对项目多要素集成风险进行分析和识别。

（3）项目环境风险识别

引起项目风险的因素有内部风险因素和外部风险因素,项目的外部环境发展变化是引起项目外部因素风险的关键。所以项目环境风险也是项目风险识别的主要内容之一。

(4) 项目全团队风险识别

项目风险识别除了要识别上述风险外,还要识别项目全体相关利益主体(项目全团队)期望和要求变化因素所引起的项目风险,这主要是分析项目中"人"的因素所带来的项目风险。避免由于团队成员的主观判断失误、信息不完全、开展博弈及沟通不善等原因引发的相关纠纷及风险。

此外,项目风险不仅包括蒙受意外损失的可能性,还包括由于风险而获得意外收益的可能性。因此,在项目风险识别过程中必须全面识别项目风险可能带来的威胁和机遇。在项目风险识别中不但要充分认识项目风险的威胁,同时也要充分识别项目风险可能带来的各种机遇,并分析项目风险的威胁与机遇相互转化的条件和影响这种转化的因素。

2. 风险识别的步骤

风险识别的过程包括对可能的风险事件来源和结果进行全面、实事求是的调查,系统分类并评价其后果。其识别过程通常分为六个步骤,即确认风险存在、初步建立风险清单、确定风险事件并推测其结果、对潜在风险进行重要性分析和判断、风险分类和建立风险目录摘要,如图4-1所示。

3. 风险识别的方法

项目风险识别的主要方法包括:头脑风暴法、德尔菲法、访问法、SWOT分析法、流程图法等。实际上,在项目风险识别过程中,各种程序化和结构化的分析和识别方法都可以使用,如事故树分析法、敏感性分析

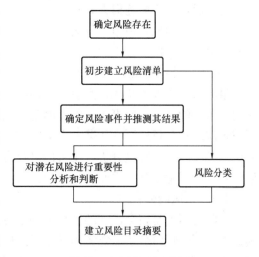

图4-1 风险识别步骤图

法等,都是常用的项目风险识别方法。另外,项目风险识别的好坏在很大程度上还取决于项目风险识别者的知识、经验和判断,我们将针对其中一部分方法进行详细介绍。

(1) 头脑风暴法

头脑风暴法是指将相关人员召集起来,通过营造轻松愉悦的氛围,激励大家充分发挥想象力,各抒己见,畅所欲言,使创造性设想发生连锁反应,从而得到问题的各种解决方案的方法。头脑风暴法的优点是讨论者不受约束,思维发散,容易碰撞出新的想法,且容易产生高质量的成果。

(2) 德尔菲法

德尔菲法是在专家会议预测法的基础上发展起来的一种定性风险识别方法。它是通过函询的调查方式向专家提出相关问题,并将答案整理分析,然后匿名反馈给专家再次征求意见,再加以归纳、分析和总结,最后得出预测结论的一种方法。相较于传统的专家会议预测法,德尔菲法具有匿名性、反馈性和数理性的特点,它克服了专家个人预测的局限性和专家会议预测容易受到心理因素干扰的缺点,借助统计归纳的方法,使专家意见逐渐趋于一致,保证了结果的相对可靠性。

(3) 访问法

访问法是指访问者通过口头或书面的方式对被访问者进行提问，从而获取风险信息的调查方式。访问法可分为面谈访问、邮寄访问、电话访问、留置访问以及网络访问等，具体方式可根据访问条件灵活选择。

(4) SWOT 分析法

SWOT 分析法是指对项目的外部环境及内部环境进行综合分析，外部环境分析包括机会（Opportunity）与威胁（Threats）分析，内部环境分析包括优势（Strengths）与劣势（Weakness）分析，将得到的四项分析结果对照比较，并进一步进行风险识别。

(5) 流程图分析法

流程图分析法是将施工项目的全过程，按其内在的逻辑关系制成流程，针对流程中的关键环节和薄弱环节进行调查和分析，找出风险存在的原因，发现潜在的风险威胁，分析风险发生后可能造成的损失和对施工项目全过程可能造成的影响等。运用流程图分析，项目人员可以明确地发现项目所面临的风险。该方法的不足之处在于无法显示发生问题时间阶段的损失值或损失发生的概率。

(6) 事故树分析法

事故树是一种树状图，由节点和连线构成，与流程图法相似。但不同的是，流程图关注的是风险的结果，而事故树关注的是事故的原因。它是一种因果关系逻辑分析过程，遵循逻辑演绎的分析原则，从某一事故的结果开始，分析各种可能引起事故的原因。事故树分析法既可以进行定量分析，也可以进行定性分析，既可以求出事故发生的概率，也可以识别系统的风险因素。因此，事故树分析法简单、形象、逻辑性强，应用广泛。

4.2.2 风险分析

风险分析就是将会出现的各种不确定性及其可能造成的各种影响和影响程度进行恰如其分的分析。风险分析需要考虑导致风险的原因和风险源、风险事件正面和负面的后果及其发生的可能性、影响后果和可能性的因素、不同风险及风险源的相互关系以及风险的其他特性，还要考虑控制措施是否存在及其有效性。

用于风险分析的方法可以是定性的、半定量的、定量的或以上方法的组合。风险分析所需的详细程度取决于特定的用途、可获得的可靠数据以及组织决策的需求。定量分析可估计出风险后果及其发生可能性的实际数值，并产生风险等级的数值。由于相关信息不够全面、缺乏数据、人为因素影响等，或是因为定量分析难以开展或没有必要，全面的定量分析未必都是可行的或值得的。在此情况下，由具有专业知识和经验的专家对风险进行半定量或者定性分析已经足够有效。

1. 定性风险分析

定性风险分析是指评价已识别风险的影响和可能性的过程，其目的是将风险发生的可能性及其后果按优先级排次序。对于定性评价来说，由于它仅是对风险的因素或后果作大小优劣的评价，同时不需要运用大量的统计资料进行复杂的运算，因而使用起来比较简单易行。适用对象是不特别重要的事件，或者是风险发生后不会引起较大后果的情况。常用的定性风险分析方法主要包括：德尔菲法、头脑风暴法、流程图分析法和检查表法等。

定性风险评价可以指导风险管理者依据序列按轻重缓急进行合理恰当的安排。同时，定性风险评价也可以使用在事前评价、事中评价及事后评价各个环节中，并结合定量评价方法，对事件的全过程进行全面监控。例如，在事前进行定性评价，可以发现过程中的不足和缺陷，进行合理的修改和补充；在事中进行定性评价可有效地观察运作过程中各种因素的表现及新情况、新问题的出现，并及时采取手段进行控制；进行事后定性评价，可以对事件中的风险因素进行重点把握，并进行改进和处理。

2. 半定量风险分析

半定量分析法是采用定性分析和定量分析结合的方法，综合分析风险的水平，把对所有风险的评价放在一个风险平台上进行综合比较。半定量分析是通常实现定量分析非常困难时采取的一种折中办法，所有风险经过统一评价评级，有利于分级管理，分重点控制。半定量分析的准确性比定量分析稍差，特点是简单、迅速及费用低，半定量分析法在定性分析产生的等级基础上扩充至一定程度的定量，这种程度的定量为实施风险排序提供了一定的基础。

半定量方法中的数据往往是人为基于某种推断而分配的，是对风险程度和发生频率给出的推算数据。由于这种推算排序的准确性程度受到相当的限制，因此，这种方法反映的风险程度与发生频率的可信度不高，并且这种方法可能会产生不适宜的、反常的和不一致的分析结果。常用的半定量分析方法有交叉影响分析法、事故树分析法和内容分析法等。

3. 定量风险分析

定量风险分析是指利用概率模型、参数统计等工具和方法，对风险进行量化分析，并得到风险量化结果的过程。项目风险量化分析是衡量风险发生概率和风险对项目目标作用程度的过程，即针对风险定性分析筛选出的中、高风险，采用期望值法或蒙特卡罗模拟法等技术方法，量化风险对项目目标的影响，评价项目目标实现的概率，并测算风险储备。

定量风险分析的基本过程是：首先，通过风险定性分析筛选出中、高水平的风险，建立风险量化分析模型，将风险与受其影响的费用科目一一建立相互关联关系。然后，需要根据项目的实际情况、过去类似项目的经验，邀请专家对风险发生概率和影响程度进行估计，通过期望值法或蒙特卡罗模拟法测算项目的风险储备。

定量风险分析的优点主要包括：定量风险分析可以促使人们全面了解经济效益的多样性；可以解决项目中某些"似是而非"的问题，帮助企业对问题有所把握而减少损失；为具有不同风险程度的经济决策提供了可比性；可以充分利用和集中集体智慧，使企业经济行为中设计、施工、工程、财务各方面专家的意见有效地凝结在一起；可以使决策者将对项目的模糊的、定性的感觉，转变成为清晰的、定量的认识。

定量风险分析的数理方法主要包括：统计和概率分析方法、CIM 模型、模糊数学法、灰色理论、马尔科夫链分析、人工神经网络方法、期望值法及蒙特卡罗模拟技术等。

从上述介绍中我们可以看出，定性分析方法主要适用于风险无法量化且风险后果并不严重的情况；半定量分析方法主要适用于风险信息详尽，但风险量化有一定困难的情况；定量分析方法主要适用于风险容易量化且项目数据完整的情况。这三种分析类型的具体方法将在本章 4.3 节中进行详细介绍。

4.2.3 风险评价

根据我国《风险管理 风险评估技术》GB/T 27921—2011 对风险评价的定义可知，风险评价包括将风险分析的结果与预先设定的风险准则相比较，或者在各种风险的分析结果之间进行比较，确定风险等级。

实施风险评价时,首先要明确的就是选用什么样的风险评价准则。一般情况下,在进行风险评估前的明确环境信息环节,需要作出的决策的性质以及决策所依据的准则都已得到确定。但是在风险评价阶段,需要对以上问题进行更深入的分析,毕竟此时对于已识别的具体风险有更为全面的了解。如果该风险是新识别的风险,则应当制定相应的风险准则,以便评价该风险。

1. 风险评价准则

风险评价准则是指评价风险时所应考虑的因素及参照原则,其规定了风险的可接受范围。对于一般项目而言,目前国内外对风险相关评价准则的研究已经比较成熟,其中的一些观点包括:环境风险原则、最低合理可行原则(ALARP)、综合安全评价(FSA)、伤亡处理费用受益标准(CATS)、成本效益标准(CAF)及风险厌恶原则,其具体内容见表 4-1。

风险评价准则   表 4-1

风险评价准则	内　容
环境风险原则	将环境作为工程建设项目事故的影响对象,通过评价区域环境内部生态系统的受损程度来衡量风险
最低合理可行原则(ALARP 原则)	ALARP 原则是国际轨道交通及英国健康安全委员会明确指出采用的风险判断原则,它是依据风险的严重程度对项目中可能出现的风险进行分级,即由不可容忍线和可忽略线将其分为不可容忍区、ALARP 区和可忽略区,为可接受风险的选择以及合理制订风险处理方案提供依据
综合安全评价(FSA)	一种利用风险分析和费用效益评估,提高包括生命、健康、环境和财产安全在内的结构化、系统化方法
伤亡处理费用受益标准(CATS)	避免伤亡为 1 人所需要的费用,作为建议的事故费用受益标准
成本效益标准(CAF)	综合安全评价(FSA)中的成本效益标准,即转移灾难的费用
风险厌恶原则	利用付钱来降低风险意愿,从而设定的风险等级;关于风险厌恶度(以 α 表示),存在 $\alpha<1$ 的风险偏好者,$\alpha=1$ 的风险中性者,$\alpha>1$ 的风险厌恶者三种情况

项目的风险评价标准是一个复杂的系统,影响目标的因素是多方面的,至今尚未有统一的标准体系。最简单的风险评价结果仅将风险分为两种:需要应对的风险与无法应对的风险。这样的方式无疑简单易行,但是其结果通常难以反映出风险估计时的不确定性,而且对两类风险界限进行准确界定也绝非易事。在上述相关准则中,ALARP 原则是当前国外风险可接受水平普遍采用的一种风险判据原则,适用于各行各业的项目风险评价。我国安全工程领域的风险评价标准就采用 ALARP 原则来进行风险分级。

2. 最低合理可行原则(ALARP 原则)

根据我国《风险管理　风险评估技术》GB/T 27921—2011 所述,通常情况下,我们可依据风险的可容许程度将风险划分为三个区域,即不可接受区域、中间区域及广泛可接受区域。不可接受区域是指在该区域内无论相关活动可以带来什么收益,风险等级都是无法承受的,必须不惜代价进行风险应对;中间区域是指对该区域内风险的应对需要考虑实施应对措施的成本与收益,并权衡机遇与潜在后果;广泛可接受区域是指该区域中的风险等级微不足道,或者风险很小,无需采取任何风险应对措施。这种划分思路与 ALARP 原则十分相似,可用于一般项目的风险等级划分。

ALARP 原则,即"最低合理可行原则"(As Low As Reasonably Practically)的英文简称。该原则将风险划分为风险不可接受区域、灰色区域(也叫最低合理可行区域)和风险可接受区域,如图 4-2 所示。它是依据不同风险的严重程度确定不同风险区域,基于每个区域对可能出现的风险提出不同的处理措施。

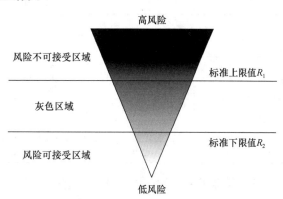

图 4-2　ALARP 原则风险划分

如果所评估出的风险指标在标准上限值 R_1 之上,则落入风险不可接受区域,此时除特殊情况外,该风险是无论如何也不能被接受的,应不惜代价采取相应措施降低风险;如果所评估出的风险指标在标准下限值 R_2 之下,则落入风险可接受区域,此时的风险是可以被接受的,无需再采取安全改进措施;如果所评估出的风险指标在标准上限值 R_1 和标准下限值 R_2 之间,则落入灰色区域,此时可通过对比采用更为经济的措施降低风险,直至其落入风险可接受区域。

通过上述情况我们可以看出,如何确定三个区域的界线,即如何确定标准上限值 R_1 和标准下限值 R_2 是风险评价的关键之处。但是针对不同行业、不同项目而言,其具体限值还应参照行业相关规范或企业内部标准。

3. 工程项目风险等级划分

风险的等级划分有多种方法,不同行业的具体划分方法各不相同,如根据《城市轨道交通地下工程建设风险管理规范》GB 50652—2011 将工程风险等级分为Ⅰ、Ⅱ、Ⅲ、Ⅳ四个等级;美国根据大坝发生事故可能造成的灾害程度,将其风险等级划分为重大风险、高风险和低风险三个等级。对于工程项目而言,工程风险事件按照《建筑工程施工质量安全风险管理规范》DB 31/T 688—2013 中相关要求,综合风险发生的概率及其带来的损失,将不同风险程度分为五个风险等级。

首先,根据工程风险发生的概率(或频率)可分为五级,具体等级标准见表 4-2。

工程风险概率等级标准　　　　　　　　　　　　　　　表 4-2

等级	A	B	C	D	E
事故描述	不可能	很少发生	偶尔发生	可能发生	频繁
区间概率 P	<0.0003	0.0004~0.003	0.004~0.03	0.04~0.3	0.4~1

考虑风险损失的严重程度,建立风险损失等级标准,见表 4-3。

工程风险损失等级标准　　　　　　　　　　　　　　　表 4-3

等级	1	2	3	4	5
描述	可忽略的	需考虑的	严重的	非常严重的	灾难性的

根据不同的风险概率等级和风险损失等级，建立风险分级—应评价矩阵（简称风险评价矩阵），风险评价矩阵见表4-4。

风险评价矩阵 表4-4

风险		风险损失等级				
		1	2	3	4	5
发生概率等级	A	一级	一级	二级	三级	四级
	B	一级	二级	三级	三级	四级
	C	一级	二级	三级	四级	五级
	D	二级	三级	四级	四级	五级
	E	二级	三级	四级	五级	五级

根据各等级风险的具体划分，规定相应的风险预警等级和处理原则，见表4-5。

工程项目风险预警等级及处理原则表 表4-5

风险等级	发生概率区间	风险预警等级	处理原则
五级	0.4~1	红色风险预警	完全不可接受，应立刻排除
四级	0.04~0.3	橙色风险预警	不可接受，应立即采取有效的控制措施
三级	0.004~0.03	黄色风险预警	不希望发生，可均衡风险损失与风险应对成本，采取适当的控制措施
二级	0.0004~0.003	紫色风险预警	允许在一定条件下发生，但必须对其进行监控并避免其风险升级
一级	<0.0003	青色风险预警	可接受，但应尽量保持当前风险水平和状态

由表4-5我们可以看出，五级风险的风险等级最高，风险后果是灾难性的，并造成恶劣的社会影响和政治影响；四级风险的风险等级较高，风险后果很严重，可能在较大范围内造成破坏或有人员伤亡；三级风险的风险等级一般，风险后果一般，对工程项目可能造成破坏的范围较小；二级风险的风险等级较低，风险后果在一定条件下可忽略，对工程本身以及人员等不会造成较大损失；一级风险的风险等级最低，风险后果可以忽略。

因此，我们在进行工程项目风险评价时，可根据其风险表现及量化后的风险发生概率，按照表4-5中的划分标准，对工程风险进行等级划分和评价，以便进行下一步风险应对。

4.2.4 风险应对

风险应对是风险管理过程中的最后一个步骤，也是整个风险管理成败的关键所在。风险应对的目的在于改变项目所承受的风险程度，而风险管理的主要功能是帮助项目避免风险、避免损失、减低损失的程度，以及当损失是无可避免的时候，尽量减小风险给项目带来的不良影响。

美国项目管理协会（PMI）的项目管理知识体系（PMBOK）中定义，项目风险应对计划是指为项目目标增加实现机会、减少失败威胁而制订方案、采取对策的过程。其定义可以通俗理解为：在风险识别、分析和评估的基础上，选择合理的技术手段来减少项目风险可能造成的损失或提高项目风险带来的收益。风险应对的主要技术包括风险回避、风险降低、风险转移和风险保留，其主要思路如图 4-3 所示。

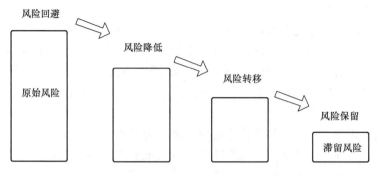

图 4-3　风险应对技术思路图

由图 4-3 我们可以看出，对于风险评价后所确定的原始风险，我们可通过风险回避、风险降低、风险转移及风险保留等一系列技术手段，逐步减小风险发生的概率及带来的损失，使滞留风险降低到项目的可接受范围内。

1. 风险回避

风险回避是指管理者预测到项目可能发生的风险，为避免风险带来的损失，主动放弃项目或改变项目目标。它是一种最彻底的风险处置技术。它在风险事件发生之前将风险因素完全消除，从而避免了这些风险可能造成的各种损失，而其他风险处置技术则只能减少风险发生的概率和损失的严重程度。

风险回避的适用情形包括以下几个方面：适用于某种特定风险所致的损失概率和损失程度相当大的、企业无力担当后果的项目；适用于采取其他风险处理技术的成本超过其产生的效益，采用风险回避方法可使企业受损失的可能性等于零的项目；适用于客观上不需要，没有必要冒险的项目。

2. 风险降低

风险降低是运用管理手段和技术措施降低风险事件发生的概率以及减少风险事件发生后造成的损失。相对于风险回避而言，风险降低措施是一种积极的风险处理手段。这类措施是无预警信息风险的主要应对措施。

采用风险降低的方法可以使项目成功的概率大大增加，它是一种积极面对风险的方法。采用风险降低方法通常需要做好两方面的工作，首先是风险预防，风险事故发生之前，消除引发风险事故的根源，可以减少致损事故发生的概率；其次是损失抑制，风险事故发生以后，采取事故控制措施，可以减轻损失的程度、控制损失。

风险降低在实际项目风险管理中应用广泛。例如，项目管理者通过深入的市场调查来防止产品或服务市场定位的失误，如果发生了市场定位失误的经营风险，项目管理者将通过降低产品或服务成本来弥补经营风险给项目造成的损失。再比如，抗震设计、抗风设计及安全管理等技术的应用，都是用来降低结构风险的技术措施。

3. 风险转移

风险转移是指将自己可能承受的风险转移给项目其他参与者或项目以外的第三方，这是风险管理中经常采用的方法。风险转移的原则是将风险转移给克服风险花费最少的一方。通常情况下，风险在转移过程中不会改变，转移之前项目经理应将风险分配给那些最有能力控制风险，也有良好的动机接受风险的一方。风险转移主要有两种方式：保险风险转移和非保险风险转移。

保险风险转移是指通过购买保险将风险转移给保险公司的方式。保险是指合同双方当事人约定，一方交付保费，他方承诺于特定事故发生后，承担经济补偿责任的一种合同。项目担保前应选择信誉良好的保险公司，以确保投保后的利益。由于保险是一种及时、有效、合理的分摊经济损失和获得经济补偿的方式，通过保险来转移风险是最常见的风险管理方式。

非保险风险转移是指通过签订合作或分包协议的方式将风险转移出去。非保险转移风险的方式主要有两种：一是把财产或活动的所有权或管理权转移给他人，即转移风险源；二是签订消除或减少转移方承担损失责任的条款或者消除转移方对他人承担的义务。转移风险源可以通过出售财产、租赁财产和分包等方式来实现；签订转移风险合同可以通过签订免除责任条款、转移责任条款和担保合同来实现。非保险风险转移适用的情形应包括以下几个方面：首先，转移责任条款必须是合法有效合同的组成部分；其次，受让方具有偿付能力；最后，非保险转移风险需要支付一定的费用。满足以上条件，就可以用非保险的形式转移风险。

4. 风险保留

风险保留是指项目管理者将可能的风险留给自己承担。它是一种非常重要的财务型风险管理技术，与其他风险对策的根本区别在于：它不改变项目风险的客观性质，即既不改变项目风险的发生概率，也不改变项目风险潜在损失的严重性。风险保留可以是主动的，也可以是被动的。项目管理方可以有意识、有计划地采取风险防范措施，将风险留给自己承担，主动承受项目风险的可能后果；也可以在估计到风险事件造成的损失不大时，将项目损失列为项目的一种费用。

采用这种风险处理方式，往往是因为风险是实施特定项目无法避免的，但特定项目所带来的收益远远大于风险所造成的损失，或处理风险的成本远远大于风险发生后给项目造成的损失。例如，台风会给正在施工的建筑项目造成损害，最保险的办法是给建设工地做好防护措施，并做好各方面台风来临的措施。台风作为该项目所在地的一种风险，项目管理者必须充分估计并列出项目可能的损失费用。

4.3 风险管理方法

风险管理方法即是指在对风险进行识别分析时常采用的技术手段，这里主要涉及风险分析过程中的一些方法，也包含系统管理风险时常用到的一些技术工具，例如风险可视化（BIM技术）等。

4.3.1 风险分析方法

在4.2.2节中我们提到了风险分析常用的方法类型，包括定性风险分析、半定量风险分析和定量风险分析三种，每种类型的常用方法如下。

1. 定性风险分析方法

常用的定性风险分析方法主要包括：德尔菲法、头脑风暴法、流程图分析法和检查表法等。从前文我们可以看出，其中德尔菲法、头脑风暴法和流程图分析法同样可用于风险识别，在 4.2.1 节中已作叙述，因此，对于定性分析法我们主要介绍检查表法。

检查表法是根据安全检查表，将检查对象按照一定标准给出分数，对于重要的项目确定较高的分值，对于次要的项目确定较低的分值。再按照每一检查项目的实际情况评定一个分数，每一检查对象必须满足相应的条件，才能得到这一项目的满分。当不满足条件时，按一定的标准将得到低于满分的评定分，所有项目评定分的总和不超过 100 分。由此，就可以根据被调查风险单位的得分评价风险因素的风险度和风险等级。

检查表法的工作程序一般分为四个步骤：将工程风险系统分解为若干子系统；运用事故树分析法，查出引起风险事件的风险因素，作为检查表的基本检查项目；针对风险因素，查找有关控制标准或规范；根据风险因素的风险程度，依次列出问题清单。

检查表法可以用于设计、建造或项目全生命周期的任何阶段，可以作为其他风险评价技术的组成部分进行使用。检查表上所列内容都是历史上类似工程项目曾发生过的风险，是工程项目风险管理经验的结晶。运用检查表法进行风险定性分析，将对工程项目安全高效地完成起到重要作用。

2. 半定量风险分析方法

常用的半定量风险分析方法有交叉影响分析法、事故树分析法和内容分析法等。

（1）交叉影响分析法

交叉影响分析法是在德尔菲法和主观概率法的基础上发展起来的一种新的预测方法。这种方法是主观估计每种风险在未来出现的概率，以及风险之间相互影响的概率，并对项目风险进行预测分析的方法。交叉影响分析法抓住了风险决策中最关键的问题，即自然状态出现的概率问题。该方法对决策问题的影响事件作了全面的考虑，既考虑了正面影响，又考虑了负面影响，是一种综合分析问题的思想方法，避免了片面性，减少了决策失误。

（2）事故树分析法

事故树分析法是把系统可能发生的某种事故与导致事故发生的各种原因之间的逻辑关系用事故树的树形图表示，通过对事故树的定性与定量分析，找出事故发生的主要原因，为确定安全对策提供可靠依据，以达到预测与预防事故发生的目的。

其优点是：对导致灾害事故的各种因素及逻辑关系能作出全面、简洁和形象的描述；便于查明系统内固有的或潜在的各种危险因素，为设计、施工和管理提供科学依据；便于进行逻辑运算，进行定性、定量分析和系统评价。其缺点是：步骤较多，计算较复杂；在国内外数据较少，进行定量分析还需要做大量的工作；其编制的大型故障树不易理解，且与系统流程图毫无相似之点，同时在数学上往往非单一解，包含复杂的逻辑关系，且用于大系统时容易产生遗漏和错误。

事故树分析法应用比较广，非常适合于重复性较大的系统。在工程设计阶段对事故进行查询时，可以使用事故树分析法对它们的安全性作出评价，经常用于直接经验较少的风险辨识。

（3）内容分析法

内容分析法是一种对信息内容进行系统、客观和量化描述的研究方法。它适合于对一切可以记录与保存并且有价值的文献作定量研究，它要求研究者在运用这一方法时要遵循客观性、系统性和定量分析的原则。但内容分析不是一种纯粹的定量分析，它是通过对传播信息内容量的变化分析来推论其质的变化的方法。

在进行风险分析时，内容分析法基于大量文献，通过对这些文献进行分析、编码，提取出风险评价指标。得到评价指标及其重要性程度之后，研究者便可结合现代综合评价方法，例如模糊综合评价法、投影寻踪法等，利用内容分析法得到的指标权重，对风险因素进行评价，确定各个风险因素的安全等级。

3. 定量风险分析方法

定量风险分析的数理方法主要包括：统计和概率分析方法、CIM 模型、模糊数学法、灰色理论、马尔科夫链分析、人工神经网络方法、期望值法及蒙特卡罗模拟技术等。

（1）统计和概率分析方法

统计和概率分析方法也称为解析方法，它借助于一些典型的概率分布函数（如三角分布、威布尔分布、正态分布、伽玛分布等）估计风险因素，并运用概率数理统计的知识，计算整个系统的风险程度。当考虑的风险因素较多时，用这种方法计算十分困难，需借助于计算机的帮助。

（2）CIM 模型

CIM 模型用直方图代替了变量的概率分布，用和代替了概率函数的积分，可以通过缩小叠加变量的概率区间来提高叠加结果的精度，可以方便地获取风险因素概率分布。该模型不仅可以解决变量间相互独立的问题，而且可以解决变量间具有相关性的问题。

（3）模糊数学法

大多数风险因素是不确定的、模糊的，用经典数学难以计算，而运用模糊数学的知识，就可以用数学的语言去准确地描述风险因素对系统的影响程度，建立数学评价模型，得出其精确解。正是由于它的这一特点，这一方法目前在工程风险领域中被大量采用。

（4）层次分析法（AHP）

层次分析法本质上是一种决策思维方式，它把复杂的问题分解为各组成因素，将这些因素按支配关系分组，形成有序的递阶层次结构，通过两两比较判断的方式确定每一层次中因素的相对重要性，然后在递阶层次结构内进行合成，得到决策因素相对于目标重要性的总顺序。

层次分析法应用于工程项目风险分析中，实现了风险因素的排序、系统总风险的评价以及风险响应措施的选择。除了估计风险发生概率和风险损失，其还可以将风险因素的可控制性和企业信誉风险也同时作为风险判断准则，使得风险的评价更合理，更反映工程实际。

（5）灰色理论

灰色理论是华中科技大学邓聚龙教授于 1982 年首先提出的，它将说明客观对象现在状态和过去状态的各种有关时间序列的数据，按某种方式组合到一起形成白色数据，再将需要预测的时间序列的数据群当作灰色模块，然后寻找这两种数据群间的内在联系和发展规律。

（6）马尔科夫链分析

马尔科夫链分析是利用某一系统的现在状态和状态的转移，预测该系统未来状态的一种方法。它的特点是不需要连续不断的大量历史资料，只需要现在的动态资料就可以进行预测。

（7）人工神经网络法

神经网络作为一种模拟生物神经系统结构的人工智能技术，通过学习和训练，能够从数据样本中自动找出输入和输出之间的内在联系，揭示出数据样本中蕴含的非线性关系。出于神经网络的这种非线性映射能力以及对任意函数的一致逼近性，近年来，这种方法也被引入风险分析领域。

（8）期望值法

期望值法以风险发生概率的期望值（或平均值）和风险发生时可能增加费用的期望值（或平均值）为基础，将二者的乘积作为项目风险储备的期望值。通过期望值法计算风险储备的公式为：

$$风险储备 = 风险发生概率 \times 风险影响程度 \tag{4-1}$$

（9）蒙特卡罗模拟法

蒙特卡罗模拟法是对输入变量反复多次抽样，不断计算出输出变量的数值。其中，模型的输入变量和输出变量不再是一个确定值，而是概率分布，这些输入变量和输出变量可以用统计方法进行处理，以提供均值、方差和置信度等信息。蒙特卡罗模拟法的计算量很大，为了提高计算效率和准确性，通常需要使用现有的商业化软件。常用的软件包括：Primavera Risk Analysis、@Risk、Crystal Ball 等。

1）蒙特卡罗模拟法的基本原理

风险发生概率一般使用 0-1 分布描述，其中："1"表示风险一定发生的概率，"0"表示风险不会发生的概率。影响程度估计值一般为三角分布，三角分布包含三个估计值：最小值、最可能值、最大值。最小值是指在风险事件都不发生的情景下，风险事件对相关费用科目的影响金额；最可能值是指在一般情况下，风险事件对相关费用科目的影响金额；最大值是指在风险事件同时发生的情景下，风险事件对相关费用科目的影响金额。

2）蒙特卡罗模拟基本过程

① 随机选择出每个风险事件概率分布的影响值；

② 在每次迭代过程中，随机筛选出来的风险事件如果发生，风险因子就定义为风险事件概率分布的影响值，即三角分布；如果风险事件没有发生，风险因子就定义为1；

③ 将步骤②中风险因子的数值乘受其影响的费用科目；如果有多个风险事件对费用科目产生影响，则综合的风险因子就是这些风险事件的风险因子之间的乘积，然后再将综合的风险因子与受其影响的费用科目相乘；

④ 将步骤③中每次迭代得到的费用累加后得到总费用，然后经过模拟软件的数千次迭代就得到了总费用的概率分布。

3）通过蒙特卡罗模拟法得到的主要结果

① 项目总费用概率分布。运行蒙特卡罗模拟软件之后，可以在模拟结果界面查看项目总费用概率分布图。在项目总费用概率分布图中，X轴代表项目费用，Y轴代表某个确定总费用的相对频率或概率（不同的分析工具有不同的含义）。通过解读总费用概率分布图，可以得出项目总费用的均值、基准费用实现概率和风险储备等结论。

② 风险储备。在蒙特卡罗模拟法中,风险储备计算公式为:

$$风险储备 = 某置信度下的总项目费用 - 项目基准费用 \qquad (4-2)$$

置信度的取值范围通常在60%~90%之间,具体数值由项目组讨论决定。置信度的取值体现公司的风险偏好,如果风险偏好较为保守,则应使用较高的置信度;如果风险偏好较为激进,则应使用较低的置信度。如果使用80%的置信度,则可以认为,发生的风险费用高于风险储备的概率为20%(即1-80%=20%)。换句话说,公司允许在10次决策中,有2次决策的风险费用高于风险储备。

③ 敏感性分析。量化风险事件对项目目标(如总费用)的影响程度,便于明确风险事件的重要性顺序,制定合理有效的风险管控措施。

由于现在的风险管理大多都是基于数据驱动,我们可基于历史项目的各项数据,通过对大数据进行处理和分析来拟合、预测风险值。因此在进行定量风险分析时,我们一般采用模糊数学法、期望值法、蒙特卡罗模拟法等。

4.3.2 风险可视化技术

传统风险管理的实施仍然是一项人工操作,评价严重依赖经验和数学分析,并且决策通常是基于知识和经验的直觉,这导致实践中风险管理的效率下降。针对这些问题,相关学者提出了风险可视化技术。

风险可视化技术是指基于大量数据的分析结果来显示当前状态和未来趋势,并且使用传统文本或简单的图形来表示有用和关键的风险信息的一种方法。可视化技术是一种理论方法和技术,它利用计算机图形学和图像处理技术将数据转换为图形或者图像,并在屏幕上显示,快速发现项目安全风险,并直观地掌握项目安全状态。风险可视化技术是准确预测风险、增强风险认知的有效手段。

1. 风险可视化相关技术

近年来出现了一种新的风险管理研究趋势,即利用BIM和与BIM相关的工具来协助早期风险识别、事故预防和风险沟通等,是风险可视化实现的重要手段。其相关技术主要包括BIM技术、数据库技术、虚拟现实技术(VR)和地理信息系统(GIS)。

(1) BIM技术

基于BIM技术的风险管理是风险可视化的一种手段。BIM提供了一个平台以供项目各参与方随时进行资源共享,在这个平台上,各参与方可以随时查阅到建筑项目相关信息,为项目管理决策提供参考。在整个项目的各个阶段,工程项目的所有利益相关方均可以对BIM中的信息进行修改、插入、提取、更新,更好地实现各参与方、各专业之间的协同工作。在风险管理领域,有学者开始研究BIM用于风险管理全过程,实现风险识别、风险分析、风险损失可视化、风险处置方案的推演等。BIM技术不仅可以在开发过程中用作系统的风险管理工具,而且还可以充当核心数据生成器和平台,以允许其他基于BIM的工具进行进一步风险分析。

另外一个早期类似的概念是4D CAD。其核心概念是将4D施工进度信息添加到3D模型中,以建立协作和交流媒体,并为施工团队提供清晰的施工顺序可视化模拟。其次,4D CAD在安全风险管理中最普遍的应用是通过建立4D CAD模型,并在该模型的基础上进行进一步的风险分析。

(2) 数据库技术

对于风险管理而言，从历史案例中学到的经验和知识可以更好地预防未来工作中的危害，而数据库技术是实现这一目标的有效方法。该技术可用于存储有价值的数据，捕获准确信息，然后根据特定的选择标准智能地提取它们。此外，Sai On Cheung 等人开发出了建筑安全与健康监控（CSHM）系统，可以直接观察和实时提交事故评估数据，以快速采取纠正措施和预防事故发生，旨在基于网络监控过程提高安全管理的效率和准确性，为领导层进行决策提供参考。

(3) 虚拟现实技术（VR）

虚拟现实技术（VR）是当前 BIM 研究的重要领域。从概念上讲，VR 是一个虚拟系统，由能够进行实时动画处理的计算机组成，并通过一组设备进行控制，以模拟现实世界中某些地方的物理存在。VR 为工作人员提供 3D、虚拟和交互式的计算机环境，以识别现场安全风险，并通过模拟危险场景来完善潜在危害的策略和措施。

此外，VR 还可以与数据库技术结合使用，以管理施工安全风险。例如，Hadikusumo 和 Rowlinson 开发了安全设计流程（DFSP）工具，以在设计阶段生成施工计划和进度表时帮助识别安全风险。该工具包括三个组件：DFSP 数据库、虚拟现实构建组件和过程以及虚拟现实功能。DFSP 数据库用于存储常见危险情况和行动、本地事故报告和相关规范的完整数据。VR 组件和 DFSP 数据库的集成使用可以从第一人称视角浏览虚拟项目环境，识别建筑组件和相关过程中的安全风险，并为那些已识别的风险选择预防措施。

(4) 地理信息系统（GIS）

虽然 BIM 应用的目的是将物体的几何数据放大到最大程度的细节，但地理信息系统（GIS）却是从宏观角度收集环境信息的工具。由于 BIM 和 4D 建模技术无法实现 3D 组件编辑、地形建模、地理空间分析以及时间表的生成和更新，因此，GIS 技术应运而生。GIS 可以集成到决策支持系统（DSS）中，以监视和控制安全风险，也可以进行成本估算和可视化。近年来，相关学者结合 BIM 和 GIS 的使用，提出了 GIS-BIM 模型，将 BIM 和 GIS 集成在一起以改善建筑工地安全风险管理和优化。GIS-BIM 模型首先使用 BIM 软件生成施工现场的几何信息，然后利用 GIS 模型从 BIM 中提取数据，以进行位置优化。

2. 风险可视化在工程项目风险管理中的应用

(1) 在规划和设计阶段，设计如何与项目可行性研究结果、预算和管理制度保持一致是该阶段的主要风险之一，而 BIM 技术可以帮助解决相关的风险管理问题。例如，通过 3D/4D 可视化初步设计模型可以帮助工程师以参数化的方式快速构建和修改模型，以满足利益相关者的要求；通过简短的视频或虚拟演练可以模拟一个人穿过建筑物的视线，迅速提高利益相关者对项目的理解；中性的数据格式可以提供所有项目元素的可互相操作数字表示格式，即具有多软件的兼容性，从而实现 BIM 软件应用程序之间的互操作性，这将会减少各方协同时出错的可能性。

(2) 在施工阶段，为了在早期阶段识别施工风险并优化施工顺序，可预先对工程的施工进行碰撞检测和 4D 模拟，同时将 4D 模型扩展到涵盖基于建筑规范的质量管理，并在产品、组织结构和施工过程（POP）数据定义结构中建立质量控制模型。此外，我们也可以利用 BIM 的成本估算功能来开发相应的应用程序，将 BIM 与挣值（EV）集成，从而进行成本和进度控制。

（3）在运营阶段，应用 BIM 技术及数据库技术对项目运营期内的数据进行整理和分析，有效预测未来发展的趋势及可能出现的状况，通过图表的形式将风险可视化，从而增强决策者对风险的认知程度，作出合理有效的风险决策。

3. 风险可视化管理的优势

（1）规划决策阶段，采用 BIM 与 GIS 相结合的方式，大量收集场地数据并进行科学合理的分析，使结果更加客观、准确，从而减少决策过程中风险发生的可能性，借助 BIM 的模拟分析功能也可以帮助业主找出最佳方案。

（2）设计阶段，BIM 技术解决了专业之间相互分离的问题，由依赖人为进行协调交流的合作模式转变成平行、交互的方式，为实现各专业之间的协同设计提供了一个良好的平台，有效避免了各专业设计之间产生的碰撞问题，减小了设计错误带来的风险。

（3）施工阶段，项目参与单位在 BIM 平台实现数据共享，使各参与方之间的沟通、协作更加方便、紧密，使项目管理者的决策更为有效快捷。在施工进度计划及施工工序严谨安排的同时，帮助实现施工资源的动态跟踪，全面掌控资源的使用情况，有助于施工管理者及时查找原因，采取相应的措施进行补救，尽可能在保证建筑项目顺利实施的情况下降低成本预算，减小风险发生的可能性。

（4）运营维护阶段，依靠 BIM 技术获取大量运营维护所需要的信息，利用这些经过处理分析的信息，项目管理者可以有效规避风险，提高运维效率，减少不必要的成本支出，完善项目风险管理。

4.4 案　　例

4.4.1 项目基本情况

1. 工程概况

福建某地政府启动综合管廊前期工作，总投资 38.18 亿元，线路长度为 26.927km，分为两个子项目，其中环岛路绿道及管线工程，新建综合管廊 19.932km，雨水箱涵 5.58km，双侧新增绿道 42.74km；坛西大道南段电力管廊及市政化改造工程，新建综合管廊长 6.995km，两侧新建辅道 6.98km。建设期 3 年（其中管廊主体工程合同工期 14 个月），运营期 25 年。

综合管廊设计分为三舱断面、四舱断面，交叉路段采用上下两层交叉布置。廊内纳入电力、通信、给水、中水、燃气、直饮水、局部雨水、污水、广播电视共 9 种管线，是目前国内先进高效、节能、安全、环保的"管、控、营"一体化智慧型管廊，作为"海绵城市与管廊协同集约开发模式"的示范样板工程，将在全国类似地区和城市发挥引领、示范作用，受到社会各界高度关注。

2. 项目合法合规性情况说明

（1）物有所值

参照财政部《PPP 物有所值评价指引》（财金〔2015〕167 号），本项目物有所值定性评价专家组的评审结论为"经过专家充分讨论,通过物有所值(定性)评价"。通过测算,本项目物有所值的量值大于零,物有所值能够通过定量分析评价,项目采取 PPP 模式实施基本可行。

(2) 财政承受能力

根据《政府和社会资本合作项目财政承受能力论证指引》(财金〔2015〕21 号)规定"每一年度全部 PPP 项目需要从预算中安排的支出责任,占一般公共预算支出比例应当不超过 10%"。从本项目的汇总测算结果可知,财政安排的补贴占一般预算支出的比例最高为 1.61% 左右。本项目财政承受能力可通过论证。

3. 建设模式及相关边界条件

(1) 建设模式

本项目采用 PPP 模式,以"投融资+施工总承包+运营管理+使用者付费+政府补贴+移交"方式实施。业主出资人代表与社会资本共同出资组建 PPP 项目公司,某地交通与建设局依法授予项目公司特许经营权,由项目公司负责本项目的投资、建设及本项目管廊部分的运营、管理及维护。

(2) 相关边界条件

项目采用 PPP 模式,由区交通投资集团有限公司持股 20%,不计取利息,不参与利润分配;社会资本人联合体持股 80%,组建 PPP 项目公司,区交通建设局依法授予其特许经营权,由项目公司负责本项目的投资、建设、运营、管理及维护。

特许经营期内,项目公司与各入廊单位签订入廊协议,通过收取入廊单位的入廊费(一次性费用)、管廊维护费(年费)和获得政府可行性缺口补助回收投资成本和取得投资回报。

4. 融资方案

现项目资本金为总投资的 20%,共计 7.64 亿元,全部为注册资本,区交通投资集团有限公司出资 20% 为 1.53 亿元,社会资本人出资 80% 为 6.11 亿元,债务资金占 80% 为 30.56 亿元,以项目公司为主体,以项目收益权为质押,向银行贷款解决。项目所争取到的中央财政专项补助,一部分在建设期全额抵减银行贷款,一部分在运营期全额抵减政府可行性缺口补助。

4.4.2 项目风险识别

1. 风险识别准备

通过对接政府部门、PPP 咨询单位收集地方政府或项目业主的信誉资料及相关政策性文件,并调查了当地市场价格。核实项目一方案两评价、纳入国家 PPP 管理库材料,并收集了项目一系列审批文件。

2. 识别项目风险

调出 PPP 项目核查表,由企业投资部门牵头法律部、工程经济部、工程管理部等部门根据工程项目情况进行比对,分析当前项目的风险因素。业务部门核对完后,采用专家调查法中的头脑风暴法,组织项目各环节参与专家召开专家小组会,大家就某一具体问题发表个人意见,充分交流观点,通过专家之间的相互交流,进行智力碰撞,产生新的火花,使专家的论点不断集中和优化。识别出的风险见表 4-6。

风险识别　　　　　　　　　　　　　　　　　　　　表 4-6

序号	风险层级	风险因素	风险描述
1	政府层级	政府信用	由于项目合作周期长，政府换届后，因新政府不支持前政府的政治主张，或交接工作不到位等情况，导致新政府不承认项目原有合同或其中某些条款具备法律效力
2		政府决策失误/冗长风险	政府对项目的开工或竣工交验文件审批较慢，影响项目及时投入使用
3		土地获取风险	本项目涉及的土地获取风险主要体现在管廊沿线的房屋、管线、绿化迁移工作，迁移工作能否正常进行将影响到整体工期，进而影响整个项目的特许经营权
4		签约政府法律变更	签约政府法律变更风险内容包括管廊运营标准、工程建设、管廊收费标准等政策法规调整更新；该项目由于涉及的合作主体较多，对项目的运营均存在一些不可预见的风险
5		税收调整	出现税费政策变化可能造成项目收益的变动
6		征收/公有化	项目运营期长达 25 年，政府有可能因为某种因素提前征收项目
7		政府官员腐败	政府官员作风影响办事效率，提高沟通成本
8		政府干预	政府官员干涉项目的生产、经营，导致项目公司经营受到影响
9		项目审批延误	项目在开工建设前要经历很多审批程序，针对本项目主要是开工许可、项目公司组建程序，如果不能及时拿到审批许可，会影响项目开工时间及融资方案落地
10		公众反对	项目建设过程一定程度上会影响居民出行，征收部分房屋，触动公众利益，有引起公众反对的可能
11		政治不可抗力风险	在较长合作期内有可能碰到社会异常事件
12		自然不可抗力风险	建设区域为沿海区域，台风天气频繁，对项目的建设造成较大的干扰
13	市场层级	融资风险	本项目融资金额较大、时间长、成本较高，存在项目融资能否及时、足额到位的风险
14		通货膨胀风险	由于项目建设材料、人员工资因通货膨胀因素价格上涨，通货膨胀所引起的成本增加将直接影响项目公司的运营利润，在收入不增加的情况下会直接引起项目服务质量
15		利率风险	本项目涉及金额较大，过度的利率变化会直接影响项目公司运营稳定性
16		市场需求风险	本项目市场需求主要是指管廊入廊率，入廊规模受制于区域规划与发展、政府特许权授予范围等因素，市场需求直接决定了项目实施的必要性和可行性，关系到项目能否长期稳定运营
17	项目层级	设计风险	项目施工过程中因地质、原设计存在设计缺陷等问题时，需要工程变更
18		技术风险	本项目主要涉及基坑开挖、管道预制、埋设等常规施工项目，技术较为成熟，施工风险较小
19		建设成本超支或概算不足	本项目的材料存在涨价风险
20		项目财务监管不足	管理人员对项目公司的资金使用监管不足，容易出现现金流不稳定的情况，影响项目进展

续表

序号	风险层级	风险因素	风险描述
21	项目层级	运营风险	本项目在PPP合作期限内由项目公司负责管廊的运营养护等工作,运营维护成本有超支风险
22		环保风险	本项目的施工污水排放、临时设施建设存在不符合环保要求的风险
23		完工风险	管廊项目完工风险基于项目设计、建设施工质量、施工进度等因素的有效性和科学性而存在
24		收费变更	入廊维护费用及运营维护费用不能及时根据市场价格调整,影响项目公司运营收入
25		项目测算方法主观	入廊费用及运营费用测算存在一定风险
26		费用支付风险	根据《城市综合管廊收费标准》计取的使用者付费可能由于管廊收费刚刚推行,入廊单位付款习惯需逐步培养,存在一定的收款风险。政府对可用性服务费和运维服务费的支付引入绩效考核机制,可能对投资及收益足额回收产生风险
27		移交风险	运营期较长,有可能出现管廊在移交时存在过度损耗或破坏,损害了项目的完整性

4.4.3 项目风险评价

本项目邀请打分专家共计12名,为使项目评价更加客观,参与项目前期跟踪的专家(2人)、公司经验丰富的投资专家(1人)、融资专家(1人)、法律专家(1人)权重值为1.5,其余由不同专业组成的专家(7人)权重值为1,每位专家评定的风险总分乘以各自的权重值,所得之积合计后再除以全部专家权重值的和,见表4-7。

福建省某地大型管廊PPP项目风险评估　　　　表4-7

序号	风险层级	风险因素	风险危害程度	危害可能性	风险计量	风险等级
1	政府层级	政府信用	0.92	0.05	0.046	四级风险
2		政府决策失误/冗长风险	0.29	0.17	0.049	四级风险
3		土地获取风险	0.91	0.24	0.218	三级风险
4		签约政府法律变更	0.53	0.31	0.164	三级风险
5		税收调整	0.38	0.13	0.049	四级风险
6		征收/公有化	0.45	0.1	0.045	四级风险
7		政府官员腐败	0.32	0.08	0.026	五级风险
8		政府干预	0.33	0.15	0.049	四级风险
9		项目审批延误	0.52	0.32	0.167	三级风险
10		公众反对	0.18	0.02	0.004	五级风险
11		政治不可抗力风险	0.86	0.05	0.043	四级风险
12		自然不可抗力风险	0.52	0.31	0.161	三级风险
13	市场层级	融资风险	0.82	0.47	0.385	二级风险
14		通货膨胀风险	0.63	0.38	0.239	三级风险
15		利率风险	0.58	0.65	0.377	二级风险
16		市场需求风险	0.93	0.3	0.279	三级风险

续表

序号	风险层级	风险因素	风险危害程度	危害可能性	风险计量	风险等级
17	项目层级	设计风险	0.36	0.07	0.025	五级风险
18		技术风险	0.24	0.08	0.019	五级风险
19		建设成本超支或概算不足	0.37	0.12	0.044	四级风险
20		项目财务监管不足	0.26	0.11	0.029	五级风险
21		运营风险	0.48	0.36	0.173	三级风险
22		环保风险	0.21	0.16	0.034	五级风险
23		完工风险	0.68	0.48	0.326	三级风险
24		收费变更	0.82	0.3	0.246	三级风险
25		项目测算方法主观	0.63	0.29	0.182	三级风险
26		费用支付风险	0.53	0.38	0.201	三级风险
27		移交风险	0.45	0.36	0.162	三级风险

4.4.4 项目风险分配及应对

1. 项目风险分配

PPP 项目的风险分配是否合理是关系到 PPP 项目成功的关键因素，现根据风险分配原则，结合项目实际，提出本项目的风险分配方案，见表 4-8。

福建省某地大型管廊 PPP 项目风险分配建议方案   表 4-8

序号	风险层级	风险因素	风险分配	风险分配说明
1	政府层级	政府信用	政府	
2		政府决策失误/冗长风险	政府	
3		土地获取风险	政府	
4		签约政府法律变更	政府	因本级政府层面的法律变更引起项目公司在项目建设、运营阶段变更，造成建设成本、运营成本或资本性支出增加由政府承担；除本级政府层面以外的法律变更可以通过协议的方式，明确补偿方式，双方共担
5		税收调整	社会资本	
6		征收/公有化	政府	
7		政府官员腐败	政府	
8		政府干预	政府	
9		项目审批延误	政府	
10		公众反对	共担	
11		政治不可抗力风险	政府	
12		自然不可抗力风险	共担	
13	市场层级	融资风险	社会资本	政府方提供融资支持性文件的前提下
14		通货膨胀风险	共担	
15		利率风险	共担	在一定幅度内由社会资本承担
16		市场需求风险	共担	

续表

序号	风险层级	风险因素	风险分配	风险分配说明
17	项目层级	设计风险	社会资本	根据设计管理主体及设计深度的不同,以及设计是否纳入投资范围,对于设计风险的分担需视具体情况而定
18		技术风险	社会资本	
19		建设成本超支或概算不足	社会资本	对于政府主导建设管理特别是设计造价管理项目,建设成本超支应由双方共担,其他情况由社会资本承担
20		项目财务监管不足	社会资本	
21		运营风险	社会资本	
22		环保风险	共担	
23		完工风险	社会资本	
24		收费变更	共担	
25		项目测算方法主观	共担	
26		费用支付风险	社会资本	
27		移交风险	社会资本	

2. 项目风险应对

结合项目实际情况,借鉴类似项目操作经验,现将一级、二级、三级风险的应对措施分析如下,可作为后期建设运营的参考。

(1) 土地获取风险

在项目合同中约定政府需要负责获得满足项目正常建设进度要求的土地作业面。因政府征迁工作导致工期延误,不影响政府按照特许经营协议安排支付可行性缺口补助,以降低和回避投资风险。

(2) 签约政府法律变更

争取让政府最大限度地给予本项目必要的优惠政策,在PPP合同中明确界定政府方的权利与义务,约定法律变更等政策性风险由政府方负责。

(3) 项目审批延误

向当地政府部门及时准备和提供必要的文件和可行性研究报告;与当地政府和高层保持良好的关系。

(4) 自然不可抗力风险

政府与社会资本各自发挥所长,做好应对风险准备;制定应急处置预案;通过购买工程保险转移风险。

(5) 融资风险

利用总公司与多家金融机构的良好合作关系,就本项目与金融机构对接,确保能在项目实施前形成贷款意向,能保证项目资金需求;积极协助政府部门争取本项目中央财政预算内专项资金补贴以及政策性资金支持,降低融资成本,并尽可能以最优的融资结构来降低融资成本与融资风险,且需保证在约定时间内资金到位。

(6) 通货膨胀风险

在特许权协议中规定相应条款,作为以后对价格进行核查的依据,之后再按公认的通货膨胀率进行调价,或相应增加收费,或延长合作期限;设计多模式的股权融资方案,在主要的融资手段未能完全确保落地的情况下,应预留其他具有可操作性的融资方案。

(7) 利率风险

社会资本应利用自身优势,通过有效的金融工具规避利率风险。同时与政府方约定在融资成本大幅上升的情况下(基准贷款利率上浮10%)启动与政府方的谈判。

(8) 市场需求风险

针对本项目的市场需求风险,政府与社会资本在项目合同中明确,在区域范围内要强制入廊,保证特许权授予范围。

(9) 运营风险

在实施方案中考虑运营维护价格调整机制,同时对经营成本进行监督,定期评估经营状况。

(10) 完工风险

本项目征地拆迁规模较小,能够快速进入施工状态,工程延期风险可控,主要是加强建设期资金、质量、安全监管,及时处理施工过程中出现的问题,保障工程按期完工。

(11) 收费变更

本项目中收费变更主要是指直接面向入廊企业收费机制的调整,在项目合同中进一步明确收费的调整原则与调价公式。

(12) 项目测算方法主观

通过聘请专业机构对测算数据进行评估,使使用者付费及运营费用的测算标准较为准确,风险可控。

(13) 费用支付风险

在PPP项目合同中应明确费用的支付时间和延期责任,保证社会资本能够支付运营成本和还本付息。

(14) 移交风险

在PPP合同中明确移交时应该达到的条件,加强运营维护管理,定期进行整修。

【复习思考题】

1. 风险的定义是什么?它有哪些类型?
2. 风险管理的意义是什么?
3. 简述风险管理理论包含哪几个部分。
4. 风险应对和风险分析的方法分别有哪些?
5. 谈谈你对风险可视化的理解和思考。

第5章 工程项目组织理论

5.1 项目组织概述

5.1.1 组织理论的发展

"组织"一词最早源于希腊语,原意是指和谐、协调的意思。现代意义上的组织起源于18世纪末,是指为特定目的而作的系统安排和布置。组织是无形的,可以看作名词,即协作系统,无论这个协作系统的内涵如何深刻,其外在表现形式就是组织的结构。组织也可以看作动词,即协调,包括纵向的控制和横向的信息沟通。

组织理论作为管理学理论的一部分,最早起源于西方国家。1776年,亚当·斯密在《国富论》一书中提出了劳动分工原理,体现了古代管理思想理论,也是组织理论的起源。20世纪初,随着管理学理论的发展,古典组织理论也随之萌芽。法国的亨利·法约尔把管理看作一组普遍的职能,包括计划、组织、指挥、协调和控制,强调管理工作是一种连续的过程,提出管理过程理论。德国的马克斯·韦伯提出行政管理理论,他认为"官僚行政组织"体现了劳动分工原则,有明确定义的等级和详细的规则和制度,以及非个人关系的组织模式。这些理论的提出标志着古典组织理论的诞生,它们主要研究组织内部的分工与生产活动。二十世纪三四十年代,马斯洛、麦克利兰、奥德弗等学者提出新古典组织理论,强调管理中人际关系对生产率的影响。20世纪60年代,人们将系统理论运用于组织理论中,改变了传统组织封闭系统的方法,开始转向运用开放系统,决策贯穿于整个组织系统。20世纪90年代,人们对上一阶段的组织理论进行了革新。汉南和弗里曼通过将种群生态和制度理论相结合来讨论组织群体行为;寇尔以影响不同社会背景下参与性群体实践活动持续性变量为讨论目标,尝试把新制度主义理论和网络理论结合起来,组织理论逐步现代化。

在西方组织理论发展的历史中,主要出现了四大理论流派,即系统学派理论、权力学派理论、制度学派理论和文化学派理论。系统学派出现于20世纪60年代,该理论将组织看作一个系统,注重系统各部分之间的关系。系统论将组织与其外部环境分为技术子系统、社会子系统和权力子系统。随着人们对组织系统认识的不断完善,在原先一般系统论的基础上又分化出权变理论、种群生态学理论和资源依附理论三大流派,这三者构成了当今系统学派的主流。权力学派所关心的是组织中的控制问题,主张通过树立组织权威对成员施加影响,以此来确保组织的正常运行。权力学派的组织理论起源于马克斯·韦伯关于科层制的论述。在韦伯看来,任何有组织的团体,唯有实行"强制性的协调"才能形成一个整体。制度学派把组织看成是自然和有机的系统,认为要从整体角度分析组织的特性。制度学派分析了组织的变异性,指出这种变异是组织复杂系统的潜在功能和非预期性表现;同时指出组织在运行过程中,即使脱离了管理者的控制,也存在一种内在的运作逻辑和趋势，而这并非组织控制的结果。后来发展成为以麦耶尔、罗文、迪马奇奥和鲍维尔等人为代表的新制度主义学派，强调组织环境是制度化的环境，内中合法性的维度迫使单个组织按照其要求来变更和调适自身的结构。文化学派并不关心文化本身，而是强调文化在组织整合及组织成员社会化中的功能。组织文化的内含非常丰富，包括价值观、信念、行为的规范和模式以及文化的物质载体等方面。它对于不同的组织而言表现是不同的，它既是一个组织所建构的概念，又是一种有效的控制手段。

结合组织理论的发展我们可以看出，组织是社会生产和发展的必要形态，任何生产活动都离不开组织。对于工程项目而言，为了实现项目目标，使人们在项目中高效地工作，在工程项目中必须设计项目组织，并对项目组织的运作进行有效的管理。本节主要对项目组织的基本概念及理论进行详细介绍，并对工程项目组织和项目管理组织的概念进行区分。

5.1.2 项目组织

项目组织是指为完成特定的项目任务而建立起来的，从事项目具体工作的组织。它是项目参与者、合作者按一定的规则或规律构成的整体，是由项目行为主体构成的系统。该组织在项目生命期内临时组建，是一次性的暂时的组织。项目组织的形式主要包括职能式组织、项目式组织和矩阵式组织，矩阵式组织又包括弱矩阵式组织、平衡矩阵式组织和强矩阵式组织，具体内容见下节。

5.1.3 项目组织结构

本节将以某 PPP 地铁建设项目为例，对项目组织结构进行全面介绍。

1. 管理跨度与管理层次

早期在政府形成地铁项目构思后，成立了一个临时性的项目小组（指挥部）做项目目标研究，探索项目机会。项目小组一般为一个小型的研究性组织，挂靠在市政府的一个职能部门内，为寄生式的组织形式，此时为垂直的组织结构，如图 5-1 所示。

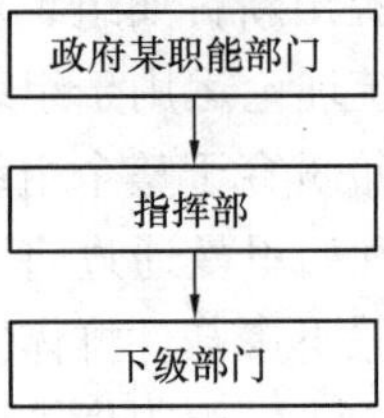

在提出项目建议书后，进入可行性研究阶段，就成立了一个规模不大的项目领导班子，项目的参与单位很少，主要为咨询公司（进行可行性研究）和技术服务单位（如地质勘探单位），为项目式组织形式，此时形成水平的组织结构，如图 5-2 所示。

由上述垂直和水平的组织结构可以看出，管理组织是有跨度和层次之分的。管理跨度与管理层次是项目组织的两个基本概念，它们于外决定了项目组织的形式，于内影响了项目组织功能的发挥，是项目组织设计的理论基础。管理跨度是指某一组织单元直接管理下一层次的组织单元的数量，管理层次是指一个组织总的结构层次。管理跨度和管理层次决定了管理的组织结构。项目组织结构一般包括垂直的组织结构和水平的组织结构两种类型。

按照组织效率原则，应建立一个规模适度、组织结构层次较少、结构简单、能高效率运作的项目组织。由于现代工程项目规模大、参与单位多，造成组织结构非常复杂，因此，组织结构设置常常要在管理跨度与管

图 5-1 垂直组织结构

图 5-2 水平组织结构

理层次之间进行权衡。一般有窄跨度、多层次和宽跨度、少层次两种组织结构。

(1) 窄跨度、多层次组织结构

窄跨度、多层次组织结构多数为直线式组织结构，该结构监督和控制严密，一般不会出现失控现象，且上下级之间联络迅速，有利于管理。但是，由于管理层级较多，层次多则管理费用多，且信息由上向下层层传递，信息沟通复杂化可能导致项目效率低，造成指挥失灵、尾大不掉。

(2) 宽跨度、少层次组织结构

宽跨度、少层次组织结构多数为矩阵式组织结构，这种组织形式可以大大增加管理跨度，使组织变得扁平化。同时，减少管理层级有利于节约管理费用，信息向最上级的传递速度快。但是，该组织结构高层负担过重，容易成为决策的"瓶颈"，在这种组织中上级必须有较多的授权，并且高层有失控的危险。因此，必须谨慎地选择较高素质的下级管理人员，且制定明确的组织运作规则和政策。

2. 项目组织结构形式

项目的组织结构形式主要包括职能式组织结构、项目式组织结构和矩阵式组织结构，矩阵式组织结构又包括弱矩阵式组织结构、平衡矩阵式组织结构和强矩阵式组织结构。

(1) 职能式组织结构

在设计阶段，政府不直接参与项目的实施和管理工作，而是通过PPP模式与企业合作，正式引入业主组织（项目公司）。由于设计工作管理复杂，项目公司下设几个职能部门，项目参与单位也逐渐增加，故采用职能式组织结构。职能式组织结构是按专业技术或专业分工确定管理职能，由职能部门的专业技术人员组成的项目组织，其组织形式呈金字塔形分布，如图5-3所示。

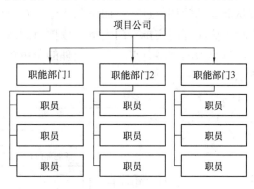

图 5-3 职能式组织结构图

职能式组织结构的优点包括：节约项目运转启动时间、人员安排具有灵活性和降低人员风险。职能式组织结构的缺点包括：责任不明确、职员工作积极性较低以及工作目标不一致、管理困难。职能式组织结构适用于专业性强、无需涉及众多部门的施工项目。

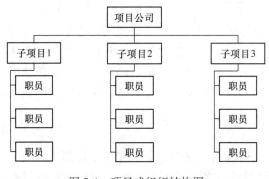

图 5-4 项目式组织结构图

(2) 项目式组织结构

前文提到图5-2属于项目式组织结构，但通常情况下，一个项目公司可能会同时管理多个项目。项目式组织结构是根据项目设置企业部门，以项目为目标的垂直组织结构，一个部门就是一个项目部，项目部成员是根据项目对人员和专业技术的需要进行设置的，他们接受项目经理的领导。其结构如图5-4所示。

项目式组织结构的优点包括：目标及命令一致、责任明确、管理方便和有利于人才培养。项目式组织结构的缺点包括：项目成员的事业前景得不到保障、可能导致人才浪费和项目可能过于独立、难以管理。

项目式组织结构适用于大型复杂施工项目及工期要求紧迫的项目，也适用于同时承担多个工程项目管理、要求多、工种多、部门密切配合的企业。

（3）矩阵式组织结构

在项目施工阶段通常有多个子项目同时施工，有许多承包商、供应商、咨询和技术服务单位，是一个多项目的组织，采用矩阵式组织结构。矩阵式组织是将职能式组织和项目式组织有机的结合在企业内部而形成的一种混合的组织形式，它充分发挥了两者各自的优点，避免了两者的缺点。在矩阵式组织中，子项目主要负责项目定义、确定项目目标、明确进度、确定成本和顾客满意度等工作，而职能部门主要负责项目施工、技术标准、确定和调配施工资源等工作。矩阵式组织结构主要包括弱矩阵式组织结构、平衡矩阵式组织结构和强矩阵式组织结构三种。

① 弱矩阵式组织结构

在弱矩阵式组织结构中，项目可能只有一个全职人员，即项目经理，项目成员不是直接从职能部门调派过来，而是利用他们在职能部门的工作为项目提供服务。其特点是从企业相关职能部门安排专门人员组成项目团队，但无专职的项目经理。这种组织形式保留了职能型组织的许多特点，项目经理的角色更像协调人员而非一个管理者。其结构如图 5-5 所示。

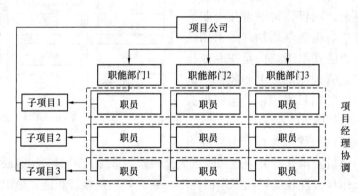

图 5-5　弱矩阵式组织结构图

② 平衡矩阵式组织结构

平衡矩阵式组织也称中矩阵组织，是在各部门借调过来的成员当中，指定一个人担任专案主持人的角色。一旦专案结束，专案主持人的头衔就随之消失。其特点是从企业相关职能部门安排专门人员组成项目团队，有专职的项目经理，且项目经理一般从企业某职能部门选聘。采用平衡矩阵式组织结构，需要精心建立管理程序和配备训练有素的协调人员才能取得好的效果。其结构如图 5-6 所示。

③ 强矩阵式组织结构

强矩阵组织结构形式类似于项目式组织结构形式，它们的区别在于项目部从公司中分离出来作为独立的单元。项目人员可根据需要全职或兼职为项目服务。其特点是项目经理

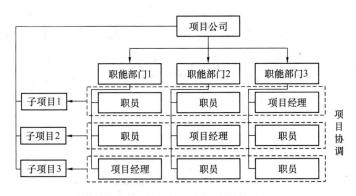

图 5-6　平衡矩阵式组织结构图

独立于企业职能部门之外，项目团队成员来源于相关职能部门，项目完成后再回到原职能部门。强矩阵式组织拥有专职的、具有较大权限的项目经理以及专职的项目管理人员。其结构如图 5-7 所示。

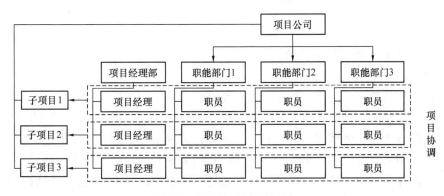

图 5-7　强矩阵式组织结构图

矩阵式组织结构的优点包括：组织结构富有弹性，有自我调节的功能、环境适应能力强、资源分配平衡和管理沟通迅速。矩阵式组织结构的缺点包括：项目之间协调困难、双重领导、工作积极性较弱、管理难度高和对企业管理习惯及组织文化产生冲击。

矩阵式组织适用于需要同时管理多个项目的企业，采用矩阵型组织结构可以充分利用有限的人才对多个项目进行管理，有利于发挥稀有人才的作用；同时适用于大型、复杂的建设项目，将项目分解成若干相互独立、互不依赖的子项目，相当于进行多个平行项目的管理或建造。

3. 工程项目管理的层次与组织

工程项目是由目标产生工作任务，由工作任务决定承担者，由承担者形成组织。按照工程项目的范围管理和系统结构分解，在工程项目中有两种性质的工作任务：为完成项目对象所必需的专业性工作任务和项目管理工作。

为完成项目对象所必需的专业性工作任务是指工程设计、建筑施工、安装、设备和材料的供应、技术鉴定等。这些工作一般由设计单位、专业承包公司、供应商、技术咨询和服务单位等承担，它们构成项目的实施层。

项目管理工作分为三个层次：战略决策层、战略管理层和项目管理层。在上例中，政府作为项目的战略决策层,是项目的投资者(或发起者),但由于政府通常不参与项目的实施和管理工作,所以一般不出现在项目组织中。PPP 项目中企业与政府合作,担任项目的战略管理层(业主),是政府委托的项目主持人或项目建设的负责人。项目管理层承担在项目实施过程中的计划、协调、监督、控制等一系列具体的项目管理工作,通常由业主委托项目管理公司或咨询公司承担。对于一般工程项目而言,项目的战略管理层、项目管理层和实施层构成了工程项目组织。PPP 项目组织管理层次如图 5-8 所示。

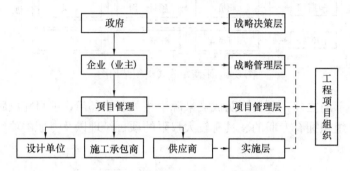

图 5-8　PPP 项目组织管理层次图

4. 项目组织在全生命周期的演变

项目组织的不同组织结构形式可用于工程项目生命周期的不同阶段,并且项目组织结构在项目期间不断改变。项目组织在我国有特有的形式,例如指挥部模式,对于政府主导的社会公共工程(例如城市轨道交通、跨区域基础设施、大型文化场馆等)均采用这种组织形式,主导拆迁和总体部署,并且对于这类项目呈现出明显的全生命周期演变。

上例中前期策划阶段项目组织由寄生式的指挥部演变为项目式组织,并在设计和计划阶段转变为职能式组织,进入施工阶段后形成矩阵式组织,接着在交付使用后,正式成立地铁运营公司(企业组织)。具体演变过程如图 5-9 所示。

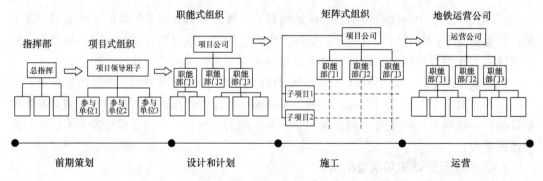

图 5-9　某地铁建设项目组织在全生命周期的演变图

5.1.4　不同项目组织形式的特点

通常情况下,项目组织的职能化特征和项目化特征会随着组织形式的变化逐渐变化。本书第 2 章中提到,可持续发展已成为工程项目的关键目标,而由于组织结构的不同,各项目组织形式对目标的实现程度有所差异。此外,参考任宏教授的相关结论,各组织形式在沟通、项目经理管理权限、资源配置效率、环境适应性和组织稳定性方面也有不同表现，具体特点见表 5-1。

不同项目组织形式特点　　　　表 5-1

特征	职能式	项目式	矩阵式		
			弱矩阵式	平衡矩阵式	强矩阵式
职能化特征	强	弱	较强	一般	较弱
项目化特征	弱	强	较弱	一般	较强
沟通	困难	容易	较困难	一般	困难
项目经理管理权限	很少	全权管理	有限	一般	大
资源配置效率	低	高	一般	较高	很高
对环境的适应性	弱	强	一般	较强	强
组织的稳定性	弱	强	一般	较强	强
对目标的实现程度	低	高	较低	较高	高

5.1.5 工程项目组织策划

工程项目组织策划是指由某一特定的个人或群体按照一定的工作规则，组织各类相关人员，为实现某一项目目标而进行的，体现一定功利性、社会性、创造性、时效性的活动。通常工程项目组织策划过程属于项目计划的一部分，包括从制定项目的组织实施策略到完成合同和项目手册的过程。

1. 工程项目组织策划的内容

工程项目组织策划的内容主要包括总目标分析、确定项目的实施组织策略、涉及项目实施者任务的委托及相关的组织工作和涉及项目管理任务的组织工作等。在项目组织策划前应进行项目的总目标分析，完成相应阶段项目的技术设计和结构分解工作，进行环境调查和项目制约条件分析，这些都是项目组织策划的基础工作。确定项目的实施组织策略，即确定项目实施组织和项目管理模式总的指导思想。涉及项目实施者任务的委托及相关的组织工作主要包括项目承发包策划、招标和合同策划等工作。涉及项目管理任务的组织工作主要包括项目管理模式的确定和项目管理组织设置两项内容。

2. 工程项目组织策划的依据

工程项目组织策划的依据主要从业主、承包商、工程和环境四个方面来考虑，其具体内容如下：

（1）业主方面：投资者（或上层组织）的总体战略；项目的资本结构；业主的组织形式、思维方式、目标以及目标的确定性；业主的项目实施战略、管理水平和具有的管理力量；业主期望对工程管理的介入深度；业主对工程师和承包商的信任程度；业主的管理风格和管理习惯；业主对工程的质量和工期要求等。

（2）承包商方面：拟选择的承包商的能力，如是否具备施工总承包、"设计-施工"总承包或"设计-施工-供应"总承包的能力；承包商的资信、企业规模、管理风格和水平、抗御风险的能力、相关工程和相关承包方式的经验等。

（3）工程方面：项目的基本结构；工程的类型、规模、特点、技术复杂程度；工程质量要求、设计深度和工程范围的确定性；工期的限制；项目的盈利性；项目风险程度；工程资源（如资金、材料、设备等）供应及限制条件等。

（4）环境方面：工程所处的法律环境；市场方式和市场行为；诚实信用程度；常用的工程实施方式；建筑市场竞争；资源供应；获得额外资源的可能性等。

3. 工程项目组织策划的过程

工程项目组织策划的过程主要包括：项目组织策划前，进行项目的总目标分析，完成相应阶段的技术设计和结构分解工作；确定项目的实施组织策略，即确定项目实施组织和项目管理模式总的指导思想；项目实施任务的委托及相关的组织工作，包括项目分标策划、招标合同策划以及招标文件和合同文件策划工作；项目管理任务的组织工作，主要包括项目管理模式确定、项目管理组织设置、项目管理工作流程分析和项目组织职能分解等工作，此时项目组织结构基本形成；最后拟定合同文件和项目手册。具体内容如图 5-10 所示。

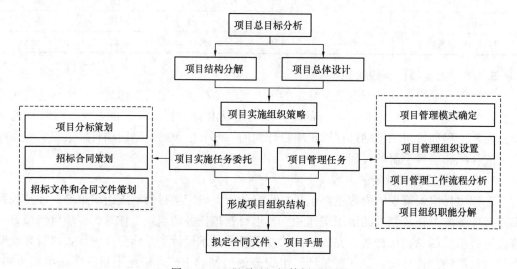

图 5-10　工程项目组织策划过程图

4. 项目组织设计与选择

通过上文的介绍我们可以看出，项目组织设计是项目组织策划的一项重要工作。在进行组织设计前，应先明确组织中各角色的作用。通常情况下，一个项目团队中有这些关键角色：组织的领导者、组织的监督者、组织的推动者、组织的执行者和组织的联络者。他们所起的作用如下：

（1）组织的领导者：领导项目团队，给项目成员分配任务、发布命令、协调关键角色之间的关系，根据项目环境变化适时调整组织功能。在整个项目管理过程中将项目成员团结在自己周围，使所有组织成员之间建立起合作关系，保证团队的稳定性，圆满完成项目任务。

（2）组织的监督者：及时发现项目实施中的偏差，并采取措施调整偏差。保证项目实施过程在既定的方针下进行，不断对项目进行跟踪、检查，对收集的信息进行加工、整理、分析和总结，形成有指导意义的建议传递给组织中的上、中、下级。

（3）组织的推动者：根据项目总目标，评价不同的实施方案，选择最佳方案，确定项目实施计划，组织项目资源。将任务分配给执行者，建立各种规章制度，完善责任和激励制度，以便评价执行者的效果。

(4) 组织的执行者：完成项目目标的执行者，保证向客户提供令其满意的产品或服务。

(5) 组织的联络者：在组织中扮演上通下达的角色，收集项目在进行中所需的内、外环境信息，对信息进行整理、分类并送达相关的部门和人员。负责内部各职能部门之间和内部与外部的信息交流。

明确组织中各角色的作用后，便可进一步设计项目组织结构。项目组织设计的大致步骤分为确定合理的管理层次和管理跨度、确定组织的关键角色和明确组织成员的关系三步，我们再对每一步骤进行细分，明确每一步的依据和目的，可划分为以下详细步骤：

首先明确项目目标，确定项目的任务；根据项目的任务和特点确定管理层次和管理跨度，从而形成一个适应项目的组织形式；再根据项目形式确定关键角色，构筑项目组织中坚力量；接着明确组织成员的关系，合理地授权、分配责任，形成团队；最后形成项目组织。具体内容如图 5-11 所示。

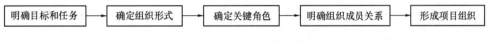

图 5-11 项目组织设计步骤

在组织设计时往往涉及组织形式的选择。通常情况下，组织形式的选择要考虑项目的基本情况、将采用的管理方法、团队成员的组成以及项目所处的环境特点等因素。在进行组织形式选择时，应遵循一定的程序，我们可以按照以下步骤来进行组织形式的选择：

(1) 应掌握各种不同类型的组织形式的特点，未来的组织形式应该是其特点符合项目管理需要的组织。

(2) 分析具体项目特征，了解项目生产特点和管理要求，考察项目所处的环境状况，明确客户对项目的真正要求。首先分析项目的类型，是工程项目还是科研项目；其次明确项目的特点，是智力投入型还是资源投入型；再次了解项目的生产特点，是资本密集型还是劳动密集型；然后了解项目受环境的影响程度；接着明确业主对项目的要求，是不断变化的还是稳定的；最后要对团队成员的素质进行评估。

(3) 结合自身情况确定组织形式。根据管理者知识水平的高低、管理项目的经验丰富程度、沟通能力及管理喜好等因素来确定项目组织形式。不同组织形式对管理者素质的要求可参考表 5-2。

不同组织形式对管理者素质要求表　　　　表 5-2

组织特征	职能式	项目式	矩阵式		
			弱矩阵式	平衡矩阵式	强矩阵式
知识水平高	1	5	2	3	4
知识水平低	5	1	4	3	2
经验丰富	1	5	2	3	4
经验匮乏	5	1	4	3	2
沟通能力强	4	1	3	5	3

续表

组织特征	职能式	项目式	矩阵式		
			弱矩阵式	平衡矩阵式	强矩阵式
沟通能力差	1	3	2	2	2
民主型	5	2	4	4	4
专制型	1	5	2	3	4

注：1代表最不适宜选择，从1~5依次递增，5代表最适宜选择。

5.2 项目管理模式

项目组织管理是项目管理的基本要素，而项目管理模式又作为项目组织管理的重要内容。项目管理模式可以从融资模式和承发包模式两个层次进行解读，常见的融资模式包括BOT模式、PPP模式等，承发包模式包括分阶段分专业平行承发包模式、项目总承包模式、EPC模式、EM模式、IPMT模式、CM模式、PM模式和全过程咨询模式等。下文我们将对这几种模式进行详细介绍。

5.2.1 BOT 模式

BOT（Build-Operate-Transfer）是最典型的常用的项目融资方式。BOT是由项目所在国政府或所属机构与项目发起人签订一份特许经营权协议，政府授予项目公司以特许经营权，项目公司按照协议要求进行融资、建设、运营和管理，直接通过建成后的项目运营收入偿还贷款，在规定的特许经营期之后，将此项目无偿转让给所在国政府。在特许经营期限内，项目公司仅拥有项目的使用权和经营权。BOT模式组织机构形式如图5-12所示。

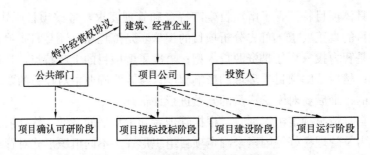

图5-12 BOT模式组织机构形式图

现在BOT有许多种形式，例如，BOO（Build-Own-Operate）建设—拥有—经营、BTO（Build-Transfer-Operate）建设—转让—经营、BOOT（Build-Own-Operate-Transfer）建设—拥有—经营—转让、BROT（Build-Rent-Operate-Transfer）建设—租赁—经营—转让、BT（Build-Transfer）建设—转让和TOT（Transfer-Operate-Transfer）转让—运营—转让等模式。不同形式有不同的项目过程、产权关系及权力和风险分配，企业可根据自身项目特点选择合适的形式进行融资。

5.2.2 PPP 模式

PPP（Public-Private Partnership），即"公私合作伙伴关系"投资模式。于20世纪

80年代起源于英国,国内PPP模式是指政府和社会资本为发挥各自优势,增加公共产品和公共服务的供给能力,提高供给效率,采用特许经营和购买服务等形式,以利益共享和风险合理分担为特征,通过引入市场竞争和绩效考核机制,在基础设施及公共服务领域建立的长期合作关系。PPP模式组织机构形式如图5-13所示。

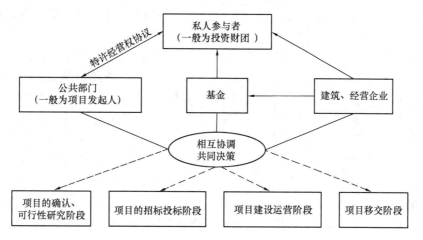

图 5-13　PPP模式组织机构形式图

PPP模式是一个完整的项目融资概念,但并不是对项目融资的彻底更改,而是对项目生命周期过程中的组织机构设置提出了一个新的模型。它是政府、营利性企业和非营利性企业基于某个项目而形成的以"双赢"或"多赢"为理念的相互合作形式,参与各方可以达到与预期单独行动相比更为有利的结果。

PPP模式与BOT模式的本质差别在于,PPP模式中企业与政府是合作关系,可直接参与项目决策。但在BOT模式中政府与企业是垂直关系,政府授权企业独立建造和经营设施,而不是合作关系,企业不可参与项目决策。

5.2.3　分阶段分专业平行承发包模式

分阶段分专业平行承发包模式是指业主将设计、设备供应、土建、电器安装、机械安装、装饰等工程分别委托给不同的承包商。各承包商分别与业主签订合同,向业主负责,各承包商之间没有合同关系。设计单位、施工承包商和材料设备供应商之间为平行关系。其结构如图5-14所示。

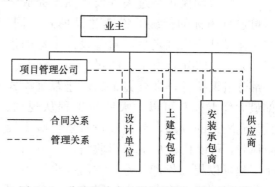

图 5-14　分阶段分专业平行承发包模式结构图

使用这种方式,项目的计划和设计必须周全、准确、细致。这样各承包商的工程范围容易确定,责任界限比较清楚,否则极容易造成项目实施中的混乱状态。如果业主不是项目管理专家或没有聘请得力的咨询(监理)工程师进行全过程的项目管理,则不能将项目分解太细。长期以来我国的工程项目都采用这种承发包方式,这是我国建设工程项目存在问题的最主要原因之一。

5.2.4 项目总承包模式

项目总承包模式是指业主将项目设计、施工、材料和备品配件采购中的两项或全部发包给一个承包人的模式，其中设计、施工、采购等全部由一个承包人承担的模式较为常见，在这种模式下由承包人负责设计、施工、材料和备品配件采购工作，最后向业主移交一个满足合同条件的项目成果。项目总承包模式结构如图 5-15 所示。

采用这种承发包模式，业主只用签订一份项目总承包合同，组织管理的工作量较小，且有利于控制项目的总投资，项目管理周期较短。

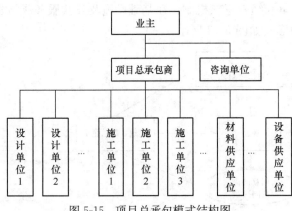

图 5-15　项目总承包模式结构图

但对于承包商而言，意味着承担了项目的总体协调工作，在招标投标、合同管理等方面的工作难度较大，且总价合同中风险费用较高，增加了自身的风险。随着现代化工程技术和理论的发展，项目总承包模式也衍生出许多新的模式，例如 EPC 模式、EC 模式和 EM 模式等。

5.2.5 EPC 模式

设计—采购—施工总承包模式，即 Engineering-Procurement-Construction（EPC），又称交钥匙模式，属于总承包模式的形式之一。它是指承包商负责工程项目设计、采购、施工安装全过程的总承包，并负责试运行服务（由业主负责试运行）。设计—施工总承包模式（EC）与 EPC 模式类似，都属于总承包模式，只是总承包商不对工程的采购工作负责，仅承担工程设计和施工方面的相应工作。EPC 模式结构如图 5-16 所示。

EPC 合同模式与过去等设计图纸完成之后再进行招标的传统的连续建设模式不同，在主体设计方案确定后，随着设计工作的进展，完成一部分分项工程的设计后，即对这一部分组织招标，进行施工。快速跟进模式的最大优点就是可以大大缩短工程从规划、设计到竣工的周期，节约建设投资，减少投资风险，可以比较早地取得收益。一方面整个工程可以提前投产，另一方面减少了由于通货膨胀等不利因素造成的影响。EPC 合同模式下承包商对设计、采购和施工进行总承包，在项目初期和设计时就考虑到采购和施工的影响，避免了设计和采购、施工的矛盾，减少了由于设计失误、疏忽引起的变更，可以显著减少项目成本，缩短工期。

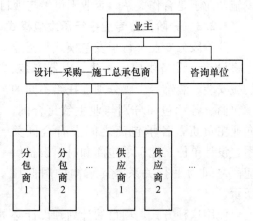

图 5-16　EPC 模式结构图

5.2.6 EM 模式

设计—管理总承包模式，即 Engineering-Management（EM），是指业主签订一份设计与管理合同，由一个单位负责设计和施工管理。而施工合同可有两种方式：施工承包商、供应商直接和业主签订合同，如图 5-17（a）所示；施工承包商、供应商直接与设计—管理承包商签订合同，如图 5-17（b）所示。

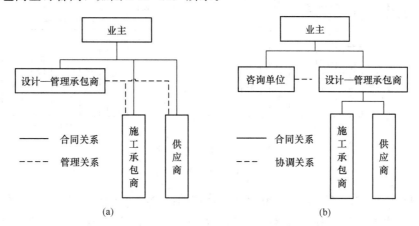

图 5-17　设计—管理总承包模式（EM）结构图

采用设计—管理合同时，由多个与业主或设计—管理公司签订合同的独立承包商负责工程施工，设计管理者负责施工过程的规划、管理与控制，这是一种由同一实体向业主提供设计和施工管理服务的工程管理模式。这种模式对于业主来说，简单的合同形式简化了其对工程项目的管理程序，降低了相应的管理风险，但对项目的操控性相对减弱。对于设计—管理承包商来说，增加了协调施工、供应方的工作量，承担了更多的风险，但由于工程和工作量的增加，其利润一般也会随之提高。

5.2.7　IPMT 模式

IPMT 即 Integrated Project Management Team，指"一体化项目管理团队"。"一体化项目管理"是指投资方与工程项目管理咨询公司按照合作协议，共同组建一体化项目部，并受投资方委托实施工程项目全过程管理的项目管理模式。"一体化"即组织机构和人员配置的一体化、项目程序体系的一体化、工程各个阶段和环节的一体化以及管理目标的一体化。

一体化项目管理以提高工程项目管理专业化水平和效率、降低管理成本为核心，运用先进的管理理论和技术，结合每个项目的特点，实现管理公司与投资方在各方面的资源优化配置，从而保证项目目标的实现，同时最大可能地实现项目的增值与项目费用的节省。项目管理公司通过一些项目合同谈判、费用审核、方案优化、过程控制等专业化管理手段为投资方带来的直接成本节约和通过管理水平和效率的提高（如质量、工期等）带来的间接成本节约等非常明显。

5.2.8　CM 模式

施工—管理模式，即 Construction-Management（CM），是在采用快速路径法的前提下，从建设工程开始阶段就雇用具有施工经验的 CM 承包商（或 CM 经理）参与建设工程项目实施，为设计人员提供施工方面的建议，并负责管理施工全过程，从而推动各项工作有效开展。CM 模式有两种形式，代理型 CM 模式和非代理型 CM 模式，其结构如图 5-18 所示。

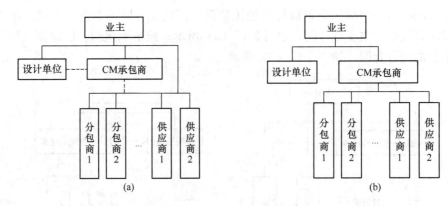

图 5-18 CM 模式结构图
(a) 代理型；(b) 非代理型

代理型 CM 模式是指 CM 承包商以业主代理的身份参与工作，CM 承包商不负责分包工程的发包，业主与分包商直接签订合同。在代理型 CM 模式中，业主直接与分包商、供应商签订合同，由于合同数量的增加，合同管理的工作量以及组织协调工作量将大大增加。CM 承包商与分包商、供应商之间没有合同关系，承担的风险大大降低，而业主所承担的风险大大增加。CM 承包商承担的是业主的管理工作，不直接参与施工活动。CM 承包商仍是在设计阶段介入，并向设计单位提供合理化的建议、协助业主招标，在施工阶段管理和协调各分包商。

非代理型 CM 模式是指 CM 承包商的身份不是业主代理，而是承包商，CM 承包商拥有工程分包权，CM 承包商可以直接与分包商签订分包合同。在非代理型 CM 模式中，业主与 CM 承包商签订 CM 合同，而与其他分包商没有合同关系。因此，对业主来说合同关系简单，对各分包商的协调工作量小。此外，CM 承包商与各分包单位签订分包合同，与供货商签订供货合同，增加了 CM 承包商对其他分包商的管理强度，也增加了 CM 承包商的工作量和风险。

从上述介绍中我们可以看出，CM 模式主要适用于设计变更可能性较大，或对时间要求较高的工程项目，这样有利于发挥其设计、施工阶段可搭接的优势；同时也适用于因总的范围和规模不确定而无法确定价格的工程项目，其可保证在确定了部分工程的设计后能及时开工，不受整体设计进度的影响。

5.2.9 PM 模式

项目管理模式，即 Project Management（PM），是指提供从项目发起开始，贯穿设计施工、工程移交全过程，甚至延伸到管理阶段的范围广泛的咨询服务。项目管理服务的具体内容包括确立项目目标、可行性研究、概念设计、选址分析、备选方案分析、咨询工程师的选择、估价、价值工程、施工发包分析、设计与施工监督、协调及设施管理等。PM 模式可分为项目管理承包（Project Management Contractor，PMC）模式和项目管理组（Project Management Team，PMT）模式。

(1) PMC 模式

PMC 模式是指项目管理承包商代表业主对工程项目进行全过程、全方位的项目管理，包括进行工程的整体规划、项目定义、工程指标、选择 EPC 承包商，并对设计、采购、施工过程进行全面管理。一般不直接参与项目的设计、采购、施工和试运行等阶段的具体工作。PMC 的费用一般按"工时费用＋利润＋奖励"的方式计算。PMC 是业主机构的延伸,就从定义阶段到投产全过程的总体规划和计划的执行对业主负责,与业主目标保持一致。一般,对于规模比较大、技术复杂的工程,业主选择这种模式。PMC 承包商根据经验和技术对项目各方进行计划和管理,力求全生命周期总成本最低。其合同结构如图 5-19 所示。

PMC 可分为三种类型:代表业主管理项目,同时还承担一些界外及公用设施的 EPC 工作,这种方式对 PMC 来说风险较大,但相应的利润、回报也较高;代表业主管理项目,同时完成项目定义阶段的所有工作,包括基础工程设计、±10% 的费用估算、通过工程招标选择 EPC 承包商和主要设备供应商等;作为业主管理队伍的延伸,负责管理 EPC 承包商而不承担任何 EPC 工作,这种方式的风险和回报都比较小。

(2) PMT 模式

PMT 模式是指工程公司或其他项目管理工程公司的项目管理人员与业主共同组成一个项目管理组,对工程项目进行管理。在这种方式下,项目管理服务方更多的是业主的顾问,工程的进度、费用和质量控制风险较小。其合同结构如图 5-20 所示。

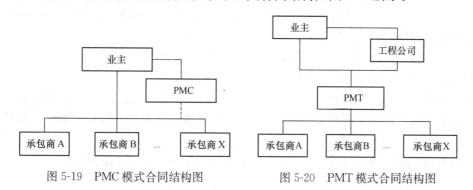

图 5-19　PMC 模式合同结构图　　图 5-20　PMT 模式合同结构图

5.2.10　全过程咨询模式

全过程咨询模式主要是指为建设工程项目实施与运营的全生命周期提供组织、管理、经济、技术等层面的工程咨询服务,采取多元组织形式提供局部或整体解决方案,为项目决策、实施与运营提供长效指导。其结构如图 5-21 所示,图中实线代表服务,虚线代表管理。

全过程咨询不同于以往的工程项目管理模式,它是技术、经济、信息、人才的高度融合和集约化管理,改变了以往工程咨询碎片化的状况,是工程咨询整体集成化的转

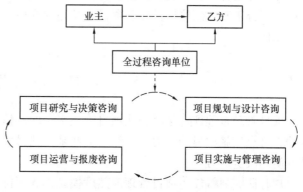

图 5-21　全过程咨询模式结构图

变。全过程咨询采用多种咨询的组合方式,为业主提供决策咨询、信息咨询、技术咨询和

管理咨询，为项目决策、实施和运营提供解决方案，使工程项目建设和运营有机结合起来，实现投资效益最大化，实现项目全生命周期的增值。

5.2.11 管理模式的组合与选择原则

在项目实施过程中有多种项目管理模式与实施方式的组合。对于项目复杂程度较小、规模不大且业主有一定项目管理资源及能力的项目，通常采用业主自营管理和 E+P+C 实施方式或业主委托 EPC 总承包方式；对于项目较复杂、业主项目管理资源及能力较弱的项目，通常采用 PMC+EPC（或 E+P+C）模式；对于项目复杂、规模大、业主项目管理资源及能力较强的工程建设项目，通常采用 IPMT+EPC 模式。在选择项目管理模式时应按照以下原则：

(1) 如果业主方人员及业主可聘用的人员能够组成项目管理整体团队，应选择业主自营管理模式。根据不同情况，选择实施方式：

1) 业主专业管理人员较强，能胜任工程设计、采购、施工之间的界面管理工作，应选择"业主自营管理+E+P+C"的组合。

2) 业主专业管理人员不能胜任工程设计、采购、施工之间的界面管理工作，应选择"业主自营管理+EPC"的组合。在执行过程中 EPC 承包方式又可以有许多变种。

(2) 如果业主方人员及业主可聘用的人员不能组成项目管理领导团队，应选择 PMC 模式。根据不同情况，选择实施方式：

1) 界面清晰、接口简单的子项目，应选择"PMC+EPC"的组合。

2) 界面复杂、接口较多的子项目，应选择"PMC+E+P+C"的组合。

(3) 如果业主方人员及业主可聘用的人员能够组成项目管理领导团队，缺少的具体项目管理专业人员可由项目管理公司提供，应选择 IPMT 模式。根据不同情况，选择实施方式：

1) IPMT 专业管理人员较强，能胜任工程设计、采购、施工之间的界面管理工作，应选择"IPMT+E+P+C"的组合。

2) IPMT 专业管理人员不能胜任工程设计、采购、施工之间的界面管理工作，应选择"IPMT+EPC"的组合。在执行过程中，EPC 承包方式又可以有许多变种。

无论是哪种组合方式，都要在项目合同和项目策划中明确业主、项目管理公司和承包商的职责分工和界面接口，保证项目组织构架合理、职责分工明确、界面管理清晰、工作流程流畅。

5.3 项目管理过程评价

项目管理过程评价是对企业项目管理水平的评估，用于衡量组织按照预定目标和条件成功、可靠实施项目的能力。组织可借此来评估目前项目管理的状况，从而发现其中的问题并明确改进的方向。

现有研究通常使用项目管理成熟度模型作为评价项目管理过程的方法和依据。项目管理成熟度模型是一种框架和工具，它描述了一个组织由混乱、不成熟的过程到有纪律、成熟的过程的进化路径。成熟度模型不是一个数学解析式或一个图表，它是一整套科学的体系和方法，也是表征一个企业项目管理能力从低级向高级发展、项目实施的成功率不断提高的过程。

5.3.1 常见的项目管理成熟度模型

常见的项目管理成熟度模型包括 CMM 模型、K-PMMM 模型、OPM3 模型和 P3M3 模型。

（1）CMM 模型

卡内基梅隆大学软件工程研究所（SEI）于 1987 年发布的二维能力成熟度模型（CMM 模型），主要用于软件开发过程和软件开发能力的评估和改进，侧重于软件开发过程的管理及工程能力的提高与评估，是目前软件业最权威、应用最广的成熟度模型。CMM 模型已逐步发展成为软件成熟度集成模型。

（2）K-PMMM 模型

美国 Harold Kerzner 博士于 2001 年提出了一维五层次项目管理成熟度模型（K-PMMM 模型）。该模型从企业战略角度出发，帮助企业认清自身所处的成熟度层级，识别当前管理存在的问题，从而有针对性地对项目管理水平进行改进和提高，是一个通用的项目管理成熟度模型。K-PMMM 模型并没有很好地商业化或成立组织去认证评估师，适合于企业进行规模较小、层次较浅的自我评估。

（3）OPM3 模型

美国项目管理学会（PMI）组织于 2003 年提出了三维组织级项目管理成熟度模型（OPM3 模型）。OPM3 模型从组织的视角出发，整合 PMI 之前发布的单项目、项目集、项目组合等各类项目管理标准，建立了一个组织项目管理的框架体系，其目标是帮助组织通过开发其能力，成功地、可靠地、按计划地选择并交付项目从而实现其战略。OPM3 模型的概念区分较为详细，层次和维度较多，评估方式严格，周期较长，适合企业进行规模较大、层次较深的成熟度评估。

（4）P3M3 模型

英国政府商务部（OGC）于 2005 年发布了项目组合、项目集和项目管理成熟度模型（P3M3 模型）。采用二维 P3M3 模型评估组织的项目管理能力，可以有效识别出需要改进的管理过程，更好地帮助组织提高绩效。P3M3 模型由三个独立的子模型构成，分别为项目组合、项目集和单项目管理成熟度模型。每个模型都有 OGC 之前发布的相关标准作为支撑体系的方法论。经过多年的推广和实践，P3M3 模型在全球各个行业得到了广泛应用，帮助很多企业在制定基线、衡量绩效、改进和验证投资成效等多个方面取得较大的收益。

相比其他模型而言，三维 OPM3 模型逻辑性强，层级连续，细节丰富，从结构、文化、技术和人力资源四方面提出了 76 项组织驱动因素的最佳实践，为组织提供了测量、比较、改进项目管理能力的方法和工具。据此，下文将对 OPM3 模型进行具体介绍。

5.3.2 OPM3 模型

美国 PMI 学会对 OPM3 模型的定义是：它是评估组织通过单个项目和组合来实施自己战略目标能力的一种方法，它还是帮助组织提高市场竞争力的工具。OPM3 的内容主要包括知识体系、评估和改进三个部分。OPM3 模型的目标是"帮助组织通过开发其能力，成功地、可靠地、按计划地选择并交付项目从而实现其战略"。它提供了一种开发组织项目管理能力的基本方法，并使项目与组织战略紧密联系起来；提供了丰富的知识来了解项目管理并给出了对照标准作为自我评估的工具,以确定当前的情况、制订改进计划。

OPM3 模型从三个维度对项目管理成熟度进行描述。第一个维度是项目管理成熟度的四个梯级,分别为标准化、可测量、可控制和持续改进;第二个维度是项目管理的三个层次域,分别为单项目管理、项目集管理和项目组合管理;第三个维度是项目管理的过程组,对于单项目和项目集来说,有五个过程组,分别为启动、规划、执行、监控和收尾,对于项目组合来说,有两个过程组,分别为组合和监控,其模型如图 5-22 所示。

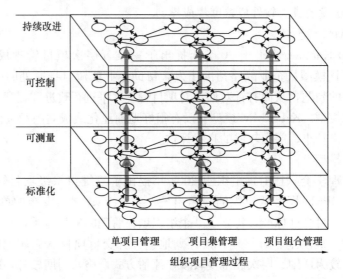

图 5-22 OPM3 模型图

此外,OPM3 模型还提出了组织驱动因素(Organizational Enablers)这一概念,用以衡量组织在结构、文化、技术和人力资源方面的一些制度对项目管理起到的支持作用。OPM3 模型为使用者提供了丰富的知识和自我评估标准,用以确定组织当前的状态,并制订相应的改进计划。OPM3 模型将告诉使用者最佳实践处在项目管理过程组(启动、计划、执行、控制、收尾)的位置、版图(项目管理、项目组合管理、项目投资组合管理)和梯级(标准化的、可测量的、可控制的、可持续改进的)。

OPM3 模型的要素包括:最佳实践、能力、成果、关键性能指示器。在 OPM3 模型中,组织项目管理成熟度是借助于过程中达到最佳实践的程度来衡量的。最佳实践是产业组织目前所认识到的达到目标的最优方法。对组织项目管理而言,它包括有预见性地、连贯地、成功地执行项目的能力,以完成组织战略和提高组织效能。能力是指组织为达到最佳实践所应该具备的一种或多种才能。成果是指能力最终的形成或实现方式。

OPM3 模型并没有拘泥于成熟度的分级,主要关注如何使组织能够识别和改善项目管理的过程。OPM3 模型的应用过程包括标准学习、评估组织现状、确定改进重点和路径、评估当前的能力、制订改进计划、实施改进和重复这一系列过程。具体如图 5-23 所示。

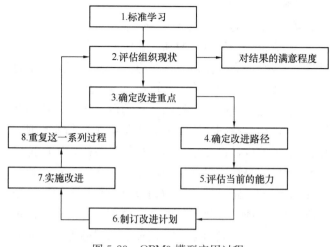

图 5-23 OPM3 模型应用过程

5.4 项目组织行为和文化

在项目组织管理的过程中,由于组织内部关系复杂、成员立场不一,通常会出现各式各样的行为问题。不同的项目管理模式、不同的组织行为会形成不同的组织文化。

项目组织文化是指项目组织在长期实践活动中,经过项目组织领导者的长期倡导和团体成员的积极认同、实践与创新所形成的整体价值观念、信仰追求、道德规范、行为准则、经营特色、管理风格、行为规范、思维模式以及传统和习惯的总和。

项目组织文化的形成是组织领导者和组织个体共同作用的结果。项目组织领导者会将组织的价值观、目标、信念和规则等元素根植到组织中,进而形成组织中个体普遍崇尚、认同和遵守的组织文化;组织个体会通过自我养成和自我演化将具有优势的文化逐渐分享、传播、积淀成为组织文化。

5.4.1 组织行为问题

1. 传统的项目组织行为问题

传统的项目组织行为问题建立在项目组织内部,包含业主、承包商、项目经理等多方行为问题。组织内成员的隶属关系错综复杂,使得其各自的目标与利益不统一,容易造成短期行为,组织成员间摩擦较大,协调和沟通困难。在项目开始前,组织成员尚未进入工作状态,不能够全心全意地投入工作,且在项目结束前,成员对自己项目结束后的发展各有打算,同样可能使其在项目收尾工作时心不在焉。

此外,由于项目组织是临时组建的,成员之间的组织归属感和安全感不强,组织忠诚度和凝聚力很小,因而往往难以建立自己的组织文化,缺乏使命感和集体意识。在这种团队意识匮乏、成员个人利益先导的情况下,多种因素将直接影响项目的组织行为。例如,企业与项目的分配关系、合同、诚实信用程度和文化传统等。合同和企业与项目分配关系直接影响组织成员的个人利益,通常由于利益驱使,这两项因素会对成员的行为产生较大的影响。而诚实信用程度和文化传统取决于组织成员自身,信任与否及文化理念是否契合将直接影响到组织成员间的合作效率。

2. 网络组织行为问题

网络组织是超越市场与企业的一种混合组织形态，其类型主要包括基于分包而形成的网络组织、企业集团、虚拟企业、战略联盟和产业集群。其中虚拟企业是由一些独立公司组成的临时性网络组织，这些独立的公司包括供应商、客户甚至竞争对手，他们通过信息技术组成一个整体，共享技术、共担风险，并可以进入彼此的市场。

网络组织的协调与治理包括强制调节机制、自动调节机制、社会调节机制和路径依赖式的调节机制。强制调节机制是指网络组织下的成员必须履行契约所规定的责任和义务；自动调节机制是指网络组织的成员都是独立的市场行为主体，所以价格机制仍然是一个基本的协调机制；社会调节机制是指成员间的经济往来内嵌于一定的社会关系中，在一定程度上受到这些社会关系的影响；路径依赖式的调节机制是指组织网络是一种适应性的组织间关系形态，同时具有自增强或自催化一类的动态系统，即具有局部正反馈的系统，这使得组织网络在利用上述三种调节机制时会遇到这种正反馈的限制，从而使组织网络的协调体现出路径依赖的特征。

网络组织成员往往会存在机会主义行为。奥利弗·威廉姆森认为机会主义行为是指不完全或扭曲的信息揭示，尤其是有目的的误导、歪曲、含糊其辞或其他形式的混淆。对于机会主义行为的防范有以下几种途径：通过声誉机制来保证契约履行；通过信任机制来实现自我履约；通过增加预期收益来增加机会主义行为的成本。

网络组织员工的行为具有以下特点：自主性强，富有创新精神；流动性强，富有团队精神；劳动过程监控困难，劳动成果难以衡量。针对以上特点，在管理网络组织员工行为时应加强团队文化建设，创造团队文化协调效应；建立学习型组织，树立共同愿景；建立网络组织内部沟通新模式。

由以上对组织行为问题的描述我们可以看出，项目实施的效率和质量与组织行为息息相关，而影响组织行为的因素也是错综复杂的。如何及时发现并解决项目相关各方的组织行为问题，是项目组织管理中需要探讨的重点内容。

5.4.2 现代项目管理对组织文化的要求

由于项目组织的特点，现代项目的运作十分困难。要发挥现代项目组织的效率和优势，克服项目组织可能带来的问题，不仅依赖于整个社会的运作环境和机制，需要完善的项目管理系统、理论、方法和手段，而且需要相应的组织文化，参与项目组织的人员（包括管理者和被管理者）需要相应的人生观、价值观和社会普遍认可的行为准则。现代项目管理对组织文化的要求主要包括人本管理、授权和分权管理、程序化和规范化、平等和民主化、透明、团队精神和诚实信用等方面。

(1) 人本管理

人本管理把人看作是一个追求自我实现、能够自我管理的社会人，是指以组织共同目标为引导，以人的才能的全面的和自由的发展为核心，创造相应的环境、条件和工作任务，激励组织成员创造性地完成组织目标。

(2) 授权和分权管理

授权和分权包括给组织成员分配任务，给予他们完成工作目标的责任，如工作的具体内容以及对相关任务的期望结果（包括工作范围、所要完成的明确结果或要交付的产品、质量标准、预算及进度计划），给予他们为取得预期结果的决策权、采取行动的权力，确保组织成员能及时获得完成自己工作需要的各种资源，包括人力资源、资金、设备等。

(3) 程序化和规范化

需要建立一套项目管理信息与控制系统，使项目组织的所有成员能够协调一致。在企业和项目中，管理者和被管理者都要按程序、按规则工作，不要有随意性，对程序和规则频繁变更。

(4) 平等和民主化

项目组织通过合同联系起来，之间没有行政隶属关系。一个组织成员在项目组织中的地位是由他承担的工作任务决定的，而不是由其行政级别、规模、社会地位决定的。这就使得个别项目组织成员的权威被极大地削弱，使得项目参与各方在地位上是平等的，项目管理者不能依靠权力、行政命令，而必须依靠协调、合同、法律解决项目中的问题。

(5) 透明

透明管理的要求包括事先提出目标、确定管理过程、管理程序和管理规则，预先确定绩效评价方法、指标和奖励体系。透明化管理的性质包括：通过合同明确各方的权利、责任和义务，并且参与各方的信息交流是双向的，形成网状的信息沟通体系，项目组织内部参与各方的地位平等。任何暗箱操作都只能导致项目的失败。

(6) 团队精神

项目组织是许多单位的组合体，能集中不同部门、组织，甚至不同国家的优势资源，通过参与各方共同合作实现项目目标。项目的成功需要各方面的精诚合作，要有团队精神，需要有良好的沟通，需要大家都有双赢的理念，各方面信息共享、风险共担。

(7) 诚实信用

项目参加各方必须互相信任，大家都要以项目的总目标和整体利益为重。只有在信任的基础上，各方才能真诚地合作，实现双赢的目标。

【复习思考题】

1. 什么是项目组织？如何区分项目组织、工程项目组织和项目管理组织？
2. 项目组织行为问题有哪些？
3. 项目组织形式有哪些？各自的特点是什么？
4. 项目管理模式有哪些？
5. 什么是项目组织文化？现代项目管理对组织文化的要求有哪些？
6. 什么是项目管理成熟度？常见的模型有哪些？
7. 简述 OPM3 模型的原理和应用过程。

第6章 工程项目进度控制技术与方法

6.1 进度管理概述

6.1.1 进度管理与发展

建设工程项目进度管理是指在全面分析建设工程项目各项工作内容、工作程序、持续时间和逻辑关系的基础上,编制具体可行、经济合理的进度计划,并付诸实施;在进度计划实施的过程中,需要经常性检查实际进度是否符合计划要求,若出现偏差,找出原因,通过采取各种有效措施,确保进度目标的实现。概括来讲,工程进度管理的根本目标是尽量缩小计划工期与实际工期之间的偏差,以有效地控制建设进度。美国人甘特最早提出甘特图技术并应用于项目进度管理;美国杜邦公司于1956年提出了关键路径法(Critical Path Method,CPM),其工作原理为数字分析;1958年,美国海军特种计划局在研制北极星导弹项目中提出了计划评审技术(Plan Evaluation Review Technology,PERT);此外,横道图、S曲线、香蕉曲线和挣值法等比较方法已相对成熟,在项目进度管理中得到了广泛的应用。目前,通过4D技术将与进度相关的时间信息(如Project文件)和动态3D模型链接产生4D施工进度模拟,通过WBS关联施工进度计划,将施工过程中的每一个工作以可视化的建筑构件虚拟建造过程来显示。此外,在建筑工程进度管理工作中运用动态管理与控制方法,在有效控制工程工期的同时大幅提高进度管理工作的效率,使建筑工程造价、进度、质量间的关系更为协调。

6.1.2 进度管理与计划

工程项目进度是指工程项目实施进展的情况。在工程项目实施过程中,项目的任务是指要消耗工期、劳动力、材料、成本等才能完成的任务。项目的实施结果应通过项目任务的完成(如工程的数量)来表达。工程项目进度管理是以工程建设总目标为基础进行工程项目进度分析、进度计划及资源优化配置并进行进度控制管理的全过程,直至工程项目竣工并验收交付使用后结束,期间严格控制项目时间期限,最大程度地节约时间,缩短工程周期,提高施工效率。

1. 进度管理的程序

项目组织应建立项目进度管理制度,制定进度管理目标。项目进度管理目标应按项目实施过程、专业、阶段或实施周期进行分解。项目进度管理的程序是:①进度目标的分析和论证;②制订进度计划;③进度计划交底,落实责任;④实施进度计划,跟踪检查,对存在的问题分析并纠正偏差,必要时调整进度计划;⑤编制进度报告,报送组织管理部门。

2. 进度计划编制方法

(1) 关键路径法

关键路径是指从工程项目开始到项目结束经过的延时最长的逻辑路径。优化关键路径是一种提高工作速度的有效方法。一般地，从输入到输出的延时取决于信号所经过的延时最大路径，而与其他延时小的路径无关。

（2）里程碑事件计划

在工期计划中事件表达状态，一般为一个工程活动或阶段的开始或结束点。项目的里程碑事件是进度上表示一个主要可交付成果或一组相关可交付成果完工的事件，是项目全过程中的关键事件。

（3）计划评审技术

计划评审技术是指用网络图来表达项目中各项活动的进度和它们之间的相互关系，在此基础上，进行网络分析和时间估计。该方法认为项目持续时间以及整个项目完成时间的长短是随机的，服从某种概率分布，可以利用活动逻辑关系和项目持续时间的加权合计，即利用项目持续时间的数学期望计算项目时间。

3. 工程项目进度计划编制依据

（1）项目的总平面图、单位工程建筑及结构施工图、设备工艺配置图、地质地形图及有关标准图等技术资料。

（2）工期要求，项目开工、竣工日期。

（3）施工技术标准、规范，工作的施工顺序和项目间的逻辑关系。

（4）施工准备工作的要求，现场水文、地貌、气象等调查资料，施工条件。

（5）劳动定额或机械台班定额。

（6）资源需求，包括对资源数量和质量的要求，当有多个工作同时需要某种资源时，需要作出合理的安排。

（7）材料、设备、资金、施工力量的供应条件。

（8）该工程的关键工作或里程碑事件，在项目执行过程中所要考虑的约束条件。

6.2 网 络 计 划

网络计划是以工序所需时间为因素，用以描述工序之间相互联系的网络和网络时间的计算，反映整个工程或任务的全貌，并在规定条件下全面筹划、统一安排，以寻求达到目标的最优方案的计划技术。

网络计划技术是指用规定的网络符号及图形表示计划中各项工作之间的相互制约和依赖关系。在此基础上，通过计算分析，寻求最优计划方案的实用计划管理技术。与横道图相比，网络技术的最大特点是能反映工作之间的逻辑关系和从属关系，突出了前导关系，这意味着网络图在预测和控制方面更有用。

CPM 和 PERT 是独立发展起来的计划方法，CPM 假定每一活动的时间是确定的，而 PERT 的活动时间是基于概率估计的；CPM 不仅考虑活动时间，还考虑活动费用及费用和时间的权衡，而 PERT 则较少考虑费用问题；CPM 采用节点型网络图，PERT 采用箭线型网络图。但两者所依据的原理基本相同，即通过网络形式表达某个项目计划中各项具体活动的逻辑关系，现在人们将其合称为"网络计划技术"。

6.2.1 网络计划技术的基本内容

关键工作是当计划工期等于计算工期（$T_p = T_c$）时，总时差为零的（或最小）的工作，而自始至终全部由关键工作组成的线路称为关键线路。关键线路上工作的持续和搭接时间决定总工期。

【例 6-1】叙述图 6-1 中双代号网络图中各工作之间的关系。

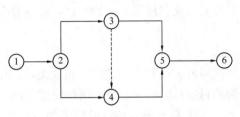

图 6-1 某双代号网络图

【解】以②→③工作为例，先前工作有①→②工作，后续工作有③→④工作、③→⑤工作、④→⑤工作和⑤→⑥工作。与②→③工作平行的工作是②→④工作。

1. 网络图的时间参数概念

时间参数的计算与分析是进行计划控制、优化调整的前提，可据此确定计划工期、关键线路和关键工作，确定线路和工作时差。首先，i 为活动代码；D 为持续时间；ES 为最早允许开始时间；EF 为最早允许结束时间；LS 为最迟允许开始时间；LF 为最迟允许结束时间；TF 为工作总时差；FF 为自由时差。

2. 网络计划的逻辑关系

逻辑关系是指工作之间相互制约或依赖的先后顺序关系，主要指工艺关系若处于生产性工作之间由工艺过程决定先后顺序，而处于非生产性工作之间由工作程序决定先后顺序；且组织关系是根据组织安排需要或资源（人、机、材等）调配而确定的先后顺序关系。逻辑关系有时又被称为搭接关系。FTS，即结束—开始（Finish To Start）关系，即紧后活动的开始时间受紧前活动的结束时间的制约。STS，即开始—开始（Start To Start）关系。紧前活动开始后一段时间，紧后活动才能开始，即紧后活动的开始时间受紧前活动的开始时间的制约。FTF，即结束—结束（Finish To Finish）关系。紧前活动结束后一段时间，紧后活动才能结束。STF，即开始—结束（Start To Finish）关系。紧前活动开始后一段时间，紧后活动才能结束，这在实际工程中用得较少。搭接时距还可能有最大值定义（MA）。如图 6-2 中按施工计划规定，材料（砂石、水泥等）入场必须在混凝土浇捣前 2 天结束，不得提前，否则会影响现场平面布置。

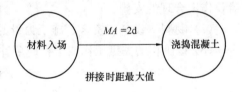

图 6-2 拼接时距图

6.2.2 横道图

横道图又称甘特图或条形图。美国人甘特最早提出将甘特图技术应用于项目进度管理，以日历的形式将项目罗列出来，反映项目活动各时间段的进度信息，为项目管理工作树立了格式标准。工程项目横道图一般在左边按项目活动（工作、工序或作业）的先后顺序列出项目的活动名称，图上横栏表示时间，用水平线段在时间坐标下标出项目的进展线，水平线段的位置和长度反映该项目从开始到完工的时间，如图 6-3 所示。

6.2.3 网络计划技术应用

网络计划技术的应用主要有双代号网络图和单代号网络图两类，两者各有优势，在实际工程中都被广泛应用。

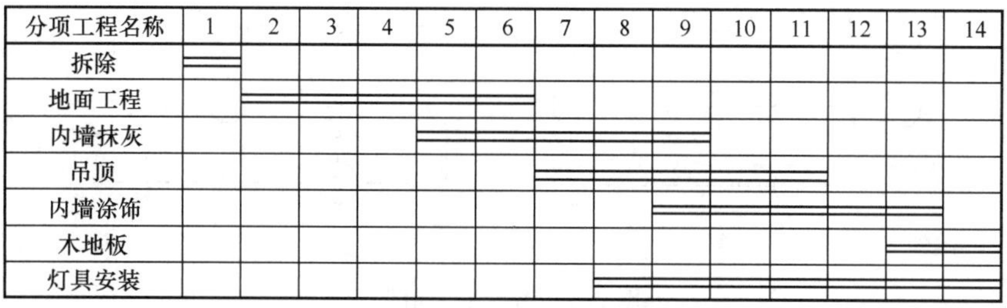

分项工程名称
1
2
3
4
5
6
7
8
9
10
11
12
13
14
拆除
地面工程
内墙抹灰
吊顶
内墙涂饰
木地板
灯具安装

图 6-3　工程项目横道图

1. 双代号网络图

双代号网络图亦称“箭线图法”，通过箭线表示一项工作（工序、活动），并在节点处将活动连接起来表示依赖关系的网络图。虚箭线是双代号网络图特有的构图要素。表示既不占用时间、又不消耗资源，本身无实际工作内容的虚拟工作。虚箭线的作用有三：①联系：即传递工作间的逻辑关系；②区分：根据工作互不重名规则要求，用其区分两项以上同名工作；③断路：用它断开原定计划不存在的逻辑关系。

【例 6-2】 虚箭线

挖基槽1
挖基槽2
砌基础1
砌基础2
回填土1
回填土2

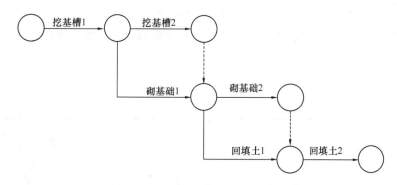

图 6-4　某带虚箭线的双代号网络图

由施工工序逻辑关系（图 6-4）可知，砌基础 2 与回填土 2 都只有在挖基槽 2 与砌基础 2 完成之后才能进行，该逻辑关系用虚箭线进行表示。

（1）双代号网络图绘制的步骤

1）按基本绘图规则绘制草图。

2）按绘图规则和图形简化原则修改成正式网络图。

【例 6-3】 已知工作逻辑关系，见表 6-1：

工作逻辑关系表　　**表 6-1**

本工作	A	B	C	D	E	F	G	H
紧前工作	/	/	/	B	AC	C	D	ED

【解】 作图步骤如图 6-5 所示。

（2）双代号网络计划的快速计算

1）标号法

利用标号法快速计算［例 6-3］中工作的工期，如图 6-6 所示。

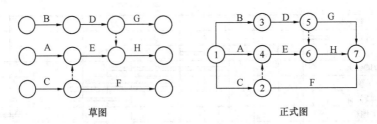

图 6-5 作图步骤示例

① 网络计划起点节点的标号值为零 ($b_1=0$)。
② 网络计划的其他节点的标号值:
$$b_1 = \max\{b_i + D_{i-j}\} \tag{6-1}$$
式中　b_i——工作 $i-j$ 的完成节点 j 的标号值；
　　　b_1——工作 $i-j$ 的开始节点 i 的标号值；
　　　D_{i-j}——工作 $i-j$ 的持续时间。
③ 对其他节点进行双标号（源节点，标号值），源节点就是确定本节点标号值的节点，如果源节点有多个，应将所有源节点标出。
④ 网络计划的计算工期就是网络计划终点节点的标号值。
⑤ 关键线路应从网络计划的终点节点开始，逆着箭线方向按源节点确定。

2) 对比法

利用对比法计算 [例 6-3] 中工作的工期，如图 6-7 所示。

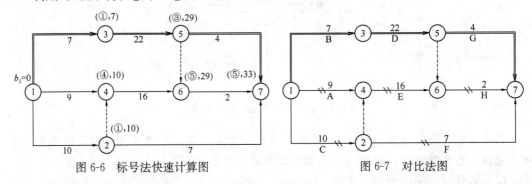

图 6-6　标号法快速计算图　　　图 6-7　对比法图

此方法总的原则是将起始于同一结点，归结于同一结点的若干条线路中较短的线路上的所有工作舍弃仅保留最长的一条（或几条）线路。
① 比较①→④，应将 A 和 C 工作舍弃。
② 比较③→⑥，应将 E 工作舍弃。
③ 比较②→⑦，应将 H 和 F 工作舍弃。
④ 剩余的工作全部为关键工作，从而确定关键线路。
⑤ 关键线路上的各工作持续时间之和为计算工期。

3) 穷举法

利用穷举法计算 [例 6-3] 中工作的工期，如图 6-8 所示。
此方法适合线路条数较少的网络计划，其具体步骤如下：
① 列举网络计划中的所有线路。

② 计算各条线路的持续时间。

③ 持续时间最长的线路就是关键线路，图 6-8 中的关键线路是：①→③→⑤→⑦。

④ 关键线路的持续时间即为计算工期。

(3) 双代号网络节点时间参数的计算方法

双代号网络节点时间参数的计算如图 6-9 所示。

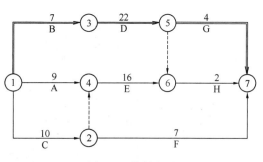

图 6-8 穷举法图

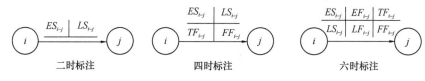

图 6-9 时标图

2. 单代号网络图

单代号网络图是以节点及其编号表示工作，以箭线表示工作之间先后衔接的逻辑关系网络图。箭线符号仅用来表示相关活动之间的顺序，不具有其他意义，因其活动只用一个符号就可代表，故称为单代号网络图。最新发展起来的几种网络计划形式，如决策网络（DCPM）、图式评审技术（GERT）、前导网络（PN）等，都是采用单代号表示的。

(1) 单代号网络图的绘制

单代号网络图的绘制与双代号网络图的绘制基本相同，主要区别在于：

1) 在单代号网络图中，以节点表示工作，以箭线表示工作间的连接关系。

2) 当网络图中有多项工作作为开始或结束工作时，应增设虚拟工作（S 与 I）作为该网络图的起点节点和终点节点。

对于［例 6-3］中的逻辑关系，单代号网络图的绘制如图 6-10 所示。

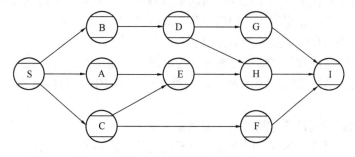

图 6-10 单代号网络图

用单代号网络时标法绘制出［例 6-3］中逻辑与时间关系的单代号网络时标图，如图 6-11 所示。

(2) 单代号搭接网络计划

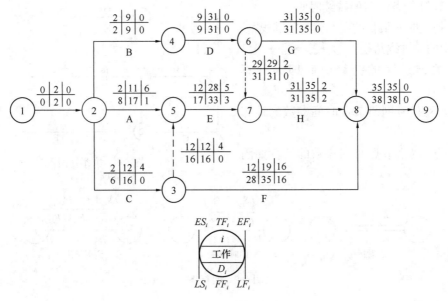

图 6-11 六时标单代号网络时标图

普通双代号和单代号网络计划中各项工作依顺序进行，任一项工作在其紧前工作全部完成后才能开始。在搭接网络计划中，前后两项工作的开始时间与完成时间有一定的时间间隔要求和一定的搭接关系，表达这种关系的网络计划就是搭接网络计划。

绘图规则：

1) 与单代号网络图绘图规则基本相同。

2) 相邻两项工作之间的搭接关系种类及要求的时间间距值标注于连接前后两项工作的箭线一侧。

6.2.4 PERT 网络计划技术

CPM（关键线路）网络计划是指对网络计划中各项工作的持续时间可以由一个时间确定，在此基础上计算的网络计划工期是一个肯定值，所以称 CMP 网络计划是肯定型网络计划。鉴于有些工程项目工作持续时间的难以确定，而是以一个具有某种概率分布的持续时间来描述。因此，就出现了 PERT (Program Evaluation and Review Technique) 网络计划，即计划评估和评审技术网络计划。

PERT 网络计划技术不着眼于计划进度的准确性，而是在承认存在偏差的条件下，用概率统计方法找出可能完成计划的规律，预测完成的可能性，所以常称 PERT 网络计划为概率型网络计划。

1. PERT 网络计划的工作持续时间及其概率分布

PERT 网络计划的工作持续时间是一个不肯定值，这种不肯定值可看作是符合某种概率分布的随机变量。工程中大多数工作持续时间的概率分布可认为呈偏态，符合 β 分布，所以通常假设工作时间的概率分布为 β 分布是比较符合实际的。分布曲线具有连续、单峰和两个非负边值的特征，分布的概率密度函数如图 6-12 所示，图中 a 与 b 为 β 分布曲线的两个边值，皆为正值，表示分布的位置和范围；k_1 和 k_2 为 β 分布的参数，同样皆为正值，此两值确定分布曲线的形状，不同的 k_1 和 k_2 值可使 β 分布曲线成为具有一定偏态（正偏或负偏）的图形。

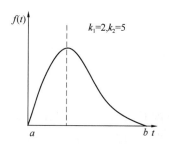
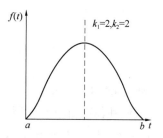

图 6-12 分布密度概率图

PERT 网络计划的一般计算方法是将工作持续时间概率分布曲线的形状限制在 $a_3 = \pm 1/\sqrt{2}$ 或 0。而在 PERT 网络计划的实际计算中，并不用求出计划中每项工作的 β 分布，只需求出每项工作持续时间的期望值和方差两个参数即可。

每一项工作的持续时间皆以期望值和方差两个参数表示。期望值是三个时间的加权平均值，表示完成一项工作可能的时间，也即时间分布比较集中的时间。方差是描述完成一项工作所需时间的不肯定程度，方差大表示最乐观时间 a 与最悲观时间 b 相距大，时间分布比较分散，在 t_e 时间上完成该工作的不肯定程度大；反之，则时间分布比较集中，在 t_e 时间上完成该工作的不肯定程度小。

2. PERT 网络计划常规计算方法

PERT 网络计划各项工作的持续时间均以一个期望值 t_e 来表示，因此可以按 CPM 网络计划计算时间参数的方法进行计算，同时计算 t_e 和 v_{t_e} 两个参数，最后得出工程项目工期 T_e 和方差 V_{T_e}。

（1）工程项目工期及方差计算

PERT 网络计划时间参数计算按事件时间参数计算，每个事件皆有最早发生时间及其方差和最迟发生时间及其方差，当采用图上计算时，所有的标注方法如图 6-13 所示。

$ET(t_e)$	$ET(v_{t_e})$
$LT(t_e)$	$LT(v_{t_e})$

图 6-13 节点标注方法

若 PERT 网络计划存在多条关键线路，工期期望值相等而方差不等时，工期的方差应取各条关键线路方差的最大值。

（2）工程项目的完工率

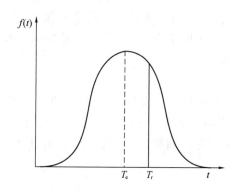

图 6-14 工程项目工期正态分布图

按式 $T_e = \Sigma(t_e)_{cp} = t_{e1} + t_{e2} + \cdots + t_{em}$ 计算的工程项目工期是一个期望值，具有不肯定性，其不肯定性按方差描述。若关键线路上的关键工作很多，各关键工作又不相关时，计算的工程项目工期作为随机变量可近似地符合正态分布，如图 6-14 所示。

在 T_r 前，即 $t \leqslant T_r$ 的完工概率为：

$$p(t \leqslant T_r) = \int_{-\infty}^{T_r} \frac{1}{\sigma_{T_e}\sqrt{2\pi}} e^{-\frac{1}{2}\left(\frac{t-T_e}{\sigma_{T_e}}\right)^2} dt$$

(6-2)

根据规定的完工保证率,从标准正态分布函数表中查得概率因子 z 值,可计算出达到规定保证率要求的完工工期 T_r。

6.3 进度控制

6.3.1 进度控制的原理与方法

由工期计划可以得到各项目单元计划工期的时间参数。它们分别表示各层次项目单元(包括整个项目)的持续时间、开始和结束时间、容许和时差等。它们定义了各个工程活动的时间安排,反映了工程的进展状况。工期控制的目的是使工程实施活动与上述工期计划在时间上吻合,即保证各工期活动按时间计划及时开工、按时完成,保证工期不推迟。

1. 控制原理与方法

(1) 进度控制原理

1) 动态原理。项目的进行是一个动态的过程。在项目的开始阶段,实际进度按照计划进度的规划进行运动,但由于外界因素的影响,实际进度的执行往往会与计划进度出现偏差。项目管理人员需要在项目各阶段制订各种层次的进度计划,需要不断监控项目进度并根据实际情况及时进行调整。

2) 系统原理。项目各实施主体、各阶段、各部分的计划构成了项目的计划系统,进度控制中计划进度的编制受多方面因素影响;每一计划的制订和执行过程也是一个完整的系统。因此必须用系统的理论和方法解决进度控制问题。

3) 封闭循环。项目进度控制的全过程是一种循环性的例行活动,其全过程包括编制计划、实施计划、检查、比较分析、确定调整措施、再计划,形成了一个封闭的循环系统。进度控制过程就是这个封闭的循环系统不断运行的过程。

4) 信息原理。信息是项目进度控制的依据,因此必须建立信息系统,及时有效地进行信息的传递和反馈。

5) 弹性原理。工程项目工期长、体积庞大、影响因素多且复杂。因此要求编制计划时必须留有余地,使计划有一定的弹性。进行进度控制的时候就应该利用这些弹性,缩短有关工作的时间,或改变工作之间的搭接关系,使计划进度和实际进度吻合。

(2) 进度控制方法

工程项目进度控制的方法主要为规划、控制和协调。规划是指确定施工项目总进度控制目标和分进度控制目标,并编制其进度计划。控制是指在施工项目实施的全过程中,进行施工实际进度与施工计划进度的比较,出现偏差及时采取措施调整。协调是指协调与施工进度有关的单位、部门和工作队组之间的进度关系。

2. 施工进度偏差分析

在建设项目实施过程中,对实际进度与计划进度进行比较,发现有进度偏差时,需要分析该偏差对后续工作及总工期的影响,从而采取相应的调整措施对原进度计划进行调整,并不断对计划的实施情况进行监控,以确保工期目标的顺利实现。施工进度偏差分析的内容如下:

(1) 分析发生进度偏差的工作是否为关键工作。

(2) 分析进度偏差是否大于总时差。

(3) 分析进度偏差是否大于自由时差。

3. 进度控制的过程

(1) 采用控制手段保证项目及各个工程活动按计划及时开始,并在实施过程中监督项目以及各个工程活动的进展状况。

(2) 在各控制期末(如各阶段结束)将各活动的完成程度与计划对比,确定各个工程活动、里程碑计划以及整个项目的完成程度,并结合工期、生产成果的数量和质量、预算等指标,综合评价项目的完成状况,并对重大偏差作出解释,分析其中的问题和原因,找出需要采取纠正措施的地方。

(3) 评价偏差对项目目标的影响。结合后续工作,分析项目进展趋势,预测后期进度状况、风险及机会。

(4) 提出调整进度的措施。根据项目已完成状况,对下期工作作出详细安排和计划,调整网络,重新进行网络分析,预测新的工期状况。

(5) 对调整措施和新计划作出评审,分析调整措施的效果,分析新的工期是否符合总目标的要求。

进度控制过程如图 6-15 所示。

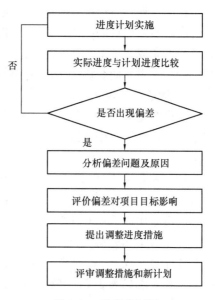

图 6-15 进度控制图

4. 项目的完成程度分析

在项目实施过程中,项目的完成程度是重要的指标。它对成本控制十分重要,若没有正确的工程进度表达,则不可能有准确的成本分析。按统一的指标进行测算则可得到各个项目单元进度的情况,最后可以计算项目的进度,即到峰期项目已完成的百分比。

按工期分析,则:

$$项目完成进度 = 实际总工期/计划总工期 \times 100\% \tag{6-3}$$

按劳动投入比例,则:

$$项目完成程度 = 已投入劳动力工时/项目计划总工时 \times 100\% \tag{6-4}$$

按照已完成合同价格的比例分析,则:

$$项目完成程度 = 已完成的合同价格/工程总价格 \times 100\% \tag{6-5}$$

5. 进度拖延的原因及解决措施

当出现进度拖延需要进行进度调整时,应按预定的项目计划定期检查项目实施情况,分析并确定拖延的根本原因。具体如下:

(1) 工期及相关计划的失误。

(2) 环境条件的变化。

(3) 实施过程中管理失误。

(4) 其他,如设计变更、质量问题导致返工、施工方案的修改等。

面对工期拖延的情况,需要采取以下措施:

(1) 分析产生进度拖延的原因。

(2) 分析进度拖延对后续工作和总工期的影响。

(3) 确定后续工作和总工期的限制条件。
(4) 采取措施调整进度计划。
(5) 实施调整后的进度计划。

6.3.2 进度计划执行情况的检查与分析

进度计划执行情况检查的目的是通过将实际与计划进度进行比较,得出实际进度较计划进度超前或滞后的结论,并进一步判定计划完成度,以及通过预测后期工程进度从而对计划能否完成作出事先估计等。进度计划执行情况检查的方法主要有横道图比较法、S曲线比较法、香蕉曲线比较法以及前锋线比较法。

1. 横道图比较法

横道图比较法是指将项目实施过程中检查实际进度收集的数据,经加工整理后直接用横道线平行绘于原横道线处,进行实际进度与计划进度的比较方法。采用横道图比较法,为选择调整措施提供了明确任务。

【例6-4】某单位拟装修一公寓楼,截至第10周末的实际进度如图6-16所示,其中双线代表该工程的计划进度,粗线表示实际进度。

从图中实际进度与计划进度的比较可以看出,到第10周检查实际进度时,拆除分项工程和地面工程分项工程均已完成;内墙抹灰分项工程完成4/5,任务拖欠量1/5;吊顶工程按计划完成4/5;内墙涂饰分项工程完成1/5,但计划要求完成2/5,拖欠1/5,灯具安装工程要求完成3/7,但实际只完成了1/7,拖欠2/7。

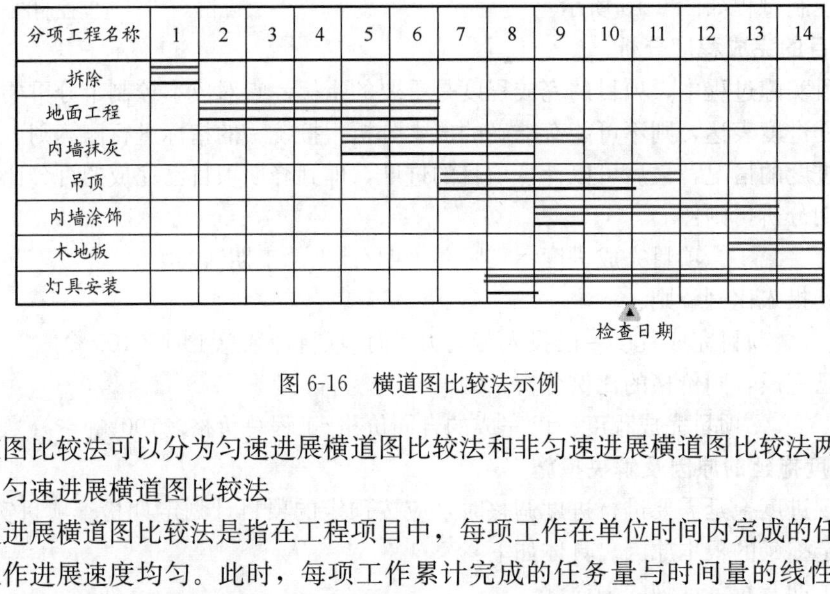

分项工程名称	1	2	3	4	5	6	7	8	9	10	11	12	13	14
拆除														
地面工程														
内墙抹灰														
吊顶														
内墙涂饰														
木地板														
灯具安装														

检查日期

图6-16 横道图比较法示例

横道图比较法可以分为匀速进展横道图比较法和非匀速进展横道图比较法两种。

(1) 匀速进展横道图比较法

匀速进展横道图比较法是指在工程项目中,每项工作在单位时间内完成的任务量都相等,即工作进展速度均匀。此时,每项工作累计完成的任务量与时间量的线性关系如图6-17所示。完成的任务量可以用实物工程量、劳动消耗量或费用支出表示。为了便于比较,通常用上述物理量的百分比表示。

采用匀速进展横道图比较时,将检查收集到的实际进度数据经加工整理后按比例用涂黑的粗线标于计划进度的下方,如图6-18所示。

(2) 非匀速进展横道图比较法

当工作在不同单位时间里的进展速度不等时,累计完成的任务量与时间的关系是非线性关系,应采用非匀速进展横道图比较法进行比较。

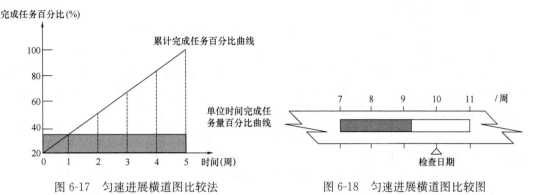

图 6-17 匀速进展横道图比较法　　　图 6-18 匀速进展横道图比较图

2. S 曲线比较法

线型图是利用二维直角坐标系中的直线、折线或曲线来表示完成一定数量的工作所需的时间。当以横坐标表示进度时间,以纵坐标表示累计完成工作任务量时,绘制出来的曲线将是一条 S 曲线,S 曲线比较法就是将进度计划确定的计划累计完成工作量和实际完成工作量分别绘制成 S 曲线,并通过两者的比较借以判断实际进度与计划进度相比是超前还是滞后,以及得出其他各种有关进度信息的进度计划执行情况检查方法。

如图 6-19 所示,应用 S 曲线比较法比较实际和计划两条 S 曲线可以得出以下几种分析与判断结果。

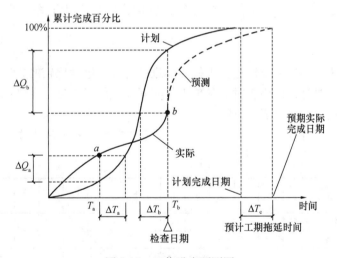

图 6-19 工作进度预测图

(1) 工程建设项目实际进度与计划进度比较情况

对应于任意检查日期和相应实际 S 曲线上一点,若该点位于 S 曲线左侧表示实际进度比计划进度超前,位于 S 曲线右侧则表示实际进度比计划进度滞后。

(2) 工程建设项目实际进度比计划进度超前或滞后的时间

如图 ΔT_a 表示 T_a 时刻实际进度超前的时间,ΔT_b 表示 T_b 时刻进度滞后的时间。

(3) 工程建设项目实际进度超出或拖欠的工作任务量

ΔQ_a 表示 T_a 时刻超额完成的工作任务量，ΔQ_b 表示 T_b 时刻拖欠的工作任务量。

(4) 预测工作进度

若工程按原计划速度进行，则此项工作总计拖延时间的预测值为 ΔT_c。

3. 香蕉线比较法

香蕉曲线是两条 S 曲线组合成的闭合图形。两条 S 曲线为以各项工作的计划最早可能开始时间安排进度而绘制的 S 曲线（即 ES 曲线）和以各项工作的计划最迟必须开始时间安排进度而绘制的 S 曲线（即 LS 曲线）。一般情况下，在其余时刻，ES 曲线上各点均应在 LS 曲线的左侧，其图形如图 6-20 所示类似于香蕉，因而得名。通常在项目实施过程中，进度管理的理想状况是在任一时刻按实际进度描出的点均落在香蕉型曲线区域内，因为这说明实际工程进度被控制于最早可以开始工作的时间和最迟必须开始工作的时间要求范围之内，因而是正常状态。而一旦按实际进度描出的点落在 ES 曲线上方（左侧）或 LS 曲线下方（右侧），则说明计划要求相比实际进度超前或滞后，此时已产生进度偏差。除了对工程的实际与计划进度进行比较，香蕉曲线的作用还在于对

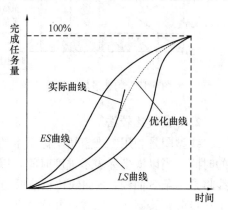

图 6-20 香蕉线比较法图

实际工程的进度进行合理的调整与安排，或确定在执行情况检查状态下后期工程的 ES 曲线和 LS 曲线的变化趋势。一个科学合理的进度优化曲线应处于香蕉曲线所包含的范围之内。

4. 前锋线比较法

前锋线比较法是一种简单地进行工程实际进度与计划进度比较的方法，主要适用于时标网络计划。其主要是根据检查时刻各项工作实际完成的工作量，在时标网络图上找出对应点，用直线连接各点所形成的折线。

【例 6-5】工程条件背景与 [例 6-4] 相同，用前锋线法表示该装饰工程的进度，如图 6-21 所示。

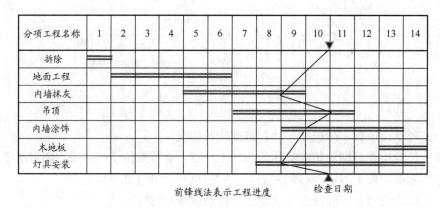

图 6-21 前锋线法表示工程进度

6.4 网络计划的优化

6.4.1 资源优化

资源优化通常是指通过改变各项工作开始时间,在满足资源限制的条件下,使工期延时幅度最小,即"资源有限、工期最短";通过改变各项工作开始时间,在保证工期不变的情况下,使资源消耗在时间分布上均衡,即"工期固定、资源均衡"。一般可简称为"向关键线路要时间,向非关键线路要节约"。项目资源的优化配置也指对建设项目过程中所需要的人力、物力、资源力的投入量和投入时间的合理确定,或通过对工序实施模式和进度安排模式的合理选择,使建设项目资源配置经济效益率指标(EEI)或净现值(NPV)最大化。

1. 资源的优先级

在资源计划以及优化、供应、仓储等过程中首先保证优先级高的资源。优先级定义通常对不同工作项目有不同的标准:①资源的数量和价值;②增加的可能性;③获得过程的复杂性;④可替代性;⑤供应问题对项目的影响。

2. 资源的平衡及限制

由于工程项目的建设过程是一个不均衡的生产过程,资源品种和用量常常会有大的变化,资源的不平衡性对项目的施工和管理有很大的影响。资源优化级的确定首先应根据时间进度计划描述整个项目的资源使用情况,生成资源计划,其中包含项目的时间进度和资源需求信息,项目的资源需求可以是资金、材料、设备、人员、时间和产品等级等。一般人们是在时标网络图的基础上,来作项目的资源计划,并生成一个时标—资源配置网络图,如图6-22所示。

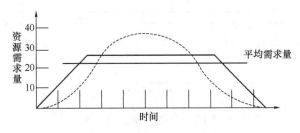

图 6-22 均匀的资源需求动态

【例6-6】工作之间的逻辑条件同[例6-3],加入开始工作S和结束工作I,各工作平均劳动力消耗见表6-2,如果本工程劳动量(限制)42人,要求能保证工程的顺利施工,试分析该工程是否能满足施工要求,并按时完工。若不能,请分析如何优化劳动力资源可以使其达到要求。

各工作平均劳动力消耗表　　　　　　　　　　表6-2

本工作	S	A	B	C	D	E	F	G	H	I
持续时间/工日	2	9	7	10	22	16	7	4	2	3
劳动力投入量	9	16	17	11	15	26	15	21	8	7

【解】（1）根据工程条件先画出加入开始工作和结束工作的六时标网络图，如图 6-23 所示。

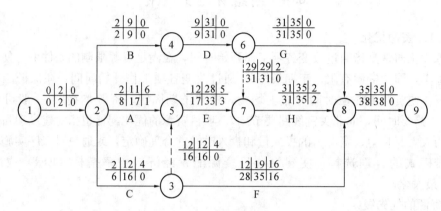

图 6-23　六时标双代号网络图

（2）确定整个项目的劳动力投入曲线。将网络计划图绘制成时标网络图，将某一时间项目在本时间段所有工作的劳动力投入量相加，就可以得到图 6-24。

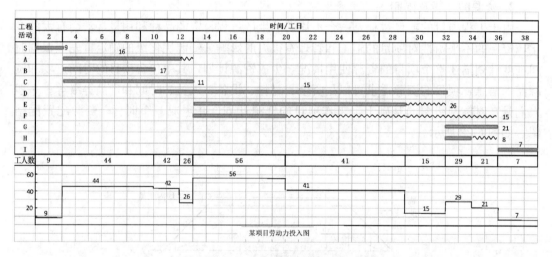

图 6-24　项目劳动力投入图

而在劳动力计划曲线中劳动力使用不均衡，最高使用量为 56 人，最低 7 人。超出劳动量限值要求，所以需要对劳动力资源进行优化，对非关键线路上的非关键工作的工期进行调整达到资源平衡。

（3）根据非关键工作的自由时差，移动非关键活动。可将 F 活动推迟至第 28 日开始进行，调整后劳动力曲线如图 6-25 所示，需减少非关键活动资源投入强度，但相应的也增加了工作的持续时间。

经过对非关键工作的调整未能达到目标，或希望资源使用更为均衡，则可以减少非关键线路上的工作资源投入强度，这样则应延长它的时间，但延长要在合适的范围内，否则会影响总的工期。

经过调整后第 2 日至第 9 日，第 31 日至 33 日都超出 42 人，不能符合要求，可以考

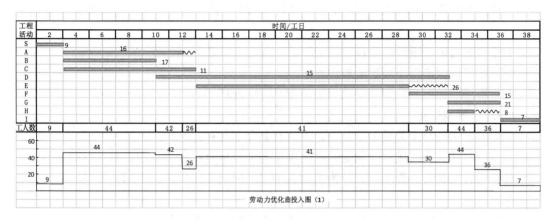

图 6-25 项目劳动力优化投入图

虑将 A 工作由 16 人减少为 14 人，相应的工作时间增加 2 天，这样投入劳动力资源强度减少到 42；将 G 工作由 8 人减少到 6 人，相应的工作时间也增加 2 天，这样资源投入强度为 42 人，符合限值要求。如图 6-26 所示。

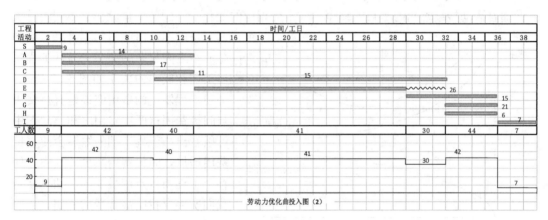

图 6-26 项目劳动力优化投入图

如果非关键工作的调整仍然不能满足要求，则尚有以下途径：

（1）修改工程活动之间的逻辑关系，重新安排施工顺序，将资源强度高的活动错开施工。

（2）改变方案，采取高劳动效率的措施，以减少资源投入。

（3）压缩关键线路的资源投入，当然这必然会影响工期。

对此，要进行技术经济分析和目标优化。经过上述优化会使项目资源的使用趋于平衡，但是同时又使非关键活动的时差减小或消失，或出现多条关键线路。这使得计划的刚性加大，即在施工过程中如果出现微小的干扰就会导致工期的延误。

3. 多项目的资源优化

在多项目情况下，资源的平衡问题是很复杂和困难的。因为多项目需要同一种资源，而各项目又有自己的目标，如果资源没有限制、有足够的数量，则可以将各项目的各种资源按时间取和。具体工作流程为：定义一个开始节点，将几个项目网络图合并成一个大网络图，或用高层次的横道图分配资源，进行总体计划，综合安排采购、供应、运输和储存。

如果资源有限，则资源管理部门的资源优化存在双重限制：

(1) 尽可能保证每个项目的资源要求。

(2) 本部门的资源特别是劳动力的使用尽可能保持平衡。

6.4.2 费用优化

工程的工期与费用关系十分复杂，大致有以下几种：

(1) 与时间无关的成本。例如，与分项工程工程量直接相关费用、直接材料费等。

(2) 与时间相关的费用，又分为两类：①与时间成正比关系的费用；②与时间成非正比关系的费用。

(3) 其他类型的成本。例如，按生产能力总工时和工程量分摊的成本。

例如，为了压缩工期，让工人夜间加班，需支付的加班工资为正常工资的 1.25~1.5 倍；而加班效率仅为正常工作的 0.7~0.9。当然上述成本与时间的相关性仅是相对的，仅在一定范围内存在。

1. 项目工期与总成本的关系

随着活动持续时间的延长或缩短，成本会相应的变化。不同的安排就会有不同的总工期和总成本，由此引起项目总工期和总成本之间复杂的关系。通常工程项目工期和成本的关系如图 6-27 所示，一项工程发生的费用应该是直接费用与间接费用这两项费用之和。从图中可以看出，工程工期的缩短会使直接费用增加，间接费用减少；其中，使整个工程项目费用最少的工期，就是我们所要寻找的最低费用工期。

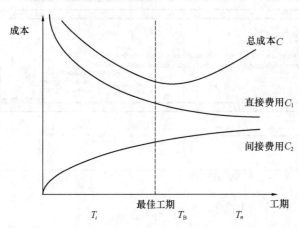

图 6-27 工程项目的工期与费用关系图

对于具体的工程项目，要精确地绘制上述曲线是不可能的，这是由于工期压缩可选择的方案较多，而方案的组合就更不计其数。可以设计几套方案，如模板方案、设备方案和组织方案，以得到工期与成本关系的几个点，这样就可以大致确定工期与成本的关系走向。

2. 计算各工作的费用率

一般认为延长工期会使直接费用减少，实际上，工期过分的延长会导致费用的增加（如人工和设备不能达到有效的利用）。一般工期持续时间—直接费用关系如图 6-28 所示，A 点对应的时间为完成该项目工序的最短极限作业时间，由 m 点再增加费用也不会缩短作业时间，A 所对应的时间为完成该项目的最短时间 d，它所对应的费用为极限作业费用 m。B 点为完成该项工序的最小费用点，该点所对应的费用为正常费用 M，所对应的时间为正常作业时间 D，由 B 点再延长作业时间也不会减少费用。

通过由正常费用 M 到极限费用 m 间的值随工序时间的变化而变化，而不是线性的。

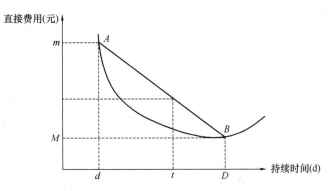

图 6-28 工期持续时间—直接费用曲线

然而，为了方便计算，我们假定关系为线性变化，并使用直线 AB 代替曲线 AB，于是 $i-j$ 工序的直接费用的变化率 e_{i-j} 可近似的由下列公式求得：

$$e_{i-j} = \frac{m_{i-j} - M_{i-j}}{D_{i-j} - d_{i-j}} \tag{6-6}$$

e_{i-j} 也是直线 AB 的斜率，它表示每缩短一个单位的工序作业时间相应增加的直接费用，e_{i-j} 越大，增加的费用越多，因此，我们在进行时间—费用优化时，首先应从关键线路上费用率变动小的工序开始，若完成某项工序所需的时间由 D 压缩至 t，则所需直接费用为：

$$S(t) = M + e_{i-j}(D-t) \tag{6-7}$$

工程项目直接费用 C_1 为各工序直接费用之和即：

$$C_1 = \sum_{i=1,j=1}^{n} s_{i,j} \tag{6-8}$$

间接费用 C_2 为单位时间间接费用（C_0）与工程总工期（T）的值：

$$C_2 = C_0 \cdot T \tag{6-9}$$

工程计划的总费用为直接费用与间接费用之和，即：

$$C = C_1 + C_2 \tag{6-10}$$

3. 费用优化思路

关键线路的持续时间是决定工期长短的依据，因此，缩短工期首先要缩短关键工作的持续时间。由于各工作的费用率不同，所以在关键工作中，首先应缩短费用率最小的关键工作的持续时间，称为"最低费用加快方法"。

4. 费用优化步骤

（1）当关键线路只有一条时，首先将这条线路上费用率 e_{i-j} 最小的工作的持续时间缩短 Δt，此时，应满足 $\Delta t \leqslant D_{i-j} - d_{i-j}$，且保持被缩短持续时间的工作 $i-j$ 仍为关键工作。

（2）如果关键线路有两条以上时，那么每条线路都需要缩短持续时间 Δt，才能使计划工期相应缩短 Δt。为此，必须找出费用率总和 $\sum e_{i-j}$ 为最小的工作组合，这种组合称为"最小切割"。

（3）计算加快某关键工作后，计划总工期和直接费用，并重新确定关键线路。

（4）步骤（1）或（2）的工作应进行多次，以逐步缩短工期，使计划工期满足规定的要求，并计算出相应的直接费用总和及各工作的时间参数。

(5) 根据以上计算结果可以得到一条直接费用曲线,如果间接费用曲线已知,叠加直接费用与间接费用曲线可得到总费用曲线。总费用曲线上的最低点所对应的工期,就是整个项目的最优工期。

6.4.3 工期优化

在编制工程项目进度时,常常会出现当计算工期大于计划工期(即 $T_c > T_r$)的情形;或由于施工条件发生变化或管理上的失误导致工程项目进度不能按计划执行的情况发生时,需要对工程的施工进度进行调整。

1. 施工进度计划调整的方法

(1) 关键线路调整。当关键线路的实际进度比计划进度提前时,首先要确定是否对原计划工期予以缩短。如果不缩短,可以利用这个机会降低资源强度或费用。

(2) 非关键线路调整。时差调整的目的是更充分的利用资源,降低成本,满足施工需要。时差调整的幅度不得大于计划总时差。

(3) 增减工作项目。增减工作项目均不应打乱原网络计划总的逻辑关系,增减工作项目后应重新计算时间参数。

(4) 逻辑关系调整。施工方法或组织方法改变后,逻辑关系也应调整。

(5) 持续时间调整。原计划有误时,方可调整并更新估算。

(6) 资源调整。资源调整应在资源供应发生异常时进行。所谓异常,是指供应不满足需求(中断或强度降低)而影响计划工期的实现。

2. 赶工措施

当出现工期延误或者工期压缩时,一般是给剩下的工作分配更多的资源,如人员、机械、设备和资金等,进行赶工。

(1) 增加资源投入。例如增加劳动、材料和设备的投入量以缩短持续时间。这是最常用的办法,它会带来如下问题:①造成费用的增加;②由于增加资源,造成资源的使用效率降低;③加剧资源供应的压力。

(2) 进行技术方案优化,采取技术措施。例如,将占用工期时间长的现场制造方案改为场外预制、场内拼装;采用外加剂,以缩短混凝土的凝固时间、缩短拆模期等。将一些工程包合并,特别是将在关键线路上按先后顺序实施的工程包合并,并与实施者一起研究,通过局部调查实施工程和人力、物力的分配,达到缩短工期的目的。

(3) 减少工程范围,包括减少工程量或删去一些分项工程。但这可能对工程的完整性以及经济、安全、高效率运行产生影响,并且必须经过上层管理,如投资者或业主的批准。

(4) 采用新技术、新工艺和新工具,以提高劳动生产率,从而达到缩短工期的目的。

(5) 通过分包和采购,将原计划由自己承担的某些分项工程分包给其他单位,将原计划由自己生产的结构构件改为外购等,从而有效地缩短工期,但成本一般会有所增加。

(6) 重新分配资源。重新进行劳动组合,在条件允许的情况下,减少非关键线路劳动力和资源的投入强度,而将它们向关键线路集中。这样在非关键线路的时差范围内适当延长时间不影响总工期,而关键线路增加了投入,缩短了持续时间,从而缩短了工期。

3. 流水施工

流水施工是指将所有施工过程按照一定的时间间隔一次投入施工,各个施工过程陆续开工,陆续竣工,使同一施工过程的施工班组保持连续、均衡施工,不同的施工过程尽可能平行搭接施工的组织方式。

流水施工是将拟建工程在竖直方向上划分施工层,在平面上划分施工段,然后按施工工艺的分解组建相应的专业施工队,按施工顺序的先后进行各施工层、施工段的施工。

4. 流水施工的组织方式

(1) 有节拍流水施工

有节拍流水施工是指同一施工过程在施工阶段上的流水节拍都相等的流水施工方式。根据不同施工过程之间的流水节拍是否相等,有节拍流水施工分为固定节拍流水施工和成倍流水施工。

1) 固定节拍流水施工是指在有节奏的流水施工中,各施工段的流水节拍都相等的流水施工,也称为等节拍流水施工或全节拍流水施工。

2) 成倍节拍流水施工分为加快的成倍节拍流水施工和一般的成倍节拍流水施工。

(2) 非节拍流水施工

非节拍流水施工是流水施工中最常见的一种,指在组织流水施工时,全部或部分施工过程在各个阶段上的流水节拍不相等的流水施工方式。

工艺参数主要是指在流水施工时,用以表达流水施工工艺方面进展状态的参数,包括施工过程和流水强度两个参数。

$$V = \sum_{i=1}^{x} R_i \cdot S_i \tag{6-11}$$

式中 V——某施工过程(队)的流水强度;

R_i——投入该施工过程中的第 i 种资源量(施工机械台班数或工人数);

S_i——投入该施工过程中第 i 种资源的产量定额;

x——投入该施工过程中的资源种类数。

一项工程施工由许多施工过程(分部、分项、工序)组成。

6.4.4 BIM 技术与 4D 施工进度计划优化

建筑信息模型(Building Information Modelling,BIM)是以三维数字技术为基础,集成了建筑工程项目各种相关信息的工程数据模型,是对该工程项目相关信息的详尽表达。建筑信息模型的结构是一个包含有数据模型和行为模型的复合结构。它除了包含与几何图形及数据有关的数据模型外,还包含与管理有关的行为模型,两相结合通过关联为数据赋予意义,因而可用于模拟真实世界的行为,例如模拟建筑的结构应力状况、围护结构的传热状况。BIM 的主流软件:Graphisoft 公司的 ArchiCAD、Bentley 公司的 TriForma、Autodesk 公司的 Revit 以及斯维尔的建筑设计(Arch)可以支持建筑工程全生命周期的集成管理。

4D 技术将进度相关的时间信息和动态 3D 模型链接产生 4D 施工进度模拟,用计算机软件建立 3D 模型并借助各种可视化的设备对项目进行虚拟描述,附加时间维度,通过 WBS 关联施工进度计划,将施工过程中的每一个工作以可视化形象的建筑构件虚拟建造过程来显示。1996 年,美国斯坦福大学的工程中心(Center for Integrated Facility Engineering,CIFE)最先提出了 4D 理论,之后在建筑施工进度中,实现了三维可视化动态管理以及施工现场场地布置的动态管理。其运用正在向 5D 甚至 6D 的技术方向延伸,面向建筑的全寿命周期。

与传统施工进度管理方法相比，基于 BIM 的 4D 施工进度模拟具有以下特点：

（1）4D 进度模拟能够直观地展示整个施工过程，从而为项目管理者提供三维可视化的平台，使施工过程可视化管理成为可能。

（2）实现了 3D 参数化模型与 Projcct 文件中数据的完全对接，从而保证施工现场管理与施工进度在时间和空间上协调一致，有效地帮助项目管理者合理安排施工进度和施工场地布置，并且根据进度要求优化分配人、材、机等各种资源。

（3）4D 进度模拟不但可以模拟整个项目的施工过程，还可以对复杂技术方案的施工过程和进度进行模拟，实现施工方案可视化交底，避免了由于语言文字和二维图纸交底引起的理解分歧和信息错漏等问题。

（4）通过这项技术的使用，提高了建筑信息的交流层次，并且使参与各方沟通方便，降低了建设项目由于信息过载或信息流失所产生的影响，提升了建筑施工管理者的工作效率和管理能力，为大型建设项目管理开创新途径和新方法提供了有力的支持。

4D 施工进度模拟的应用思路，如图 6-29 所示。

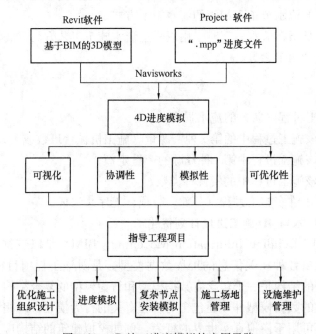

图 6-29　4D 施工进度模拟的应用思路

6.5　案　　例

某地块酒店综合机电工程概况如下：建筑类型为酒店及酒店配套用房建筑，酒店共 19 层（含设备夹层），酒店配套用房 A 座 4 层（含设备夹层），酒店配套用房 B 座 2 层，纯地下室 3 层（局部 4 层）。规划总用地面积为 18854.7m^2，总建筑面积约 98520m^2，地上建筑面积 50160m^2，地下建筑面积 48360m^2。本工程的建筑概况见表 6-3。

建筑概况表 表6-3

拟建物名称	层数	高度(m)	±0.00标高(m)	层高(m)	结构型式
酒店	19	机房屋面88.3	3	一层8.7，二层8.3，三层6，夹层2.15，标准层3.8，十五层4，屋面层3.75，机房层5.8	框剪
酒店配套用房A座	4	北区27.5 南区23.2	3	一层5.95，二层8.85，夹层2.05，三层6.35，屋面层4.3	框剪
酒店配套用房B座	2	8.4	3	一层5.8，二层2.6	框剪
纯地下室	3（局部4层）	/	3	地下四层3.95，地下三层3.55，地下二层3.5，地下一层6.2	框剪

本工程包含电气工程、给水排水工程和暖通工程：

（1）电气工程的设计内容包括：高、低压变配电系统，动力配电系统，办公部分仅按规范设置应急照明，设备用房等按要求设置一般照明，建筑物防雷、接地系统及安全措施。

（2）给水排水工程的设计范围包括：用地红线范围以内的给水系统、排水系统和消防系统。该工程主要设有生活给水系统（包括冷却塔补水）、生活污废水系统、雨水系统和空调冷凝水系统。

（3）暖通工程主要包括：空调冷源、热源、空调风系统、空调水系统、通风系统和防排烟系统。

施工总进度计划及控制节点：

（1）本工程的计划总工期为2017年2月12号到2018年2月27号，一共381天。

（2）控制节点

本工程的控制节点见表6-4。

控制节点表 表6-4

序号	项目名称	控制措施
1	施工准备	按周、旬、月编制进度计划
2	深化设计	按周、旬、月编制进度计划
3	BIM建模	按周、旬、月编制进度计划
4	地下室机电安装	按周、旬、月编制进度计划
5	竖向井道安装	按周、旬、月编制进度计划
6	酒店标准层	按周、旬、月编制进度计划
7	裙楼层面	按周、旬、月编制进度计划
8	屋面工程	按周、旬、月编制进度计划
9	机房设备房安装	按周、旬、月编制进度计划
10	调试	按周、旬、月编制进度计划
11	酒店及裙楼验收及竣工	按周、旬、月编制进度计划

根据进度控制原理，设计双代号网络图与横道图如图 6-30～图 6-32 所示。

BIM建模
施工准备
深化设计
地下室机电安装1
地下室机电安装2
竖向井道安装1
竖向井道安装2
酒店标准层1
酒店标准层2
裙楼平面1
裙楼平面2
屋面工程1
屋面工程2
机房设备房安装1
机房设备房安装2
调试
竣工验收
1
2
3
4
5
6
7
8
9
10
11
12
13
14
15
16
17
18
19
20
21

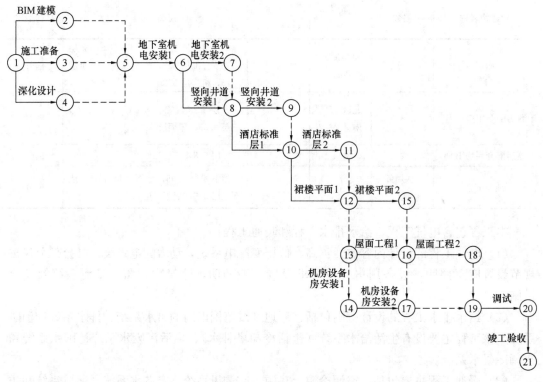

图 6-30　双代号网络图

标识号
任务名称
第一季度
一月 二月 三月
第二季度
四月 五月 六月
第三季度
七月 八月 九月
第四季度
十月 十一月 十二月
第一季度
一月 二月 三月
1 酒店及配套商业综合机电工程
2 施工准备
7 深化设计（不含与精装、消防的末端配合）
17 BIM建模（不含与精装、消防的末端配合）
27 地下室机电安装
93 竖向井道安装
112 酒店标准层
126 裙楼平面
140 屋面工程
155 机房设备房安装
176 调试
182 酒店及裙楼验收及竣工

图 6-31　横道图示例 1

劳动力计划表（表 6-5）和劳动力计划曲线（图 6-33）如下。

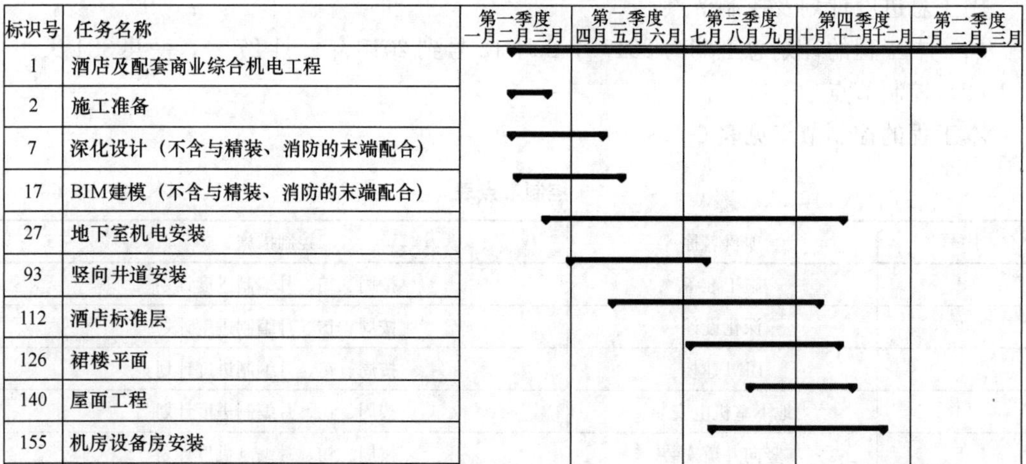

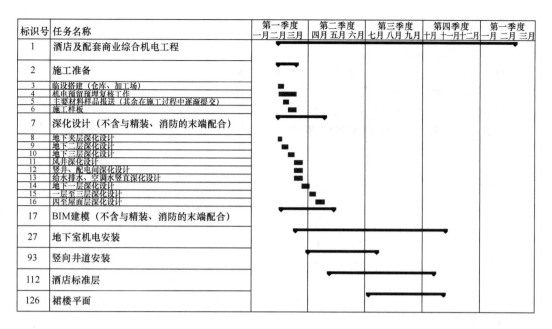

图 6-32 横道图示例 2

劳动力计划表（单位：人） 表 6-5

时间	2017～2018											
工种/月份	2月	3月	4月	5月	6月	7月	8月	9月	10月	11月	12月	1月
通风安装工	15	25	25	25	25	20	20	20	10	5	5	5
空调水管工	15	20	20	20	20	15	15	15	5	5	5	5
给水排水管工	10	20	20	20	20	20	10	10	10	5	5	5
电气工人	10	25	25	30	25	20	15	15	10	10	5	5
小工	5	15	15	15	15	15	10	10	5	5	5	5
合计	55	105	105	110	105	90	70	70	40	30	25	25

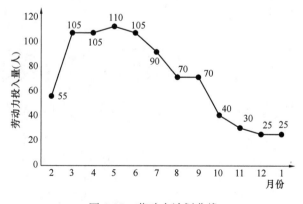

图 6-33 劳动力计划曲线

【复习思考题】

1. 进度管理的概念是什么?
2. 网络计划的内涵是什么?网络计划的相关技术有哪些?
3. 进度计划控制的方法有哪些?
4. 应该从哪几方面进行网络计划的优化?
5. 目前结合 BIM 进行进度管理的软件有哪些?

第7章 工程项目成本控制技术与方法

7.1 成本管理概述

7.1.1 工程项目成本

工程项目成本是指以建筑施工企业的一个工程项目作为成本核算对象，在项目施工过程中所耗费的生产资料、劳动者的必要劳动所创造的价值的货币形式，即某工程项目在施工中所发生的全部生产费用的总和，包括由材料采购费用、设备租赁及维护费用、建设工人人工成本以及项目管理费用等部分组成的全部费用支出，与一般企业的成本管理有所区别。

根据工程项目管理的需要，可以从不同的角度把工程项目成本划分为不同的形式。

(1) 按生产费用计入财务的方式划分：直接成本和间接成本。项目成本构成如图7-1所示。

1) 直接成本：是指直接耗用的并能直接计入工程对象的费用。由施工过程中耗费的构成工程实体和有助于工程完成的各项费用支出组成，包括人工费、材料费、机械使用费等直接工程费以及措施费（文明施工费、安全施工费、夜间施工费和其他费用）。

2) 间接成本：是指非直接耗用的、也无法直接计入工程对象，但为进行工程施工所必须发生的费用，包括规费和企业管理费。

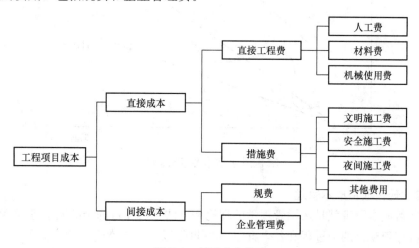

图7-1 项目成本构成

(2) 按成本发生的性质划分：固定成本和变动成本。

1) 固定成本：是指在一定期间和一定工程量范围内，发生的成本额不受工程量增减变动的影响而相对固定的成本，如折旧费、大修理费、管理人员工资等。

2) 变动成本：是指发生总额随着工程量的增减变动而成正比例变动的费用，如直接用于工程的材料费。

(3) 从管理角度产生的成本概念划分：目标成本和质量成本。

1) 目标成本：是指企业在一定时期内，为了实现预期的利润，结合市场和自身情况，对将要生产的产品制定的一个预期的成本，也是指一项产品为达到目的报酬所允许的最大成本。

2) 质量成本：是指项目为保证和提高产品质量而支出的一切费用，以及因未达到质量标准而产生的一切损失费用之和。

(4) 根据成本控制需要，按成本发生时间划分：预算成本、计划成本和实际成本。

1) 预算成本：是指由工程量定额标准计算出的工程成本，是以施工图预算为基础进行分析、计算确定的，是确定工程成本的基础，也是编制计划成本、评价实际成本的依据，是项目成本分析、决策、报价、落实责任和安排资源资金的依据，是判断施工企业盈亏的前提条件。

2) 计划成本：是根据施工单位具体情况，以优化的施工技术方案、组织方案和管理措施为依据，按本企业的管理水平、消耗定额、作业效率进行工料分析，确定的施工预算费用。为了采用目标管理的方法，宜将计划成本进行分解，以明确控制的范围和要求。

3) 实际成本：是指为完成一定数量的建筑安装任务实际所消耗的各类生产费用的总和。

在项目成本控制过程中，预算成本是编制和控制计划成本的依据，计划成本可用来指导实际成本的支出，实际成本又反过来考核计划成本的水平。它们与项目总目标成本的关系如图 7-2 所示。

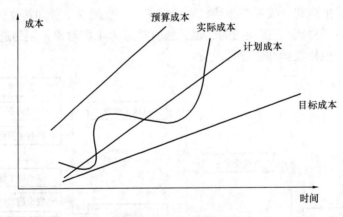

图 7-2　各成本关系示意图

7.1.2　现代项目成本管理

工程项目成本管理就是运用管理学的理论和方法，对项目的全部成本进行科学有效的管理，它贯穿于项目的全过程和各个方面。20 世纪以前，成本管理理论尚处于萌芽状态，其重点是对各项成本进行事后核算和反映。20 世纪中期，随着管理理论的发展，成本管理理论的核心由事后消极的成本核算转向事中的成本控制，并逐步形成了传统的成本管理理论。近二十年来，企业经营环境的变化使得传统的成本管理模式面临挑战，成本管理的重心也由事中的成本控制向前进一步扩展到事前的成本预测与计划，并与企业发展战略相匹配，形成了一种新型的成本管理模式，标志着成本管理理论日趋成熟。

随着市场经济以及经济全球化的快速发展，传统的项目成本管理理论与方法难以适应施工企业成本管理的需要。项目成本由多个因素组成，其中最主要的组成部分是工程的工程造价，除此之外还包括人员成本、组织管理成本等。20世纪80年代开始，各国的工程造价管理协会和相关学术机构先后对工程成本管理的新模式和新方法进行进一步探索，开始从不同的角度去重新认识工程造价管理的客观规律，并进入注重工程造价的过程管理、集成管理和风险管理等问题的现代工程成本管理阶段。各种现代工程成本管理的理论和方法被提出来，其中最具有代表性的是项目全生命周期成本管理、全面成本管理和全过程成本管理三种现代项目成本管理的理论和方法。

1. 全生命周期成本管理

自20世纪80年代以来，以英国项目成本专家与实际工作者为主的一批人，在全生命周期成本管理（Life Cycle Cost Management，LCCM）理论方面做了大量的研究和应用工作。该理念的核心是通过综合考虑项目全生命周期中的建设成本和运营维护成本，努力实现建设项目全生命周期总成本最小化并争取实现项目价值最大化，即以较小的全生命周期成本去完成项目的建设和运营。其中，全生命周期的阶段包括决策阶段、设计阶段、施工阶段、竣工验收阶段和运营维护及翻新拆除阶段。

全生命周期成本管理是一种项目投资决策的分析工具，主要是进行项目的方案设计、比较和选择，从而实现项目全生命周期各阶段成本最小化的目标，但不能作为建设项目全过程成本管理与控制的方法。它要求决策者在投资决策、可行性分析和方案选择时要全面考虑项目建设期和运营期的成本，从而去设计和安排建设项目的设计和施工方案。全生命周期的建设成本及运营维护成本存在此消彼长的关系，只有综合考虑二者的互相制约关系，才有可能实现全生命周期成本的最优。全生命周期各成本关系及成本最小化思想如图7-3、图7-4所示。

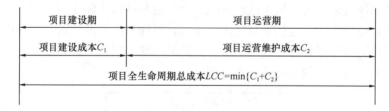

图7-3 全生命周期成本管理示意图

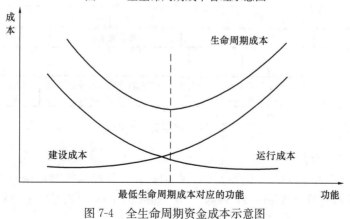

图7-4 全生命周期资金成本示意图

2. 全面成本管理

全面成本管理（Total Cost Management，TCM）是由 R. E. Westney 借鉴"全面质量管理"的思想而提出的一套"全面成本管理"的理论和方法，是指有效地运用成本管理的基本原理与方法体系，以优化成本投入、改善成本结构、规避成本风险为主要目的，对企业经营管理活动实行全过程、广义性、动态性、多维性成本控制的基本理论、思想体系、管理制度、机制和行为方式。该理论应用到工程项目成本管理中，进一步发展为四项内容：全过程成本管理、全要素成本管理、全风险成本管理和全团队成本管理，如图 7-5 所示。

（1）全过程成本管理

这里的成本主要涵盖的是工程的造价成本。此管理指的是在项目决策阶段、设计阶段、实施阶段、竣工决算审计阶段把建设工程造价的发生额控制在批准的工程投资限额以内，随时纠正发生的偏差，保证项目投资目标的实现。

（2）全要素成本管理

这里的成本主要涵盖的是影响工程造价成本的因素组成的成本。工程项目的质量、工期都与工程造价有直接关系，如"优质优价""赶工增费"。人们往往对直观的、量化的造价信息较为敏感，而对质量、工期对成本的影响不是很敏感。全要素成本管理是将质量和工期要素与成本（造价）要素联系起来进行管理。

（3）全风险成本管理

这里的成本涵盖的是工程造价成本以外的物质成本。不确定性因素的存在使得建设项目的成本管理要考虑风险因素对成本的影响。除了由方案决定的工程造价之外，还包括由于各种预估风险的发生而产生的费用，如涨价预备费。此外，还会发生完全不能预知的成本，例如由于极端恶劣天气导致的项目风险事故、由于公共卫生事件导致的工程停工等。

（4）全团队成本管理

这里的成本涵盖的是与人员单位企业配置相关的非物质主体成本。建设项目参与方都是对成本负责的不同主体，包括项目法人或业主、设计单位、承包商、工程咨询单位或监理工程师、供应商等。尽管有各自的利益，但是对于建设项目来说，要从工程项目成本最优化角度，实现工程项目的全团队成本管理。

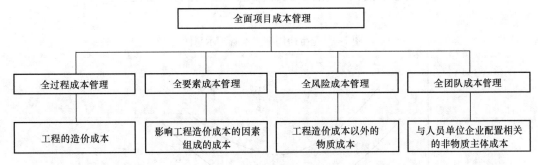

图 7-5　全面成本管理示意图

3. 全过程成本管理

20 世纪 80 年代中后期，我国及其他一些国家的项目成本管理理论研究者和实际工作者提出全过程成本管理（Whole Process Cost Management，WPCM）。20 世纪 90 年代以后,这种方法逐步成为我国项目成本管理的主导方法。该理论认为应该从项目活动全过程的角度进行项目成本分析和管理,注重从项目活动和活动方法的控制入手,最终实现对建设项目成本的全面控制,这是一种通过减少和消除项目无效或低效活动及努力改善项目活动方法以控制项目成本的方法。

全过程成本管理是基于活动的管理原理和方法开展建设项目成本管理、基于活动的成本核算(Activity Based Costing,ABC)原理进行建设项目成本确定的一种新技术、新方法。全过程成本管理将一个建设项目的工作进行全面分解并得到项目活动清单,然后分析和确定各个项目活动所需资源并收集和确定各种资源的市场价格,最终按照从局部到整体的方法确定建设项目成本,全过程成本管理示意图如图 7-6 所示。

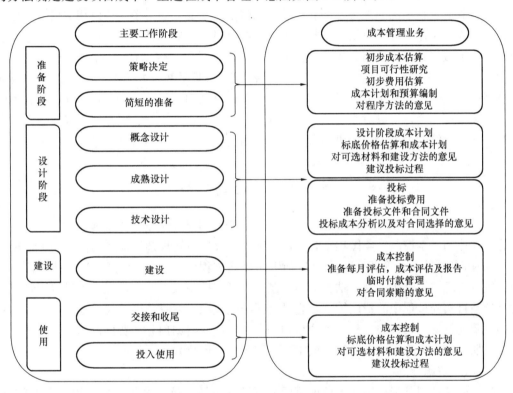

图 7-6 全过程成本管理示意图

一个项目的全过程造价控制工作主要包括以下三方面内容:

(1) 全过程中项目活动的控制

全过程中项目活动的控制包括:一是活动规模的控制,即努力控制项目活动的数量和大小,通过消除各种不必要或无效的项目活动以实现节约资源和降低成本的目的;二是活动方法的控制,即努力改进和完善项目活动的方法,通过提高效率去降低资源消耗和减少项目成本。

(2) 全过程中项目资源的控制

全过程中项目资源的控制包括:一是项目各种资源物流等方面的管理,即资源的采购和物流等方面的管理;二是各种资源合理配置方面的管理,即项目资源的合理调配和项目资源在时间和空间上的科学配置。

(3) 全过程的结算控制

全过程的结算控制是一种间接控制成本的方法，可以减少项目贷款利息或汇兑损益及提高资金的时间价值。例如，通过付款方式和时间的正确选择去降低项目物料和设备采购或进口方面的成本，通过对于结算货币的选择去降低外汇的汇兑损益，通过及时结算和准时交割减少利息支付等。

7.1.3 成本管理的发展趋势

随着现代工程项目规模的不断扩大，项目成本的数据也随之增多，大量成本数据需要存储、分析和使用。传统的手工计算难以处理庞大而繁杂的成本数据，这就要求项目管理人员必须借助相关项目成本管理软件对数据加以快速而精确的处理。工程项目成本管理系统作为企业信息系统的一部分，所起到的作用越来越重要，该系统主要以相关成本数据为依托，最终为企业的分析决策提供数据支持。但是目前的成本管理仍然存在很多问题，粗放型的成本数据管理无法满足当前的需求，成本管理对成本数据精细化的要求越来越高。将 BIM 技术引入成本管理系统，可以有效提高成本管理数据的精确性，从而进行项目成本管理信息化建设。基于大数据的项目成本管理可以处理大量的数据资料，在成本管理中引入知识管理理论，可以对工程项目涉及的全过程数据进行积累、保存，形成数据库，丰富知识并为后续的类似项目提供参考依据，不断提高企业的成本管理水平。

7.2 成本管理的内容

项目成本管理存在于项目的各个阶段，而不是针对某个阶段，每个阶段都包含计划、估算、预算和成本控制。美国项目管理协会编写的《项目管理知识体系指南（PMBOK 指南）》中指出项目成本管理通常为项目全生命周期过程中的全部费用总和。在该指南中，项目成本管理包括资源计划、估算成本、制定预算和控制成本四个部分。项目费用管理通常是指项目实施过程中的费用管理，它是为保证完成项目的总费用不超过批准的预算所必需的一系列过程。其核心过程是资源计划、费用估计、费用预算和费用控制。本节主要从资源计划、成本估算、成本预算、成本控制四个方面进行介绍。

7.2.1 资源计划

项目资源计划是指识别和分析项目所需资源（包括人员、设备、材料和资金等），确定项目所需投入的资源种类、数量和投入时间，从而制订出科学、合理、可行的项目资源供应计划的项目成本管理活动。项目资源计划是项目成本估算的基础，在项目资源计划的制订过程中，项目管理者须确定项目需要哪些资源、从哪里得到资源、什么时候需要资源以及如何使用资源等方面的问题。资源计划的结果是一份项目资源需求说明书，列出本项目需要使用的资源类型、数量，以及工作分解结构中各部分需求资源的种类和所需数量。资源计划主要涉及项目资源计划编制的依据、项目资源计划编制的方法及项目资源计划编制的最终结果三个方面。

资源计划就是确定完成项目活动所需要的物质资源的种类以及每种资源的需要量，包括人力、设备和材料等。成本计划必然与成本估算紧密相关，资源计划是以施工生产计划和有关成本资料为基础，并结合施工进度计划，对计划期内施工项目的成本水平所作的安排，是施工项目成本管理的目标。

(1) 项目资源计划编制的依据

项目资源计划编制的依据涉及项目的范围、项目时间、项目质量等各个方面的计划和要求，具体地讲主要包括：项目工作分解结构（Work Break-down Structure，WBS）、历史资料、范围定义、资源库描述、组织策略、项目进度计划、资源定额等。即回答"需要什么？需要多少？什么时候需要？"等问题的资料。

(2) 项目资源计划编制的方法

项目资源计划编制的方法有很多种，最主要的方法有常用的专家评估法、资料统计法、资源平衡法等。其中：专家评估法，是指根据项目管理专家的经验和以往类似项目的资料，推断项目所需资源的种类和数量，常用的有专家会议法和德尔菲法；资料统计法，是指参考以往类似项目的历史统计数据和相关资料，计算和确定项目资源计划的一种方法；资源平衡法，是指通过确定项目所需资源的确切投入时间，并尽可能均衡使用各种资源来满足项目进度计划的一种方法。

(3) 项目资源计划编制的最终结果

项目资源计划编制工作的主要成果是生成一份项目资源计划书或项目资源需求说明书，对项目活动的资源需求、数量及其投入时间进行描述。

7.2.2 成本估算

项目成本估算是对完成项目所需费用的估计和计划，是项目计划中的一个重要组成部分。项目成本估算中最重要的任务是确定整个项目所需人、机、料、费等成本要素及其费用多少，包括建设成本估算、资金占用成本估算和间接成本估算等内容。对于一个项目来说，项目的成本估算实际上是项目成本决策的过程，它是项目成本预算、成本控制的基础。成本估算同样包括成本估算的依据、方法以及项目成本的调整几个方面。成本估算，就是编制一个为完成项目各项活动所需要的资源成本的近似估算，涉及计算完成项目所需各资源成本的近似值。通过成本估算，可以在满足项目业主和本企业要求的前提下，选择成本低、效益好的最佳成本方案，并能够在施工项目成本形成过程中，针对薄弱环节加强成本控制，克服盲目性，提高预见性。因此，施工项目成本估算是施工项目成本决策与计划的依据。

工程成本估算就是估计完成工程各项工作所必需的资源费用的近似值，包括要达到工程项目施工目标所需要的各种资源或需要支出的各种费用，诸如人力资源、原材料、管理费用、差旅费等。在进行成本估算时，要考虑经济环境（如通货膨胀、税率、利息率、汇率等）的影响，并以此为参考对估算结果进行适当的修正。当施工成本估算涉及重大不确定因素时，应设法减小风险，并为残留的风险设置适当的应急备用金。成本估算有时还要对各个备选方案的费用进行估算和比较，并将结果作为方案选择的依据。

1. 成本估算的依据

成本估算的依据主要包括项目范围说明书、工作分解结构、项目资源需求说明书、项目资源单价、历史信息、项目账目表等。其中项目资源需求说明书描述了项目所需投入的资源种类、数量和投入时间等信息，是项目资源计划的结果。

2. 成本估算的方法和工具

成本估算为决策提供依据。该阶段仅有对总体目标和功能要求的描述，对工程的技术细节和实施方案尚未明确，所以无法精确地估算，只能针对要求的工程规模、类型以及功能，按以往工程的经验值或概算指标，对项目总费用（投资）进行估算。

(1) 单位生产能力投资估算法

单位生产能力投资是指拟建项目的建设投资额与该项目年生产能力的比值。如钢铁厂生产每吨钢的投资额，发电厂发电每千瓦的投资额。根据同类型项目的单位生产能力投资和拟建项目的综合生产能力，可以估算出投资项目的建设投资额，其计算公式为：

$$y_2 = x_2 \times \frac{y_1}{x_1} \times \frac{S_{a2}}{S_{a1}} \tag{7-1}$$

式中　x_1——同类项目的生产能力；

　　　x_2——拟建项目的生产能力；

　　　S_{a1}——同类项目建设时期的主要产出物市场价格；

　　　S_{a2}——拟建项目建设时期的主要产出物市场价格；

　　　y_1——同类项目的投资额；

　　　y_2——拟建项目的投资额。

(2) 指数估算法

指数估算法是目前国外常用的投资估算方法之一，其特点是利用与拟建项目类型相同、工艺路线相同，但规模不同的已建项目的投资额，估算拟建项目投资额。其理论依据是：生产规模不同的两个同类项目的投资额与这两个项目的规模（生产能力）之比的指数幂成正比，即：

$$\frac{y_2}{y_1} = \left(\frac{x_2}{x_1}\right)^n \times \frac{S_{a2}}{S_{a1}} \tag{7-2}$$

$$y_2 = y_1 \times \left(\frac{x_2}{x_1}\right)^n \times \frac{S_{a2}}{S_{a1}} \tag{7-3}$$

式中　n——指数（按主管部门规定计算）；

　　　其他字母含义同前。

(3) 比例估算法

比例估算法要求事先对已建的同类项目进行调查分析，找出主要设备投资或主要生产车间投资占整个项目建设总投资的比例，作为投资估算的基础，然后比较细致地计算拟建项目中主要设备或主要生产车间的投资数，来推算拟建项目的总投资额，其计算公式为：

$$y_2 = z_2 \div \frac{z_1}{y_1} \tag{7-4}$$

式中　z_1——已建成同类项目的主要设备或主要生产车间投资额；

　　　z_2——拟建项目的主要设备或主要生产车间投资额；

　　　y_1，y_2 含义同前。

7.2.3　成本预算

项目成本预算是指为了确定测量项目实际绩效的基准计划而把成本估算分配到各个工作项（或工作包）上的成本计划，是一项编制项目成本控制基线或项目目标成本计划的管理工作，即建立基准成本以衡量项目执行情况。

1. 成本预算的依据

成本预算的依据主要包括成本估算结果、工作分解结构以及项目进度计划等。成本估算提供了项目整体成本的总量；工作分解结构定义了需要"分配"成本的所有活动；项目进度计划提供了成本"分配"的时间段，反映了资金的时间价值特征。

2. 成本预算的方法和工具

成本预算的方法主要有参数模型法、自下而上估算法、自上而下估算法、计算机辅助预算等几种计算方法。

（1）参数模型估计法（Parametric Modeling）是一种建模统计技术，它先分析项目的相关因素，把项目的相关因素作为参数，建立一个数学模型来进行成本预算。

（2）自上而下的预算方法（Top-down Budget），又称类比分析法（Analogous Budget），这种方法是一个从管理层次的上层出发一直到下层的预算过程。

（3）自下而上的预算方法（Bottom-up Budget），也称工料清单预算法，它先对各个活动的成本进行预算，再把各个活动的预算自下而上汇总，最后由中高层管理人员根据预算总额进行综合平衡形成预算体系。

（4）计算机辅助预算，项目成本预算同样可采用一些被广泛应用于成本管理的项目管理软件。

3. 成本预算的结果

（1）成本基准计划（Baseline），描述项目实施过程中累计预算成本与项目进度的对应关系，被用于度量和监督项目执行成本。许多项目（尤其是大项目）可有多重基准成本以衡量成本的不同方面。例如，费用计划或现金预测是衡量支付的基准成本。

（2）成本预算，描述各项活动的成本定额，作为成本控制的依据，主要输出各种表格。

7.2.4 成本控制

成本控制是指在施工过程中，对影响工程项目成本的各种因素加强管理，采取各种有效措施将施工中实际发生的各种消耗和支出严格控制在成本计划范围内，计算实际成本和计划成本之间的差异并进行分析，消除施工中的损失浪费现象。项目成本控制应贯穿于施工项目从投标阶段开始直到项目竣工验收的全过程，是企业全面成本管理的重要环节；施工成本控制可分为事前控制、事中控制（过程控制）和事后控制。项目成本控制过程如图 7-7 所示。在项目的施工过程中，需按动态控制原理对实际施工成本的发生过程进行有效控制。

项目成本管理是为了将项目成本控制在计划目标之内所做的预测、计划、控制、调整、核算、分析和考核等管理工作，目的就是要确保在批准的预算内完成项目，具体项目要依靠制订成本管理计划、成本

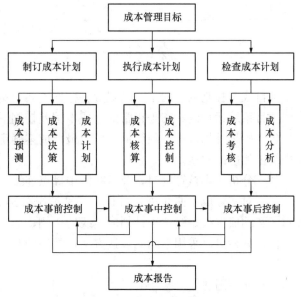

图 7-7 成本控制示意图

（图引自：汪海源. 基于全面成本管理理论的 DF 商务楼工程项目成本管理研究［D］. 衡阳：南华大学，2017.）

估算、成本预算、成本控制四个过程来完成。其中的每一个环节都相互重叠和影响，成本估算是成本预算的前提，成本预算是成本控制的基础，成本控制则是对成本预算的实施进行监督，以保证实现预算的成本目标。

虽然决策质量、勘察设计结果都将直接影响施工成本，但在正确的决策和勘察设计条件下，施工成本一般占总成本的90%以上。因此，将工程项目成本控制在这个水平就是施工成本控制，是项目总成本目标实现的重要保证。工程项目成本控制作为成本管理中最重要的环节，技术方法较多，应根据工程项目的不同特点而采取相应的手段。在已有的关于成本控制的文献中，介绍的成本控制方法多为成本偏差控制法、净现值法、成本分析表法和挣值法、此外还有时间—进度—费用法、成本控制图法、联系费用的横道图法、成本计划评审法、成本单项费用分析表法、因果分析图法、落实纠偏措施的成本控制表法等。

1. 成本偏差控制法

成本偏差控制法（又称因素分析法、图像分析法）就是在计划成本的基础上，通过成本分析找出计划成本与实际成本的偏差，分析偏差产生的原因，并采取措施减少或消除不利偏差，从而实现目标成本的方法。项目施工过程中进行成本控制的偏差有三种：一是实际偏差，即项目的预算成本与实际成本之间的差异；二是计划偏差，即项目的计划成本（目标成本）与预算成本之间的差异；三是目标偏差，即项目的实际成本与计划成本之间的差异。如图7-8所示为成本偏差的变化趋势。其中：

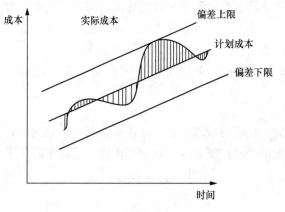

图 7-8 成本偏差示意图

$$实际偏差 = 实际成本 - 预算成本 \quad (7-5)$$

$$计划偏差 = 预算成本 - 计划成本 \quad (7-6)$$

$$目标偏差 = 实际成本 - 计划成本 \quad (7-7)$$

项目成本控制的目的是力求减少目标偏差，目标偏差越小说明成本控制的效果越好，表明项目系统运行的状态是正常的。成本偏差控制法的基本程序如下：

（1）根据计划成本、预算成本以及最低成本确定实际成本的变化范围，并在成本控制图中绘出相应的曲线。

（2）分析成本核算资料，及时在图中描点连线，绘制实际成本曲线。

（3）对实际成本曲线进行分析。三种情况分别为：①实际成本线并未超过预算成本线；②实际成本线始终位于计划成本线的一侧；③实际成本线超出预算成本线。

偏差分析可以采用不同的表达方法，常用的有横道图法、时标网络图法、表格法、曲线法等。

（1）横道图法

用横道图法进行费用偏差分析，是用不同的横道标志已完成工作实际费用，横道的长度与其金额成正比。横道图法具有形象、直观、一目了然等优点，它能准确表达出费用的绝对偏差，而且能一眼感受到偏差的严重性。但这种方法反映的信息少，一般在项目的较高管理层应用。横道图法的投资偏差分析表如图 7-9 所示。

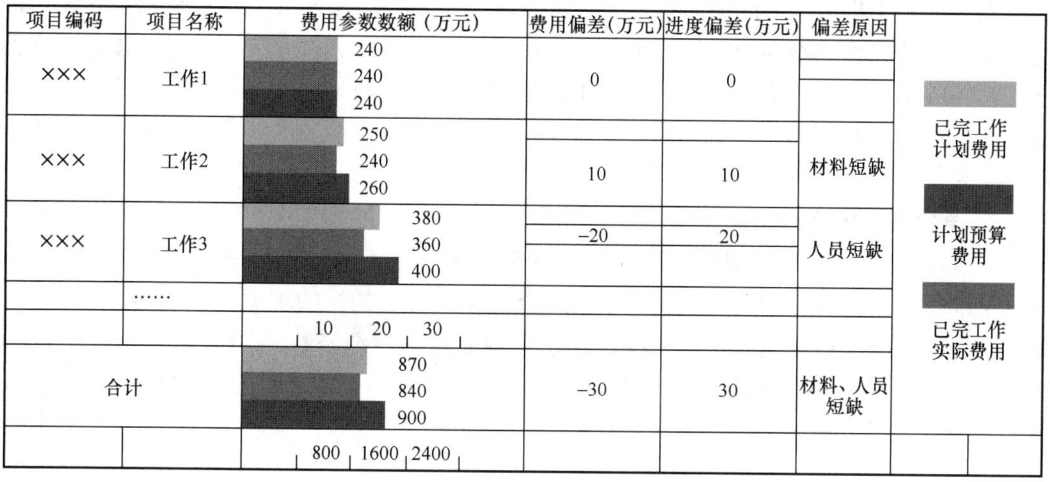

项目编码	项目名称	费用参数数额（万元）	费用偏差(万元)	进度偏差(万元)	偏差原因	
×××	工作1	240 / 240 / 240	0	0		已完工作计划费用
×××	工作2	250 / 240 / 260	10	10	材料短缺	计划预算费用
×××	工作3	380 / 360 / 400	−20	20	人员短缺	
	……	10 20 30				已完工作实际费用
	合计	870 / 840 / 900	−30	30	材料、人员短缺	
		800 1600 2400				

图 7-9　横道图法的投资偏差分析

（2）时标网络图法

时标网络图法是在已确定的施工网络计划的基础上，将时间与投资费用结合而计算评价指标的方法。时标网络图法的投资偏差分析如图 7-10 所示。

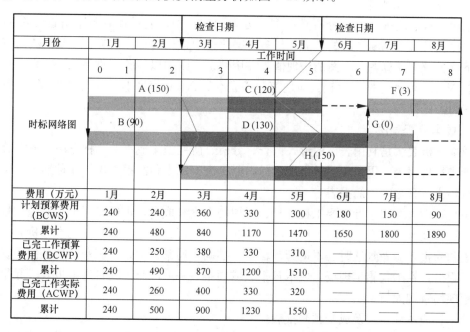

图 7-10　时标网络图法的投资偏差分析

（3）表格法

表格法是进行偏差分析最常用的一种方法。它将项目编号、名称、各费用参数以及费用偏差数总和归纳入一个表格中，并且直接在表格中进行比较。由于各偏差数据都在表格中列出，费用管理者能够综合地了解并处理这些数据。

(4) 曲线法

曲线法是用投资—时间曲线（S形曲线）进行分析的一种方法。通常有三条曲线，即计划工作量的预算成本曲线、已完成工作量的实际成本曲线和已完成工作量的预算成本曲线。已完成工作量的预算成本和已完成工作量的实际成本两条曲线之间的竖向距离表示投资偏差，计划工作量的预算成本和已完成工作量的预算成本两条曲线之间的水平距离表示进度偏差。

2. 净现值（NPV）法

净现值（NPV）是指把项目计算期内各年的净现金流量，按照一个给定的标准折现率（基准收益率）折算到建设期初（项目计算期第一年年初）的现值之和。其优点是：考虑了资金的时间价值并全面考虑了项目在整个寿命期内的经济状况，经济意义明确直观，能够直接以货币额表示项目的净收益，能直接说明项目投资额与资金成本之间的关系。计算公式为：

$$NPV = \sum_{t=0}^{n}(CI-CO)_t(1+i_c)^{-t} \tag{7-8}$$

式中　NPV——净现值；

$(CI-CO)_t$——年净现金流量；

n——计算期；

i_c——折现率。

采用净现值法进行偏差分析是在多个方案的比选中，通过计算各个备选方案的净现值，并比较其大小判断方案的优劣，是多方案比选中常用的一种方法。净现值法的基本步骤如下：①分别计算各个方案的净现值，并用判别准则加以检验，剔除 $NPV<0$ 的方案。②所有 $NPV \geqslant 0$ 的方案，比较其净现值。③成本的 NPV 值最小，或效益的 NPV 值最大的方案为最佳投资方案。

3. 成本分析表法

成本分析表法是利用表格的形式调查、分析、研究施工成本的一种方法。成本分析表格包括成本日报表、周报表、月报表、成本分析表、成本预测报告表等几种形式。

（1）成本日报表或周报表

项目管理人员应掌握主要工程每日、每周的进度和成本，迅速发现工程实施过程中出现的问题，及时采取有效措施加以解决。因此，应该每日、每周都做出成本分析表。成本日报表和周报表应做到适时、不拖延、详细、准确，通常只记录人工费、机械使用费和完成的工程量。在工程施工现场，成本日报表或周报表一般应与工程日进度报表一起每日送达工地现场管理人员。

（2）月成本计算表及成本预测报表

这两种报表应包括的主要内容有：项目名称、已发生的成本金额、到项目竣工尚需的预计成本金额、合同预算成本、盈亏预计等。该报表要在月末会计账簿记账截止时同时完成。这种报表随时间的推移其精确性不断增加，它是成本控制的主要内容之一，也是企业成本会计的主要工作内容。

4. 挣值法

挣值法是对项目进度和费用进行综合控制的一种有效方法。挣值法通过测量和计算已完成工作的预算费用与已完成工作的实际费用和计划的预算费用，得到有关计划实施的进度和费用偏差，从而判断项目的执行状况。目前，国际上先进的工程公司已普遍采用挣值法进行工程项目的费用、进度综合分析控制。

挣值法通过一系列绩效指标来实现对项目进展过程的监控和对未来的预测，这些主要指标包括三大类：基本指标、评价指标和预测指标。如图 7-11 所示。

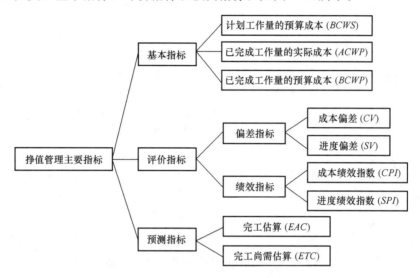

图 7-11 挣值管理主要指标

挣值法的基本指标有三个，即计划工作量的预算成本、已完成工作量的实际成本和已完成工作量的预算成本。

（1）计划工作量的预算成本（Budgeted Cost for Work Scheduled，BCWS）：是指根据批准的工程进度计划和预算计算的截至某一时点应完成工程量所需投入资金的累计数。一般来说，除非合同有变更，BCWS 在工程实施过程中应保持不变。

（2）已完成工作量的实际成本（Actual Cost for Work Performed，ACWP）：是指到某一时点已完成的工作实际花费的总金额。

（3）已完成工作量的预算成本（Budgeted Cost for Work Performed，BCWP）：是指工程项目实施过程中某阶段实际完成的工程量按预算定额计算的成本，业主正是根据这个值为承包方完成的工作量支付相应的费用，也就是承包方获得（挣得）的金额，也叫作挣值（EV）。挣值反映了满足质量标准的项目实际进度。

挣值法的主要评价指标有四个，即两个绝对差异分析变量成本偏差和进度偏差，两个相对差异分析变量成本绩效指数和进度绩效指数。

（1）成本偏差（Cost Variance，CV）：表示已完成工作量的预算成本与该工作的实际成本之间的差额，动态表示当前项目成本是结余或超支。

$$CV = BCWP - ACWP \tag{7-9}$$

当 $CV>0$ 时，表示实际消耗的人工（或费用）低于预算值，即有结余或效率高；当 $CV=0$ 时，表示实际消耗的人工（或费用）等于预算值；当 $CV<0$ 时，表示实际消耗的人工（或费用）超出预算值或超支。如图 7-12（a）所示。

(2) 进度偏差（Schedule Variance，SV）：表示已完成工作量的预算成本与计划完成工作量的预算成本之间的差额，动态表示项目进度是提前或滞后。

$$SV = BCWP - BCWS \quad (7-10)$$

当 $SV>0$ 时，表示进度提前；$SV=0$ 时，表示实际与计划相符；$SV<0$ 时，表示进度延误。如图 7-12（b）所示。

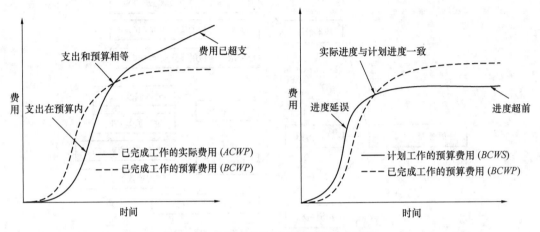

图 7-12　挣值法的费用和进度偏差曲线图

(3) 成本绩效指数（Cost Performed Index，CPI）：表示已完成工作量的预算成本与该工作的实际成本的比值。

$$CPI = BCWP/ACWP \quad (7-11)$$

当 $CPI>1$ 时，表示低于预算，即实际费用低于预算费用；当 $CPI=1$ 时，表示实际费用与预算费用吻合；当 $CPI<1$ 时，表示超出预算，即实际费用高于预算费用。

(4) 进度绩效指数（Schedule Performed Index，SPI）：表示已完成工作量的预算成本与计划完成工作量的预算成本的比值。

$$SPI = BCWP/BCWS \quad (7-12)$$

当 $SPI>1$ 时，表示进度超前；当 $SPI=1$ 时，表示实际进度与计划进度相同；当 $SPI<1$ 时，表示进度延误。

挣值法的预测指标有两个，即完工估算和完工尚需估算。

(1) 完工估算（Estimate At Completion，EAC）：是指在检查时刻估算项目范围规定的工作全部完成时的项目总费用。有以下三种计算方式：

1) EAC = 实际支出 + 按照实施情况对剩余预算所作的修改 　　(7-13)

这种方法常用于当前的变化可以反映未来的变化时。公式为：

$$EAC = 实际费用 + (总预算费用 - BCWP) \times (ACWP/BCWP) \quad (7-14)$$

或

$$EAC = 总预算费用 \times (ACWP/BCWP) \quad (7-15)$$

2) EAC = 实际支出 + 对未来所有剩余工作的新估计 　　(7-16)

这种方法通常用于当过去的执行情况显示了原有的估计假设条件基本失效的情况，或者由于条件的改变原有的假设不再适用。

3) $EAC=$ 实际支出＋剩余的预算 (7-17)

这种方法适用于现在的变化仅是一种特殊的情况，项目经理认为未来的实施不会发生类似的变化。

(2) 完工尚需估算（Estimate To Complete，ETC）：表示截止目前，剩余工作到完工时需要花费的成本预算。有以下几种计算方式：

1) $ETC = (BAC - EV)/CPI$

适用于以当前的成本绩效完成剩余的工作，也就是剩余的工作量除以成本绩效指数。

2) $ETC = BAC - EV$

适用于以计划的成本绩效（其实就是1）完成剩余的工作。

3) $ETC = (BAC - EV)/(CPI \times SPI)$

如果进度绩效指标 SPI 也会影响完成剩余工作的成本，意思是如果严格规定必须要在计划的截止时间之前完成项目，那么可能还需要额外的成本来赶工程进度，这个时候就需要同时考虑 CPI 和 SPI 对于剩余工作的影响，也就是剩余的工作量除以成本绩效指数与进度绩效指数的乘积；其中 $CPI \times SPI$ 又叫"关键比率"（Critical Ratio，CR）。

7.3 信息技术下的成本管理

7.3.1 BIM-5D 成本管理

1. BIM-5D 成本管理的优势

传统的成本管理有很大的局限性，如成本数据分析不够精细，在工程造价方面，计算仍停留在对工程量清单及消耗量的分析上；由于大型工程的数据众多，需要分段分区域分时间进行造价分析，导致各个阶段需要重复算量；同时造价各方的数据缺乏协同性，数据积累困难，阻碍了项目及企业层级对项目精细化管理的提升。BIM 技术突破传统成本管理的局限，构建了完整、准确、结构化的数据库，能够实现建筑材料等全过程信息的共享与协同工作，使成本管理高效、准确、精细。BIM 三维模型能够实现所有项目参与方输入信息，且所含信息能够随着模型的改动智能调整更新，获取的数据信息更加及时有效，实现数据信息在项目参与方之间的共享。

目前，以 BIM 三维模型为基础，加上时间（Time）维度的 4D-BIM，在施工进度管理方面已成功运用；而在 4D-BIM 的基础上加入成本（Cost）维度所形成的 BIM-5D 模型，不仅包含了建筑实体数据，而且涵盖了进度、资源、成本等信息，提升了 BIM 模型的功能价值，拓宽了 BIM 的应用范围。随着 BIM 技术的普及应用，大大降低了建筑行业收集和更新工程信息的难度，通过构建三维数字模型，不仅可以提高施工效率，还能对施工成本和质量进行有效的管理和控制，保证项目主体间的顺畅沟通。

基于 BIM-5D 技术构建的施工阶段成本管理系统，可以实现对施工阶段成本的动态化管理。在建筑施工前的准备工作中，需要完成对三维模型的处理，比如合成、优化等，并促使其与施工进度和预算方案等文件进行联系，最终使项目预算成本得到明确。在项目施工阶段，则要将工程参数或变化实时录入 BIM-5D 系统之中，例如项目施工进度、项目变更情况、实际成本文件等。在录入信息对模型进行更新后，将所获得的实际模型与预算模型进行对比，对项目施工实际情况进行分析，找出施工中存在的问题，并及时解决，以实现对项目工程施工成本的动态化控制。

2. 基于 BIM-5D 技术的施工阶段成本管理

基于 BIM-5D 技术构建的施工阶段成本管理系统，可以对建筑项目施工阶段的全部成本进行监控、预测和计算，从而实现对施工阶段成本的动态化管理。将施工进度和成本信息体现到 BIM-5D 三维模型中的前提是选择建模软件，如图 7-13 所示的是基于 Revit 建模软件的 5D 成本管理。建筑工程师在完成建模后，由造价人员利用三维算量插件录入造价信息，获得工程量的计算结果。一般情况下，三维算量插件可采用 for Revit 插件，该插件自带的计算规则能降低工作难度；在得到工程量信息后，将其以数据的形式导出 SFC 文件，防止数据流失；最后将数据导入该工程构建的 BIM-5D 平台，将数据都导入 BIM-5D 平台后，就可以对项目施工过程进行可视化、高效性管理，如图 7-14 所示。

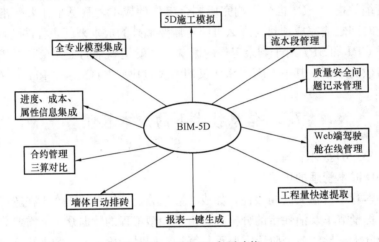

图 7-13　BIM-5D 主要功能

（1）成本管理

在项目施工过程中，通常会涉及以下处理过程：一是对业主方进行报量；二是进行审核分包。这些过程会重复出现，并涉及确认、统计和计算工程量信息的使用。BIM-5D 系

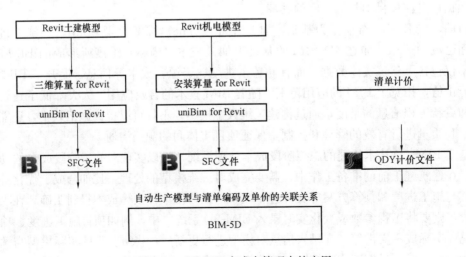

图 7-14　BIM-5D 在成本管理中的应用

统的应用可以对完工工程量和资金使用情况进行多维度的筛选和统计。在实际施工过程中，造价管理人员可以将进度作为依据，完成对相应时段工程量的统计工作，并及时将情况反馈给业主方，申请进度款。此外，还可以根据分包单位与流水段的对应关系，对分包单位的工程完成情况进行准确的核算，从而为造价人员开展成本控制工作创造有利条件。

（2）物资管理

项目管理人员可以借助 BIM-5D 系统，对物资需求计划进行编制，并根据工程施工情况对某一工程的施工进度进行锁定，以一周或一月为期限对该工程施工阶段所需要的资源进行统计，制作报表上报给施工现场管理人员。现场施工管理人员会在审核报表后，根据现有的资源条件对资源进行合理地优化配置，有效避免资源浪费问题的出现。

3. BIM-5D 成本管理软件

BIM 技术是计算机学科应用与建筑领域结合的成功案例，同样在施工阶段基于 BIM-5D 的成本管理中，相关软件的选择与使用在很大程度上决定了项目实施的成功与否。目前，尚没有一款软件可以应用于整个建设项目过程；因此，为了满足由单一业务应用向多业务集成转变的应用趋势，BIM-5D 将原来的由单一类型软件的使用发展为多种类集成化软件的使用。使用过程中不同软件有各自不同的数据格式，导致数据之间可能产生传递缺失，因此需要统一使用国际通用的 IFC 数据格式。根据不同的用途，把所用到的软件进行分类，见表 7-1。

基于 BIM-5D 施工阶段成本管理软件的种类 表 7-1

类别	名称	厂商	用途
建模类	Revit Architecture	Autodesk	建筑和场地设计
	Revit Structure		结构设计
	Revit MEP		机电设计
	AutoCAD Civil 3D		场地设计
	MagiCAD	广联达	机电深化设计
	广联达 GSL		场地模型
	广联达模架设计		模架设计与计算
	Bentley BIM suite	Bentley	多专业建模
	ArchiCAD	Graphisoft	建筑、机电和场地
	Tekla Structure	Telka	钢结构设计
	CATIA	Dassault	幕墙系统设计
工程量统计	图形算量 GCL	广联达	土建算量
	钢筋算量 GGJ		钢筋算量
	安装算量 GQI		安装算量
	计价软件 GBQ		工程计价
	土建变更		工程变更
	钢筋变更		
	结算软件 GES		工程结算

续表

类别	名称	厂商	用途
工程展示与审核类	Navisworks	Autodesk	模型审核与建筑性能分析
	Navigator	Bentley	
	广联云	广联达	
效果展现类	3DS MAX	Autodesk	三维动画渲染和制作
	UNITY 3D	Luniom Twin motion	建筑可视化、创建实时三维动画
	Luniom	Act-3D	渲染和场景创建
	Twinmotion	Abvent	建模及渲染
计划管理类（4D）	Vico Office	Vico Software	施工进度模拟与分析
成本管理类（5D）	ITWO ProjectWise	RIB	成本动态管理
工程管理平台类	ProjectWise	Bentley	工程数据存储
	BIM5D（协同版）广联云	广联达	工程数据存储与分析

7.3.2 基于大数据的项目成本管理

1. 大数据的概念

大数据是以容量大、类型多、存取速度快、应用价值高为主要特征的数据集合，是通过对数量巨大、来源分散、格式多样的数据进行采集、存储和关联分析，从中发现新知识、创造新价值、提升新能力的新一代信息技术和服务业态。美国咨询公司麦肯锡在其2011年的报告中将大数据定义为"在短时间内使用传统数据库软件进行抓取、处理和分析的数据集合"。大数据技术依托于云计算的分布式处理、分布式数据库、云存储和虚拟化技术，可以实现对海量数据的处理，为项目成本管理的数据处理提供了新方法。

目前，我国工程项目成本管理的大数据建设发展较慢，缺乏系统、科学的管理方法，主要原因有：参与方多，信息不能完全一致；变更量大，无法全面沟通；专业性强，工作效率不足；数据量大，数据类型众多，数据库技术经济成本太高。现阶段建筑行业缺少对信息化的有效应用，无法通过传统方法来有效地分类和管理海量的工程相关数据，从而实现精细化管理。管理的支撑是数据，项目成本管理的基础就是对工程成本基础数据的管理，及时、准确地获取相关工程成本数据就是项目成本管理的核心竞争力。

2. 大数据的项目成本管理优势

按照 IBM 公司的定义，将大数据总结为 4 个 V，即海量化、多样化、高速化、精确化。除此之外，上述几个大数据的特征还体现出大数据所具有的价值数据的 4V 基本特点。

（1）海量化（Volume）

海量化是指搜集以及研究的数据量非常多，从 TB 级别发展到 PB 级别，全球企业在硬盘上储存的新数据达到了 7EB，利用强大的数据处理平台和新数据处理技术，来统计、分析、预测和实时处理如此大规模的数据。

（2）多样性（Variety）

多样性是指大数据的类型具有多元性。大数据来源于不同的数据库，其类型一般是半结构化、结构化以及非结构化数据。现阶段非结构化数据所占比例达到了80%，大数据的主体就是非结构化数据。和结构化数据相比，处理非结构化数据的难度更大，不过一般都是非结构化数据产生的数据价值更大。

(3) 高速性（Velocity）

高速性是指数据流的快速处理。由于大数据的产生，已出现了很多用在密集型数据处理的结构。除此之外，还有通过其他方式，比如可伸缩方式对大数据软件结构进行处理的Hadoop。利用这些现代化的技术以及软件，能进一步提高数据处理的速度，数据处理能力实现了从批处理向流处理的转变。

(4) 精确性（Veracity）

数据的精确性也叫精准性，就是指数据的可信性以及真伪性。通过数据源可知，大部分数据都是实时记录个体行为以及思想，体现了个体的真实意识。和原有搜集数据的方法相比，这种方法的精准性要更高，就算部分数据失真，也不会产生太大影响。大数据面对的是某类现象的所有数据，并不是传统的抽样数据，"样本=总体"的全数据模式使得预测判断更具精确性。采取相应的技术方式来处理各种各样的数据，同时展开数据挖掘、汇总以及研究，最后可获得更加全面以及精准的结论。

3. 大数据的项目成本管理流程

大数据技术就是对众多数据进行大数据采集、大数据预处理、大数据存储及管理、大数据分析及挖掘、大数据展现及应用。首先，进行数据广泛收集，收集完各项数据之后，需要进行数据预处理，统一转换数据格式，清洗噪声数据，补充缺失的数据。之后，将预处理完的数据存放到数据仓库，便于后续的数据挖掘和发现。数据挖掘一般是指运用机器学习、模式识别等方法从大量的数据中自动搜索隐藏于其中的有特殊关系性的信息的过程。根据获取信息需求的不同，选用适宜的数据挖掘方法。最后，对挖掘出来的模式进行可视化处理，对提出的模式进行评估，并将所发现的知识展现与应用。如图7-15所示。

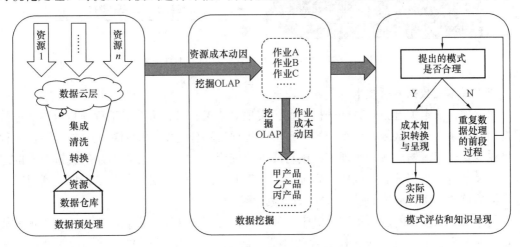

图 7-15 基于大数据的成本核算模型

数据预处理是对数据云层中的复杂数据进行数据的集成与清洗，处理噪声数据，保证数据的完整，归集出企业经营过程中消耗的总资源。同时，为了便于后期挖掘工作的进行，可以对这些数据进行编码，且将所有业务数据库中相同字段的不同取值方式转换成统一数码形式数据挖掘的操作是作业成本核算工作的重心。设计成本数据挖掘工作也分为两个阶段：其一，分析相关资源成本动因，通过联机分析处理技术（OLAP）和一定的算法程序钻取目标资源成本数据，并将之匹配到各项作业之中；其二，分析相关作业成本动因，同样利用 OLAP 技术及适当的算法程序再次获取各项作业车间的各类作业成本数据，将之匹配到成本对象之中。数据处理工作的最后一步是进行模式评估和成本知识呈现。首先是要检测挖掘出的模式是否合理，若不合理，则需要重新进行数据处理的前段过程，若合理则可以进行成本知识的转换与呈现，将成本数据处理过程中的隐性知识转换为易于人们理解的显性知识，并将挖掘出的相关信息和规则运用到企业的实际成本管理过程中，从而有效解决企业的成本业务问题，从而提高企业的经营管理水平。

成本管理中的大数据可以应用于以下几个方面。

(1) 数据收集与处理的应用

在信息化和数字化的时代背景下，数据资源直接影响企业的项目成本控制。通过合理应用项目成本管理技术优化模型，可以有效提高成本管理的效率。运用数据收集与处理技术优化项目成本管理思路，如图 7-16 所示。

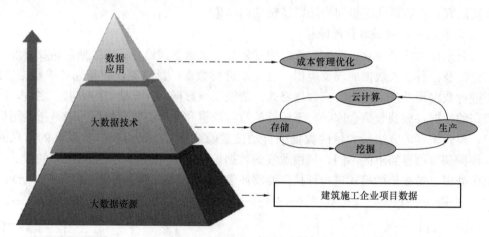

图 7-16　数据收集与处理技术优化项目成本管理思路

(2) 成本大数据分析技术

建立项目成本关键指标关联分析模型。实现对"工、料、机"等工程项目成本业务数据按业务板块、地理区域、组织架构和重大工程项目等分类的汇总和对比分析，找出工程项目成本管理的薄弱环节。实现工程项目成本管理价格、数量、变更索赔等关键要素的趋势分析和预警。采用数据挖掘技术确定成本管理的"量、价、费"等关键指标，通过对关键指标的控制，实现成本的过程管控和风险预警。

基于大数据技术的成本预测。对于一些不可控且变化规律不显著的成本，如决策者战略意图的改变、上下游企业合作方式的变化、政治经济等环境的变化等，对于这种"灰色"模糊的信息，可以采用大数据分析技术，如采用灰色系统理论进行预测分析。

如图 7-17 所示，为了准确地对各类产品或服务成本进行动态预测，需要按照"产品消耗作业，作业消耗资源"的顺序进行预测目标的层次分解，主要是对各项具体资源费用的预测，之后再依照一定的分配标准逐级将预测的各类资源成本分配到各项产品中。可控

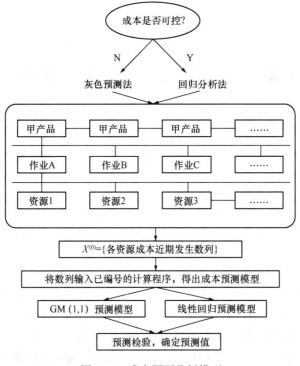

图 7-17 成本预测分析模型

成本下的回归分析建立在成本变化规律不变的前提下,因此主要利用历史成本数据进行线性回归分析,从而得出线性回归预测模型。对于不可控成本,无论是产品消耗作业的情况,还是作业消耗资源的情况,都可能会受到各项因素的影响,因此可以采用灰色预测法,利用不确切、不充分的数据信息,通过建立灰色预测模型从而找到规律的变化趋势。依据模型将近期各项资源的发生数列输入编好的计算程序中,得出成本预测模型。最后对得出的预测结果进行检验,确定最终预测值。

【复习思考题】

1. 简述项目成本的构成。
2. 项目成本控制有哪些方法?
3. 简述大数据的项目成本管理流程。
4. 关于大数据的项目成本管理有哪些新的方法?

第8章 工程项目质量控制技术与方法

8.1 质量管理概述

工程项目中质量是一个重要的指标,它最终体现在项目的运行功能和效果上。影响项目质量的因素也是综合性的,涉及项目的全过程以及各个要素,包括设计质量、施工质量、材料和设备质量等。在工程项目的质量控制中要注意实施者的选择和培训,注意通过合同达到有效的控制。

8.1.1 质量管理的内容

在管理学中,质量的概念可以表达为产品、过程或体系的一种固有特性以满足顾客要求的程度,即:质量不仅是指产品质量,也可以是某项活动或工程的工程质量,还可以是质量管理体系运行的质量。这些固有特性是指满足顾客和其他相关方要求的特性,并由其满足要求的程度加以表征。在工程项目中,质量是反映产品或服务满足明确或隐含需要能力的特征和特性,质量主体是实体,实体可以是承包商履行施工合同的过程,也可以是活动或过程结果的有形产品。质量管理是指确定国家方针、目标和职责,并在质量体系中通过质量策划、质量控制、质量保证和质量改进来使其实现全部管理职能与活动,并对其效果进行评价及改进的一系列工作。工程项目质量管理的目的是为项目的用户(顾客)和其他项目相关方提供高质量的工程和服务,实现项目目标,使用户满意。根据工程项目管理定义,工程项目质量管理的内容包括以下三个方面。

(1) 工程项目质量

工程项目质量是指工程产品满足规定要求和需要的能力,是国家现行的有关法律、法规、技术标准、设计文件及工程合同中对工程安全、使用、经济、美观等特性的综合要求。工程项目的质量还包括服务质量,如咨询、设计、投标中的服务时间(主动、及时、准时)、服务能力(准确判断、解决问题的程度)等。从功能和使用价值来看,工程项目质量又体现在适用性、可靠性、经济性、外观质量与环境协调等方面。

在对工程目标的哲学认识基础上,项目质量有了更高的要求。项目的质量定义是一个渐进的过程。在项目初期,质量目标(功能、技术要求等)的定义不是很清楚。工程项目质量管理与一般企业生产质量管理有很大区别,对于代际工程,有环境、社会等方面的要求,工程质量管理相对于企业生产质量管理复杂得多。在工程项目目标体系中,当出现工程拖延、成本超支等情况时,质量目标往往就成为牺牲品而被削弱。

(2) 工作质量

工作质量是工程质量的组成部分。工作质量是指所在工程项目的参与者与实施者为了保证工程质量所从事工作的水平和完善程度。它反映项目的实施过程对产品质量的保证程度。工作质量包括社会工作质量,如社会调查、市场预测、质量回访等;生产过程质量,如技术工作质量、管理工作质量、后勤工作质量等。这两方面的质量都须满足项目目标,任一个达不到要求都可能对项目产品、项目相关者及项目组织产生重大影响,损害项目总目标。

(3) 工程项目质量的影响因素

影响工程项目质量的因素包括人、技术、管理、环境、社会等因素。

1) 人的因素,包括两类:①直接承担工程项目质量职能的决策者、管理者、作业者个人(均为个体的人)的质量意识和活动能力;②承担项目策划决策和实施的单位(群体的人)。

2) 技术因素,包括两类:①直接工程技术,如勘察、设计、施工、材料等技术;②辅助生产技术,如工程检验、检测、试验等技术。

3) 管理因素,主要是决策因素和组织因素。常见的决策因素有:①业主方的项目决策及项目实施主体的技术决策和管理决策;②不进行资源论证、市场预测,盲目建设,重复建设,形成质量合格而无用的产品;③盲目追求高标准,缺乏质量经济性考虑的决策。组织因素包括工程项目实施的管理组织和任务组织。

4) 环境因素,包括三类:①自然环境,如水文气象,地质等;②劳动作业环境,如场地通风、照明、安全卫生防护等;③管理环境,如多单位、多专业协同施工的管理关系、组织协调方式、质量控制系统构成等。

5) 社会因素,主要包括:法规健全程度及执法力度、经营者理念和市场发育程度。

8.1.2 质量管理形成过程

项目质量管理过程包括质量计划、质量保证及质量控制。实施质量管理的关键在于建立健全质量体系,并使之正常运转。质量管理体系是质量管理的载体,一个成熟的质量管理体系能确保组织各项质量管理活动协调运行。以过程为基础的质量管理体系模式如图8-1所示。

8.1.3 质量监督和质量验收

工程质量检验评定是承包方进行质量控制的结果表现,也是竣工验收组织确认质量的主要法定方法和手段,主要由承包方来实施,并

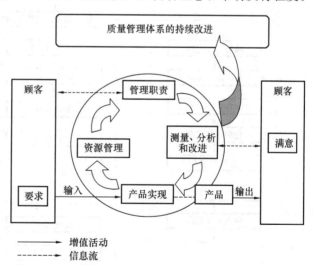

图 8-1 以过程为基础的质量管理体系模式

经第三方工程质量监督部门或竣工验收组织监督审查。

(1) 工程项目质量监督

质量监督是指为了确保满足规定的质量要求,对产品、过程或体系的状态进行连续的监视和验证,对记录进行分析。质量监督的目的是使各企业在生产经营中自我约束、自我完善和自我改进,努力满足顾客和相关方的质量要求。其中包括下述三个方面:①工程项目业主的质量监督责任;②各参与方的质量监督责任;③工程项目政府的监督责任。

(2) 工程项目质量验收

现行国家建筑工程施工质量规范是一个技术标准体系，但该体系对工程质量的验收只规定了合格等级，对工程质量的实际水平缺少进一步的评价尺度和评价方法，无法区分"合格"工程中实际存在的质量差异。为了统一房屋工程质量的检验方法、程序和质量标准，对原有的房屋工程施工及验收规范和工程质量检验评定标准提出了"验评分离、强化验收、完善手段、过程控制"十六字的改革设想。

8.2 质量管理的原理及工具

工程项目质量管理的作用是保证满足承诺的项目质量要求。管理原则为五个坚持：坚持以顾客为关注焦点；坚持以人为控制核心；坚持预防为主；坚持和提升质量标准；坚持持续的过程控制。项目质量控制具有工作过程复杂、参与人员众多、施工工期长等特点，需要采用必要的原理、工具和方法。而项目质量管理与控制的理论与方法丰富，有经典的PDCA循环原理、三阶段控制原理、全面质量管理原理等。因此了解不同工具和方法的功能和特点，根据工作环境的实际情况正确地综合运用各种工具和方法，是项目质量管理的关键。建设项目质量控制程序如图8-2所示。

图8-2 建设项目质量控制程序框图

8.2.1 质量管理的基本原理

1. PDCA 循环原理

工程建设项目质量管理的基本方法为 PDCA 循环方法，PDCA 即计划（Plan）、实施（Do）、检查（Check）、处置（Action）四个阶段，如图 8-3 所示。

（1）计划阶段

明确质量目标，指定实现质量目标的行动方案。具体包括：

1）分析现状，找出存在的质量问题，用数据加以说明；

2）分析产生的各种质量问题，逐个进行分析；

3）找出影响质量问题的主要因素，通过抓主要因素解决质量问题；

4）针对影响质量问题的主要因素，制订计划和提出措施。

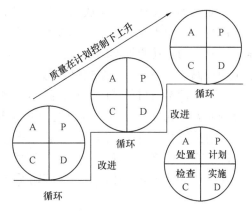

图 8-3 PDCA 循环示意图

（2）实施阶段

按照计划制订的质量目标、质量标准、操作规程进行组织实施。实施过程中严格执行质量管理计划，规范行为，将质量管理计划的各项规定和安排落实到具体资源配置和技术活动中。

（3）检查阶段

将实际工作结果与计划内容相比较，通过检查了解是否严格执行计划，是否达到预期效果，找出问题和异常情况。

（4）处置阶段

1）总结经验，改正缺点，将遗留问题转入下一循环；

2）按照检查结果，总结成功失败两方面的经验和教训，成功的纳入标准、规程，予以巩固；失败的吸取教训，引以为戒，防止再次发生；

3）处理本循环中尚未解决的问题，转入下一循环中去，通过再次循环求得解决。

2. 三阶段控制原理

三阶段控制原理是运用全面、全过程质量管理的思想和动态控制原理，进行质量的事前控制、事中控制和事后控制，为质量管理提供有效的信息反馈。

（1）事前控制

事前控制也称主动控制，其要求预先制订周密的质量控制计划。其内涵包括：一是强调质量目标的计划预控；二是按照质量计划的要求进行质量控制活动前的准备工作。

（2）事中控制

事中控制也称同期控制，其首先是对质量活动的行为约束，即在质量产生过程中各项技术作业活动操作者在相关制度管理下进行自我行为约束的同时，充分发挥其技术能力，去完成预定质量目标的作业任务；其次是对质量活动过程和结果的监督控制，这里包括来自企业内部管理者的检查和来自企业外部工程监理和政府质量监督部门等的监督检查。

(3) 事后控制

事后控制又称回馈控制，其包括对质量活动结果的评价认定程序和对质量偏差的纠正控制程序。从理论上分析，如果计划预控过程所制订的行动方案考虑的越是周密，事中约束监控的能力越强越严格，实现质量期望目标的可能性就越大。理想的状况就是希望做到各项作业活动，实现"一次成功""一次交验合格率100％"。但是客观上相当部分的工程不可能达到，由于在过程中不可避免地会存在一些计划时难以预料的系统因素和偶然因素。因此，当出现质量实际值与目标值之间的偏差超出允许偏差时，必须分析原因，采取措施纠正偏差，保持质量受控制状态。

事后纠偏给项目带来的最直接的结果是成本的增加，如果管理者事前能制订一个周密的计划并做好充分的准备，事中控制就会更有把握，出现事后纠偏的情况也会越少。因此，事前控制是最有意义的，因为它能防患于未然。

以上三大环节不是孤立和截然分开的，它们之间构成有机的系统过程，实质上也是PDCA循环的具体化，并在每一次滚动循环中不断提高，实现质量管理或质量控制的持续改进。

3. 全面质量管理原理

全面质量管理（Total Quality Management，TMQ）原理是指生产企业的质量管理应该是全面、全过程和全员参与的。

(1) 全面质量管理是指工程（产品）质量和工作质量的全面控制，工作质量直接影响产品质量的形成，是产品质量的保证。对于建设工程项目而言，全面质量管理还应该包括对建设工程各参与主体工程质量与工作质量的全面管理。如业主、监理单位、勘察单位、设计单位、施工总承包商、材料设备供应商等。因此，一个企业必须在抓好产品质量的同时抓好成本质量和服务质量，这些质量的全部内容就是所谓广义的质量概念，即全面质量。

(2) 全过程质量控制是根据工程质量的形成规律，从源头抓起，全过程推进。质量管理体系标准中强调质量管理的"过程方法"管理原则，按照建设程序，建设工程从项目建议书或建设构想提出，历经项目鉴别、选择、策划、可行性研究、决策、立项、勘察、设计、发包、施工、验收、运行维护等各个有机联系的环节。这些环节构成了建设项目的总过程：施工组织与准备过程；检测设备控制与计量过程；施工产生的检测实验过程；工程质量的评定过程；工程竣工验收与交付过程；工程回访维修服务过程等。

(3) 全员参与控制。全员参与质量控制的重要手段就是目标管理。目标管理理论认为，总目标必须逐级分解，直到最基层岗位，从而形成自上而下、自岗位个体到部门团体的层层控制和保证关系。就企业而言，如果存在哪个岗位没有自己的工作目标或质量目标，说明这个岗位就是多余的，应予调整。

8.2.2　ISO 10006：2017 项目质量管理标准

国际标准化组织（ISO）于1987年发布了通用的《质量管理和质量保证》ISO 9000标准，此后又不断对其进行补充、完善、修订，在2015年底发布了2015版ISO 9000族质量标准，我国及时、同等地采用此标准，发布了GB/T 19001—2015。在项目管理领域，最新的项目质量管理标准ISO 10006：2017认为，一个项目是一个过程，即将输入转化为输出的一组彼此相关的资源和活动。ISO 10006：2017 与项目管理目标、计划、控制有关的内容主要有以下几个方面：

（1）战略策划过程。战略策划过程主要是确定项目方向，包括三个主要要素，即策划基础的准备、战略的建立、计划和沟通的执行。

（2）编制项目计划（包括质量计划），其详细程度取决于项目的规模和复杂程度。

（3）应将项目系统的分解成可管理的活动，以满足顾客对产品和过程的需求，其结果就是工作分解结构（Work Breakdown Structure，WBS）。

（4）与时间有关的过程。

（5）与成本有关的过程。

8.3 质量控制的数理统计方法

在工程质量控制中利用数理统计方法通过收集、整理、分析质量数据，可以发现影响工程质量的主要因素，从而及时采取相应措施，预防和避免质量事故的发生。质量控制中常用的基本方法有统计分析表法、分层法、排列图法、因果分析图法、直方图法、控制图法和相关图法七种。其中，统计分析表法、分层法、排列图法和因果分析图法属于静态分析法，它主要是找出影响质量的主要因素、暴露生产过程中的利弊、比较产品的优劣等，从而为提高产品质量的对策找到依据。控制图法和相关图法属于动态分析法，它能够在生产过程中及时发现不合格产品的产生和不良情况的发展趋势，从而把不合格产品的数量控制在所规定的范围内。直方图法则静、动态范围都能使用。

8.3.1 质量数据的分布特征

对于每件产品来说，在质量形成过程中众多因素交织在一起共同起作用，最终表现出来的误差具有随机性。在对大量统计数据的研究中，归纳总结出许多分布类型，如一般计量值数据服从正态分布，计件值数据服从二项分布，记点值数据服从泊松分布等。实践中只要是受许多微小作用因素影响的数据，都可以认为是服从正态分布的，如构件的尺寸、混凝土强度等。正态分布概率密度曲线如图 8-4 所示。

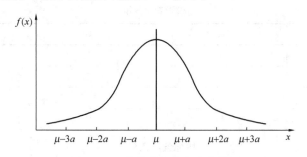

图 8-4 正态分布概率密度曲线图

8.3.2 统计分析表法

统计分析表法又称调查分析表法，它是利用专门设计的统计表对质量数据进行收集、整理、现场核实、粗略分析产品质量状态和质量问题的一种方法。某建筑工程项目预制混凝土柱外观质量调查表见表 8-1。

某建筑工程项目预制混凝土柱外观质量调查表　　　　　表8-1

调查对象	预制混凝土柱	施工班组	
调查数量	50根	调查时间	
调查方式	全数调查	检查人员	
调查内容	检查记录	合计	
露筋			
空洞			
蜂窝			
麻面			
裂缝			
总计			

8.3.3　分层法

分层法又称分类法，是将调查的原始数据根据不同目的和要求，按某一性质进行分组、整理的分析方法。分层的结果将数据各层间的突出差异显示出来，层内的数据差异减少了。在此基础上进行层间、层内的比较分析，可以更深入地发现和认识造成质量问题的原因。由于产品质量是多方面因素共同作用的结果，因而对同一批数据，可以按不同性质分层，从不同角度来考虑、分析产品存在的质量问题和影响因素。还可与其他方法联用，作出分层排列图、分层直方图、分层控制图等，以解决质量问题。常用的分层标志有：操作班组、操作者、单位工程、分部分项工程、质量问题类别、机械设备型号、操作方法、原材料供应单位、供应时间、等级、检查手段、工作环境等。

【例8-1】现对钢筋焊接质量进行调查分析，共检查了240个焊接点，其中不合格的有48个，不合格率为20%。存在严重的质量问题，试用分层法分析质量问题的原因。

现已查明这批钢筋的焊接是由A、B、C三个工人操作的，而焊条是由甲、乙两个厂家提供的。因此，分别按操作者和生产厂家进行分析，即考虑一种因素单独的影响，见表8-2、表8-3。

按操作者分层　　　　　表8-2

操作者	不合格	合格	不合格率（%）
A	8	72	10
B	28	52	35
C	12	68	15
合计	48	192	20

按焊条厂家分层　　　　　表8-3

厂家	不合格	合格	不合格率（%）
甲	22	98	18
乙	26	94	22
合计	48	192	20

综上所述，操作者A的质量较好，而不论是采用甲场，还是乙场的焊条，不合格率

都很高且相差不大。为了找出问题所在,再进一步采用综合分层进行分析,即考虑两种因素共同影响的结果,见表 8-4。

综合分层分析焊接质量　　　　　　　表 8-4

操作者	焊接质量	甲厂		乙厂		合计	
		焊接点	不合格率(%)	焊接点	不合格率(%)	焊接点	不合格率(%)
A	不合格	0	0	8	20	8	10
	合格	40		32		72	
B	不合格	12	30	16	40	28	35
	合格	28		24		52	
C	不合格	10	25	2	5	12	15
	合格	30		38		68	

经过综合分层分析可知,在使用甲厂的焊条时,应采用 A 师傅的操作方法好;对于乙厂生产的焊条,虽然 C 师傅的操作技术稍好,但是仍然有 5% 的不合格率,所以尽量避免使用。若使用,宜用 C 师傅的焊接方法。

调查分析表法和分层法是质量控制统计方法中最基本的方法,采用其他统计方法时常常是先利用这两种方法对原始资料进行调查、统计和分类,然后再进行分析。

8.3.4 排列图法

排列图的全称是主次因素排列图,也称为 Pareto 图。排列图是根据关键的少数和次要的多数的基本原理,对产品质量的影响因素按影响程度大小主次排列,找出主要因素,采取措施加以解决。而在生产过程中,在众多因素中迅速、准确地找出主要因素的最有效方法就是排列图法。排列图法并不仅仅适用于确定某个特定产品的质量问题,更重要的是要在合理分层的基础上,分别找出各层的主要矛盾及其相互关系。

如图 8-5 所示,排列图是由一个横坐标,两个纵坐标,n 个直方图和一条曲线组成的。横坐标表示影响质量的各个因素,按其影响程度的大小从左到右依次排列;左边的纵坐标表示影响因素的频数(件数、金额、时间等),右边的纵坐标表示累计频率;直方图的高度表示某个影响因素的影响大小,而图中的曲线表示各个影响因素的累计百分率。将这条曲线所对应的累计百分数划分为 3 个区域:累计百分数在 0~80% 的为 A 类区,对应 A 类区的因素称为主要因素;累计百分数在 80%~90% 的为 B 类区,对应 B 类区的因素称为次要因素;累计百分数在 90%~100% 的称为 C 类区,对应 C 类区的因素称为更次要因素。

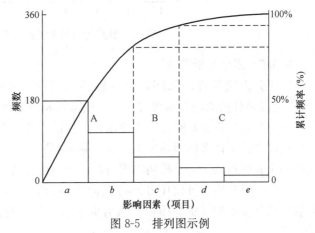

图 8-5 排列图示例

【例 8-2】某工程施工监理中,对进场的 800 根预应力桩进行抽查,出现大量不合格产品,于是进行全面检查后共发现287根预应力桩不合格,现对不合格原因进行分析。

收集整理数据,对造成预应力混凝土桩质量不合格的原因按从主要到次要进行排列,计算出频数以及频率,填入表8-5中。对于频率很低的检查项目可相加后用其他代替。

不合格点项目频数、频率统计表　　　　　　　表8-5

序号	项目	频数	频率（%）	累计频率（%）
1	锈蚀严重	122	42.51	42.51
2	桩体弯曲>$L/1000$	97	33.80	76.31
3	桩身出现裂缝	23	8.91	85.22
4	桩尖中心线<2mm	14	4.88	90.10
5	顶面平整>10mm	9	3.14	93.24
6	桩径偏差>（±5mm）	7	2.44	95.68
7	其他	15	4.32	100
	合计	287	100.00	

由图8-6可见,主要问题是由于预应力混凝土桩锈蚀严重、桩体弯曲>$L/1000$以及桩身出现裂缝,使预应力混凝土桩不合格。根据这些主要因素可知,预应力混凝土桩质量不合格主要是在运输（吊装）及摆放保管过程中产生的质量问题。可能是由于运输、保管过程操作不当,也可能是设计生产方未向负责人说明运输、堆放要求及保管环境造成的。

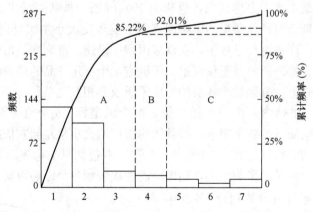

图8-6　预应力混凝土桩不合格点排列图

8.3.5　因果分析图法

因果分析图简称因果图,也叫特性因素图,又因其形状而称为鱼刺图或树枝图。图8-7为因果分析图的基本形式。它是根据影响质量的主要因素（如人、机器、材料、方法、环境等几个方面）来进一步绘制原因图的方法。在生产过程中,任何一种质量因素的产生往往都是由许多原因造成的,甚至是多层原因造成的,通常先用排列图找出产生质量问题的主要项目后,接着再用因果分析图来具体分析。

通过因果分析图可以找出影响质量的关键因素、次关键因素,有的放矢地采取措施。绘制因果分析图的步骤与图中箭头方向恰恰相反,它是先从质量结果开始将原因逐层分

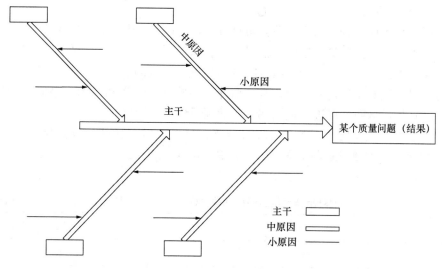

图 8-7　因果分析图的基本形式

解：第一步，明确质量问题；第二步，分析确定影响质量的 4M1E 因素；第三步，将 4M1E 因素逐层分解，如果原因过大，从管理的角度可能很难找到解决问题的方法，所以要将原因分解，直至分解的原因可以采取具体措施加以解决为止；第四步，检查原因是否列全，这时需要广泛征询管理层和执行层人员的意见，并对树枝图进行必要的修改；第五步，找出影响质量的关键因素，在图中用"★"标记关键因素。

例如，在混凝土质量控制中，因果分析图如图 8-8 所示，该因果分析图分析的质量问题是"混凝土强度不足"，按照上述步骤确定并标记出影响质量的关键因素，分析得出的关键因素为"新工人技术知识差""水泥含量不足""水灰比不准、配合比不当"。

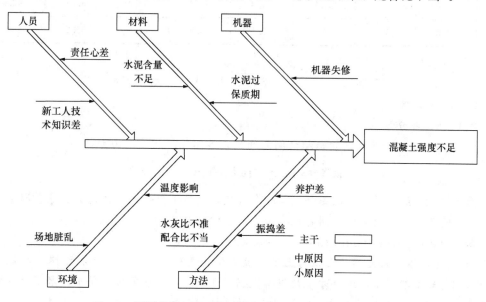

图 8-8　因果分析图在混凝土质量控制中的应用的基本形式

8.3.6 直方图法

直方图又称为质量分布图或频数分布直方图，通过对从生产过程中收集来的貌似无序的数据进行处理，根据质量数据分布情况，画成以组距为底边、以频数为高度的一系列连接起来的直方形矩形图来反映产品质量的分布情况，以判断和预测产品质量及不合格率。运用直方图可以判断生产过程是否正常、估计产品质量的优劣和推测工序的不合格情况，并根据质量特性的分布情况进行适当调整，达到质量控制的目的。

【例 8-3】 某建筑工地施工浇筑 C40 混凝土，对其抗压强度进行调查分析，共收集了60个样品及其抗压强度试验报告单，经整理见表8-6。

（1）收集数据

混凝土样品抗压强度试验报告单（单位：kPa） 表8-6

序号	抗压强度数据						行中最大值	行中最小值
1	42.6	44.5	48.7	50.5	48.3	42.2	50.5	42.2
2	55.3	45.8	48	47.4	50.9	43.8	55.3	43.8
3	45.2	51.7	45.7	42.8	48.6	48.2	51.7	42.8
4	46.9	40.5	47.3	50.1	50.8	48.1	50.8	40.5
5	49.7	45	47.9	45.9	44.3	46.6	49.7	44.3
6	50.9	49.8	45.8	47.2	46.8	48	50.9	45.8
7	45.7	47.2	46.7	53.6	51.2	46.2	53.6	45.7
8	49.7	44.1	49.9	41.7	48.2	54.7	54.7	41.7
9	42.9	46.5	52.3	44.8	46.9	48.4	52.3	42.9
10	46.8	46.3	48.3	46.1	54.2	43.7	54.2	43.7

（2）计算极差

本例中，$X_{max}=55.3\text{kPa}$，$X_{min}=40.5\text{kPa}$，$R=X_{max}-X_{min}=14.7\text{kPa}$

（3）数据分组

取 $k=8$，即分8组。

1）确定组距 h。组距是组与组之间的间隔，各组距应相等。由于，

$$极差 \approx 组距 \times 组数，即 R = h \times k$$

因而组数、组距的确定应结合极差综合考虑，适当调整，还要注意数值尽量取整，使分组结果能包括全部变量值，同时也要便于以后的计算分析。

本例中：$h=R/k=14.7/8=1.8 \approx 2\text{kPa}$

2）确定组限。每组的最大值为上限，最小值为下限，上、下限同称组限。较低组上限应为相邻较高组下限，这样才不致使有数据被遗漏。本题将处在限值上的数据计入到上限所处的范围中。如44.5计入44.5～46.5的区域中。

3）编制数据频数统计表

数据频数统计见表8-7。

数据频数统计表 表 8-7

组号	组限（kPa）	频数统计	组号	组限（kPa）	频数统计
1	40.5～42.5	3	5	48.5～50.5	10
2	42.5～44.5	7	6	50.5～52.5	6
3	44.5～46.5	12	7	52.5～54.5	3
4	46.5～48.5	17	8	54.5～56.5	2

4）绘制频数分布直方图

绘制以表 8-7 中的组限数据为底，以频数为高的 k 个直方形，得到的混凝土分布直方图如图 8-9 所示。

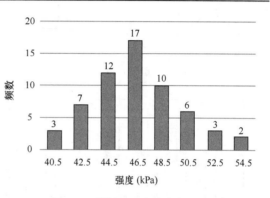

图 8-9 混凝土强度分布直方图

通过观察直方图的形状，可以判断生产的质量状况，从而采取必要的措施，预防不合格品的产生。观察直方图时，主要应注意图形的整体形状。一般说，直方的中间为峰顶，向左右两边对称地分散，如图 8-10（a）所示，说明质量比较正常，称正常形；分组不当或组距不当时，直方图呈折齿形，如图 8-10（b）所示；原材料发生变化或临时出现其他人代替作业时，直方图呈孤岛形，如图 8-10（c）所示；数据收集不正常，人为地剔除不合格品的数量，直方图呈绝壁形，如图 8-10（d）所示；用两种不同工艺或两台设备以及两组人进行作业，而数据又混在一起进行整理时，直方图呈双峰形，如图 8-10（e）所示。

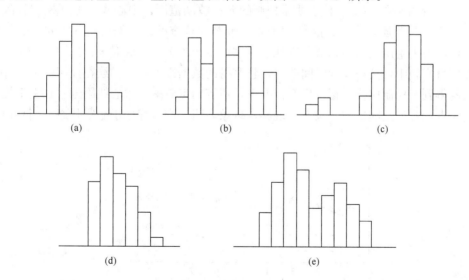

图 8-10 各类直方图图例
（a）正常形；（b）折齿形；（c）孤岛形；（d）绝壁形；（e）双峰形

观察直方图的形状只能判断生产过程是否稳定正常,并不能判断是否能稳定的生产出合格的产品。而将直方图与公差或标准差相比较,即可达到此目的。对比的方法是观察直方图是否都落在规格或公差范围内,是否有相当的余量以及偏离程度如何。几种典型的直方图与公差或标准差的比较如图 8-11 所示。

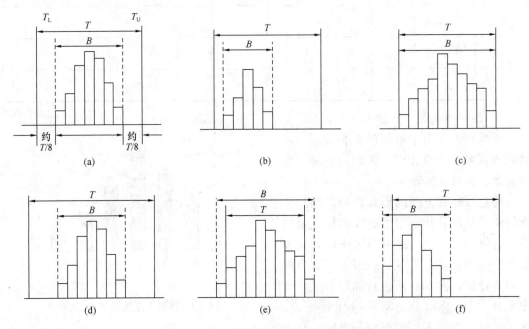

图 8-11 典型直方图与公差或标准差比较

8.3.7 控制图法

控制图又叫管理图,它是指用来监视、控制质量特性值随时间推移而发生波动的图表。控制图的纵坐标是质量指标,有一根中心线 CL 代表质量的平均指标,一根上控制线 UCL 和一根下控制线 LCL,代表质量控制的允许波动范围,中心线与上下控制界限的距离为 3σ;横坐标为质量检查的批次(时间),将质量检查的结果按批次(时间)点绘制在图上,可以看出生产波动的趋势,以便适时掌握生产动态,采取对策,如图 8-12 所示。

在项目实施中,按规定的时间取样,将测得的数据用点一一描绘在控制图上,并将点连起来就得到了控制曲线。正常生产情况下,所有的点应落在中心线附近,在上下控制界限之内,点的排列是随机的,没有出现异常现象表明生产过程处于稳定状态。当点出现异

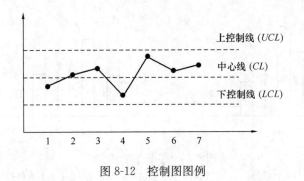

图 8-12 控制图图例

常情况时，说明产品质量可能出现问题，应引起注意，查明原因，采取措施控制生产。根据数据种类对控制图进行分类，见表 8-8。

控制图分类表　　　　　　　　　　　　　　　　　　　　　表 8-8

数据种类	管理图符号	名称	用途
计量值数据	X	单值控制图	用于作业时间长，测量费用高，需要长时间才能测出一个数据，或样品数据不便分组
	$\overline{X}-R$	平均数和极差控制图	用于各种计量值，如尺寸、温度计、强度、压力等
	$\tilde{X}-R$	中位数和极差控制图	用于在现场需要把测定的计量数据直接记入控制图进行管理的场合
	$\overline{X}-S$	平均数和偏差控制图	由于计算复杂，只在重要产品和工序中应用
计数值数据	P_n	不合格品个数控制图	用于计数值中不合格品个数的质量控制
	P	不合格品率控制图	用于计数值中不合格品率的质量控制，如废品率等
	U	单位缺陷数控制图	用于单位面积或长度上缺陷数的控制
	C	缺陷数控制图	用于计数值计点数据的控制，如焊接件裂纹数等

当控制图的数据点满足以下两个条件：一是数据点没有超出控制界限；二是数据点随机排列且没有缺陷，我们就认为生产过程基本上处于控制状态，即生产正常；否则，就认为生产过程发生了异常变化，必须把引起这种变化的原因找出来，排除掉。

(1) 数据点连续在中心线一侧出现 7 个以上，如图 8-13 所示。

(2) 连续 7 个以上数据点上升或下降，如图 8-14 所示。

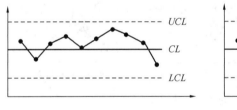

图 8-13　点在一侧出现

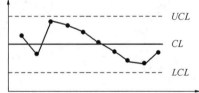

图 8-14　点连续上升或下降

(3) 数据点在中心线一侧多次出现。如连续 11 个点中至少有 10 个点在同一侧。

(4) 数据点接近控制限值。如连续 3 个点中至少有 2 点在中心线上或下 2 倍标准差横线以外出现，如图 8-15 所示。

(5) 数据点出现周期性波动，如图 8-16 所示。

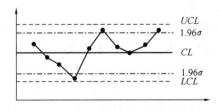

图 8-15　点接近控制限值

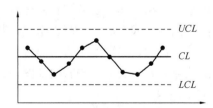

图 8-16　点周期性波动

8.3.8 相关图法

相关图法又叫散布图法、简易相关分析法。它是通过运用相关图研究两个质量特性之间的相关关系,来控制影响产品质量中相关因素的一种有效的常用方法。相关图是把两个变量之间的相关关系用直角坐标系表示的图表,它根据影响质量特性因素的各对数据,用小点表示填列在直角坐标图上,并观察它们之间的关系。

采用相关图法,可以应用相关系数、回归分析等进行定量的分析处理,确定各种因素对产品质量影响程度的大小。如果两个数据之间的相关度很大,那么可以通过对一个变量的控制来间接控制另一个变量。因此,对相关图的分析可以帮助我们肯定或是否定关于两个变量之间可能关系的假设。

在相关图中,两个要素之间可能具有非常强烈的正相关或者弱的正相关,这些都体现了这两个要素之间不同的因果关系。一般情况下,两个变量之间的相关类型主要有六种:强正相关、弱正相关、不相关、强负相关、弱负相关以及非线性相关,如图 8-17 所示。

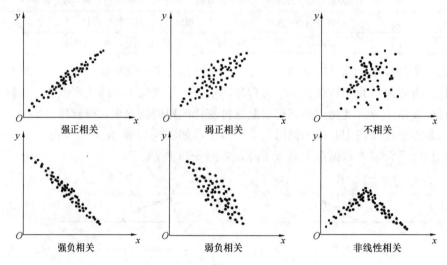

图 8-17 两个变量的六种相关类型

8.3.9 质量管理新方法

1. 定性方法

(1) 关联图法

关联图又称关系图,是用来分析事物之间"原因与结果""目的与手段"等复杂关系的一种图表,它能够帮助人们从事物之间的逻辑关系中寻找出解决问题的方法,关联图法适用于多因素交织在一起的复杂问题的分析和整理。

关联图由圆圈(或方框)和箭头组成,其中圆圈中是文字说明,箭头则由原因指向结果,由手段指向目的。文字说明力求简短、内容确切易于理解,重点项目及要解决的问题用双线圆圈或双线方框表示。关联图如图 8-18 所示。

(2) KJ 法

KJ 法是在未知、未经历的领域或在将来的问题杂乱无章的状态下,把与之有关的事实、意见、构思等作为原始资料收集起来,根据亲和性(亲缘关系)加以整理,绘制成图,然后找出所要解决的问题及各类问题相互关系的一种方法,它主要用于制订质量管理

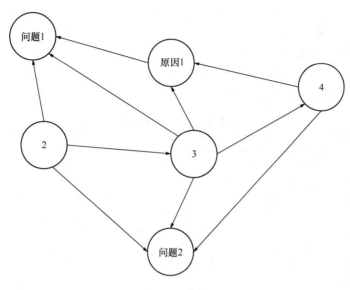

图 8-18 关联图

计划等。KJ 法流程图如图 8-19 所示。

(3) 系统图法

系统图法即运用系统的观点，把目的和达到目的的手段依次展开，绘制成系统图，以找出质量问题的重点，寻求最佳解决方案。具体来说，就是从基本目的出发，采取自上而下、层层展开和自下而上、层层保证的方法来实现系统目标。

系统图由方框和箭头构成，形状似树枝，又叫树枝系统图、家谱图、组织图等。系统图如图 8-20 所示。

2. 定量方法

(1) 矩阵数据分析法

矩阵数据分析法即对矩阵中相互关系能够定量化的各因素进行数据分析的方法，主要用于市场调查、新产品设计与开发、复杂工程分析、复杂的质量评价等。

在矩阵图的基础上，把各个因素分别放在行和列，然后在行和列的交叉点用数量来描述这些因素之间的对比，再进行定量分析，确定哪些因素相对比较重要。以

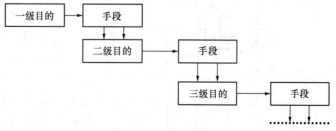

图 8-19 KJ 法流程图　　图 8-20 系统图

表 8-9 为例,确定需要分析的各个方面,将其绘制成数据矩阵。以"行"为基础,逐个和"列"对比,确定分数。如果"行"比"列"重要,打正分,分数范围从 1~9 分,"1"代表两个重要性相当,分数越大,重要等级越高。如果"行"没有"列"重要,反过来给重要分数的倒数。按"行"进行加和,则可得到总分,以各行的总分除以总分之和则可得到权重。权重越大,则这些因素越重要。

矩阵数据分析法示意表　　　　　　　　　表 8-9

	A	B	C	D	E	F	G	H
1		因素 A	因素 B	因素 C	因素 D	因素 E	总分	权重(%)
2	因素 A		0	4	1	3	1	9	26.20
3	因素 B	0.25	0	0.2	0.33	0.25	1.03	3.00
4	因素 C	1	5	0	3	3	12	34.93
5	因素 D	0.33	3	0.33	0	0.33	3.99	11.62
6	因素 E	1	4	0.33	3	0	8.33	24.25
	总分之和				34.35			

(2) 网络图法

网络图法即运用网络对有关质量问题进行计算、分析与处理的综合方法,它是选择最佳工期和实施有效进度管理的一种方法。单代号网络示意图及双代号网络示意图分别如图 8-21、图 8-22 所示,详见第 6 章。

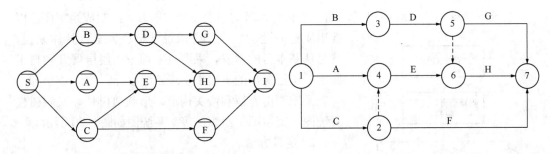

图 8-21　单代号网络示意图　　　　　图 8-22　双代号网络示意图

3. 半定量方法

(1) 矩阵图法

矩阵图法即把各个质量问题的影响因素按矩阵的行和列进行排列,找出问题所在,这是一种多维思考的模式。

如图 8-23 所示,A 为某一个因素群,a1、a2、a3、a4、…是属于 A 这个因素群的具体因素,将它们排列成列;B 为另一个因素群,b1、b2、b3、b4、…为属于 B 这个因素群的具体因素,将它们排列成行。行和列的交点表示 A 和 B 各因素之间的关系,按照交点上行和列的因素是否相关联及其关联程度的大小,可以探索问题的所在和问题的形态,也可以从中得到解决问题的启示。

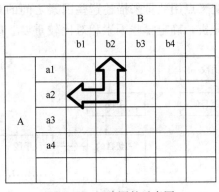

图 8-23　矩阵图的示意图

（2）过程决策程序图法

过程决策程序图法（Process Decision Program Chart，PDPC），也称流程决策程序图法，即对于事态可能的发展变化作了充分的设想，并拟订出不同的方案，以增加计划的应变能力和适应能力，它主要用于制订目标管理、技术开发的执行计划等。

PDPC法可分为两种，一种是顺向思维法；另一种是逆向思维法。顺向思维法是定好一个理想的目标，然后按顺序考虑实现目标的手段和方法。这个目标可以是任何东西，比如大的工程、一个技术改造方案等。为了能够稳步达到目标，需要设想很多条路线，如图8-24所示。在逆向思维法中，当Z为理想状态（或非理想状态）时，从Z出发，逆向而上，从大量的观点中展开构思，使其和初始状态 A_0 连接起来，详细研究其过程以作出决策，如图8-25所示。

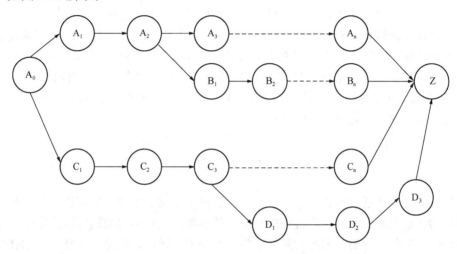

图 8-24　顺向进行的 PDPC 法示意图

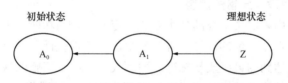

图 8-25　逆向进行的 PDPC 法示意图

8.4　质量保证体系

8.4.1　质量保证体系概念

质量保证体系就是以控制和保证施工产品质量为目标，从施工准备、施工生产到竣工投产的全过程，运用系统的概念和方法，在全体人员的参与下，建立一套严密、协调、高效的全方位的管理体系。

8.4.2　质量保证体系目的与内容

质量保证比质量控制发挥着更为重要的作用。质量保证体系中包含了为了达到项目的质量标准，应该执行的标准和管理程序，为此需要制定相关文件，包括：执行计划标准所要求的程序文件；项目组织为确保其过程有效运行和得到控制所要求的文件等。项目的质量保证主要应达到两个目的：一是，确保产品设计的技术标准和达到这个标准所花费资金符合客户的要求；二是，使最终的产品达到设计的质量标准。

(1) 项目施工质量目标。项目施工质量目标必须明确并符合质量总目标的要求。项目质量目标的分解主要从时间维度和空间维度展开。

(2) 项目施工质量计划。项目施工质量计划应根据企业的质量手册和项目质量目标来编制。工程项目质量计划可以按内容分为施工质量工作计划和施工质量成本。

(3) 思想保证体系。用全面质量管理的思想、观点和方法，使全体人员真正树立起强烈的质量意识。

(4) 组织保证体系。建立健全各级组织，分工负责，做到以预防为主，预防与检查相结合，形成一个有明确任务、职责、权限、互相协调和互相促进的有机整体。

(5) 工作保证体系。通过施工准备阶段、施工阶段、竣工验收阶段进行质量控制。

质量保证体系的深度与广度取决于质量目标，没有适应不同质量水平的一成不变的质量保证体系。质量保证体系主要以产品或提供的服务为对象来建立，有时也可以以工序（或过程）为对象来建立。质量信息管理是使质量保证体系正常运转的动力，没有质量信息体系就是静止的，只是形式上的体系。

8.5 质量控制

质量控制是基于通过检查确保产品质量符合规范要求的思想，根据检查和试验的结果找出存在的质量问题，并对生产过程进行必要的调整，避免类似的问题再次发生。质量控制是管理的一部分，致力于满足质量要求的一系列相关活动，包括作业技术活动和管理活动两方面。

8.5.1 工程项目设计质量的控制

设计时从系统方面来定义工程的技术系统，定义工程的功能、工艺等各个总体和细节问题。这些工作包括功能目标的设计和各技术阶段的技术设计。一个工程的设计质量不仅直接决定了工程所能达到的最终质量标准，而且决定了施工实施的秩序和费用水平。在现代工程中，要求提供的信息越来越多，设计过程中的任何错误都会在计划、制造、施工、运行中扩展、放大，引起更大的失误。

1. 工程质量要求的确定

工程质量（功能、技术）要求是为工程使用的总目标服务的。通常按如下要求确定工程质量要求：

(1) 由业主确定总功能目标和工程的质量标准，由市场、营销部门提出产品的数量、生产技术和质量要求。

(2) 按产品计划和方案确定生产规划，并确定各个部分（各个车间）的生产能力、生产设备及配套的供应和附属生产工艺要求，形成各部分的设计要求。对重点部位应特别说明。

(3) 各部门对建筑空间、位置、功能、质量的要求。使功能与建筑物相协调，一并纳入目标系统中，与边界条件、时间（工期和运行期）等一起进行优化，提出具体工程要求、技术说明、安全说明等，最终形成工程的质量要求文本。

(4) 各部分详细技术设计工作。项目早期质量的定义是不清楚的，只有通过技术设计才能使之更具体、细化。

2. 常用工程项目设计管理程序

工程项目设计管理是指从工程项目核准后的设计委托到设计评价的全过程管理，其按建设的基本程序分阶段进行管理，具体如下：

（1）设计委托阶段。

（2）初步设计的工程方案设计与勘察阶段。

（3）初步设计阶段。

（4）招标文件和施工图设计阶段。

（5）施工阶段与验收阶段。

（6）设计评价。

8.5.2 工程项目施工质量的控制

工程项目质量控制体系是工程项目目标控制的一个工作系统。其建立应遵循一定的原则，应具有自身的运行环境。工程项目质量控制体系的建立过程，实际上就是工程项目质量总目标的确定和分解过程。

1. 工程项目施工质量控制要点

（1）施工建筑企业对施工质量负责。工程质量控制不仅要保证工程的各个要素（材料、设备、工作、工艺等）符合规定（合同、设计文件）的要求，而且要保证各个部门的成果。

（2）实施者严格把控质量关口。质量控制的关键因素是实施者，所以业主、利益相关者和项目管理者应重视对承（分）包商、供应商的选择。在委托任务、商讨价格、签订合同时应注意考虑他们的质量能力、信誉等。

（3）实施者落实质量责任，并向其灌输质量意识。

（4）确定质量控制的程序和权力。

（5）质量文件。图纸、规范、模型是设计者提出的质量要求文件，通过工程实施可以反馈出能够证明和反映实际工程状况的报告文件。

2. 工程项目施工质量控制的因素

影响工程项目施工质量的五大因素通常被称为4M1E，即人（Man）、材料（Material）、机械（Machine）、方法（Method）、环境（Environment）。

（1）人的控制

人是生产过程的活动主体，其总体素质和个体能力决定着一切质量活动的结果。因此，既要把人作为质量控制的对象，又要把人作为其质量活动的控制主体。

（2）材料的控制

材料的控制包括对施工需要的原材料、成品、半成品、构配件等的质量控制。材料质量是项目形成质量的物质基础，所以加强材料质量控制是提高施工项目质量的重要保证。材料质量控制包括以下几个环节：

1）材料的采购。

2）材料的试验和检验。

3）材料的储备和使用。

（3）机械的控制

机械的控制包括对施工机械设备的质量控制和对工程项目设备的质量控制。

(4) 方法的控制

方法的控制主要包括对施工技术方案、施工工艺、施工组织设计、施工技术措施等的控制。在控制过程中应注意以下两点：

1) 施工方案应随施工进展不断细化和深化。

2) 选择施工方案时，对主要项目要拟定几个可行方案，找出主要矛盾，明确各个方案的主要优缺点，通过反复论证和比较，选出最佳方案。

(5) 环境的控制

施工环境主要包括工程技术环境、工程管理环境和劳动环境。

8.6 质量管理案例

我国核电站的安全、运行业绩良好，运行水平不断提高，运行特征主要参数好于世界均值；在工程设计、设备制造、核燃料循环、核能技术研发、核安全法规及核应急体系建设方面，我国已具备了积极推进核电建设的基础条件。

本节以压水堆核电站土建施工阶段为例，结合核电项目实践，研究在施工中质量管理体系的建立及质量保证、质量控制等一系列活动的实施过程和方法，达到工程质量能够持续改进及对质量趋势的有效预测。

8.6.1 土建施工质量管理体系

压水堆是国内广泛采用的核反应堆。压水堆有三道防止放射性物质泄漏的屏障，即燃料元件锆包壳、冷却剂系统压力边界和土建施工的反应堆厂房安全壳。其中，反应堆厂房安全壳是防止放射性物质泄漏的最后一道屏障。

1. 土建施工质量管理的内容

国内压水堆核电工程土建施工各参建单位的质量管理可归纳为六个方面，即：

(1) 对人的质量管理。所有从事影响质量活动的人员，包括管理人员和操作工人都必须具备专门的资格才可上岗。

(2) 对施工机械的质量管理。核电工程施工阶段，各单位质量监督人员应定期或不定期的对施工机械的管理进行检查监督。

(3) 对工程永久性材料的质量管理。所有工程永久性材料进入施工现场必须经各方人员检查检验合格后方可在核电工程项目上使用。

(4) 对施工方法的质量管理。在施工现场，对施工方案与技术措施的质量管理主要表现在，对每一份施工方案或技术措施都必须层层把关。

(5) 对施工工序的质量管理。现场编制土建施工质量计划，执行质量计划；组织进行文件报告审查点（R点）见证，见证点（W点）见证，停工待检点（H点）见证。

(6) 对施工环境的管理。施工过程中影响工程质量的环境因素较多，概括起来可分为工程技术环境、工程管理环境和劳动环境三个方面。

2. 土建施工质量管理体系的构成

目前，国内压水堆核电工程建设主要采用工程总承包模式。在土建施工阶段，由各分包方的质量管理体系以及国家核安全局的监督体系共同构成核电工程施工阶段质量管理体系。

(1) 组织体系

核电工程施工阶段现场质量管理组织主要由各参建单位的质量保证部、质量控制部组成，项目业主对工程总承包商进行监督管理，工程总承包商对监理公司和建筑安装承包商各项影响质量的活动进行监督。以本项目为例，核电工程施工阶段质量管理组织体系如图 8-26 所示。

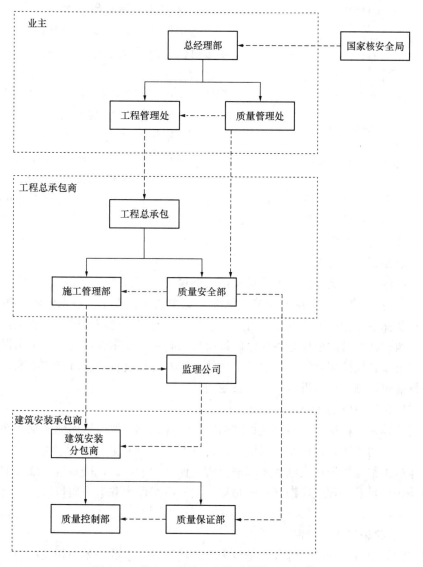

图 8-26 核电工程施工阶段质量管理组织体系

(2) 文件体系

核电工程质量管理体系的文件包括根据《核电厂质量保证安全规定》HAF003 要求编制的质量保证大纲、大纲程序、技术性文件（工作程序、作业指导书、施工方案/措施、技术规格书、图纸等）、各项质量管理活动中形成的质量记录及行政管理文件等，体系文件的结构如金字塔，其组成如图 8-27 所示。

(3) 质量管理活动

施工现场各参建单位通过多种途径进行一系列有计划、有组织的质量管理活动。土建

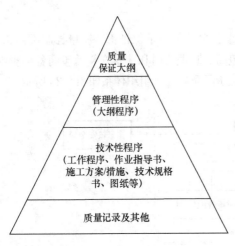

图 8-27 体系文件结构图

施工阶段的质量管理主要是通过审核有关文件、报告、报表、进行现场质量检查及试验、进行质保监查与监督、开展 QC 小组活动等方式来实现的。

3. 质量保证体系的建立

质量保证体系的建立主要是要建立与企业质量目标相符的质量保证大纲，以大纲为质量要求的文件依据。整个项目部的管理人员必须按照工程进度有效地执行质量保证大纲。

（1）质量保证大纲的制定

项目质量保证大纲由项目总经理授权质量管理部组织制定，公司管理者代表审核，总经理批准；公司总经理授权项目总经理定期组织对质量保证大纲的适宜性、充分性和有效性进行自我评定，并持续改进。大纲是控制工程与质量有关活动的总的管理性文件，项目部每位员工都必须按质量保证大纲的要求行事，均受质量保证大纲的约束。

（2）质量保证大纲的成文

整个质量保证大纲文件体系由质量保证大纲说明、管理文件（管理程序、接口安排、部门手册）、工作用文件（引用的规范、标准，工作细则、程序，技术细则、图纸，计划和进度等）及体系运行所形成的记录组成。承包合同规定的适用于项目的业主程序项目部也必须严格执行，并及时根据业主程序修订项目部制定的专用管理程序和工作程序。大纲体系文件和记录必须按职责划分，按各个文件规定的责任进行分级审查和批准，并按程序的要求进行变更控制，未经批准不得发布使用。

（3）质量保证大纲的履行

项目部全体人员都应严格履行经批准的质量保证大纲，按质量保证大纲文件的要求行事，应配备充足的资源，确保质量保证大纲得到履行。项目总经理具体负责大纲的执行，项目部全体员工都应按培训大纲的要求进行质量保证大纲培训，按质量保证大纲的规定进行建造活动；项目总经理应定期（一般每年一次）组织评定并审查质量保证大纲实施的有效性，并持续改进。

8.6.2 土建施工质量控制

质量控制是质量管理的一部分，是致力于满足质量要求的一系列相关活动。建设工程项目的质量要求是由业主提出的，管理内容包括项目的定义及建设规模、系统构成、使用功能和价值、规格档次标准等。质量控制的基本原理是运用全面全过程质量管理的思想和动态控制的原理，进行质量的事前预控、事中控制和事后纠偏控制。

1. 质量控制的职责划分

质量控制采用一级质保、二级质检的管理体系。质量保证活动由质保部管理，主要负责对组织的质量管理体系进行控制。作为组织的质量保证职能部门，质保部代表组织承担对外的相关业务活动。质量检查活动由质检部管理，主要负责对组织的工程质量进行重点监控和检验。作为组织的质量监控职能部门，质检部代表组织承担对外的相关业务活动。

施工队作为施工活动的具体实施单位,是施工控制的基本运作单位。施工队设置专职质检员负责对施工过程进行全过程监控。

2. 不符合项的质量控制

在核电工程施工中,为了防止误用和误装不满足要求的物项和鉴别不符合规定的服务和过程,必须对产生的不符合项进行标识、隔离、报告、审查和处置,以防止再次发生。

(1) 不符合项分级

项目部按业主质量保证大纲对不符合项分级的要求,对不符合项进行分级控制,分类的方法和处置的权限按业主质量保证大纲和管理程序的要求执行。按不符合项对核电厂的安全性和可利用率或对最终质量的影响程度,将不符合项分为三类。

(2) 不符合项识别

当项目部员工发现不满足规定的物项或观察到异常情况时,应按不符合项管理程序的规定正式报告给管理人员或部门,任何人都不得隐瞒不报。项目部的质检部是不符合项管理的归口部门,都统一归口到质检部指定负责的QC工程师那里,根据不符合项通知单和质保经理批准的初始分级填写不符合项报告,经内部有资格的人员评审后逐级上报。用不符合项控制程序处理的情况包括:实体特征超过规定限值,不符合规范、验收标准要求,诸如尺寸和材料参数、安装差错以及物项性能缺陷等;未履行检查、试验或记录,文字资料包含了不正确或不完整的信息,物项的质量变得不可确定。

(3) 不符合项处置

当发现不符合项或接到不符合项通知后,责任单位必须用标记、标签或实体分离的方法来标识不符合项,防止误用和误装;必要时,项目总经理或质保经理发出停工通知,待不符合项的处理验收合格后方可重新开工。当业主发出停工令后,项目部必须采取一切必要的纠正措施来解决出现的质量问题,直到业主满意后才能复工。

(4) 纠正和预防措施

不符合项处置是对质量缺陷所作的具体纠正,而纠正措施则是按《核电厂质量保证安全规定》的要求对严重有损于质量的情况,通过分析、查清原因后所采取的措施,消除使质量管理体系和工程施工中产生潜在不符合项的因素,防止不符合项再次发生。正常情况下的不合格,采取纠正即可;异常情况下的不合格,必须先进行原因分析,再采取纠正措施。项目部及所属分承包商应制定纠正和预防措施实施程序,防止不符合项的再次发生或潜在不符合项的发生。

8.6.3 土建施工质量改进

质量管理的目的是查找发生质量问题的原因,以便及时采取纠正和预防措施,使工程质量始终处于受控状态。核电工程质量管理要采取闭环管理,也就是按策划、实施、检查、改进四个环节采用PDCA循环。核电工程项目管理通过一个大的PDCA循环和无数个小的PDCA循环把各项工作有机联系起来,彼此协调,互相促进。

核电工程项目部成立了以质量管理人员为组长的QC小组,利用PDCA循环解决混凝土外观一次合格率不能达到规定目标的问题。

1. 第一轮PDCA循环

(1) P阶段:调查与分析

1) 调查现状

核电工程1号核岛第一罐混凝土浇筑前,建筑安装承包商项目部由技术部经理组织负责混凝土施工的技术人员和操作人员进行了技术与技能培训,重点学习《核电厂及其他核设施安全的质量保证》《核电工程核岛土建工程施工质量保证大纲》等,施工队技术人员也组织施工班组进行了技术交底。尽管如此,现场混凝土外观质量仍然出现了一些问题。QC小组对混凝土外观质量进行检查,为了使现状有充足的数据依据,QC小组对1号核岛检验批进行全数检验。对混凝土质量缺陷产生的原因进行分析,消除造成质量缺陷的因素,保证施工质量。

2) 原因分析

人员因素:

① 进行混凝土浇筑的操作人员为新进场劳务人员,技能偏低;

② 劳务班组未安排足够的操作人员,造成中途轮班人员不足;

③ 混凝土浇筑时间长(16h),劳动强度大、容易疲劳;

④ 监督人员责任心不强,混凝土浇筑后期部分管理人员离开现场,未能对混凝土浇筑的全过程进行有效的监督管理,在劳务班组人员不足的情况下未采取有效措施;

⑤ 技术交底针对性不强,此次混凝土浇筑为福清核电现场第一次弧型模板和纤维混凝土浇筑,技术人员在技术交底时未就弧型段混凝土浇筑振捣和纤维混凝土的特殊性作有针对性的详细说明。

工程实体原因:

① 钢筋过密:钢筋密集导致混凝土中粗骨料难以通过钢筋,造成混凝土露筋;

② 结构特殊:墙板之间为弧形,结构复杂,且浇筑混凝土为纤维混凝土,坍落度偏小。

施工方法原因:

施工工艺不完善,施工方案编制时没有综合考虑弧型模板和纤维混凝土施工的特殊性和难度,在浇筑分层厚度控制上和混凝土振捣棒振捣位置上考虑不周,给操作人员的工作和混凝土振捣带来一定的困难。将上述分析出的原因利用因果图表示,如图8-28所示。

(2) D阶段:组织实施

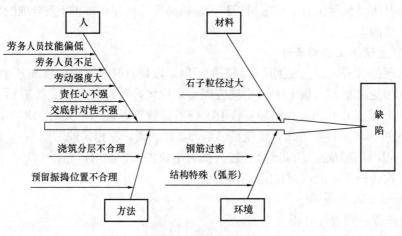

图8-28 质量缺陷原因

QC 小组进行调查、统计、分析，找出了混凝土外观缺陷的主要原因，施工人员的技术素质差、现场管理有漏洞、技术措施不当等。为此，采取以下措施：

1）混凝土工程施工组织管理

成立以项目生产副总经理为组长的混凝土浇筑施工管理组，主要负责实施混凝土浇筑施工有关组织管理工作，使混凝土浇筑施工链运行连贯，保证混凝土连续供应和按施工工艺组织施工，保证混凝土浇筑质量。

根据混凝土浇筑部位、工艺、数量合理安排人员及配备设备，成立混凝土浇筑作业班，并对作业人员的职责作明确分工。及时进行技术交底，明确质量、安全注意事项。派专人组成现场值班小组，专职负责落实混凝土供应、施工工艺、机电维修、浇筑质量控制等工作，确保混凝土浇筑质量。

专职混凝土试验人员管理混凝土搅拌站，严格按配合比实施搅拌。每次搅拌前，根据材料的状况及时调整施工配合比，确保各种材料的使用量。项目总经理与混凝土搅拌站签订质量责任合同，混凝土的浇筑质量与浇筑施工有关人员的经济效益直接挂钩。

2）模板工程控制

为保证混凝土工程质量，模板工程非常关键，模板工程控制如图 8-29 所示。

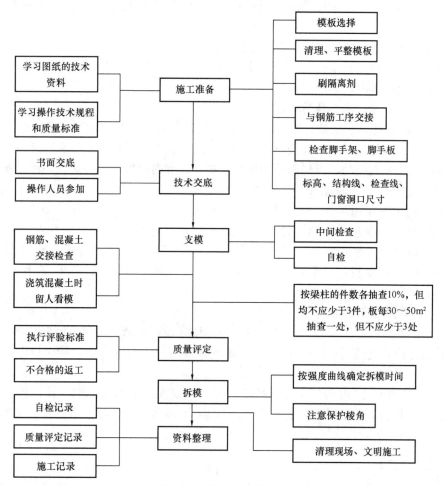

图 8-29　模板工程控制图

3）混凝土施工过程控制

① 浇筑工艺应随不同部位予以相应调整。

② 应在合理时间内浇筑完毕，浇筑速度不能过快，否则易使模板侧向压力增大、捣固不充分，造成混凝土不密实。同时，控制混凝土浇筑层厚度。

③ 捣固人员应认真负责，插捣间距不应大于捣固棒作用半径的 1.5 倍。

④ 底板混凝土初凝后至终凝前，人工进行提浆、压实、抹光，消除初凝期失水裂纹和渗水通道，提高底板的防水能力。

⑤ 编制详细的混凝土养护作业计划，报监理审核批准后实施。结构混凝土养护必须在浇筑完毕后 12h 内进行。

⑥ 精心养护，减缓收缩变形量的增长速率，采用蓄水养护。控制拆模时间，防止过早拆模。

4）预埋件、预留孔洞

工序技术负责人在现场指挥，跟班把关，并对作业人员进行现场技术交底，使操作人员清楚预埋件、预留孔洞的位置、精确度的重要性。

在预埋件、预留孔洞处及附近布料时要小心卸料，振捣时，振捣棒不能离孔模太近，振捣应密实，以防止预埋件、预留孔洞中线移位或预留孔洞外边缘变形等质量问题的发生。

拆模时，不能使用撬棍硬撬，以防止损坏孔洞边缘结构。

拆模后，及时做好预留孔洞、预埋件的竣工测量（复核）工作，孔口尺寸、孔壁垂直度误差超出规范要求时，须尽早修复。

(3) C、A 阶段：检查及总结

QC 小组根据混凝土施工工艺流程要求，检查计划和措施执行的全过程。落实好对策与措施，工程基本杜绝了一些混凝土外观质量缺陷。业主、设计、施工和监理单位一致认为所采取的措施是有效的，但局部地面仍发现蜂窝、麻面现象（主要是在小型设备基座部分），这个问题将在下一轮循环予以解决。

2. 第二轮 PDCA 循环

第二轮 PDCA 循环类似第一轮 PDCA 循环，先对外观进行检查，并对产生缺陷的原因进行分析，后根据现行施工定额综合分析每位工人每天的工作量，以确保施工质量为主要目标、首要目的。最后对效果进行分析，巩固成果，利用 PDCA 循环达到预期的目的。

8.6.4 案例小结

本例介绍质量控制的实施以及对不符合项的质量控制，结合实践对核电工程质量控制的过程及运行模式进行阐述。运用 PDCA 循环获取质量改进的方法，确保核电工程施工质量。

通过质量管理实践和 PDCA 的可持续改进实践发现，由人为原因导致的质量缺陷在有效的管理体系和质量控制下大幅度减少。因此，可靠和有力的质量管理是解决当前核电"用工荒"问题的保障。

【复习思考题】

1. 简述质量管理、工程项目质量、工作质量之间的关系。

2. 简要分析工程项目质量管理的形成过程。
3. 列举说明影响建设项目施工质量控制的因素。
4. 比较说明现有工程项目质量控制数理统计方法的优缺点及其应用范围。
5. 质量管理还有哪些方面的发展前景?

第 9 章 工程项目采购管理

9.1 采购管理概述

一般来讲，采购有广义狭义之分，广义的采购是指从日常生活到生产活动，从民间到政府团体，通过一系列活动获得有形或无形的物资的过程。狭义的采购则特指采用购买的方式以双方交换为条件，发生的所有权的转移活动。这里认为采购是指企业为满足自身运营的需要，从企业外部获取有形物品或无形服务，并达成成本效益最大化目标的生产活动。

传统采购管理的定义是"5R"管理，即"企业为了满足生产或销售计划，选择合适的供应商（the right supplier），在合适的时间（the right time），以合适的价格（the right price），确保合适的品质（the right quality），购入合适数量（the right quantity）的商品所采取的管理活动"。该定义将采购管理的目标设为维持生产与降低成本，没有体现采购管理的战略作用。

9.1.1 采购管理的方法

针对采购管理的理论分析由来已久，至今已有一百多年的发展历史。采购管理理论随着国际经济、市场经济的纵深发展而不断演化。具体来讲，在科技水平和管理能力相对处于低级阶段，以及以生产为导向的市场环境背景下，企业的采购管理更多的是以最小化库存成本为管理目标，此时的采购管理更加侧重于节约生产的经营成本。因此，从这一意义上讲，这一时期的企业采购管理理论研究的方向主要集中在基于库存理论的采购管理，早期的分析法和供应细分法就是基于这一理论。伴随市场竞争程度的日渐激烈，市场结构也发生了翻天覆地的变化，市场逐渐由生产主导型转化为需求主导型，市场中需求的多样性日益突出。为了满足消费者日益强烈的个性化需要，此时的企业采购管理理论集中于基于供应链的协调视角。

1. ABC 管理法

ABC 管理法又称帕累托分析法、分类管理法。1906 年，意大利经济学家帕累托和劳伦茨在研究欧洲各国的收入时发现了关键的少数与次要的多数的关系，即少数人占有社会上的大量财富，而绝大多数人却只占有财富的极少数。根据这一现象，他们首先使用了一种图表，将各类阶层按收入多少从大到小排列成图，并在图上画出曲线。人们称该图为帕累托图，也称主次因素排列图。事实证明在许多管理活动中都存在这种不均匀分布的关系，即关键的少数与次要的多数的关系。ABC 管理法的原理就是根据事物的经济、技术等方面的主要特征，运用数理统计方法进行统计、排列和分析，抓住主要矛盾，分清重点问题与一般问题，从而有区别地进行管理的一种定量管理方法。它的特点是既能集中精力抓住重点问题进行管理，又能兼顾一般问题，从而做到用最少的人力、物力、财力实现最好的经济效益。

ABC 管理法的主要程序是：①收集数据，列出相关元素统计表；②统计汇总和整理；③进行分类，编制 ABC 分析表；④根据 ABC 分析表，确定分类；⑤绘制 ABC 分析图。

在物资采购管理中少数几种物资占有大量流动资金，而绝大多数物资却占用少量资金。根据 ABC 管理法，可以帮助企业抓住关键要素，以此来解决主要矛盾，保证重要、照顾一般。

2. 供应细分法

供应细分法是指综合考虑财务成本和供应风险两个变量，在此基础上对采购产品加以分类并实施不同策略的采购方法。

（1）财务成本

财务成本是指采购的材料成本占总采购成本的百分比，采购数量或金额越高，采购对于成本底线的财务影响就越大。

（2）供应风险

供应风险是指对潜在供应商的数量、供应市场的竞争结构、储存风险等标准加以衡量。例如仅向一个供应商采购产品而没有替代的供应商意味着较高的供应风险，标准产品可以向很多供应商购买，供应风险较低，同时转换成本也较低。

将这两个变量进行组合，可以创造一个二维的四象限矩阵，用以表示产品类别，这种分类方法因增加了对供应风险因素的考虑，所以比 ABC 分类更加科学。

图 9-1 中，象限Ⅰ代表的是高风险、高成本的产品，称为战略产品。战略产品能保证公司产品在市场中的竞争力和竞争优势，既会给公司带来风险，又需要花费高额成本，其价值是通过顾客满意度及对顾客的增值价值，而非采购价格来衡量。象限Ⅱ代表的是低风险高成本的产品，称为杠杆产品。该类产品需要支出较多的资金，但给公司带来的风险并不高，由于该类产品的竞争性品牌之间的差异很小，这些产品可以按标准的质量等级从不同的供应商那里购得。它们在最终产品成本中占有相对较大的份额，价格的微小变化对最终产品的成本价格造成相对较强的影响。象限Ⅲ代表低风险低成本的产品，称为一般产品。这些属于常规的商品，其成本一般比较低，而且万一供应中断给公司造成的潜在威胁也不大。一般产品都是标准化的商品，供应较充足，可供选择的供应商数量也很多。象限

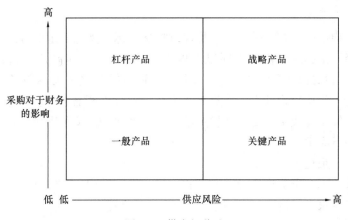

图 9-1 供应细分法

Ⅳ代表的是高风险、低成本的产品,称为关键产品。该类产品的成本较低,但进入潜在市场有困难,因而导致风险较高。由于供应商数量少,到货时间过长或无法交付货物等可能对公司造成较高的风险。

通过这种方法细分采购项目,便于企业在各种供应市场和环境中综合运用所需的战略和战术。与核心放在采购规模和单位成本高的 ABC 管理法相比,供应细分法抓住了供应市场风险和成本价值对公司影响的相互联系,通过供应细分法可以明显地看出各种产品是如何真正影响公司产品竞争能力和盈利能力的。

处于四个不同象限产品的供应市场特征各不相同,相应的采购目标也有很大差异。绝大部分产品都属于一般产品,采购管理的目标是通过提高采购过程的效率来大幅度降低交易成本;关键产品尽管成本较低,但对公司的有效经营是非常重要的,采购管理的重心是控制风险;杠杆产品的成本与价值较高,但供应风险不高,参与该领域竞争的供应商数量适中,采购管理的目标是通过竞争来降低成本;战略产品成本很高,供应风险较大,利用规模杠杆作为武器可能并不是明智之举,产品本身具有长期计划性质和合作意义,采购管理目标侧重产品的附加价值对公司产品和市场份额的影响。

9.1.2 采购内容

1. 项目采购

项目采购可以分为货物采购(也称为有形采购)和服务采购(也称为无形采购),不仅包括购买货物而且还包括雇佣承包商来实施土建工程和雇佣咨询专家来提供咨询服务。采购按其内容可分为有形采购和无形采购两种类型,有形采购是指货物、土建工程采购,无形采购是指咨询服务采购。

(1) 货物采购

货物采购属于有形采购,是指购买项目建设所需的投入物,如机械、设备、仪器仪表、办公设备、建筑材料(钢材、水泥、木材等)、农用生产资料等,并包括与之相关的服务,如运输、保险、安装、调试、培训与维修等。货物采购又可分为大宗货物和定制货物,大宗货物是企业批量生产的产品,市场上有批量供应的商品项目,采购过程相对比较容易。另一种货物是市场上没有现成的产品供应,需要通过寻找供应商专门制定的定制货物,主要是专业设备,这种货物采购需要与供应商专门签订供销合同。合同是采购管理的主要依据。

(2) 土建工程采购

土建工程采购也属于有形采购,是指通过招标投标或其他商定的方式选择工程承包单位,也就是选择合格的承包商承担项目工程施工任务,如修建高速公路、居民住宅、桥梁、水利工程、污水处理等土建工程,采购内容还包括与之相关的服务、技术、人员培训、维修等。在工程项目管理中,土建工程采购是项目管理工作的重要组成部分,选择一个合适的承包商等于完成了项目管理的一半工作,因此严格按照市场方式选择承包商是项目采购管理的一条原则。

(3) 咨询服务采购

咨询服务采购不同于上述两种采购形式,属于无形采购。主要方式是聘请咨询服务公司或者个人咨询专家,咨询服务范围很广,有以下几种:

1) 项目可行性研究咨询。

2）工程设计和招标文件编制服务。
3）项目管理、施工监理等管理服务。
4）信息咨询聘请顾问等。

2. 房地产企业采购

房地产行业是一个综合性产业，采购内容覆盖初期的工程实施建设阶段和后期的物业管理阶段，采购范围已不再局限于钢筋和水泥，而是扩张到各种与企业运营及发展相关的材料、设备和服务。房地产企业采购的内容涵盖了咨询服务采购、工程采购和材料设备采购。咨询服务采购又包含对技术文件和咨询服务性工作进行的采购。工程采购包含对房地产项目建设所需要的各种总包、分包等工程合同进行的采购。服务采购主要包括技术服务、资讯服务、售后服务、专业服务、工程和项目发包等。材料设备采购包括对一些甲供材料设备进行的采购。房地产项目的独特性、唯一性和暂态性，决定了房地产项目需要得到唯一性的服务，也导致了房地产开发项目服务需求的复杂性。

3. 房地产企业采购方式

在房地产行业中，采购的类别通常有工程、材料物资和设备等，采购方式主要有以下几种：招标采购、议标采购、集中采购和战略采购。

（1）招标采购

招标的形式主要分为公开招标和邀请招标，招标过程主要包括供应商资格预审、编制企业招标文件、发布招标文件、评价和定标、中标谈判和中标通知书的发放等。通常招标采购的时间较长、费用较高，对于那些批量大且价值又较高的产品应采用招标的方式。对于一般物资可以直接根据市场价格以谈判方式采购或进行邀请招标确定招标材料、设备的采购。

（2）议标采购

直接议标是指不具备招标条件或者金额较小的情况下，为了提高工作效率、简化招标流程采用的采购方式。根据情况不同，分为询价比较方式和直接委托方式。

1）询价比较方式：在合同金额较小（小于 20 万元）或者市场竞争不充分的情况下，为提高工作效率，针对商务、技术、服务等方面，邀请三家以上供应商进行多轮次谈判（特殊情况除外），进行价格及技术比较，最终在合理价格基础上成交的采购方式。

2）直接委托方式：在合同金额较小（小于 10 万元）或者市场竞争不充分的情况下，为提高工作效率，针对商务、技术、服务等方面，直接邀请一家供应商进行多轮次谈判，最终在合理价格基础上成交的采购方式。采用直接委托方式采购的主要是垄断工程的材料，如水、电、气等。

（3）集中采购

集中采购是指将企业在一定时间和空间内对相同采购物资的需求量进行集中整合，以达到较大的批量，然后集中向某个供货商采购，在采购的时候能够争取到更多的优惠价格。但是集中采购容易造成在一定时间内增大库存压力和保管费用。

（4）战略采购

地产行业中的战略采购是指企业为达到提高产品质量、降低整体成本、增加采购效率等目的，通过集团的统一部署，事先通过招标方式确定战略合作伙伴，签署战略合作协议，建立长期合作关系。通常战略采购又分为集团总部战略采购和区域战略采购两种方式。

4. 采购流程

采购流程是指企业为满足生产经营需求对组织外部的材料、设备进行的一系列有逻辑相关性的任务过程。采购流程因采购的来源、采购的方式、采购的对象等不同而在细节上有所差异，但基本流程都大同小异，一般采购流程如图 9-2 所示。

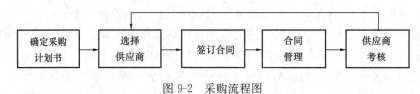

图 9-2 采购流程图

（1）确定采购计划书

采购流程的第一步就是确定要采购哪些材料、买多少、何时买、由谁买等。在确认需求之后，需要对其细节如规格、质量、检验方式、售后服务等加以明确说明，以便使来源选择及价格谈判等流程顺利实行。该阶段的成果就是形成一份采购计划书，采购计划书必须严格按照需要，在对品种、数量、现有库存量、安全库存等因素作科学计算后提出，并且要有审核制度，规定哪些物资多大的采购金额必须经过哪级主管的批准才有效，通过对采购申请环节的控制，可以防止随意和盲目采购。

采购计划书包括：质量标准，即采购的产品要满足什么技术规范和标准；物流标准，说明需要的数量和要求的交货时间；目标预算，说明在什么样的财务限制内来寻找确定供应商。

（2）选择供应商

选择供应商是采购流程中最重要的步骤之一，以采购计划书为基础，供应商考察小组首先总结出符合要求的供应商资格预审条件，将那些可能符合条件的供应商列入初始候选名单。了解供应商信息的渠道包括互联网、供应商销售人员、贸易展示会、专业采购报刊、历史采购记录等。接下来通知这些供应商提供有关其资格的证明和信息，在这个阶段考察小组要对供应商进行调查或审核，以准确了解其能力。

通常的做法是确认三到五个预期的供应商，对其产品质量、生产能力、生产效率、管理能力、财务状况、行业中的位置、重要的顾客和供应商等方面进行了解和调查，形成一份供应商情况信息表，最后得出一份供应商选择建议书。

（3）签订合同

签订合同是在前一阶段工作的基础上确定供应商，并就各种合作条款达成协议的过程。通常每个公司都对确定供应商的方式有政策规定或者形成惯例，根据采购材料、设备的种类、数量、涉及金额不同而有所变化。目前采用的确定供应商的方式有招标和非招标两种方式。无论采用哪种方式，都应该服从采购的基本目标和原则，即在公正、公开、公平的原则下提高采购过程的客观性，确保采购的材料、设备具有优良的质量、经济的价格，以及在合理的较短的时间内到达现场以满足用户的需求。合同条款主要包括规格、数量、质量要求、交货价格、付款条件、违约处理等内容。

（4）合同管理

这一阶段就是做好合同订单的跟踪执行、货物验收及货款结算工作。采购订单发出后并不是采购工作的结束,必须对订单的执行情况进行跟踪,防止发生对方的违约事件,保证订单顺利执行、货物按时进库,以保证物资供应。对订单实施跟踪还可以随时掌握货物的动向,万一发生意外事件,可以及时采取措施,避免不必要的损失,或将损失减小到最低水平。

货物运达必须马上组织人员对货物进行验收,验收按订单上的条款进行,应该逐条进行仔细查对,并对验收中出现的质量、数量等问题及时进行反馈。货物验收完毕没有任何问题才能签字确认,支付货款前必须查对支付发票与验收清单是否一致,确认没有差错才能按合同条款支付。

(5) 供应商考核

供应商考核是采购流程的最后一个环节,也是对采购决策效果的检验。采购者需要对供应商的质量、供应及时性、价格及合作等指标进行考核,一个十分重要的工作是拥有每一个供应商最新的有关实际能力的全面记录,以方便在将来的项目中供应商的选择。通过这种方法,公司选择同确实有能力的供应商进行合作,减少供应商基数,逐渐将其业务集中于较少的但是能力更强的供应商。这一阶段的主要工作是制定科学、合理的供应商考核体系,并且随着时间的推移要不断改善、优化考核系统,并对结果归档,以此作为供应商管理的依据。

按采购过程来分析,通常一个房地产开发项目的采购管理会经历以下几个阶段(图9-3):

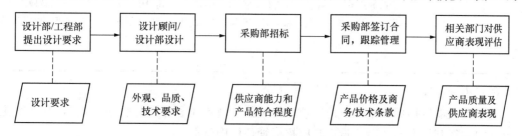

图 9-3 房地产开发项目采购管理阶段

5. 招标的一般程序

(1) 准备程序

不同项目招标的准备工作不同,前期工作不同阶段实行的招标应当具备相应的条件,见表9-1。

招标准备程序　　　　　表 9-1

项目	所需具备条件
建设项目勘察招标	① 具备经过审批机关批准的勘察任务书 ② 具有建筑规划管理部门同意的用地范围许可文件 ③ 有符合要求的地形图
建设项目设计招标	① 具有经过审批机关审批的设计任务书 ② 具有开展设计必需的可靠的基础资料 ③ 已成立专门的招标小组或委托咨询机构代理招标程序

续表

项目	所需具备条件
建设项目施工招标	① 核算已经被批准 ② 建设项目已正式列入国家、部门或地方的年度固定资产投资计划 ③ 建设用地征用工作已经完成 ④ 有能够满足施工需要的施工图纸及技术资料 ⑤ 建设资金和主要建筑资料、设备的来源已经落实 ⑥ 已经建设项目所在地规划部门批准，施工现场的"五通一平"已经完成，并列入施工招标范围
委托招标	① 用户自愿向其认为合格的招标机构或国家指定的招标机构办理委托招标手续 ② 用户办理委托招标手续，须提供：a. 项目建议书的批准文件；b. 项目可行性研究报告；c. 国际招标的引进项目还应提供项目可行性研究报告的批准文件或公司董事会批准的有关文件；d. 委托招标书；e. 招标保证金，我国规定机电设备招标的保证金为委托招标设备总金额的2%，大型项目可酌减，招标保证金可以是银行出具的招标保证金保函、现金、支票或银行汇票；f. 资金落实证明 ③ 接受委托后，招标方和委托方共同确认招标类型。一般项目招标的基本条件可以概括为以下几条：a. 投资概算已获批准；b. 项目列入公司投资计划；c. 项目已获得政府许可；d. 已完成总体设计和拟招标工程的单体设计；e. 所需资金已落实；f. 已具备买方市场

（2）招标申请

对于建设项目招标，招标单位要填写相关的"建设工程施工招标申请表"，有上级主管部门的须经其批准同意后，报送政府招标管理机构审批。

招标申请表包括以下内容：工程名称、建设地点、招标建设规模、结构类型、招标范围、招标方式、要求施工企业等级、施工前准备情况（土地征用、拆迁情况、勘查设计情况、施工现场条件等）、招标机构组织情况等。

（3）编制招标文件、标底

招标文件编制质量的优劣直接影响采购的效果和进度，招标文件是招标者招标承建项目或采购货物、服务的法律文件，是准备投标文件、投标、评标、签订和履行合同的依据，因此招标文件一定要认真编写。尽早准备招标文件是解决采购拖延的一个关键措施，各项目单位要充分利用现有的各种文件范本，以加快招标文件的编制与审批程序。标底由招标单位自行编制或委托具有编制标底资格的咨询公司或专业机构编制。以工程项目为例，其内容包括：工程造价、施工工期、水泥、钢材、木材的数量等。接受编制标底的单位不得同时承接投标单位的标书编制业务，编制标底以招标文件、设计图纸及有关资料为依据。标底价格及工期计算应执行现行的建筑工程综合预算定额、安装工程预算定额、市政工程预算定额、建筑安装工期定额等的相关规定。计算标底费率时，应考虑招标工程可能发生的各种费用因素。

标底造价应控制在经批准的概率或修正概算范围内。招标单位编制的标底应在报送招标文件的同时，连同批准的工程计划任务书一起报送政府投标管理机构，以确定最终合理标底。对于建设工程标底及标底编制单位等有关信息，在开标前必须严格保密，不得泄漏。

（4）发布招标公告或直接邀请有关厂商

1）国际竞争性招标必须通过国际公开广告的途径予以通知，使所有合格国家的投标者都有同等的机会了解投标要求，以形成广泛的竞争局面。采购总公告应包括：贷款国家、借款者及贷款金额、用途，国际竞争性招标方式采购的范围，货物或工程大体内容，发行资格预审文件或招标文件的时间，负责招标的单位名称、地址等。

2）国内竞争性招标是在国内刊登广告，并根据国内招标要求进行，广告只限于刊登在国内报纸或公开的杂志上。

（5）资格预审

凡是大型复杂的土建工程、大型成套设备或专门的服务，或交钥匙合同、设计与施工合同、管理承包合同等，在正式组织招标之前要先进行资格审查，对投标人是否有资格和足够的能力承担这项工作或制造设备预先进行审查，以便缩小投标人范围，使不合格的厂家避免因准备投标而花费大量的开支，也使项目单位减轻评标的负担，同时有助于确定享受国内优惠的合格性等。

1）资格预审中主要考虑的内容

① 经验和以往承担类似合同的经历。

② 为承担合同任务所具有的或能配备的人员设备、施工或制造能力的情况。

③ 财务状况，一般要审查三年的财务情况。

④ 法律情况，包括所有权、注册情况以及联合体、分包安排等情况。

⑤ 资质等级。

2）资格审查的程序

① 由项目单位或由项目单位委托的招标代理、设计或咨询等单位协助编制资格预审文件。

② 邀请符合条件的单位参加资格预审。由项目组织或委托单位的招标代理机构发出资格预审通知，通知内容包括项目单位名称、项目名称、工程规模、主要工程量、计划开工时间、完工时间、发售资格文件的时间、地点和价格及接受资格预审的截止时间等。

③ 发售资格预审文件和提交货物资格预审申请，按照通知规定的时间提交资格预审申请表。

④ 按照事先规定的标准和方法对申请人进行资格审查，确定参加投标的单位名称。

（6）发售招标文件

对已经通过资格预审的单位发售招标文件，发售的招标文件可以通过邮局寄达，招标文件一般要收取成本费，招标单位不能通过发售招标文件获取利润。

（7）投标

为了使投标人有充分的时间组织投标，从发售招标文件到投标要有一定的时间间隔，投标时间的确定要特别考虑以下几点：

① 要根据实际情况合理确定文件的编制时间。例如：土建工程投标要牵涉许多问题，

投标人要准备工程概算、编制施工计划、考察项目现场、寻找合作伙伴和分包单位等，如果投标准备时间过短，投标人就无法完成或不能很好地完成各项准备工作，投标文件的质量就不会十分理想，进而影响后面的评标。

② 对大型工程和复杂设备，招标人要组织标前会和现场踏勘等。

③ 对投标人提出的书面问题要及时予以澄清、答复。

④ 投标文件的提交和接受。只有在规定的投标截止日期之前提交的投标文件才能被接收（一般以邮戳日期为准），凡是在截止日期过后收到的投标文件，要原封退回，不得拆开。收到投标文件后要签收或通知投标人确认已收到提交的投标文件，并记录收到的日期和时间。在收到投标文件至开标之前，所有的投标文件均不得启封，并要妥善保存。为了提高透明度，投标截止时间与开标时间一般要求在同一时间。

(8) 开标

1) 开标方式

公开开标要在招标公告中规定的时间、地点公开进行，并邀请投标人、公证人员等参加，开标时要当众宣读投标人名称、投标价格、有无撤标情况、有无提交合格的保证金以及其他合格的内容，凡在投标文件中附有降价、提价和折扣等附加条件的都要当众宣读，未宣读者视为无效，在招标过程中不予考虑。

2) 开标程序

① 招标项目主持人宣布开标，宣布参加开标的人员名单，包括招标方代表、投标方代表、公证员、法律顾问和拆封人（包括审查人、唱标人以及记录人员名单）。

② 公证人检查投标箱的密封情况，在得到公证人的证明后，在公证人的监督下将投标箱打开，取出投标函件，并经公证人确认密封无误后，分类登记并校对件数。

③ 拆封人拆封。

④ 审查人检查投标文件本身有无缺陷、修正、证明不符等情况，符合招标要求者可转入唱标，不符合者不允许投标人补充投标，不予唱标。

⑤ 投标人对所唱标内容进行确认，有问题可以及时澄清。

⑥ 公证人发表证词，证明开标结果有效，并出具公证书。

⑦ 我国司法公证机关在招标活动中具有公证检查、公证监督和公证证明三大职能，对招标活动的全过程公证，从法律上有效保证投标双方的行为是合法、真实、有效的，这对约束招标投标双方的行为、维护双方利益起到重要作用。

3) 无效投标文件

开标审查时如发现投标文件有下列情况之一的，视为无效：

① 投标文件未在规定的投标截止时间之前送到，或者未按统一格式密封送达或邮寄到投标地点。

② 凡与招标文件规定不符、内容不全或以电信形式投标的投标文件。

③ 因不可抗力遗失、损坏的投标文件。

④ 标函未加密封，标书未按规定的格式填写或字迹模糊、辨认不清。

⑤ 未加盖本单位和负责人的印鉴。

(9) 评标

1) 评标的依据只能是招标文件、投标文件或经公证后的补充文件，不能以别的文件、别的理由或某单位或某人的意见为依据,这是由招标公平竞争的属性决定的,评标的原则是"公正、公开、科学、严谨",这是评标工作成败的关键。对投标文件的评议,要采取科学的方法,综合比较各标的物的性能、价格、交货期、投标方的资信情况等因素,客观的进行评议,使评议结果能准确地反映投标方的实际情况,并对方案作出公正的评价。评委要坚持"严谨"原则,认真负责,尽量避免因差错失误或被假象蒙蔽导致评议结果的偏差和不公。经评委评标以后,应筛选出优选方案,提供给业主择优,选定中标方。评委会在评议投标方的标的物时,应掌握好先进性、适应性、系统性和效益原则。

2)评标委员会由招标方负责组建,其由招标方的代表和技术、经济、法律等方面的专家组成,评标工作由评标委员会负责。只有评标委员会有权对不符合招标文件要求的投标文件决定其部分废标或全部废标,也只有评标委员会提供的中标优选方案具有法律效力。

3)评标的基本程序是开标、阅标、询标、技术商务评审、撰写评审报告。

4)在招标文件中通常都规定招标方有权废标,即拒绝全部投标。如果招标方出于"压力标价"的目的而废标,然后又以同样的条件再次招标,这是绝对不允许的。只有出现下述情况,评标委员会才有权提出本次招标活动作废。

① 所有投标书在实质上均未按招标文件的要求编制。

② 所有的报价大大超过标底,招标单位无法接受投标。

③ 发现有不正当竞争,如投标方串通作弊。

招标的一般程序如图9-4所示。

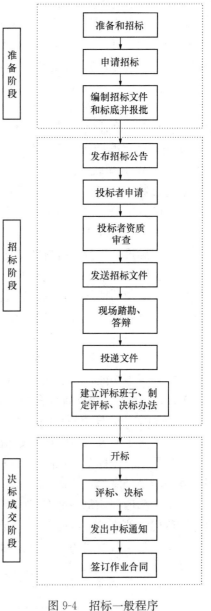

图 9-4 招标一般程序

9.2 材料采购实务案例

9.2.1 W公司采购管理综述

W公司的采购管理是国内地产行业的标杆,处于国内领先水平。W公司已经把采购上升到企业的战略层面。它的管理理念和管理方式先进,采购的材料设备质量高,成本控制合理,采购过程透明,采购环节已经直接参与到项目开发过程,基本形成了供应链管理，对企业竞争优势的形成和企业共同战略目标的实现作出极大贡献。

W公司采购的基本流程是：供方资源寻源（市场调研、考察等）、供方资源的认证（考核考察过的单位是否符合W公司要求）、供方单位的选择（挑选实力最雄厚、成本合理的单位）、招标采购、确定供应商，该流程为一般采购形式。还有一种特殊的采购方式——直接委托，其又分为被动直接委托和主动直接委托：被动直接委托是指政府、行业垄断，如正式用水、煤气的施工等；主动直接委托是指W公司主动把工程委托给某家单位，如和某单位合作很好，下一期工程可直接委托该单位。

W公司的采购操作全部是电子化流程，即通过其Partner Development Center（简称PDC平台，W公司联合发展中心）。PDC平台是采购系统的核心，几乎所有采购业务的实现都通过这个系统完成，其主要功能有：

（1）供方资源的信息储备：全国各地所有W分公司的供方资源都录入这个平台，平台上所有的信息资源均共享。

（2）招标投标平台：所有的招标投标均在这个平台上发起、操作。

（3）合同及订单发起：所有的合同及订单均从该平台发起。

（4）供应商的评估、管理：W公司每个季度都会在PDC平台上进行对供应商的绩效评估，评估不合格的单位要进行沟通、改进，所有单位的管理评分全部在PDC上进行。

（5）采购规划管理：分公司的采购计划都可以在PDC平台上实现。

（6）除了这些主要功能之外，PDC平台还有与总部沟通、集团订单导入、集团与分公司数据共享等功能，几乎涵盖了采购的所有业务。

9.2.2 W公司采购管理分析

W公司实施差异化的采购方式。不同采购方式会根据可供竞争的采购产品/服务的供应商数量的多少而采取不同的采购流程。W公司的采购方式有邀请招标（含实时竞价，实时竞价是指各投标单位在网上可以且仅能看到相互报价的公开竞价，最终将指定产品/服务委托给最低应价者的采购方式，是邀请招标的一种特殊形式）、竞争性谈判、直接委托、零星采购四种，每种都有明确的适用条件和流程。采购方式一旦选定，必须严格按照该方式所规定的流程并通过PDC平台执行，直接委托、零星采购业务可不通过PDC平台执行寻源。各采购方式的区别及适用条件见表9-2。

各种采购方式的区别及适用条件　　　　　表9-2

	邀请招标	竞争性谈判	直接委托（单一来源采购）
流程复杂性	★★★★	★★	★
竞争性	★★★★★	★★★★	★
供应商	至少有三家同等条件满足要求的供应商	满足招标要求的供应商不足三家；或本表"适用条件"栏中的②、③情况下供应商不止一家	满足要求的供应商唯一
谈判	在不改变中标结果的情况下可以谈判	可谈判	可谈判

续表

	邀请招标	竞争性谈判	直接委托（单一来源采购）
决策方法	综合评审法		
中标率	应不高于50%		
适用条件	满足采购要求的潜在供应商资源充足，通过严格程序、充分竞争可获取到理想价格的；产品/服务标准化程度高，具良好可比性，决策标准可量化的	不适用施工总承包采购介于邀请招标和直接委托之间：①满足要求的供应商数量不足；②方案不可比或者性质特殊，不能事前确定详细规格或者具体要求的；③采购的产品市场价格透明度小或变化幅度大，采购团队不能在事前明确的确定产品价格构成和评定成交的价格标准的	被动直接委托：①因政府垄断、技术垄断、市场垄断，只能从唯一供应商处采购，且标的物无替代性；②因已经作出的对外销售承诺，为保证原有采购项目的一致性或者服务配套的要求，需要继续从原供应商处添购的（仅适用于材料设备采购） 主动直接委托（仅适用于材料设备采购）：①距上次采购合同签订时间不足半年，且价格波动不大的同类产品（包括跨城市的直接委托）；②战略合作

注：（1）表中未涉及零星采购。W公司的零星采购是指30万元以下的采购，不通过PDC平台。（2）综合评审法是W公司对供应商的一种评审方法，此处不赘述。

W公司的采购决策采取三权分立原则，由项目经理部负责提出采购要求；由成本管理部负责成本分析或成本监督，制定成本参考价；由采购部门负责采购流程执行和确定供应商修正系数（未合作过的供应商采用品质修正系数，已合作过的供应商采用绩效修正系数，修正系数是W公司对供应商的一种评估方法）；由采购决策小组集体决策。三权分立原则的确立避免了行业普遍存在的采购暗箱操作行为。

9.2.3 W公司采购模式分析

W公司根据某类采购产品/服务的金额和风险大小分别采用不同的采购模式。其采购模式分为三大类：战略合作、集中采购、分散采购。其中，战略合作分为O、A、B、C四级合作：O级是全集团战略合作，A级是区域战略合作（W公司目前分为北京区域、上海区域、深圳区域和成都区域），B级是一线分公司战略合作，C级是具体到每个项目的战略合作。就目前而言，W公司的战略合作最成熟的是O级、A级及B级，C级一般不会涉及，目前集团正在考虑取消C级战略合作。按照W公司的采购制度，30万元以上的工程必须要招标，通俗的说可以理解为集中采购，包括集团层面和分公司层面两种。分散采购是指30万元以下的采购，可由分公司自行运作。

战略合作是为了保证质量、降低风险，对于风险高、金额大的产品/服务采取的一种采购模式，实施战略合作必须具备严格的前提条件，而且实施战略合作时，必须对战略合作伙伴提出明确的发展要求，包括但不限于（部分指标仅适用于总承包类）：总承包能力、装修施工能力、工业化技术建造能力、整合供应链能力、履行节能环保等社会责任（企业自身运营以及建造过程）、技术工人技能提升和工作环境改善、不断改善产品和服务质量水平、不断优化成本结构、发挥合作规模优势、降低采购价格。建立战略合作关系之后，必须继续以下工作以保证战略合作达到预期目标，包括：高层互访机制（每个战略合作级别的采购分管领导,每年至少有两次与合作伙伴的正式沟通,沟通至少应包括对于战略合作目标的回顾和双方的改进行动)和新业务优先原则(除非出现重大问题导致无法满足要求等特殊情况,在其能力范围内的新业务应首先授予战略合作伙伴)。

集中采购既可以由集团总部进行,也可以在区域和地方公司层次上进行。集团设立一个强有力的统筹中心来协调整个组织机构的采购任务,从而进行集中采购,其优点主要体现在以下几个方面:规模经济效益、采购活动的协调和采购活动的控制。2010年6月10日,"2010年W集团AB级装修房标准化集中采购签约仪式"在深圳W中心举行,此次集中采购的项目涉及洁具、厨房电器、橱柜、收纳系统、地板、石材、户内门、壁纸等15大类产品,采购规模之大创行业之最。

W公司首先对采购产品/服务进行业务分析,然后根据金额和风险大小确定采用战略合作、集中采购还是分散采购,具体区别和选择要点见表9-3。

三种采购模式分析　　　　　　　　　　表9-3

	战略合作	集中采购	分散采购
特点和优点	适合风险高、金额大的关键性业务,可实现以下目标:稳定的合作关系、质量有保证、风险可控、充分发挥供应商作用	可充分发挥规模效益、降低交易成本、减少经营风险	灵活
缺点	对供应商及W公司的供应商关系管理能力均有较高要求	需要进行大量的需求整合工作	规模效益差、交易成本高
适用业务范围	集团采购的产品/服务、区域和一线的施工总承包、装修施工总承包、监理/咨询、门窗/幕墙、景观/园林工程	除签署战略合作协议之外的其他产品/服务	所有业务
实施条件	限定在规定的业务范围内、有具备条件的供应商、双方均有战略合作意愿。O级战略要求连续合作5年以上且目前正在合作;A级战略要求连续合作4年;B级战略要求连续合作3年;C级战略要求连续合作2年	需求能够被整合、供应商具备相应范围内的生产、运输、安装、配合及售后服务能力	
对供应商要求	评估为首选及以上等级	评估为"可接受的"及以上等级	
协议期限	一年半及以上	不超过一年半	
协议主要内容	战略合作的目标、对供应商的要求、双方对于战略合作目标的承诺和保证措施、定价原则(O、A级总包除外)	产品或服务标准、服务流程、价格清单	具体的产品或服务条款
层级	O、A、B、C	集团集中采购、区域集中采购、公司集中采购、一站式采购	
采购方式	① 双方友好协商、自愿达成战略合作协议 ② 对材料设备,一旦签署战略合作协议,一线公司直接通过PDC下订单采购。电梯、橱柜、配电箱等无法事先约定项目方案综合价格等的产品以签署分合同的方式进行合作 ③ 对于总包、装修总包及监理,战略合作协议签订后,一线公司可以在协议约定范围内通过约谈的方式与供应商直接签署项目合同,也可以通过邀请招标的方式与非战略供应商共同参与竞争	邀请招标、竞争性谈判、直接委托	

9.2.4　W公司供应商管理分析

W公司采取集团统一的供应商管理体系,包括供应商认证、供应商动态评估(包括过程评估和后评估)、供应商绩效改进、供应商评估年度总结四个组成部分。只有通过认证的供应商,或已经有业务且截止新采购业务启动时评估结论为"可接受的"及以上的供应商,才可以与之进行新的采购业务往来。采购负责部门可根据评估结论,在新的采购方案中,根据评估情况确定给予绩效修正系数,系数按照相关规定执行。无论供应商是否通过认证,所有关于供应商认证的结果都应在PDC平台上传备份,并将认证结果通知供应商。所有关于供应商的动态评估,包括过程评估和后评估,都应在PDC平台上进行,以实现集团范围内资源共享。具有垄断性质的直接委托及零星采购供应商可以不进行过程评估。为此,W公司采取严格的供应商评估年度总结与分级管理,具体做法如下:

(1)一线公司应每年进行一次供应商评估年度总结。根据供应商评估结果,结合公司实际情况及供应商发展战略对供应商进行分级,分为超出预期、首选、可接受、限制条件使用、不可接受五级。

(2)在新的采购业务中,采购负责部门对评级为"超出预期""首选"的供应商,可考虑增加对其采购量;对评级为"限制条件使用"的供应商,应考虑减少对其采购量;对评级为"不可接受"的供应商,不得与其开展新的业务往来。

W公司已经建立了一个完整的供应商管理系统,它包括供应商信息库、供应商资质审查、供应商评估、供应商绩效管理、供应商联盟五个模块。

(3)供应商信息库。W公司的采购部门利用各种渠道和方式将获得的各类供应商信息全部备份在PDC平台上,并随时进行更新维护,以提高每次采购实施时供应商的搜索效率。

(4)供应商资质审查。采购部门在招标采购前确认供应商有能力满足公司的采购要求。

(5)供应商评估。通过在合作过程中和合作结束后对供应商的评估,确定以后合作的可能性,也保证了合作双方的利益。

(6)供应商绩效管理。凡是达标的供应商可直接成为公司招标采购的入围单位,以减少公司采购过程中的资质审查,提高采购效率。

(7)供应商联盟。在集团战略层面与国内顶尖的供应商建立起联盟关系,可共享双方资源,相互提高品牌知名度,保证品质和信誉,实现双赢,如W公司和百安居的战略合作。

9.2.5　对W公司采购管理的几点补充分析

1. W公司在采购过程中的成本控制

(1)W公司除了采购部,还设有成本部,成本部专门负责价格控制,其一般流程为:通过对市场信息价的了解,结合公司本身的目标成本(如钢制栏杆目标成本是280元/m^2以内,如公司要控制建筑成本在1000元/m^2以内等)来进行招标投标操作。但并不是只有价格一个考察标准,还有技术要求(如W公司的钢栏杆都要求进行热镀锌处理,如果某家单位不具备这样的技术,价格再便宜也不会使用),这是常规的操作流程。

(2)另一种比较特殊的成本控制的方法就是,如在半年之内与W公司的其他兄弟公司合作过的单位满足成本要求,则另一家W公司的分公司就可以直接用,不需要进行其他流程，非常方便。

（3）W公司最大的成本控制优势在于它的集中采购（W公司现在所有的精装修部品都实现了集中采购，如洁具有科勒、乐家，瓷砖有马可波罗、蒙娜丽莎等），通过集中采购能批量节约成本（集中采购价一般是市场价的3～5折），效果非常明显。除了集团集中采购还有公司集中采购，比如现在贵阳W公司的商品混凝土就是公司集中采购的，集中采购价比市场信息价下浮30%左右，每开发10万m^2的地可节约成本200万元，规模效应很大。

综合来看，这三种成本控制方法是W公司最主要的路径，三种形式基本可以满足所有的采购需求（政府、行业垄断的除外），方式灵活，不拘一格，自主操作性强。

2. PDC平台优势所在

W公司建立起来的PDC平台实现了电子化采购，其好处是不言自明的，在保证招标过程的公平、公正、透明、高效、规范等方面意义重大。另外，电子采购不仅仅是供应商数据库的电子化，也是流程的电子化，使信息的传播更加迅捷，同时保证过程的规范性。

3. W公司采购效率分析

通过分析W公司的采购管理，可以看出W公司保持了很高的采购效率。首先是组织管理方面，W公司建立了程序化、制度化的采购机制，而且W公司将采购工作上升到集团战略层面，这样做首先就使采购更有计划性，让采购项目、采购时间、采购方式明确；更使之形成和谐的采购环境，多部门协调合作，任务集中，责任明细，采购文件准备到位，采购人员素质加强；而且W公司采购的规模化明显，便于管理，保证效率。

其次是采购程序方面，W公司的采购程序标准化、规范化，无论是W公司对供应商的管理还是W公司采购方式的灵活多变都可以保证W公司的采购效率。比如，W公司与供应商建立的长期集中采购协议，这种协议供货采购方式可从三个方面提高公司的采购效率：首先是减少重复招标，减少了许多单位的多次采购时间、多次询价采购，最大限度地压缩了采购环节，从而缩短了若干单位的采购时间；其次，降低公司采购成本，极大地提高了公司采购的规模效率，确定供应商集中供货的采购方式后，集团采购不必再多次组织招标活动；再次，采用供应商长期合作的方式可一次签订合同，实行长期供货，从而在很大程度上满足了各分公司所购物品的多样性和及时性要求。

另外，W公司推行的电子采购方式——PDC平台，不仅能减少采购成本，而且许多环节都可以在网上直接操作，极大地提高了公司的采购效率。W公司善于掌握灵活性原则，将多种采购方式相结合，合理运用，不拘一格。综合以上各点来看，W公司的采购效率一定可以保证，并且采购效率的把握在同行之中处于领先地位。

4. 综合分析W公司在采购方面的核心优势

（1）完善的采购制度及流程。W公司的采购是行业标杆，采购制度十分完善。

（2）批量规模的集中采购。W公司今年与中建系统建立了战略合作总包关系，全国的W公司都可以直接与中建公司合作，这种是较大层面上的合作关系。较小层面上的是指一些精装修的集中采购等。

（3）供方资源的管理及引进。W公司设有专门的市场调研组、品质评估组等，对供方单位的引进要么是与其他公司合作过的，要么是当地甚至全国最强的单位，并且在合作过程中品质评估组会对合作单位进行动态监控或测量，这样通过对引进单位的质量把关、施工过程的质量把关,就保证了最好的工程品质。

5. W 公司在采购方面存在的不足

W 公司采购的劣势源于其优势。因为 W 公司的采购制度太复杂、太完善,很多时候采购效率并不高,因为需要很多部门协调办理很多资料才能完成一项采购,且其中有些是重复的工作。各个职能部门工作有交叉,任务虽然明确但工作繁琐,给单个部门造成不小压力。所以 W 公司在部门职能划分,责任明晰,工作流程优化上还需改进。

9.3 供应链管理与融资

9.3.1 供应链管理

1. 供应链管理的定义

计算机网络的发展进一步推动了制造业的全球化、网络化过程。虚拟制造、动态联盟等制造模式的出现,更加迫切地需要新的管理模式与之相适应。传统的企业组织中的采购物资供应、加工制造生产、销售等看似整体,但却缺乏系统性和综合性的企业运作模式,已经无法适应新制造模式发展的需要。

供应链管理是一种集成的管理思想和方法,它执行供应链中从供应商到最终用户的物流计划和控制等职能。例如,伊文斯认为"供应链管理是通过前馈的信息流和反馈的物料流及信息流,将供应商、制造商、分销商、零售商直到最终用户连成一个整体的管理模式"。菲利浦则认为供应链管理不是供应商管理的别称,而是一种新的管理策略,它把不同企业集成起来以增加整个供应链的效率,注重企业之间的合作。最早人们把供应链管理的重点放在管理库存上,作为平衡有限的生产能力和适应用户需求变化的缓冲手段。它通过各种协调手段,寻求把产品迅速、可靠地送到用户手中所需要的费用与生产、库存管理费用之间的平衡点,从而确定最佳的库存投资额。因此,其主要工作任务是管理库存和运输。现在的供应链管理则把供应链上的各个企业作为一个不可分割的整体,使供应链上的各企业分担采购、生产、分销和销售的职能,成为一个协调发展的有机体。

2. 供应链管理的原则

为了实现供应链管理的目标,即要将顾客所需的正确的产品(Right Product)、能够在正确的时间(Right Time)、按照正确的数量(Right Quantity)、正确的质量(Right Quality)、正确的状态(Right Status)送到正确的地点(Right Place)——即"6R",并使总成本最小。供应链管理需要遵循以下基本原则:

(1)供应链上的每个供应商以最低的成本和费用持续可靠的满足其客户的需求;

(2)供应链管理从一个全新的高度对物流和信息进行有效管理,其侧重点在于公司之间或内部的连接。因此,其是对原材料供应商、生产制造商、批发商、零售商以及最终消费者等组成的系统进行的管理。每个贸易伙伴都是该系统的一个子系统。

(3)贸易伙伴之间密切合作、信息共享、风险共担,建立双赢的合作关系。

(4)应用现代科技(如标识 ID)代码、条码应用标识符及电子数据交换(EDI)等作为管理手段。

(5)在整个供应链领域建立信息系统。信息系统首先应该处理日常事务和电子商务,然后支持多层次的决策信息,如需求计划和资源规划,最后应该根据大部分来自企业之外的信息进行前瞻性的策略分析。

(6) 建立整个供应链的绩效考核准则,供应链的最终验收标准是客户的满意程度。

3. 供应链管理的内容

供应链管理主要涉及四个领域:供应(Supply)、生产计划(Schedule Plan)、物流(Logistics)和需求(Demand)。供应链管理是以同步化、集成化生产计划为指导,以各种技术为支持,尤其以 Internet/Intranet 为依托,围绕供应、生产作业、物流(主要指制造过程)、满足需求来实施,如图 9-5 所示。供应链管理主要包括计划、合作、控制从供应商到用户的物料(零部件和成品等)和信息。供应链管理的目标在于提高用户服务水平和降低总的交易成本,并且寻求两个目标之间的平衡。

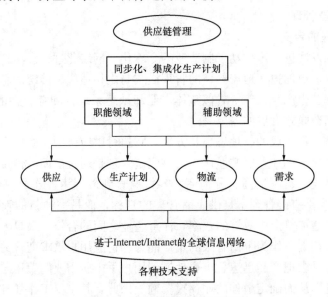

图 9-5 供应链管理涉及的领域

在以上四个领域的基础上,可以将供应链管理细分为职能领域和辅助领域。职能领域主要包括产品工程、产品技术保证、采购、生产控制、库存控制、仓储管理和分销管理。辅助领域主要包括客户服务、制造、设计工程、会计核算、人力资源和市场营销。

由此可见,供应链管理不仅关心物料实体在供应链中的流动,除了企业内部与企业之间的运输问题和实物分销以外,供应链还包括以下主要内容:

(1) 战略性供应商和用户合作伙伴关系管理。

(2) 供应链产品需求预测和计划。

(3) 供应链的设计(对全球节点企业、资源、设备等的评价、选择和定位)。

(4) 企业内部与企业之间的物料供应与需求管理。

(5) 基于供应链管理的产品设计与制造管理、生产集成化设计跟踪机制。

(6) 基于供应链的用户服务和物流运输、库存、包装等管理。

(7) 企业间资金流管理(汇率、成本等问题)。

(8) 基于 Internet/Intranet 的供应链交互信息管理等。

供应链管理注重总的物流成本(从原材料到最终产品的费用)与用户服务水平之间的关系,为此要把供应链的各个职能部门有机结合在一起,从而最大限度地发挥出供应链的整体力量，达到供应链企业群体获益的目的。

9.3.2 建筑企业供应链管理

1. 建筑企业供应链及供应链管理的定义

根据建筑业经营活动的特点，从建筑项目生命周期的角度给出建筑供应链的定义：建筑供应链是指以业主对建筑项目的要求为目标，从业主产生项目需求开始，经过项目定义、项目融资、项目设计、项目施工、项目竣工验收、交付使用、维护等阶段，直至改建、扩建，最后拆除这一系列建设过程中所有涉及的有关组织机构组成的功能性网链结构。

建筑供应链管理是把供应链上的各个企业作为不可分割的整体，使供应链上各企业分担咨询、材料、设备、人员供应、施工管理等职能，成为一个协调发展的有机体。它涉及四个方面的需求：供应、计划、物流和需求。它以各种技术为手段，以满足业主要求、提高业主满意度为目标，围绕采购、供应、施工作业与管理来实施。

2. 建筑企业供应链的特征

供应链管理强调核心企业培育企业的核心竞争力，与供应链内的企业结成战略合作伙伴，充分利用企业内外资源，实现供应链内部各参与方的共赢。建筑企业供应链有如下几个特征：

（1）供应链是用户驱动的，每个客户都有其独特的需求，业主的需求是供应链中信息流、物流、资金流运作的驱动源。

（2）连接供应链各成员的纽带主要是合同和协议，但是要想在要求的工期内花费最少的费用，以最好的质量完成工程项目光靠合同是不够的，还要依靠各方的信赖、承诺、合作以及信息共享。

（3）供应链的不确定性以及多样的项目条件影响了建筑企业的生产效率。供应链通常是项目性的，供应链中各参与方的合作关系与项目周期等长，即供应链具有明显的动态性。

（4）供应链的构成比较复杂，包括总包商、分包商、材料供应商、监理公司、建筑师、结构工程师、水电等专业工程师、业主、政府部门、银行、保险公司等金融机构，给供应链管理造成了困难。

（5）供应链的衔接不确定性普遍存在，集中表现在各企业的独立信息体系。由于竞争，企业总是为了各自的利益而进行资源（包括物资资源和信息资源）的自我封闭，企业之间的合作仅仅是项目性的短时间合作，人为地增加了企业之间的信息壁垒和沟通障碍。

3. 建筑企业供应链管理的关键因素

（1）建立良好的供应链管理战略

影响供应链管理绩效的原因有很多，包括缺少信任、跨职能的障碍、缺乏应用和集成技术的能力等，这些都需要从一个全局的角度进行战略性思考，才能解决上述问题。

供应链管理战略的主要内容包括：①改革建筑企业的经营思想，采取横向一体化的战略，培育核心竞争力；②共享信息，供应链管理的优势在于使供应链内各节点企业能共享信息，通过信息共享，供应链上的各方能及时调整生产和经营，使工程项目以最低的成本，按时、按质、按量完成；③充分利用信息和计算机技术；④与合作伙伴，特别是材料供应商和分包商建立战略性的、长期的、稳定的合作伙伴关系；⑤建立良好的供应链管理绩效度量机制。

(2) 培育核心竞争力与业务外包

核心竞争力是在一个组织内部经过整合的知识和技能，是企业在经营过程中形成的不易被竞争对手效仿的能带来超额利润的独特的能力。它可以更详细地表达为是企业长期形成的，蕴涵于企业内质中的，企业独具的，支撑企业过去、现在和未来竞争优势，并使企业在长时间的竞争环境中能取得主动的核心能力。

建筑企业供应链中的节点企业在供应链管理环境下，必须具有独特的核心竞争力，因此，就必须根据自身特点，专门从事某一领域、某一业务，将非核心业务外包给其他专业的分包商，这样才能将企业的内部资源集中在核心业务上。因此，建筑企业实施业务外包不仅能降低成本，减少在设备、技术等方面的投入，还能利用企业外的资源与外部的合作伙伴分担风险，这与供应链管理"利用外部的资源，而不是去拥有它"这一核心思想是一致的。

(3) 建立战略合作伙伴关系

建立战略性合作伙伴关系是供应链战略管理的又一重点，也是供应链管理的核心，供应链管理的关键就在于供应链各个节点企业之间的连接和合作，以及相互之间在设计、生产、竞争策略等各方面的协调。

(4) 充分利用信息技术

信息技术的应用是推进供应链中信息共享的关键，如EDI（电子数据交换）、CAD（计算机辅助设计）、DATE Exchange（数据交换）、BIM（建筑信息模型）等计算机信息技术已经在许多行业得到广泛应用，并且产生巨大的影响，但是在建筑业，特别是施工企业，信息化和数字化建设远远没有成为常态化的技术与信息交换的方式。充分利用先进的计算机信息技术，构造完整的建筑企业供应链信息共享体系，对于建筑企业，特别是施工企业的供应链管理有不可忽视的作用。

9.3.3 供应链融资

1. 供应链融资的定义

供应链融资是指金融机构依托核心企业的银行信誉及付款能力，根据核心企业提供的上下游客户合同、发票及应付账款金额等合法资料，直接向上下游客户提供融资并由其承担融资利息，到期后由核心企业偿付本金的一种业务模式。

该业务有核心企业、金融机构和上下游客户三种角色。核心企业实力规模强大且信誉良好，在金融机构授信资源充足，能影响整条供应链的资金流和物流。金融机构在供应链融资中为上下游客户提供融资服务。在供应链融资模式中，银行改变信用评级方式，创新业务，很多被拒的上下游客户获得资金得以运转。上下游客户大多是中小企业，规模小且处于高能耗行业，很难从银行获得融资支持。利用供应链可间接获得资金，还可享用核心企业在金融机构的信用价格。从以上表述中可以看出，供应链融资具有盘活核心企业货币资金、减少财务费用支出、延缓到期债务同时实现对上下游客户付款的优势。

2. 供应链融资的特点

(1) 打破了传统融资模式的局限，改变了银行的发展战略。这种融资模式跳出了单个企业的传统局限，从供应链全局出发，针对企业运作流程的各个环节进行融资，解决了资金在整个供应链上分配不均的问题。银行的功能从纯粹的资金提供者转向为客户提供包括公司银行服务等全方位的金融服务，用自身的信息优势和风险控制手段帮助企业改善经营并巩固供应链建设。

（2）信用评级标准实现了质的飞跃，从对单个企业的静态信用评级转向对该企业所在供应链整体的动态信用评级。对授信企业的信用评级不再强调企业所处的行业规模、财务指标和担保方式，而是从整个供应链角度开展综合授信，更强调整条供应链的稳定性、贸易背景的真实性以及授信企业交易对手的资信和实力，并将单个企业的风险管理变为供应链风险管理，有效地提高了中小企业的信用评估水平。

（3）供应链融资与真实交易密切相关。供应链企业间的真实贸易关系是银行提供融资的前提。在融资时，上下游客户需提供贸易合同、发票等票据，银行围绕单笔交易进行业务操作和还款保证，通过设置封闭性贷款操作流程保证专款专用，将信用融入上下游客户的购销行为，并据此作出信用评估和授信决策。

（4）物流外包成为一种趋势。物流外包为"全程物流"模式创造了市场空间。承包物流业务的第三方物流公司履行货物监管责任的可能性与优势，为银行开展"全程物流"模式融资提供了低成本的操作条件，对融资风险的控制更加灵活安全。

9.3.4 建筑企业供应链融资

1. 建筑企业供应链融资的模式

建筑企业供应链融资（Supply Chain Finance）是根据供应链融资的原理，把供应链上的核心企业及其相关的上下游配套企业作为一个整体，根据供应链中企业的交易关系和建筑行业特点制定基于货权及现金流控制的整体金融解决方案的一种融资模式。建筑企业供应链融资借助核心企业的信用，解决了下游供应商企业融资难、担保难的问题，而且通过打通上下游融资瓶颈，还可以降低供应链条融资成本，提高核心企业及配套企业的竞争力。建筑企业供应链融资经过一段时间的摸索和实践，业已形成以下几种常见的具体模式。

（1）保理，实质上就是应收账款买断业务，是以建筑施工企业良好的信誉为基础分解授信额度，以材料供应商为贷款主体，以建筑施工企业及核心企业的应收账款为质押担保物的一种融资方式，包括融资、信用担保和账款管理。

（2）应收账款融资，本质上和保理是一样的，以企业赊销形成的应收账款质押进行融资，优点是融资期限具有弹性，可以用新产生的应收账款质押替代临到期的应收账款，延长了贷款时间，简化了贷款程序。

（3）保兑仓融资，又称预付账款融资，是建筑施工企业（核心企业）、供应商和商业银行三方合作，由银行控制提货权，核心企业受委托负责保管货物并承担回购责任，为供应商融资的服务。

（4）融通仓融资，是指企业将流动资产质押给银行获得信用担保，从而获得资金贷款，并将此流动资产产生的收入作为还款来源的一种融资方式。实施流动资产质押融资业务需申请企业提供合法货物，并将货物存入第三方物流企业。

2. 建筑企业供应链融资的操作流程

银行提供的供应链融资产品多种多样，每种产品操作的程序也略有不同，但都是围绕"开展金融服务，为企业提供资金支持"这一实质进行的。基本操作流程如下：

(1) 由核心企业列出融资需求清单,与金融机构协商谈判,金融机构结合企业实际需求设计融资产品。

(2) 双方约定一些具体事项,如贷款还款主体、授信额度、利率、还款方式等,签订正式有法律约束力的合同。

(3) 双方通过一定的程序确定最终供应商,并分割授信额度。

(4) 双方约定对账节点,在每个约定对账节点进行符合财务操作规程的对账,对账完成后,核心企业须签认规范合法的应收账款账单。

(5) 金融机构以核心企业签认的应收账单为依据,给相应的供应商发放贷款。

(6) 按照供应链融资合同约定期限,由核心企业履行还款责任。

3. 建筑企业供应链融资的意义

(1) 实现了交易体系的系统化、标准化和规范化。供应链融资可实现建筑企业(施工)从采购、订单管理、结算、融资及订单评价的规范化和标准化,有效解决了应收账款、质押存款"变现难"的问题,盘活了企业资本。与传统融资方式相比,在提高企业资金使用效率方面实现了质的飞跃。

(2) 降低了企业采购成本和财务成本。在顺利的情况下,企业从申请办理供应链融资贷款到银行完成支付所需时间较传统融资模式大大缩短,其支付时效性增强,后续的采购成本降低也是顺理成章的。加之该融资模式把对核心企业、上下游企业以责任捆绑制的形式划定责任,对授信额度分割也采取了科学的标准,可以让建筑施工核心企业在可允许的范围内实现资金周转不畅情况下的延迟支付。

(3) 建筑企业(施工)与上下游企业、银行、供应商等伙伴建立了稳定的合作伙伴关系。由于供应链融资模式的保障是支付,并不断伴随着交易体系的优化,因此可以持续有效地降低招标频度,对规模和履约条件不达标的供应商也可以实现有效监督和控制。最终,规模较大、履约情况良好、服务意识强的供应商会和建筑施工企业结成战略合作伙伴,实现较为稳定的强强合作。

(4) 降低了贷款资金使用风险。银行以一种立体手段获取及捆绑核心企业的营运信息,这足以保证这种模式得以有效实施。由此,银行也可以通过对产品组合的优化设计,让传统融资模式下某些单一不可控风险转变为企业整体可控的风险,确保银行的资金安全。

(5) 促进了数据共享,提高了信息安全性。从自身利益出发,开展供应链融资业务的企业都会对核心企业的信息平台进行监控,督促未建立信息平台的企业及时建立,对信息平台不完善的企业进行提醒。这会提高信息沟通的效率,也会使企业在银行的督促下及时完善各项制度措施,提高安全意识,谨防信息泄露风险。同时,这种合作也加深了企业和商业银行之间的了解,对企业和以商业银行为代表的金融机构进行长期合作,构建战略合作伙伴关系有很大的帮助。

4. 发展建筑企业供应链融资的建议

(1) 简化供应链融资程序。首先,企业在进行供应链融资时应该简化程序,无论是款项还是实物的抵押都需要保证资产的连贯性,但建筑施工企业的经营特性使其无法保证生产的连贯性,所以以上的融资模式有一定的局限性。简化操作应着重于简化资产质押程序,将资质审核的严格把控放在前期,在审核融资前严格审查供应链上各个企业的资质,选择优质的合作伙伴,建立合作形成机制。同时,不断对合作伙伴机制进行完善,形成更加稳固的关系,利用科学的评估方法计算融资额度,并在整个过程中加强对融资的监控,保证贷款的汇款,严格监控风险。

(2) 加强供应链融资中的风险控制。供应链融资风险对建筑施工企业来说主要表现在以下几方面:首先,供应链上的合作伙伴之间存在风险,合作关系是否牢固可靠、合作伙伴存在的经营风险、供应链的稳定安全以及融资后各企业能否按照约定归还贷款等,都会给处于供应链上的建筑施工企业带来风险;其次,银行更应该控制风险,严格做好事前、事中、事后风险控制工作,加强同供应链上各个企业的信息交流,及时了解企业的经营状况,不但要做好严格全面的调查,还要随时更新信息,监控资金使用状况,将风险置于可控状态;最后,注意分散风险,供应链企业可以选择多种融资产品将风险分散,根据建筑施工企业进行的不同项目重新分配融资工具的配比,这需要建筑施工企业不断提升对供应链融资工具的应用能力。

(3) 加强企业供应链融资信息化建设。供应链融资与建筑施工企业的传统融资方式不同,它更加依赖信息化建设实现信息的快速传播和交流,这就需要建筑施工企业改善或者重新建立信息系统。企业可以通过自己在内部建立或者选择外包服务开发供应链融资系统,供整个供应链上的企业使用,这些企业可以共享各自的信息,可以将系统的使用权限扩展到银行等金融机构和监管机构,让它们充分了解供应链上各个企业的信息,更好地为融资提供参考。同时,监管机构能够控制风险,保证融资安全,在系统内完善服务功能,包括记录信息、融资信息、还款信息、资金流动环节等,让整个供应链融资保持高效化和信息化。

【复习思考题】

1. 什么是采购管理?采购管理的方法有哪些?
2. 采购的流程是怎样的?
3. 什么是供应链管理?它的原则和内容是什么?
4. 什么是供应链融资?它的操作流程有哪些?

第 10 章 工程项目合同管理

10.1 合同管理概述

鲁布革水电站工程是我国改革开放后水电建设方面第一个利用世界银行贷款,并按世界银行规定进行国际竞争性招标和项目管理的工程。这项工程于 1982 年进行国际招标,1984 年 11 月正式开工,1988 年 7 月竣工。期间发生的"轮胎事件",是我国基本建设处理的第一单索赔事件。鲁布革工程带来的冲击,在那个阶段掀起了我国国际工程管理和合同管理的研究热潮,其核心内容就是招标承包制和合同管理——合同管理是工程项目管理的核心内容。

《中华人民共和国民法典》(以下简称《民法典》)第七百八十八条规定,建设工程合同是承包人进行工程建设,发包人支付价款的合同。建设工程的主体是发包人和承包人。发包人一般为建设工程的建设单位,也就是投资人。承包人是实施建设工程的勘察、设计、施工等业务的单位。这里的工程是指土木工程、建筑工程、线路管道和轨道交通工程等。

建设工程合同管理属于一般合同管理的范畴。一般而言,合同管理是指依据合同规定对当事人的权利和义务进行监督管理的过程。就建设工程合同而言,可以按主体的不同分为业主的合同管理、承包商的合同管理以及监理单位的合同管理。

合同管理经历了从认识到体系建设多年的发展,逐渐得到了重视,但是目前建设工程合同管理还存在诸多问题,这表现在:合同文件的起草过于注重争议的解决,语言过于法律化。在合同谈判时,业主在合同中经常提出苛刻的合同条件,而承包商处于被动地位,只能接受。在合同履行过程中,承包商不敢向业主提出合理的索赔要求,无法解决合同问题。此外,建筑市场运行尚不规范,合同约束力不强,合同管理效果并不显著。上述主客观原因导致了我国目前合同管理整体水平还比较低,缺乏能够规范化合同管理的专门人才。尽管法律依据已经比较健全,但是实践中仍然不习惯用合同措施解决问题。在合同履行中,客观上导致了承包商的管理和创新得不到激励等问题,合同管理的效率不高。

合同管理的上述瓶颈一直没有得到有效的解决。全世界范围内,建筑业长期以来一直面临提高效率、生产力的迫切需求,利用新兴技术解决现有问题成为新的可能。其中,自然语言技术(NLP)与区块链技术又是这些新兴技术之中有望应用到合同管理的新技术。

利用自然语言处理技术(NLP),对合同条款进行结构化处理,并提取条款内关键的语义表达,用于判断某一条款是否存在风险,能够辅助审核人员对建设工程施工合同进行审核,或为单层知识结构的管理人员提供合同审核决策依据,对加强我国项目管理信息化水平、完善建筑业市场履约规范、提高合同审查效率、防范合同风险具有重要意义。

区块链技术的关键创新之一便是智能合同,所有数据和信息以及启动的交易都会被记录在区块链上，整个项目系统对于协作参与者来说都是透明和可追踪的。将基于区块链的平台嵌入项目实践中，使项目自动依据数字化工作、合同条款和智能合同启动付款操作。区块链支持的智能合同可以最大限度地减少合同执行偏差，在合资企业中实施集体纠偏措施。这种平台的关键优势就在于不仅非常高效，还对所有利益相关方高度透明。

10.2 建设工程合同及法律依据

10.2.1 建设工程合同

1. 建设工程中合同的作用

合同是建设工程项目管理的中心，合同确定了项目的目标及工程融资模式、承发包模式、管理模式、实施策略和各种管理规范。业主通过合同来运作项目，决定了项目管理模式。合同的签订，是双方责权利关系和双方责权利平衡点的体现。在工程建设过程中，合同不仅是双方最高行为准则，也是解决争议的依据。通过合同关系可以确定组织关系，有什么样的合同关系就有什么样的项目管理组织关系。

随着我国现代工程建设规模越来越大，项目参与各方角色越来越多，工程项目管理从单纯的承发包到项目融资、总承包、项目管理承包，合同与合同管理在工程建设中的作用越来越受到重视。

2. 工程合同的订立与履行

不同种类的合同，有不同的委托方式和履行方式，同样有不同的生命期。在不同阶段，合同管理有不同的任务和重点。对于常见的公开招标工程，工程承包合同经历订立和履行两个阶段。

（1）工程合同订立阶段

工程合同订立阶段包括投标、开标与评标、中标四个步骤三个阶段。

1）投标阶段。这个阶段从取得招标文件开始，到开标为止。承包商获取招标文件；进行详细的环境调查，确定工程实施方案；在此基础上采用企业定额编制有竞争力的报价；在招标文件规定的时间内，按要求递交投标书。

2）开标与评标阶段。开标为业主（招标人）在投标截止后，在招标文件规定的时间和地点开启投标文件，公开宣布投标人的名称、投标价格及投标文件中其他主要内容的活动。对于无效的投标文件，不得进入评标。

评标是由业主（招标人）组建的评标委员会，依据招标文件的规定和要求，对投标文件所进行的审查、评审和比较，以推荐合格的中标候选人。

3）中标。招标人向中标人发出中标通知书，并且在规定的时间内（30 天），经过合同谈判，按照招标文件和中标人的投标文件订立书面合同，并不得订立背离合同实质性内容的其他协议。

（2）工程合同履行阶段

工程合同履行阶段是指自合同订立开始到合同结束，包括合同的担保、实施、变更、转让和终止。建设工程合同履行坚持实际履行和全面履行两个原则。实际履行原则是指合同当事人按照合同规定的标的履行。全面履行原则是指合同当事人必须按照合同规定的标的、质量和数量、履行地点、履行的价格（工程造价）、履行时间（工期）和履行方式等全面完成合同义务。

3. 工程合同原则

工程合同原则是合同当事人在合同的策划、起草、签订、执行、变更和争议的解决过程中应当遵守的五个基本原则，即平等原则、自愿原则、公平原则、诚实信用原则和法律良俗原则。

(1) 平等原则

平等原则是指地位平等的合同当事人，在充分协商达成一致意思表示的前提下订立合同的原则。这一原则包括三个方面的内容：

1) 合同当事人的法律地位一律平等。
2) 合同中的权利义务对等。
3) 合同当事人必须就合同条款充分协商，取得一致，合同才能订立。

(2) 自愿原则

当事人依法享有自愿订立合同的权利，任何单位和个人不得非法干预。自愿原则包括以下几个方面：

1) 订不订立合同自愿。
2) 与谁订立合同自愿。
3) 合同内容由当事人在不违法的情况下自愿约定。
4) 当事人可以协议补充、变更有关内容。
5) 双方可以协议解除合同。
6) 双方可以自由约定违约责任，在发生争议时，当事人可以自愿选择解决争议的方式。

(3) 公平原则

公平原则要求合同双方当事人之间的权利义务要公平合理。对于显失公平的合同，当事人一方有权要求法院或者仲裁机构予以撤销。公平原则体现在如下几个方面：

1) 应该根据公平原则确定合同双方的责权利关系和违约责任，合理地分担合同风险。
2) 在合同执行中，对合同双方公平地解释合同，使用统一的合同和法律尺度来约束合同双方。
3) 在《民法典》合同编中，为了维护公平、保护弱者，对合同当事人一方提供的格式将会存在限制。
4) 当合同没有约定或约定不明确时，可以根据公平原则、诚实信用原则进行解释。

(4) 诚实信用原则

诚实信用原则要求当事人在订立合同的全过程中都要诚实、讲信用，不得有欺诈或其他违背诚实信用的行为。

(5) 法律良俗原则

法律良俗原则是指遵守法律、行政法规，尊重社会公德，不得扰乱社会经济秩序和损害社会公共利益。第一，合同的内容要符合法律、行政法规的精神和原则。第二，合同的内容要符合社会上被普遍认可的道德行为准则。签订合同作为一个民事法律行为，按照《民法典》第一百四十三条规定，合法的合同应当具备以下三个条件：

1) 签订合同的当事人应具有相应的民事权利能力和民事行为能力，也就是主体要合法。在签订合同之前,要注意并审查对方当事人是否具有真正签订该合同的法定权利和行为能力,是否受委托以及委托代理的事项、权限等。

2) 合同当事人订立合同是真正自愿的,不是被强加的,不是在违背真实意思的情况下订立的。

3) 合同的内容、合同所确定的经济活动必须合法,必须符合国家的法律、法规和政策要求,不得损害国家和社会公共利益。

合同无效条件:合同不具备或违反了法律条件,法律不承认其效力。《民法典》对无效民事法律行为的相关规定如下:

1) 无民事行为能力人实施的民事法律行为无效。

2) 行为人与相对人以虚假的意思表示实施的民事法律行为无效。

3) 违反法律、行政法规强制性规定的民事法律行为无效,但是该强制性规定不导致该民事法律行为无效的除外。

4) 违背公序良俗的民事法律行为无效。

5) 行为人与相对人恶意串通,损害他人合法权益的民事法律行为无效。

合同无效情况的处理,应注意以下四点:

1) 无效合同自合同签订时就没有法律约束力。

2) 合同无效分为整个合同无效和部分合同无效。如果部分合同无效,不影响其他部分的法律效力。

3) 合同无效,不影响合同中独立存在的有关解决争议条款的效力。

4) 因该合同取得的财产应予返还,有过错的一方应当赔偿对方因此而遭受的损失。

此外,建设工程合同管理要能反映新的管理理念、理论和方法,通过合同提高劳动生产率和管理效率。合同文本应能够反映和体现现代经营方式和项目管理的目标,现代合同管理中应尽量减少索赔,鼓励各方以互相信任和合作的精神履行合同责任,激励有效的团队精神。合同形式应尽可能简洁、灵活。合同语言要便于人们理解,采用工程语言和工程人员能够接受的表达方式。

10.2.2 工程合同的法律依据

1. 我国建设工程合同的法律依据

(1) 我国工程合同法律体系

1) 法律,是指由全国人民代表大会及其常务委员会审议通过并颁布的法律。其中,《中华人民共和国民法典》《中华人民共和国招标投标法》和《中华人民共和国建筑法》是适用于工程合同最重要的法律。

2) 行政法规,是指由国务院依据法律制定或颁布的法规,如《建设工程安全生产管理条例》《建设工程质量管理条例》《建设工程勘察设计管理条例》等。

3) 部门规章,是指由住房和城乡建设部和国务院的其他主管部门依据法律制定和颁布的各项规章,如《建筑工程施工许可管理办法》《工程建设项目施工招标投标办法》《建筑工程设计招标投标管理办法》《建筑业企业资质管理规定》《建筑工程施工发包与承包计价管理办法》等。

4) 地方法规和地方部门规章,是法律和行政法规的细化、具体化,如地方的《建筑市场管理办法》《建设工程招标投标管理办法》等。

下层次的（如地方、地方部门）法规和规章不能违反上层次的法律和行政法规，而行政法规也不能违反法律，上下形成一个统一的法律体系。在相互不矛盾、不抵触的情况下，对于一个具体合同和具体问题，通常特殊的、详细的、具体的规定优先。

(2) 建设工程合同的法律优先级

建设工程合同的法律优先级为：法律、行政法规、部门规章、地方法规和地方部门规章，如图10-1所示。

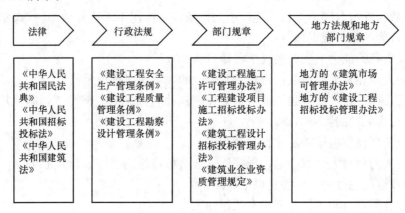

图 10-1 我国法律优先级降序图

(3) 不同工程合同适用的法律

不同的工程合同，它所适用的法律和优先级顺序也不一样。

1) 工程承包合同。适用于它的法律及执行次序为：工程承包合同、《中华人民共和国民法典》。

2) 建筑工程勘察设计合同。它与工程承包合同相似，适用于它的法律及执行次序为：建设工程勘察设计合同、《中华人民共和国民法典》。

3) 对于工程中的其他合同，如材料和设备采购合同、加工合同、运输合同、借款合同等，适用于它们的法律为：《中华人民共和国民法典》。

4) 其他相关法律，主要包括：①《中华人民共和国建筑法》；《中华人民共和国建筑法》是建筑工程活动的基本法。它规定了施工许可、施工企业资质等级的审查、工程承发包、建设工程监理制度等；②涉及合同主体资格管理的法规，例如国家对于签订合同各方的资质管理规定、资质等级标准认定，这会涉及工程合同主体资质的合法性；③建筑市场法规，如《中华人民共和国招标投标法》；④建筑工程合同管理法规，包括国家关于合同公证和鉴证的条例和规定；⑤建筑工程质量、安全管理法规，如《中华人民共和国标准化法》《中华人民共和国安全生产法》；⑥建筑工程造价管理法规；⑦合同签订和履行涉及的法律法规，如税法、《中华人民共和国劳动保护法》《中华人民共和国环境保护法》《中华人民共和国保险法》《中华人民共和国文物保护法》《中华人民共和国土地管理法》等；⑧合同争议解决方面的法规，如《中华人民共和国仲裁法》《中华人民共和国民事诉讼法》。

2. 国际工程合同的法律依据

(1) 国际私法

在国际工程中，合同双方来自不同的国家，有着有不同的法律背景，而合同是民事关系行为，由相关方自由约定，属于国际私法的范畴。国际私法（Private International Law）是在世界各国民法和商法互相歧义的情况下，调节含有涉外因素的民事法律关系。国际私法只是指出应当适用哪一国的实体法来解决当事人的权利义务，其本身并不直接规定当事人的权利义务。国际私法是关于各国民法的法律适用法，而不是实体法。实体法是指直接规定当事人权利义务的法律。国际私法对跨国关系没有定义适用的法律，因此国际上没有统一适用的合同法。这导致对同一合同有不同的法律背景和解释，从而导致合同实施过程中的混乱和争议解决的困难。对于中国来讲，"一带一路"经济区的建设带来了大量的国际工程项目，重视对国际工程合同的研究，提高国际工程合同管理水平，是实现"一带一路"倡议，顺应世界多极化、经济全球化、文化多样化、社会信息化的必然要求。

因此，双方必须对适用于合同关系的法律达成一致。按照惯例，采用合同执行地、工程所在国、当事人的国籍地、合同签字地、诉讼地等的法律。如在FIDIC第二部分，即特殊条款中必须指明，使用哪国或州的法律解释合同，则该法律即为本合同的法律基础，合同的有效性和合同的实施受该法律的制约和保护。同时，合同也必须符合所在国的法律，否则必须进行修改。

（2）两大法系概述

1）英美法系（案例法系）

该法系以英国和美国为主，也包括英国殖民地及附属国、加拿大、印度、马来西亚、新加坡、澳大利亚以及非洲的国家和地区。FIDIC合同以此法系为基础。

英美法系是在12世纪以来以英国普通法为基础发展起来的法律的总称。英国从1世纪到5世纪曾经是罗马帝国的殖民地，古代罗马法对英国早期的法律制度有一定的影响，随着欧洲逐步形成大陆法，英国开始走自己的路，产生了英国普通法。英美法系具有如下主要特点：以判例法作为主要的法律形式，许多法律概念和原则来源于司法习惯。因此，国家会颁布或取消一些典型的案例，且在诉讼中奉行当事人主义，法官是消极的裁判者，遵循先例，法律观念具体明确，在教育方式上注重比较实际的方法。对于民事关系行为，合同是第一性的，是最高法律。所以，在此法系中合同条文的逻辑关系与法律责任的描述和推理要十分严谨，合同条件应严密，文字准确，合同附件多，约定十分具体。在该法系中，合同自成体系，条款之间的相互关联和相互制约多。

2）大陆法系

大陆法系，又称为民法法系、法典法系、罗马法系。法国和德国是大陆法系的两个典型代表，此外还包括过去曾是法国、西班牙、荷兰、葡萄牙四国殖民地的国家和地区以及日本、泰国、土耳其等国。大陆法系是以罗马法为基础建立和发展起来的法律体系，罗马法的思想方法和技术对于大陆法系的形成至关重要。罗马法关于公法和私法的划分以及人法、物法、诉讼法的体系一直作为大陆法系各国民事立法的依据。大陆法系具有如下特征：强调成文法，以法典为法律主要渊源；不承认法官有创制法律的权力，否认判例的法律效力；提倡公法和私法的分类；在诉讼中，坚持法官的主导地位，奉行职权主义；法律观念抽象，倾向于"演绎式"的教育方法；立法机构具有绝对权威，法律规定概括抽象。大陆法系以1804年的《法国民法典》和1896年的《德国民法典》为代表。成文法系的上述特点反映在合同管理上，国家对合同签订和执行有具体的法律、法规、条例和细则的明文规定。在不违反这些规定的基础上，合同双方约定合同条件。成文法系的法律比较细致，因而合同偏短小精练。

3) 合同中两个法系相互影响的趋势

在两大法律体系的形成过程中，均在不同程度上继续借鉴和吸收罗马法的精华。由于国际工程越来越多，大量属于不同法系的承包商和业主在项目上合作，促使现代工程合同标准文本必须体现两个法系的结合。例如，FIDIC合同虽然源于英美法系，但增加了许多适应不同国家法律制度的规定。如以政府颁布的税收、规范、标准、劳动条件、劳动时间、工作条件、工资水平为依据；在当地取得执照、批准，符合当地环境保护法的规定；承包商必须遵守当地的法律、法规和细则。

(3) 国际工程合同中法律依据的确定

由于合同双方来自不同的国家，各自有不同的法律背景。这会导致对同一合同有不同的法律背景和解释，导致合同实施过程中的混乱和争议解决的困难。合同双方都希望以本国法律作为合同的法律基础。如果使用本国法律，对合同行为的法律后果很清楚，合同的风险较小，在合同实施过程中使自己处于有利地位。在国际工程中，合同管理法律依据的确定一般采用以下两种方式。

1) 采用本国法律

通常在招标文件中，发包人凭借主导地位规定适用的法律已经成为国际惯例。因此，承包商就必须适应该法律背景。合同和合同履行不得违反工程所在国的各种法律，如民（商）法、外汇管制法、劳工法、环境保护法、税法、进出口管制法等。

2) 采用第三国工业发达国家（瑞士、瑞典、新加坡等）的法律

若合同中没有规定适用的法律，按照国际惯例，采用签字地或是合同执行地（项目所在地）的法律。通常工程分包合同的法律基础可以和总承包合同保持一致，但是也有总承包商规定把其所属国法律作为分包合同法律基础的情况。而总承包合同中的分包合同规定总承包商所属国的法律适用于分包合同。分包合同的法律执行顺序是：分包合同、总承包合同的一般采购条件、总承包商所属国的建筑工程承包合同条例、总承包商所属国民法。

10.3 建设工程合同管理

10.3.1 工程合同文本

1. 工程合同文本的结构与标准化

合同文本（包括协议书、合同条件）是合同的核心部分。它规定了工程施工双方的责权利关系、合同价格、工期、合同违约责任和争议的解决等一系列内容，是合同管理的核心文件。

标准合同条件规定了工程施工过程中合同双方的经济责权利关系，以及工程过程中一些普遍性问题的处理方法。它作为一定范围内（行业或地区）的工程惯例，能够使工程合同管理，乃至整个工程项目管理规范化、标准化。标准化的合同文本有：FIDIC、NEC、JCT、AIA、《建设工程施工合同（示范文本）》《建设工程施工专业分包合同（示范文本）》《建设工程施工劳务分包合同（示范文本）》等。

国内外的标准合同条件随着社会经济的发展和工程实践的需要不断地修订，并推出新的合同类型。例如，FIDIC合同不断推出新版本、PPP项目合同示范文本、全过程咨询

项目合同示范文本等。

2. 建设工程合同分类

按照工程建设阶段，可分为勘察合同、设计合同、施工合同。

按照承发包方式，可分为勘察、设计或施工总承包合同、单位工程施工承包合同、工程项目总承包合同、工程项目总承包管理合同（CM）、BOT/PPP承包合同（又称特许权协议书）。

按照承包工程计价方式，可分为总价合同、单价合同和成本加酬金合同。在总价合同、单价合同、成本加酬金合同的基础上又发展出了三种合同形式：成本加固定费用合同、成本加激励费用合同（事先确定项目成本，承包商超过成本受罚、节约成本有奖）、成本加奖励费用合同（与成本加激励费用合同不同的是奖励与否还要考虑承包商的工作态度）。

3. 合同起草需要考虑的几个关键问题

不同的合同类型有不同的模式与特点，因此，起草合同时需要考虑到特定合同的特殊性，需要注意以下关键问题。

（1）双方责任与权利对等

在建设工程承包合同中，业主往往利用其起草合同条件的便利，设置一些对承包商明显不公平的条款，并且往往通过合同的签订加强对承包商的干预和限制。签订一个公平互惠的合同是合同双方的权利，承包商应善于识别这些不公平条款和条款中可能隐含的风险，并力争在合同谈判过程中进行修正，增加对业主权利进行恰当约束的条款。

（2）把握合同的核心条款

在建设工程的推进过程中，要时刻关注工程的四大目标：质量、成本、进度以及安全目标，它们共同决定项目的综合收益。在成本方面，要明确合同所采用的计价方式，如固定总价、单价或者成本加酬金等，还要明确合同总价和价格的计算方法、合同计价所采用的货币以及支付条件和支付程序等；在进度方面，要明确开工日期、实际开工日期、计划竣工日期、实际竣工日期、工期延误、工期顺延、工期索赔、总工期等内容；在质量方面，定义质量需要达到的标准，包括国家标准、行业标准、创优获奖等，以及相应的违约责任；在项目安全方面，应明确安全管理目标、安全管理体系、安全事故责任等。

（3）尽量避免易产生争议的名词

由于不同的语言习惯和不同行业之间的差距，合同中有的词语往往容易产生歧义，最终影响到工程项目的完成与合同的实施，这种情况在国际工程中更为常见。例如，对地基与基础、单据与发票、正常的施工环境条件与非正常的施工环境条件理解上的差异。因此杜绝想当然地把对本国的用词和涵义推及工程所在地的理解。

（4）重视违约责任条款

违约责任是合同履行过程中督促双方按照合同履行的最重要的条款，详细约定违约责任，双方才会对合同有所顾忌，履行合同也就不再仅仅依靠双方的协议精神和诚实信用，而是依靠合同约定的违约责任。同时，当双方产生争议时，可以按照合同约定要求违约方承担违约责任。例如，对于工期拖延的处罚有：扣保证金、违约金及抵扣工程款等，对于质量争议的约定，可以提前找好中间认定机构。

4. 国外主要的标准合同文本

(1) AIA 合同条件

美国建筑师协会（American Institute of Architects，AIA）作为建筑师的专业社团，已有近 140 年的历史。AIA 系列合同条件是该协会编制的合同范本，其中比较重要的是 A201《工程承包合同通用条款》和 A401《总承包商与分包商标准合同文本》。不同系列合同的使用规则也是不一样的，使用前需要对不同系列的合同进行了解，结合不同的施工项目进行具体的操作和使用。

AIA 系列合同条件主要被用于私营的房屋建筑工程。该合同条件确定了三种主要的工程项目管理模式，即传统模式、设计—建造模式和 CM 模式。从计价方式上看，AIA 合同文件主要有总价、成本补偿和最高限定价格三种方式。AIA 合同针对三种不同的工程项目管理模式制定了各自的合同文件体系，主要包括标准协议书和通用条件。A 系列为业主与承包商之间的标准合同文件；B 系列为业主与建筑师之间的标准合同文件；C 系列为建筑师与专业咨询人员之间的标准合同文件；D 系列为建筑师行业内部使用的文件；F 系列为财务管理报表；G 系列为建筑师企业与项目管理中使用的文件。其中，A 系列中的 A201《工程承包合同通用条款》是 AIA 系列合同中的核心文件，是业主与承包商订立承包合同的依据和样本，是约定双方权利与义务关系的书面文件。

(2) JCT 合同条件

JCT 合同条件为英国联合合同审核委员会（Joint Contracts Tribunal）制定的标准合同文本。JCT 合同是第一个用于房屋工程的标准合同。经过 80 余年的不断更新完善，JCT 合同条件已经非常成熟。JCT 合同条件不仅在英国本土得到广泛使用，也被很多英国以外的国家和地区（特别是英联邦国家）所认可。例如，中国香港和加拿大。

JCT 合同条件由合同协议书、合同条件（不分通用与专用，分为 9 条）、明细表三部分组成。JCT 合同条件合同协议书的篇幅与内容较为复杂，包括合同首部、陈述、条款、合同详情、证明、合同尾部等几个部分。合同详情部分大致相当于 FIDIC 合同条件的"专用合同条件"。从当前来看，使用的最新版本就是 JCT05。

JCT 合同条件的用语有明显的法律专业色彩，条款之间相互引用、结构复杂，很多条款要经过三四层引用才能完整表达其含义。JCT 合同条件里还有少量为英国用户量身定做的条款，涉及英国建筑业管理的法规，英国以外的用户在使用时需要注意排除这些条款。JCT 合同条件中没有类似争端避免的机制，对于争端解决，则采用事先约定专家或专家库，发生争端时由指定专家或双方从专家库中挑选的专家来做出裁决的做法。

(3) ICE 合同条件

ICE 为英国土木工程师协会（Institution of Civil Engineers），它是设于英国的国际性组织，拥有英国及 140 多个国家和地区的会员，创立于 1818 年。1945 年 ICE 和英国土木工程承包商联合会颁布了 ICE 合同条件。但它的合同原则和大部分条款在 19 世纪 60 年代就已经出现了，并一直在一些公共工程中应用。到 1956 年已经修改了 3 次，作为 FIDIC 合同条件编制的依据。它主要在英国和其他英联邦以及历史上与英国关系密切的国家的土木工程中使用，特别适用于大型的、比较复杂的工程。

(4) FIDIC 合同条件

"FIDIC"是国际咨询工程师联合会（Fédération Internationale Des Ingénieurs-Conseils）的缩写。FIDIC 合同条件是在长期的国际工程实践中形成并逐渐发展和成熟起来的国际工程惯例。它是国际工程中普遍采用的、标准化的、典型的合同文件。任何要进入国际承包市场、参加国际投标竞争的承包商和工程师，以及面向国际招标的业主，必须精通和掌握 FIDIC 合同条件。

经过 60 多年的发展，FIDIC 已形成科学、严格的体系，包括《施工合同条件》（红皮书）、《生产设备和设计—施工合同条件》（黄皮书）、《电气和机械工程施工合同条件》《业主和咨询工程师协议书国际通用规则》《设计—采购—施工（EPC）/交钥匙项目合同条件》（银皮书）、《工程施工分包合同条件》等一个系列。1999 年，FIDIC 对这些合同条件作了重大修改，以新的第一版的形式颁布了几个合同条件文本。2017 年，FIDIC 推出新一版的红皮书、黄皮书和银皮书，实行条款标准化设计，三者的通用条款均有 20 项一级条款，但又针对不同的适用条件，差异化地制定出管理者（工程师和业主代表）相关条款、风险分担及对应的变更、索赔条款和程序。

1)《施工合同条件》（红皮书）：主要用于由业主提供设计的房屋建筑工程和土木工程，以竞争性招标方式选择承包商，合同履行过程中采用以工程师为核心的工程项目管理模式。

2)《设计—采购—施工（EPC）/交钥匙项目合同条件》（银皮书）：通常适用于工程建设项目，承包商的承包范围涵盖了项目策划、设计、采购、建造、安装、试运行等在内的全过程。

3)《生产设备和设计—施工合同条件》（黄皮书）：承包商的基本义务是完成永久设备的设计、制造和安装。

4)《合同的简短格式》（绿皮书）：主要适用于价值较低的或形式简单、重复性、工期短的房屋建筑和土木工程。

FIDIC 合同条件的语言文字表述更为清晰，条款之间的相互引用关系简单，各条款对于具体内容的解释较为充分，对于某些比较复杂的流程，合同里还附带有时间流程图，以方便使用者理解。总体上 FIDIC 合同条件对非法律专业的使用者较为友好。

FIDIC 在最新的合同条件中也引入了类似 ECC4 合同条件中诸多现代项目管理的先进理念，浓重的法律思维向项目管理思维的转变比较明显。新版 FIDIC 合同条件把前一版中的"索赔与争端、仲裁"条款拆分为"业主和承包商的索赔"及"争端和仲裁"两个条款，更清晰地呈现索赔程序，避免产生分歧。在争端解决机制上，用"争端避免/裁决委员会（DAAB）"取代了之前的"争端裁决委员会（DAB）"，更强调 DAAB 预防和避免争端的作用。

（5）NEC 合同条件

在以 FIDIC 为主导的工程合同惯例的引导下，项目业主为了适应项目的特点，合同的制定几乎都建立在业主与承包商相对立的商业目标的基础上，并不给予合同中的任何一方激励或提倡良好的工程管理。在商业目标的驱动下，合同的实施过程常常被利用为索赔机会并导致争端。承包商投标时研究投标策略，在项目实施过程中研究合同等管理工作都是为了寻找索赔机会。业主或咨询工程师为了降低成本，在处理争端事件中常常利用自身的优势与权力，维护业主的利益。这种合同模式起步于 Win-Loss，通常很容易发展成 Loss-Loss 或者上述两种模式的混合体，很难适应现代项目实施的要求，也很难成为合同双方的长期追求。

针对传统工程合同双方利益对抗带来的问题，人们开始寻求既能满足合同双方的商业利益诉求，同时又满足现代项目管理 Win-Win 模式的工程合同。英国土木工程师协会（ICE）在 20 世纪 90 年代初就开始着手构建非对抗性的"新工程合同"。NEC（New Engineering Contract）是一个合同家族。1991 年 NEC 发行试用版，1993 年发行 NEC1，1995 年发行 NEC2，2005 年发行的 NEC3 合同家族达 23 种，至 2010 年完整的 NEC3 合同家族文件数量增至 30 个（包括指导说明和流程图）。2017 年发行 ECC4 合同。ECC4 合同条件分为标准化核心条款、主要选项条款、次要选项条款、争端解决和规避条款，针对具体项目在合同资料第一部分明确适用的主要选项条款、次要选项条款、争端解决和规避条款。

1）核心条款。为标准化条款，适用于 6 种价格模式，含 9 项条款，分别为：总则、承包商主要职责、时间、质量管理、付款、补偿事件、所有权、责任和保险、终止。

2）主要选项条款。实为针对不同价格模式增设的特定核心条款，需做出单一选项。ICE 针对不同价格模式分册出版完整合同，具体分为选项 A（带分项工程表的标价合同）、选项 B（带工程量清单的标价合同）、选项 C（带分项工程表的目标合同）、选项 D（带工程量清单的目标合同）、选项 E（成本偿付合同）、选项 F（管理合同）。

3）次要选项条款。个别条款明确了其仅适用的情况或不适用的情况。

4）争端解决和规避条款。按照英国 1996 年住房补贴、建造和改建法案是否适用前提下的基于争端裁决人或争端规避委员会的第三种选项，置于主要条款和次要条款之间。ICE 设置此选择条款的主要目的是使 ECC4 可直接适用于英国境外的工程项目。

ECC4 合同条件简洁、灵活，更强调双方平等、合作的行事精神，基于早期警告机制的补偿事件程序可操作性更强。

5. 标准合同条件的发展

随着经济全球化和国际工程承包的发展，合同文本应该适应不同文化和法律背景的工程，具有国际性。AIA、NEC、FIDIC、JCT 等标准合同体系都在进行调整和修订。同时，我国的承发包模式日益与国际趋同，国际标准合同体系也日益为国际型工程公司所熟悉。在不断的合作与交流中，各国的标准合同文本出现相互学习的趋势，以便于工程应用。这体现在：一方面各国的标准合同趋于 FIDIC 化；另一方面 FIDIC 合同又在吸收各国合同的优点。FIDIC 一直是以公平和均衡地在业主和承包商之间分配风险和责任而著称，每一本 FIDIC 合同条件都有其特定的适用范围。

随着 FIDIC 合同条件在业界的使用越来越广泛，出现了一些用户以 FIDIC 合同条件为蓝本，直接或间接通过专用条件无限制地修改通用条件的内容，最终形成的合同文件严重背离了 FIDIC 相应合同条件的起草原则，扰乱了行业秩序，也严重损害了 FIDIC 的声誉。针对业界存在的越来越多 FIDIC 合同条件被滥用的问题，在发布 2017 版系列合同条件的同时，FIDIC 首次提出了专用条件起草的五项黄金原则（FIDIC Golden Principles），以提醒用户在起草专用条件时慎重考虑。

(1) 合同所有参与方的职责、权利、义务、角色以及责任一般都在通用条件中默示，并适应项目的需求。

(2) 专用条件的起草必须明确和清晰。

(3) 专用条件不允许改变通用条件中风险与回报分配的平衡。
(4) 合同中规定的各参与方履行义务的时间必须合理。
(5) 所有正式的争端在提交仲裁之前必须提交 DAAB 取得临时性具有约束力的决定。

FIDIC 强调，通用条件为合同双方提供了一个基准，而专用条件的起草和对通用条件的修改可视为在特定情境下通过双方的博弈对基准的偏离。FIDIC 给出的五项黄金原则，力图确保在专用条件起草过程中通用条件的风险与责任分配原则以及各项规定不发生严重偏离。

2017 年新修订的 FIDIC 合同条件特点如下：

(1) 2017 版三本合同条件各自的应用范围、业主与承包商的职责和义务，尤其是风险分配原则与 1999 版基本保持一致；合同条件的总体结构基本不变，但通用条件将索赔与争端区分开，并增加了争端预警机制。

(2) 与 1999 版相比，2017 版的通用条件在篇幅上大幅增加，融入了更多项目管理思维，相关规定更加详细和明确，更具可操作性。

(3) 追求更加清晰、透明和确定，以减少合同双方争端的发生，使项目更加成功。

(4) 加强了项目管理工具和机制的运用。

(5) 加强和拓展了工程师的地位和作用，同时强调工程师的中立性。

(6) 更加强调在风险与责任分配及各项处理程序上业主和承包商的对等关系。

10.3.2 合同管理的过程与组织

1. 工程合同内容和形式

(1) 工程合同基本内容

《民法典》第四百七十条规定，合同的内容由当事人约定，一般包括：当事人、标的、数量和质量、价款或报酬、履行期限、地点和方式、违约责任、解决争议的办法等。但由于工程合同标的物、工程合同履行过程的特殊性和复杂性，工程合同的内容十分复杂，它由许多文件构成。它通常包括：

1) 合同协议书和合同条件。它们主要包括对合同双方责权利关系、工程实施和管理的一些主要问题的规定。它是工程合同最核心的内容。

2) 对要完成的合同标的物（工程、供应或服务）的范围、技术标准、实施方法等方面的规定。通常由业主要求、图纸、规范、工程量表、供应表、工作量清单等表示。

3) 在合同签订过程中形成的其他有法律约束力的文件，如中标函、投标书等。

合同协议书，以工程承包合同为例，主要内容有：合同双方介绍；工程范围；合同范围及优先级次序；合同价格；合同工期；业主的一般责任；承包商的一般责任；履约担保条款；工程变更条款；工程价款的支付方式和条件；保险条款；违约责任；其他条款（不可抗力等）；索赔程序、争议的解决和仲裁条款等。

(2) 合同文件组成及优先级

在合同条件中，必须明确规定工程合同文件的组成、范围和执行（解释）的优先次序。

1) 工程合同文件的组成及优先级依次为合同协议书、中标通知书、投标书及其附件、专用条款、通用条款、标准、规范及有关技术文件、图纸、工程量清单、工程报价单或预算书、双方有关工程的洽商、变更等书面协议或文件。

2）工程合同都明文规定合同文件的范围和执行的优先次序。在执行中，如果不同文件之间有矛盾或不一致，应以法律效力优先的文件为准。

2. 合同管理的过程

（1）合同总体策划

通过合同总体策划，确定一些重大问题，它对工程项目的顺利实施，对项目总目标的实现有至关重要的作用。

1）研究企业战略和项目战略，确定企业和项目对合同的要求。合同必须体现和服从企业和项目战略。

2）确定合同的总体原则和目标。

3）分层次、分对象对合同的一些重大问题进行研究，列出可能的各种选择，按照上述策划的依据，综合分析各种选择的利弊得失。

4）对合同的各个重大问题作出决策和安排，提出合同措施。

（2）招标投标和签约管理

建设工程招标投标，必须实行统一领导、分级负责的管理原则。招标投标工作要在各级建设主管部门的领导下，严格执行国家和地区有关招标投标的规定。

（3）合同实施控制（分析、交底、执行、变更管理、索赔管理）

在工程项目实施阶段，应当建立专门的合同管理机构，研究分析合同条款，做好合同的执行与控制，以加强对建设工程合同的管理。

（4）合同管理后评价

在项目结束阶段，应对合同签订情况、合同执行情况、合同管理工作进行评价，同时对合同条款进行分析。

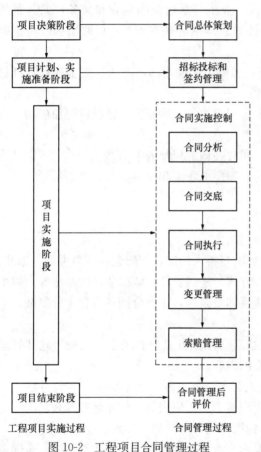

图 10-2　工程项目合同管理过程

工程项目合同管理过程，如图 10-2 所示。

10.4　合同管理全过程实务

10.4.1　工程概况与分析

某国际广场项目总建筑面积为 42 万 m^2，位于城市的商贸中心区，交通便捷、环境优越，项目地下一层与正在建设的地铁工程的站台直接相连。项目将超大型购物休闲中心与五星级酒店、国际甲级写字楼、高级住宅、酒店式服务公寓、国际会展中心等诸种功能，融会于一个统一规划的大型建筑群体。由于其完善的功能搭配，各功能间可通过相互流动实现有机联系，营造规划宏大、灵活便捷、舒适的营商、休闲、家居、商旅环境。该项目建成后将成为城市最重要的商贸活动中心，已被市政府列为城建重点工程，将成为城市的标志性建筑。

(1) 工程规模大、档次高

国际广场二期工程总建筑面积 210610m²，整个工程建成后将成为所在地区首屈一指的商业中心，具有五星级酒店、国际甲级写字楼、酒店式服务公寓、商业裙楼、千人宴会厅及停车场等配套功能。建筑规模宏大、灵活便捷，即使以当今最先进的国家标准衡量也是一座高水准的多功能开发项目。

(2) 设计标准高

该项目设计理念先进，规划精致，功能配置超前，主塔楼地上73层，高达320m。结构设计采用世界建筑领域尖端技术和材料，要求总承包单位有与之相适应的设计和施工能力与业绩。

(3) 施工难度大

1) 地库施工难度大。地库是高层建筑的第一重点和难点，地库施工直接关系到高层建筑施工成败。所以地库的设计、施工方案选择应慎之又慎。

2) 钢结构吊装难度大。本项目钢结构工程量大，安装高度达320m，安装精度要求高，是本工程的又一重点。

3) 装饰等级高。该项目的功能定位决定了其装饰装修的设计和施工档次。因此，只有高档次的装饰装修，才能实现本项目的功能定位。

4) 机电安装工程系统众多，协调配合难度大。本项目的机电安装工程包括暖通空调系统、给水排水系统、燃气系统、消防水系统、供电系统、弱电及智能化系统、消防工程、电梯工程等，施工过程中存在大量的施工交叉配合，充分协调好各专业间的配合是本工程的一个难点。

5) 安装工程体量大，需内部协调的因素复杂。本项目总建筑面积约21.061万 m²，在这样大的建筑内施工，对施工现场的管理要做到井井有条，保证施工各个班组、每道工序有计划、有步骤地进行。这就取决于施工方对设计图纸是否充分消化吸收，施工进度计划安排是否合理，对现场劳动力、施工机具设备的配置是否合理，同时对项目的综合组织及协调能力要求高。

(4) 设计/施工/供应/运营一体化要求高

本项目需要进行全寿命期的集成项目管理。

10.4.2 工程承发包和项目组织模式选择

由于该工程项目是国内总承包首批试点工程，具有挑战性，因此根据承包方和项目特点，对两种可能采取的具体承发包模式进行分析和确定。

(1) 模式1

模式1如图 10-3 所示。

DRB (Dispute Review Board) 是指争议调解委员会，是国际上通行的做法，作为业主和总承包商之间的第三方，其成员由业主和总承包商共同推荐组成。采用DRB可以较好地体现业主思想，解决工程实施过程中的争议和变更。但是这种模式在国内工程领域不经常使用，在具体实施中要注意沟通，而且DRB的存在会在一定程度上提高人工费的投入。

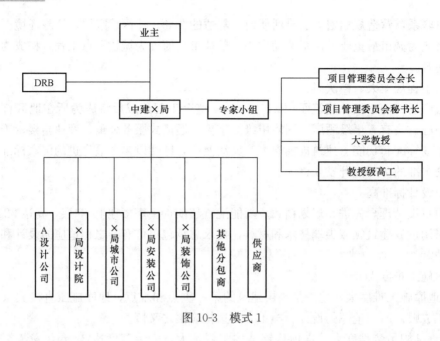

图 10-3　模式 1

(2) 模式 2

模式 2 如图 10-4 所示。

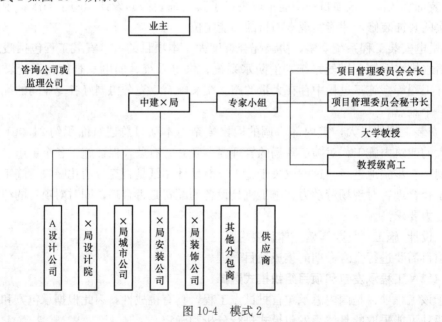

图 10-4　模式 2

上述两种模式都是由中建×局进行总承包,能够保证项目管理的连续性,业主的工作量相对较少,责任明确。

由咨询公司或监理公司作第三方是目前国内比较常用的一种模式,在国内有比较成熟的咨询公司或监理公司。采用这种模式,可经过招标投标找到适合此项工程的咨询公司或监理公司,确保工程的完成。

综上所述,根据我国的国情以及相关法律法规,最终采用模式 2。

10.4.3 合同计价方式选择

该项目有六种合同计价方式可以考虑：固定总价合同、可调总价合同、目标合同、两阶段的总价合同、总协议下的分阶段合同和成本加酬金合同。

其中，成本加酬金合同计价方式根据酬金的计算方式可分为成本加固定酬金、成本加固定费率酬金、成本加浮动费率酬金和目标成本加奖罚四种形式。

（1）成本加固定酬金

最终合同总价为实际成本加一笔固定的酬金。

（2）成本加固定费率酬金

$$最终合同总价 = 实际成本 + 实际成本 \times 费率 \tag{10-1}$$

（3）成本加浮动费率酬金

酬金浮动一般按一定比例，随着成本的递增，成本酬金比逐步递减。

$$最终合同总价 = 实际成本 + 实际成本 \times 浮动费率 \tag{10-2}$$

（4）目标成本加奖罚

目标成本加奖罚是指在项目签订合同前，业主和承包人先确定一个目标成本和基本酬金，工程完成后，如果实际成本较目标成本降低，则将成本降低部分按双方约定的比例奖励给承包人，反之，则将成本超出部分按双方约定的比例由承包人承担，此种方式是比较常见的成本加酬金合同计价方式。

根据实际情况，本项目最终采用成本加酬金合同或总协议下的分阶段合同。

10.4.4 付款方式的采用

工程的付款方式与采用的合同形式相关：

（1）对于固定总价合同、可调总价合同、目标合同、成本加酬金合同，可以采用分阶段付款的方式，按照工程的形象进度付款，具体包括：工程合同签订、基础完成、裙楼完成、主体结构封顶、整个工程竣工、保修期结束等节点。

（2）对于两阶段的总价合同与总协议下的分阶段合同，可以采用灵活的付款方式，分别按照设计合同、施工合同、装饰工程、家具合同、运营管理等付款。

10.4.5 风险分析及应对

本项目主要存在以下风险：

（1）在设计阶段存在的风险主要有：结构设计风险、建筑设计风险、设计的可建造性风险、设计工期控制风险、投资控制风险等。

（2）在施工阶段存在的风险主要有：施工质量风险、施工成本风险、施工工期风险、自然灾害风险、合同风险、技术风险、协调风险、环境保护风险、安全风险、信誉风险等。

（3）运行阶段可分为开业前准备阶段和物业管理阶段，存在的风险主要有：与施工的交接风险、技术风险、自然灾害风险、环境保护风险、安全和安保风险、信誉风险等。

（4）其他风险，如物价、法律、政治等风险。

针对上述风险，EPC总承包的原则应该是由业主和总承包商进行风险分担。对于存在的风险，可采取不同的对策。这些对策一般可分为风险消除、风险减轻、风险转移和风险自留四种。为了降低工程总承包风险，应对本工程进行投保。业主和承包商均应进行有关的投保，实现风险转移。根据我国施工合同条款的要求，在施工阶段，业主应进行建筑工程一切险、运至现场的材料和待安装设备的财产险、第三者险以及业主在现场人员的雇主责任险的投保。在施工阶段，承包商应为进入现场的职工办理意外保险和雇主责任险，为现场施工机械办理财产险。在竣工后的开业准备阶段和运行阶段，业主应办理有关保险，并使这些保险的期限与施工阶段的期限相连接。

【复习思考题】

1. 工程合同的原则有哪些？
2. 我国工程法律体系是怎么样的？
3. 主要的合同类型有哪些？它们分别有哪些起草时需要注意的关键问题？
4. FIDIC 合同条件的特点有哪些？

第 11 章 工程项目 HSE 管理

11.1 HSE 管 理 概 述

11.1.1 HSE 管理国内外发展

1988 年，英国阿尔法钻井平台大爆炸，事故造成 167 人死亡。该事故发生后，石油天然气行业对人员健康、安全和环境的影响引起了世界各国的高度重视。1991 年，在荷兰海牙召开的国际性油气勘探开发会议上，HSE 概念开始被提出，随后产生了一系列相关安全管理理论并逐步形成 HSE 管理体系。H 代表健康（Health），S 代表安全（Safety），E 代表环境（Environment）。HSE 管理体系就是将健康、安全、环境三个因素通过组织机构、资源、程序等构成一个动态、完善的管理体系，是一种先进科学的管理体系。

1996 年，国际标准化组织相关单位颁布了《石油天然气工业健康、安全与环境管理体系》ISO/CD 14690，给企业运作 HSE 管理体系提供了标准框架，在国际石油业乃至各个行业都得到了有力的推广和普及，随后引入项目管理中。2002 年，Dillon 提出承包商在设计、采购和施工管理中应践行 HSE 行为。2004 年，Tine Heeborg Jorgensen 提出通过实施 HSE 管理可实现生产运营管理过程的可持续。2005 年，Bobby Stuar 提出管理者和执行者必须身体力行，警惕实际工作中不安全问题的发生，并身体力行采取措施予以制止。2006 年，Shahid Khalil 提出综合安全、健康、环境三方面管理并形成 HSE 体系可以提高公司管理水平。2007 年，Costel Sxiditu 分析了实施安全、健康、环境管理体系对原有管理模式的冲击，并提出建立和运营 HSE 管理体系一定要基于企业实际。2009 年，Robert 等人指出 HSE 管理标准可解决职业健康、安全及环境之间的关系，并列举了它在石油化工行业的成功应用。2013 年，Hossein 等人论述了全面质量管理对 HSE 管理的优化效应。

我国 HSE 管理最先出现在石油化工行业。1997 年，中国石油天然气总公司根据石油行业规范开展了 HSE 管理体系的建设和运行工作。国内 HSE 体系运行在取得阶段性成果后，其他石油企业相继引入并建立了 HSE 管理体系，如《中国海洋石油总公司 HSE 管理体系原则及文件编制指南》《中国石油化工集团公司 HSE 管理体系》。2004 年，国家发展和改革委员会发布了石油天然气行业标准《环境、健康和安全的管理体系模式》。2006 年，刘书庆提出运用 PDCA 方法完善 HSE 管理的策划、实施、检查与处置四个阶段和决策、规划、分析、设计、运行、评定、改进和完善八个步骤。2008 年，黄成武提出 HSE 管理是一种事前风险管理，通过采取有效的防范控制措施，把外部驱动转化为 HSE 内在驱动力，进一步改善企业的 HSE 管理。2010 年，胡传力论述了 HSE 管理的目标与其他管理系统之间的关系，从源头证明了提高安全、健康、环境及风险管理水平的重要性；张旭栋论述了安全、健康与环境管理在原则、过程和效果的相似性，通过一体化管理,以实现企业可持续发展战略。2013年,曾向宏将HSE和质量管理体系标准进行对比,从危险源和环境影响因素识别、风险评价、制定目标指标、确定风险控制措施等方面开展HSE管理体系建设工作。2017年,孙鹏从安全管理理论出发,分析了HSE管理文化、流程、方针和目标、组织机构、鼓励和交流、管理培训、管理标识、管理会议、管理激励及惩罚措施、内部审查在企业的运用效果。

11.1.2 HSE管理体系的定义

HSE管理体系是集职业健康、作业安全、环境保护三方面管理为一体的管理体系。健康(Health)是指一个人在生理、心理方面都处于正常的状态。从前人们提到健康一般是指身体健康、生理健康,但相比之下,现代人对健康的定义更加广泛,不仅要有强健的体魄,更要有良好的心理状态,有正确的道德观念,能够较好地适应社会、融入社会。安全(Safety)是一种身心都不受打扰,没有危险的状态。这里的安全更侧重于生产方面的安全,表现为生产环境没有危害、企业财产不受损失、人类身心健康不受侵害、自然环境不被破坏。保障员工的人身安全、国家的财产安全和生态环境安全是对一切项目活动的基本要求。环境(Environment)与人类密切相关,它是多种自然力量及其作用的总和,对人们的生活和生产活动有极其重大的影响。它是各种自然因素以及人类与自然因素间相互形成的生态关系的组合。

在一个完整的HSE管理体系中,健康、安全和环境并不是相互独立的三个要素,而是相互影响、相互依存的关系。健康是开展工作的首要前提,做好安全、环保工作最终是为了保证人们的健康。安全是第一位的,安全事故既可能威胁人们的生命、家庭的幸福,也可能产生次生环境影响。环境是人类赖以生存的基本条件,保护环境是保障员工健康的重要因素,更是企业承担社会责任的必然要求。

HSE管理体系是一个系统化的、先进的科学管理体系,主要是对项目常规化与日常化的管理活动进行引导,实现健康、安全和环境管理目标,创建一个满足要求的健康、安全与环境管理体系;并利用有效的评估、管理评价与体系审核等活动,促使体系实现有效运作,达到健康、安全和环境管理水平日益增长的目标。相较于传统安全管理模式,其有效缓解了重结果、重工作经验、标准单一、理念落后的情况。

11.1.3 HSE管理体系的特点

HSE管理体系具有先进性、系统性、预防性、可持续改进和长效性等特点。

(1) 先进性

HSE管理体系从员工的角度出发,以人为本,注重全员参与,注重绿色生产以及可持续发展。HSE管理体系方法多样且贴近实际,可执行、应用范围广,是世界前沿的管理体系,也便于企业结合自身实际推广应用及创新。

(2) 系统性

HSE管理体系由健康、安全、环境三大要素构成,其本身自成系统。系统内三大要素各自有对应的文件要求,比如操作手册、程序步骤说明、作业文件等,三者有机组合、相互联系,单独拆开里面任意一个要素进行独立的运行操作都不能构成一个有效的管理体系。

(3) 预防性

HSE管理体系以预防为主,所以其重点在于危害辨识以及风险分析与评价。尽早辨识可能的危害,有效地分析评价其风险,继而提出控制措施,可超前预防潜在的事故,做到企业生产过程的全控制,这样才能真正预防事故、保护员工。

(4) 可持续改进和长效性

HSE 管理体系在行业中的应用并不是一成不变的,需要结合企业实际不断更新迭代,以便适应不同的场景。通过体系周而复始的进行 PDCA 循环活动,形成长效机制,促进三大要素不断改进,不断适应行业发展。

11.1.4 HSE 管理体系的理论基础

HSE 管理体系的理论基础包括 PDCA 循环理论、海因里希法则和风险管理理论。

1. PDCA 循环理论(详见 8.2 节)

戴明管理理论是 HSE 管理体系的理论基础之一,PDCA 循环是 HSE 管理体系运行的根本条件。HSE 管理体系中对于 PDCA 循环的应用主要体现为,在系统管理理论的基础上,搭建一个持续改进的项目管理框架,不断完善其思想指导,使项目管理方式更加健康和安全,HSE 管理体系的目的得以实现。

2. 海因里希法则

海因里希法则的基本含义是:不同程度的事故具有从重到轻、从大到小的金字塔规律,要防范严重的事故,从轻伤事故或无伤害事故入手,严重度小的事故的发生最终就可能导致严重度大的事故的发生。因此,从预防一般事故入手,严重的事故也就可以预防了。

1931 年美国科学家海因里希统计研究了事故发生频率与事故后果严重度之间的关系,提出在机械事故中重大事故、轻微事故和未遂事故的比例为 1∶29∶300。这就是著名的"海因里希法则",也是日常大家所讲的冰山原理,如图 11-1 所示。

虽然对于各个行业、企业、生产过程以及各种类型的事故,该比例关系也并非是绝对满足的,但是此规律说明量变导致质变的必然变化。在相同的生产过程中,如果出现很多次意外事故,就必定会引发重大事故的出现。因此,预防重大事故的出现一定要削减甚至是尽可能地消除无伤害事故,消除隐患时,还需要关注安全隐患以及未遂事故。

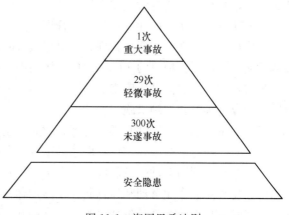

图 11-1 海因里希法则

3. 风险管理理论

风险管理(Risk Management)是对潜在的损失(风险)进行识别、评价,并根据具体情况采取相应的措施进行处置,以减小对目标的负面影响的过程。它一种避免损失的思维方式,也是一种系统化、强调团队合作的工作方法,更是一个持续改进的过程。风险管理理论也是 HSE 管理体系的理论基础之一,具体内容可参阅本书第 4 章风险管理部分。

11.2 项目健康管理

11.2.1 项目健康管理的定义

健康管理是对个人及人群的各种健康危险因素进行全面监测、分析、评估、预测以及预防,宗旨就是调动个人、集体和社会的积极性,有效地利用有限的物力资源来达到最大的健康效果。健康管理的具体做法就是为个人和群体(包括政府)提供针对性强的准确健康信息,并创造条件采取行动来改善健康。健康管理是一个长期而连续的过程,它包括收集服务对象个人的健康信息,对服务对象进行健康评价,在健康评估的基础上帮助个人通过行为纠正改善健康。这个过程周而复始,需要长期坚持。职业健康安全是指影响工作场所内员工、临时工作人员、合作方人员、访问者和其他人员健康和安全的条件和因素。

11.2.2 项目健康管理的内容

任何项目的成功都需要项目全体成员高效率的协作,因此,做好健康管理是不容忽视的一个重要环节。在工程建设过程中,人们会因工作或其他原因受到伤害,或因从事接触有毒物质或不良环境的工作而引起急(慢)性疾病,如水泥搬运、投料、拌合和浇捣作业人员有患上水泥尘肺的可能。

为有效控制工作场所内的员工、临时工作人员因受劳动条件及职业活动中存在的各种有害化学、物理、生物因素和在职业工作中产生的其他职业有害因素的影响而引发的职业健康问题,必须对职业健康工作实施管理。

根据项目的特征与属性,项目健康管理的内容如下:

(1)管理体系文件。项目管理者应根据项目的规模及活动性质,建立项目成员健康管理体系文件,可结合项目的实际情况确定体系中应包括的主要文件,如安全健康方针和目标;为实施健康管理体系所确定的关键岗位与职责;重大职业安全健康危害、重大危险清单以及相应的预防和控制措施等。

(2)健康卫生管理制度和操作规程。建立健全重要岗位的健康卫生管理制度和操作规程,制定职业病防治措施,定期对职业健康危害因素进行评价。

(3)制定合理的劳动休息制度。根据生产特点和具体条件,在保证工作质量的同时,适当调整夏季高温作业劳动和休息制度,增加休息和减轻劳动强度,减少高温时段作业。如增加工间休息次数、延长午休时间、尽量避开高温时段进行室外高温作业等。

(4)加强卫生保健和健康监护。设立职业健康卫生管理机构,并配备和完善与职业健康有关的防护设施和用品,定期组织特种岗位作业人员等进行体检,从而使劳动者的生理健康得到保护。如从预防的角度,要做好高温作业人员的就业前和入暑前体检,凡有心血管疾病、中枢神经系统疾病、消化系统疾病等高温禁忌症者,一般不宜从事高温作业,应给予适当的防治处理。

(5)能力和培训。为确保各级人员能顺利完成工作,贯彻"安全第一,预防为主"的方针,使项目成员树立"以人为本"的管理理念,确保他们能够意识到自身作业环境中存在的危险和可能遭受的伤害,具备胜任其承担任务的能力。项目管理者应对各岗位人员进行认真选拔,对其技能和能力进行评估,确认其技能和工作意识。

培训内容应包括项目实施的特点和在实施中可能存在的危害,以及一旦发生事故,自救和救护的设备、手段和方法。通过培训至少应使项目成员了解可能存在的危害，如电伤害、机械伤害、粉尘危害、噪声危害、振动危害等。

(6) 心理沟通。根据世界卫生组织的标准，健康是身体上、精神上和社会适应上的完好状态，而不仅仅是没有疾病和虚弱。现代人普遍存在由于长期受精神紧张、压力过大、反复的心理刺激及复杂的恶劣情绪影响而形成的心理疲劳，若得不到及时疏导化解，久而久之会造成心理障碍、心理失控甚至心理危机，在精神上造成精神萎靡、精神恍惚甚至精神失常，引发多种身心疾患，积累到一定程度就会导致亚健康状态。

心理沟通能够有效地排解项目成员的压力，除利用网络这个有效的沟通工具外，管理层还应该注重创造机会做面对面的沟通，及时了解项目成员的困难、问题和心理动向。这对于保证项目的按时完工是非常必要的，能够起到不可估量的作用。

11.2.3 健康建筑

建筑是人们日常生产、生活、学习等离不开的主要场所，人类80%以上的时间都是在建筑室内度过，建筑环境的优劣直接影响人们的身心健康。发展健康建筑不仅能满足人民群众的健康需求，其也是推进健康中国建设的重要途径之一，是实现健康中国的必然要求。

《健康建筑评价标准》T/ASC 02—2021中对健康建筑进行了明确的定义，健康建筑 (Healthy Building) 是在满足建筑功能的基础上，为建筑使用者提供更加健康的环境、设施和服务，促进建筑使用者身心健康、实现建筑性能提升的建筑。该标准遵循多学科交叉融合、多行业协同合作的原则，对建筑的空气、水、舒适、健身、人文、服务等指标进行定性（控制项）和定量（打分项）评价，评出健康级别，从高到低依次为三星、二星、一星、不达标。

经过绿色建筑时代，我国建筑发展已经取得了长足进步。相对于绿色建筑，健康建筑更关注于绿色保障和促进健康的环境，更注重人的感受。健康建筑是指无毒、无害、舒适、安全的建筑及其室内环境，以促进使用者生理、心理健康为目标，注重建筑空间和环境的持续改善，实现建筑与环境的协调发展。

健康建筑的发展需跨学科深度融合，涉及的专业领域广泛，涵盖病理毒理学、流行病学、心理学、营养学、人文与社会科学、体育学等多个学科。目前仍存在健康建筑相关产品不完善、技术集成度低、与建筑结合不紧密、卫生防疫能力薄弱等问题，还需联合医疗、卫生、体育、信息化等不同领域共同研发和优化健康建筑的外延和内涵。

11.3 项目安全管理

11.3.1 项目安全管理的定义

从生产管理的角度出发，安全管理是指通过采用计划、组织、技术等手段，依据并适应生产中人、物、环境因素的运动规律，使其积极方面得以充分发挥，而又有利于严控事故发生的一切管理活动。安全管理的中心问题是在生产活动中保护人的安全与健康，保证项目的顺利进行。建筑业安全生产事故频发，因此安全管理一直是项目管理的重中之重。

安全管理通常包括安全法规、安全技术和工业卫生。安全法规侧重对"劳动者"的管理和约束，控制劳动者的不安全行为。2021年9月1日，第三次修正的《中华人民共和国安全生产法》实施，增加了从源头上防范化解重大安全风险、重大事故隐患排查治理等规定；要求各类生产经营单位健全并落实全员安全生产责任制、安全风险分级管控和隐患排查治理双重预防机制；安全技术侧重于对"劳动对象和劳动手段"的管理，消除或减少物的不安全因素。2020年12月1日，中国职业安全健康协会发布的团体标准《危险源辨识、风险评价和控制措施策划指南》T/COSHA 004—2020开始实施，为用人单位（生产经营单位）安全生产风险管理策划提供指导；工业卫生侧重于对"环境"的管理，以形成良好的劳动条件。

施工安全管理是在项目施工的全过程中，运用科学管理的理论、方法，通过法规、技术、组织等手段，所进行的规范劳动者行为，控制劳动对象、劳动手段和施工环境条件，消除或减少不安全因素，使人、物、环境构成的施工生产体系达到最佳安全状态，实现项目安全目标等一系列活动的总称。施工项目安全控制主要以施工活动中人、物、环境构成的施工生产体系为对象，建立一个安全的生产体系，确保施工活动顺利进行。

11.3.2 施工安全管理的内容

施工项目经理部的安全管理主要包括以下内容：

（1）认真贯彻国家和地方安全生产管理工作的法律法规和方针政策，建立工程施工安全技术标准规范及各项安全生产管理制度；结合工程项目的具体情况，制定施工组织设计安全技术措施（专项施工方案）、安全计划，并组织实施。

（2）建设工程施工组织设计（方案）、建设工程施工安全计划是针对建设工程实施安全管理的文件。

（3）运用建设工程施工安全管理原理，建立安全生产管理机构，明确职责权限，建立和落实安全生产责任制度、安全教育培训制度等安全管理制度，实行工程施工安全管理和控制。

（4）认真进行工程施工安全检查，采用安全自检、互检和专检相结合的方法，组织班组进行自检、互检活动，做好自检、互检数据的记录和分析工作。专职安全生产管理人员应加强施工过程中的安全检查，做好安全验收工作。

（5）对安全检查中发现的安全隐患，应及时进行处理，保证不留安全隐患。

（6）做好施工现场的文明施工管理、职业卫生管理、劳动保护管理、现场消防安全管理以及季节性施工安全管理工作。

（7）做好建设工程安全事故的调查与处理工作等。

11.3.3 项目安全管理制度与措施

项目经理部必须执行国家、行业、地区安全法规、标准，并以此制定本项目的安全管理制度，主要有如下一些方面：

（1）行政管理方面的安全管理制度。其主要包括：安全生产责任制度、安全生产例会制度、安全生产教育培训制度、安全生产检查制度、伤亡事故管理制度、劳保用品发放及使用管理制度、安全生产奖惩制度、施工现场安全管理制度、安全技术措施计划管理制度、建筑起重机械安全监督管理制度、特种作业人员持证上岗制度、专项施工方案专家论证审查制度、危及施工安全的工艺、设备、材料淘汰制度、场区交通安全管理制度、施工现场消防安全责任制度、意外伤害保险制度、建筑施工企业安全生产许可制度、建筑施工企业三类人员考核任职制度、生产安全事故应急救援制度和生产安全事故报告制度等。

(2) 技术管理方面的安全管理制度。其主要包括：关于施工现场安全技术要求的规定、各专业工种安全技术操作规程、设备维护检修制度等。

针对上述各项安全制度，落实相应的措施，包括组织措施、技术措施、人员安全教育和安全检查与验收。

(1) 组织措施。施工项目安全管理组织措施包括建立施工项目安全组织系统——项目安全管理委员会；建立施工项目安全责任系统；建立各项安全生产责任制度等。

(2) 技术措施。施工项目安全管理技术措施是指在施工项目生产活动中，针对工程特点、施工现场环境、施工方法、劳动组织、作业使用的机械、动力设备、变配电设施、架设工具以及各项安全防护设施等制定的确保安全施工、保护环境、防止工伤事故和职业病危害，从技术上采取的预防措施。施工项目安全管理技术措施应具有超前性、针对性、可靠性和可操作性。

(3) 人员安全教育。人是安全管理、安全技术中的关键因素，提高人的素质和技能是安全生产的重要保障。对不同管理层次和岗位的职工，项目管理人员应采用不同的安全教育内容和方式。安全教育的主要内容包括安全知识、安全思想、安全纪律、安全技能、安全法制等。

(4) 安全检查与验收。确定安全检查的形式与内容、安全检查方法、隐患处理和安全验收制度。

11.3.4 项目安全管理案例

1. 工程概况

某校学生的参赛项目是一栋将木构件标准化生产后，现场进行装配式施工的木结构建筑。整个建筑按功能分区为：主卧（可通过收纳转化为会客室）、次卧、厨房、卫生间、通风过廊以及平台花园。本项目的结构形式主要为框架体系，建筑面积约为 $90m^2$，主要由 28 个独立基础、28 根柱子、38 根梁、15 块地面板、33 块墙体构件片及 10 块屋面构件组成，单个构件最大质量约为 550kg。吊装装配作业中所使用的机械主要是汽车起重机。其中，吊装作业采用分件吊装法，即按照构件的施工顺序进行吊装。吊装的方向由起重机吊臂半径范围由外向内进行吊装。整栋建筑中使用了相变材料、中水技术、保温材料等新技术、新材料，并且屋顶还安装有太阳能光伏板。因此，施工过程中大量使用的新技术及新工艺、非常紧张的工期以及频繁的交叉作业，这些都对施工安全提出了更高的要求。

2. 施工安全管理的特点与难点

(1) 施工工期只有 10 天，对施工速度和效率的要求高，同时也对施工安全提出了较高的要求。

(2) 项目中使用了众多的新技术、新工艺，交叉作业频繁，这些都是施工安全管理的难点。

(3) 吊装装配是本项目整体施工过程的重要环节，吊装过程中各构件体积大、质量重，对施工空间区域的限制具有很大的挑战。

(4) 由于项目的大部分施工人员是学生，缺乏施工经验，而且对施工安全存在一定的不重视现象，因此如何沟通表达施工过程中的安全问题，也给本项目的施工安全管理提出了要求。

3. 项目危险因素

该项目在施工过程中的主要危险因素和危险行为见表 11-1。

危险因素和危险行为　　　　　　　　　表 11-1

安全事故	危险因素	危险行为
物体打击 （平整场地）	作业人员未佩戴安全帽；使用铲子、锄头等工具时，作业距离过近	工人 A 和工人 B 同时使用铲子、锄头等工具，而两人的操作距离过近，且两人又未佩戴安全帽，工人 A 的工具砸伤工人 B
触电 （吊装主体）	起重机吊臂过于接近高压线作业；未穿戴个人安全防护装备	移动式起重机作业半径 R 内有高压电线，起重机起吊物体时，吊杆触碰到上方的高压电线，引起放电。而下方的卸料人员未穿戴个人防护用品，正准备卸料，导致触电事故
高处坠落 （吊装主体）	移动平台有人的脚手架；未穿戴个人防护装备	工人 A（未穿戴个人防护用品）在移动脚手架上作业，因需移动脚手架。工人 B 和工人 C 搬运脚手架，而工人 A 滞留在脚手架上。搬运过程中，脚手架不稳定甚至失去平衡，工人 A 从脚手架上坠落
起重伤害 （吊装主体）	施工人员进入吊件下方区域；起吊设备没有配置安全栓等保护装置；起吊构件绑扎不牢	起重机起吊绑扎不稳的构件，也没有使用安全栓等保护装置。工人 A 进入吊件下方区域，构件脱落，砸伤工人 A
坍塌一 （吊装主体）	起重机吊臂移动速度过快，猛升猛降	起重机吊臂移动速度过快、猛升猛降，起吊构件撞到脚手架上，导致脚手架倒塌。工人 A 正在脚手架上准备卸料安装构件，由于坍塌事故所伤
坍塌二 （吊装主体）	墙体上端未固定；未对墙体设置支撑	主体结构施工时，墙体上端还未固定，就撤去斜支撑。墙体由于不稳而倒塌，砸伤正在墙体旁边作业的工人 A
物体打击 （吊装主体）	高处作业时，工具没有放进工具篮中；未佩戴安全帽	工人 A 正在高处进行固定主体结构作业，其使用完的工具没有放入工具篮内。而工人 B 正好从下方经过，工具由于不稳定或被触碰而掉落，砸伤工人 B
物体打击 （安装天窗）	高处作业时，工具没有放进工具篮中；未佩戴安全帽	工人 A 正在进行安装天窗作业，其使用完的工具没有放入工具篮内。而工人 B 正好从下方经过，工具由于不稳定或被触碰而掉落，砸伤工人 B
高处坠落 （铺设防水卷材）	在天窗上随意走动；采光天窗上未设置安全防护网；未穿戴个人防护装备	工人 A 在屋顶作业时未穿戴个人防护装备，在采光天窗上随意走动，而采光天窗上也未设置安全防护网。采光天窗因承载力不够而破裂，工人 A 发生高处坠落事故
火灾（室内装修）	没有及时清除现场的木屑及易燃易爆物品；切割或其他违规动火行为	施工现场未及时清除室内装饰装修所废弃的木屑及易燃物品，而工人 A 又在附近进行违规动火作业或切割钢材等作业。火星引燃木屑及易燃物品，导致火灾
高处坠落 （安装太阳能板）	屋顶临边处未设置安全防护栏；临边及洞口处危险动作作业；防护准备使用不当	屋顶临边处未设置安全护栏，工人 A 和工人 B 在临边处安装太阳能板时，未系好安全带，工人 B 失去重心，导致高处坠落

续表

安全事故	危险因素	危险行为
火灾 (搭建平台)	没有及时清除现场的木屑及易燃易爆物品；切割或其他违规动火行为	未及时清除施工现场的木屑及易燃物品，而工人A又在附近进行违规动火作业或切割钢材等作业。火星引燃木屑及易燃物品，导致火灾
机械伤害 (搭建平台)	戴手套使用切割机；使用切割机未开启保险装置	工人A使用切割机时，戴手套作业，并且没有开启保险装置。由于操作疏忽，切割机将手套卷入，连带工人A的手一起卷入，导致严重的机械伤害
机械伤害 (房屋外饰面装修)	射钉枪枪管对准人；射钉枪保险未开启；射钉枪使用后未关闭电源	工人A使用射钉枪作业，未开启保险，使用完毕后也未关闭电源，随意放置。而工人B正好走过枪管的方向，这时A不小心触碰到了射钉枪的开关，导致工人B被射钉枪射伤

4. 项目安全管理措施

针对上述危险因素及危险行为，参考《木结构工程施工规范》GB/T 50772—2012、《建筑施工安全检查标准》JGJ 59—2011、《建设工程安全管理》《建筑施工安全与事故分析：日本工程实例》《建筑施工安全》以及《建筑工程安全管理与技术》等规范文件，采取安全措施的具体内容见表11-2。

各安全事故的控制措施 表11-2

安全事故	安全控制措施
物体打击 (平整场地)	要求进场的作业人员必须戴好安全帽；工人使用铲子、锄头等工具时，工人之间的作业间距应满足2m以上
触电 (吊装主体)	进入施工现场的作业人员应穿戴好施工靴、佩戴好绝缘手套等个人防护装备，起重机应避免在高压电线下方作业
高处坠落 (吊装主体)	移动式脚手架要挪动位置时，作业台上的施工人员不得因图方便而滞留在作业台上，应当下了作业台，由其他施工人员一起搬动移动式脚手架至指定位置后，再上脚手架作业；脚手架上的施工人员必须佩戴好安全带，并且移动脚手架前后，要注意是否因疏忽而忘记扣上安全带的安全扣
起重伤害 (吊装主体)	起吊指挥人员应在吊装区域设置标准，并且设置专人警戒，禁止任何人员进入起重车吊件下方区域；构件绑扎必须牢固；起吊点应通过构件的重心；起吊时应平稳，避免振动或者摆动；起吊设备应开启安全栓等保护装置。构件就位后，应在固定并检查完毕后，再松钩、解开吊装锁具等
坍塌一 (吊装主体)	起吊构件时，速度不应太快；不得在高空滞留过久，严禁猛升猛降；脚手架上的安装作业人员应佩戴好安全帽和安全带，安全带挂钩应连接在主体结构预留的挂钩上或设置的安全绳上
坍塌二 (吊装主体)	墙体就位后，临时固定前，不得松钩、解开吊锁；墙体上部的梁固定后，应检查连接的牢固和稳定情况，确定连接可靠后，方可拆除临时固定工具并进行下一步吊装；其他无关作业人员不得进入正在安装的墙体下方区域
物体打击 (吊装主体)	高处作业时，施工人员应携带好工具袋或工具篮，且施工工具使用完毕后应立即放入工具袋或工具篮中，不得随意放置。工具袋或工具篮不得临边随意放置；施工人员进入现场必须佩戴安全帽

续表

安全事故	安全控制措施
物体打击 (安装天窗)	工人在脚手架或高处作业时，工具应统一放入工具袋或工具篮中，且工具袋或工具篮不得临边放置；施工人员进入施工现场必须佩戴安全帽
高处坠落 (铺设防水卷材)	屋面作业人员不得因便利而在采光天窗上随意走动，其他物品也不得堆放在采光天窗上；采光天窗处应设置安全防护网，安全防护网大多由直径为9mm的尼龙绳（也可用涤纶绳）编结而成。其网眼为10~14cm，网片有3m×6m及4m×8m等规格，承载要求不小于160kg/m^2。施工过程中要保证安全网的完整有效性、支撑合理性，受力均匀，网内不得有杂物。搭接要严密牢靠，不得有缝隙，搭设的安全防护网不得在施工期间拆移、损坏，必须到无高处作业时方可拆除；屋面施工人员必须佩戴好安全带和安全帽
火灾 (室内装修)	施工现场要明确划分出禁火作业区（易燃易爆物品的堆放地）、仓库（易燃废料的堆放区）和现场其他作业区，各区域之间满足一定的可靠防火间距。其中禁火作业区与施工其他区域的距离不小于25m，仓库与施工其他区域的间距不小于20m。严禁把废弃的木材木屑堆积在施工现场，易燃易爆物品应放置在禁火作业区；禁止违规动火作业，禁止在施工现场各个区域有吸烟等个人动火行为
高处坠落 (安装太阳能板)	屋面作业必须在临边处设置安全防护栏，安全防护栏应满足：上杆距离地面高度为1.0~1.2m，下杆距离地面高度为0.5~0.6m，横杆长度大于2m时，应加设栏杆柱，防护栏杆应能承受任何方向的1kN的外力；禁止精神状态不佳的工人进行安装作业，并且要求工人不得采用重心不稳的动作；屋面安装太阳能板的作业人员必须佩戴好安全带，并且作业人员体重与负重之和不宜大于100kg
火灾 (搭建平台)	施工现场要明确划分出禁火作业区（易燃易爆物品的堆放地）、仓库（易燃废料的堆放区）和现场其他作业区，各区域之间满足一定的可靠防火间距。其中禁火作业区与施工其他区域的间距不小于25m，仓库与施工其他区域的间距不小于20m。严禁把废弃的木材木屑堆积在施工现场，易燃易爆物品应放置在禁火作业区；禁止违规动火作业，禁止在施工现场各个区域有吸烟等个人动火行为
机械伤害 (搭建平台)	使用切割机时，禁止作业工人戴手套作业，并且严禁没有取得相关职业技能的作业人员使用切割机；使用切割机时，必须开启保险装置，使用完毕后应关闭电源
机械伤害 (房屋外饰面装修)	射钉枪使用前必须全面检查。必须由经过培训，熟悉各部件性能、作用、结构特点及维护使用方法的人员使用，其他人员均不得擅自动用；射钉枪使用时，必须开启保险装置。射钉一旦装入弹仓，射手不得离开射击地点，同时枪不离手，更不得随意转动枪口，严禁枪口对着人，防止走火发生意外事故，并尽量缩短射击时间；射钉枪使用完毕后，应关闭电源，并且射钉枪及其附件弹筒、射钉必须分开放置，由专人统一负责保管

11.4 项目环境管理

11.4.1 项目环境管理的定义

环境从小的方面来说就是和员工密切相关的工作环境，项目管理需要保证员工工作环境的稳定和安全；从大的方面来说就是与项目生产相关的自然环境。随着社会的发展和进步，大家越来越意识到自然环境对人类的重要性，越来越提倡可持续发展，绿水青山就是金山银山。

HSE 管理体系作为一个先进的科学管理体系，更加注重项目对自然环境的保护，注重识别环境危害隐患，致力于将生产生活给自然环境带来的伤害降到最低。这不但给项目员工带来了非常好的工作环境，促使员工工作热情高涨，更有助于项目持续并维持最佳的环境资源，创造良好的社会效益，促使其实现长期、稳定发展。

狭义的项目环境管理是指在项目建设和运营过程中对自然和生态环境的保护，以及按照法律法规、各级主管部门和企业的要求，保护和改善作业现场的环境，同时控制和减少现场的各种粉尘、废水、废气、固体废弃物、噪声和振动等对环境的污染和危害。由于环境系统结构复杂、涉及面广，因此，广义的项目环境管理在狭义概念的基础上，还涉及与政府、周边的沟通，涉及法律问题、市场问题等。

在建设项目实施期间，环境管理和控制是一项非常繁杂的工作，它和项目另外的管理要素，比如进度管理、安全管理和成本管理、质量管理等都有一定的关联性。因此，想要保证管理工具的有效性，就需要形成科学的项目环境管理制度，在项目管理系统中融入环境管理系统。当前来看，《环境管理体系 要求及使用指南》GB/T 24001—2016 和《环境管理体系规范及使用指南》ISO 14001 即为环境监管工作所用到的具体规范。

11.4.2 项目环境管理的意义

项目环境管理的意义主要包括以下三方面：

（1）贯彻国家的节能环保总方针，促进经济健康发展。环保是当今世界的一大话题，也是各国政府共同关心并竭力处理的一件大事。建筑业是资源和能源大量消耗的行业，目前在很多建筑工地，无论是水泥、混凝土还是自来水的用量，均存在很大程度的浪费。此外，建筑垃圾的处理问题也很严峻。因此，作为国民经济支柱的建筑业应该积极贯彻国家宏观政策，以促进经济的健康发展。

（2）保证项目顺利进行。就项目外部而言，通过保护和改善环境可以最大限度地减少来自外部的干扰，保障项目顺利进行。就项目内部而言，保护和改善环境可使项目参与者能在一个良好的环境中工作，这无疑对项目的顺利实施是非常有利的。杂乱无章的施工作业环境会使操作人员因工作无序而产生错误，导致安全事故发生，也会对操作人员的心理产生不良影响，进而影响操作的准确性和正确性。

（3）承担社会责任，塑造企业形象。企业是市场的主体，又是生产环境问题的主要来源。建筑业企业形象已经不再局限于简单追求其产品质量的好坏，更重要的是关注其所体现的社会责任感。加强项目环境管理就是履行社会责任的一项重要工作，促使企业走向良性和长期发展的道路。

11.4.3 环境管理体系

国际化标准组织（ISO）从 1993 年 6 月正式成立环境管理技术委员会（ISO/TC 207）开始，就确立其宗旨："通过制定和实施一套环境管理国际标准，规范企业和社会团体等所有组织的环境表现，使之与社会经济发展相适应，改善生态环境质量，减少人类各项活动所造成的环境污染，节约能源，促进经济的可持续发展。"并于 1996 年推出 ISO 14001 系列标准。1996 年，我国将其等同转换为国家标准 GB/T 24000 系列标准，并于 2016 年进行了最新修订，发布国家标准《环境管理体系 要求及使用指南》GB/T 24001—2016。

根据《环境管理体系 要求及使用指南》标准的定义，环境管理体系是管理体系的一部分，用于管理环境因素、履行合规义务，并应对风险和机遇。《环境管理体系 要求及使用指南》的内容包括：范围、规范性引用文件、术语和定义、组织所处的环境、领导作用、策划、支持、运行、绩效评价和改进十个部分。其特点如下：

（1）适用性强。适用于各行各业、任何类型和规模的组织，用于建立组织的环境管理体系，并作为其认证的依据。

（2）提升管理水平。该标准在市场经济驱动的前提下，促进各类组织提高环境管理水平，实现环境目标。

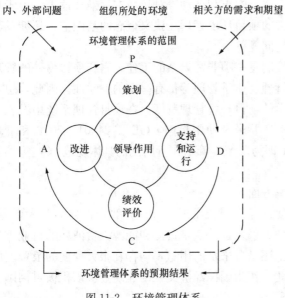

（3）环保性。该标准着重强调与环境污染预防、环境保护等法律法规的符合性。

（4）科学性。该标准注重体系的科学性、完整性和灵活性。

（5）兼容性。该标准与其他管理体系具有兼容性。

（6）动态循环管理。环境管理体系是在领导作用下，由策划、支持和运行、绩效评价和改进四个环节构成，其运行模式遵循 PDCA 循环原理，如图 11-2 所示。其中，策划是指建立所需的环境目标和过程，以实现与组织的环境方针相一致的结果；支持和运行是指实施所策划的过程；绩

图 11-2 环境管理体系

效评价是指依据环境方针（包括其承诺）、环境目标和运行准则，对过程进行监视和测量，并报告结果；改进是指采取措施以持续改进。

11.4.4 工程项目中的环境管理

工程项目中的环境管理包括规划设计阶段的环境管理、施工阶段的环境管理和运营与拆除阶段的环境管理三个部分。

1. 规划设计阶段的环境管理

在项目规划和项目建议书阶段，应依据《中华人民共和国环境影响评价法》编写环境影响评价文件，介绍建设工程项目的环境概况，并对环境产生的影响作出预测、评价、分析，同时提出相应的保护措施，论证并结合经济损益分析提出相应的环境影响监测意见，最后上报相关行政主管部门进行审批。此阶段的环境管理主要体现在对建设工程项目环境影响的评价上，通过开展评价，有利于对在项目建设施工运营中可能发生的对环境的影响进行预防与控制。

在项目设计阶段，根据项目建议书阶段编制的环境影响评价文件对环境产生影响的因素进行仔细地考虑。另外，在设计和规划过程中还应严格遵守国家法律法规中关于环境保护的相关规定。在工程设计中关于环境保护的基本要求如下：

（1）设计必须严格执行有关环境管理的法律、法规和工程建设强制性标准，应充分考

虑环境影响因素，防止因设计不当导致环境问题。

(2) 设计应考虑施工安全操作和防护的需要，对涉及施工安全的重点部位和环节，在设计文件中应明确注明，并对防范生产安全事故提出指导意见。

(3) 采用新结构、新材料、新工艺的建设工程和特殊结构的项目，应在设计中提出保障施工作业人员安全和预防生产安全事故的措施、建议。

2. 施工阶段的环境管理

对于施工阶段而言，环境管理是指保护和改善施工现场的环境，施工单位应遵照国家和地方的相关法律法规和行业及企业自身要求，对施工现场的废气、扬尘、固体废弃物、光污染、噪声、振动等破坏环境的因素进行积极有效的管控。工程项目环境管理即为施工方对项目施工现场生产活动所造成的大气污染、噪声污染、光污染、水污染、废弃物污染和地下设施、文物和资源等进行管理控制。

(1) 大气污染控制

大气污染控制的主要任务首先是扬尘污染控制，加强现场的大气监测监控，安装视频监控设备，与当地主管部门联网。建立岗位责任制，对扬尘的预防和控制做到责任到人，设专人负责工地的扬尘治理工作，成立文明施工保洁队。关键施工环节的扬尘控制：①回填土壤时，砌筑砂子进场后，临时用密目网覆盖场地，为减少散发面积尽可能控制砂子一次的进场量，边用边进；用完后清扫干净，运上坡道要加以覆盖以防止扬尘。施工道路两侧设置自动喷淋设施，充分利用地下室集水坑循环水。②结构施工期间，采用大型吸尘器吸收模板内的木屑和废渣，防止灰尘扩散至周围。③使用的运输车辆需满足本地区尾气排放标准，未达标的车辆拒绝进入项目施工现场。项目部成员自用车辆均为尾气排放达标的车辆。

其次是有害气体及碳排放控制。有害气体污染包括建筑原料或材料产生的有害气体、汽车尾气、施工现场机械设备产生的有害气体以及炸药爆炸产生的有害气体等。绿色施工要求建筑施工材料应有无毒无害检验合格证明，杜绝使用含有害物质的材料，控制好现场相关施工车辆、运输车辆以及大型机械设备的尾气排放；现场采取有害气体监控、预警措施，以防有害气体扩散等。建筑业全生命周期碳排放量主要来自施工阶段和运营阶段，而施工阶段的占比达到90%以上，其中碳排放主要来源于水泥、钢材等高碳排放建材；而施工面积、人口密度和劳动生产率是实现节能减排应考虑的重点因素。建筑业建材的回收和建筑垃圾的回收利用在一定程度上分别抵消了施工和运营阶段的碳排放量，起到减少建筑业碳排放量的作用。因此，应提高建材的回收率，同时加大技术投入，提高机器设备的拆除技术，减少建筑垃圾的产生，提高建筑垃圾的回收率。

(2) 噪声污染控制

优先选用性能良好、噪声小的机械设备，如塔吊、钢筋加工设备、混凝土输送设备等。设置全封闭隔声棚，有效隔离噪声。混凝土泵车安置在远离公路和居民区的空旷区域，并设置隔声棚降低噪声污染。优化施工生产时间安排，噪声较大的工序尽可能在白天完成，严禁激烈敲打模板。定期在白天、晚上两个时间点对施工场区噪声量进行测量，严格把噪声控制在限值以下。

(3) 光污染控制

严控施工现场夜间照明和电焊作业时间。施工现场周围及塔吊上设置大型罩式灯，随工地的进度及时调整罩灯的角度，保证控制夜间照明强光线不射出工地外。电焊作业时，钢结构及梁、板焊接部位设置遮光挡板。

(4) 水污染控制

施工现场污水处理排放必须严格按照国家环保总局制定的《污水排入城镇下水道水质标准》GB/T 31962—2015 执行。不同种类的污水分别设置沉淀池、隔油池、化粪池进行分类处理。统一硬化处理现场道路，雨水通过设置的排水沟流入沉淀池，经过沉淀后达到"中"的水质要求排入市政管网。采取设置油漆油料库、禁止有害建筑垃圾回填等措施对施工场地地下水进行保护。

(5) 废弃物处理

建筑废弃物可通过回收利用、减量化、焚烧技术、稳定和固化技术及填埋来进行处理。建筑废弃物管理与相关技术已经发展成为一个研究方向，同时建筑固体废弃物回收再利用也成为一个产业。回收利用是对个体废弃物进行资源化处理的主要手段之一。编制《废弃物管理计划》，对施工过程中产生的建筑材料、周转性材料、装饰装修材料等废弃材料实现回收处理并充分利用。例如，遮光棚、隔声板等维护结构可利用废弃模板钉做；楼板马凳、地锚拉环可利用废弃的钢筋头制作，废旧的木胶合板用于搭设道路边的防护板和后浇带的防护板；浇筑后剩下的混凝土用于浇筑水沟预制盖板和后浇带预制盖板等构件。

减量化处理是对已经产生的固体废弃物进行分选、破碎、压实浓缩、脱水等减少其最终处置量，减少对环境的污染。焚烧用于不宜再利用且不宜直接予以填埋处置的废物，尤其是对于受到病菌、病毒污染的物品。焚烧处理应使用符合环境要求的处理装置，注意避免对大气的二次污染。稳定和固化技术是利用水泥、沥青等胶结材料，将松散的废弃物包裹起来，减少废弃物的毒性和可迁移性，使污染减少。填埋是将经过无害化、减量化处理的废弃物残渣集中到填埋场进行处置。填埋应注意保护周围的生态环境，并注意废弃物的稳定性和长期安全性。

(6) 地下设施、文物和资源保护

施工现场周围的树木和绿化带保持原状，防止被破坏。补救施工作业活动中人为造成的植被破坏，恢复地形地貌，以免造成土壤侵蚀。施工总平面图布置合理紧凑，节省施工现场用地，限制浪费用地。

3. 运营与拆除阶段的环境管理

建设工程项目运营阶段的环境管理越来越受到重视，但它仍然是一个薄弱环节。通常建筑物在运营阶段消耗的能量大，而且在工程拆除过程中制造的建筑垃圾和大量的粉尘都给资源和环境带来不小的问题。因此，在运营管理过程中应该重视建筑节能，可以通过采用新型材料、改进技术、利用节能设备等方法和措施来实现，且在建设工程项目拆除过程中要重视对建筑垃圾的处理。

【复习思考题】

1. 什么是 HSE 管理体系？它的特点是什么？
2. 项目健康管理的主要内容包括哪些？
3. 项目安全管理的措施有哪些？
4. 项目环境管理的定义是什么？项目进行环境管理有什么意义？

第 12 章　工程项目沟通管理

12.1　沟 通 管 理 概 述

沟通即信息的交流，沟通的过程就是信息被交换的过程。沟通管理是指对项目全过程各个阶段中各种形式和各种内容的沟通行为进行管理的过程，是为了确保项目的信息能够被适当、合理地收集、传递、处理、储存和交流而实施的一系列活动。沟通的作用体现在以下三个方面：（1）沟通使项目各参与方明确项目的总体目标，以项目利益最大化为目的，消除项目系统内外在项目过程中产生的矛盾、问题、障碍，提高项目管理效率，为项目提供保障。（2）沟通使项目参与方彼此相互理解，建立良好的人际关系，提高项目团队凝聚力，为实现工程项目管理目标创造一个有效、和谐、融洽的内外部环境。（3）沟通是项目全面管理的依据和手段。

12.1.1　沟通管理发展

1. 国外沟通管理的发展

国外沟通管理的思想经历了四个阶段的发展：初期理论形成阶段、纵向延伸发展阶段、网络化全面研究阶段和标准化推行阶段。

（1）初期理论形成阶段。

沟通管理理论随着"科学管理"理论的出现而开始形成，随后以弗雷德里克·温斯洛·泰勒等为代表的一批学者开始研究非个性沟通和团队沟通的上下行沟通问题。

（2）纵向延伸发展阶段

沟通管理理论随着"行为科学"理论的发展而发展。沟通管理理论主要是以横向平行沟通和人际沟通为主要研究点，侧重于进行非正式集体和文化沟通研究。人际关系学说的创始人梅奥于1924～1932年提出了"非正式组织"的概念，这是沟通管理史上具有重要意义的事件，奠定了沟通管理理论研究的基石。

（3）网络化全面研究阶段

沟通管理理论随着信息的膨胀和网络的发展而全面升级。管理学之父彼得·德鲁克于1988年在《哈佛商业评论》上发表了题为"新型组织"的论文，表明了现代管理学的发展开始迈入一个新的阶段——知识管理时代，沟通方式由垂直沟通转变为平行沟通。

（4）标准化推行阶段

PMI（项目管理协会）在20世纪初期将许多基础理论研究外化为更加规范化的"项目管理知识体系（PMBOK）"。将项目管理知识系统地划分为十大知识领域，其中包括项目沟通管理。

2. 我国沟通管理的发展

我国在项目沟通管理领域的研究起步于1996年中国加入IPMA（国际项目管理协

会），在相关项目沟通管理知识体系的基础上，我国商界、学界不断学习借鉴项目沟通管理的先进理念和经验，结合我国实际情况因地制宜，从而推动我国在项目沟通领域研究的深入和进步。项目管理研究委员会以编制"中国项目管理知识体系"为起点，对项目管理的九大职能体系进行了系统性的研究，其中便有项目沟通管理。2006 年，于学卿提出通过有效的沟通能够使企业在发展和项目推进过程中的人际关系更加和谐，有助于解决企业发展和项目实施过程中遇到的各类问题。2010 年，魏江提出沟通管理应该以换位思考作为前提，并且要求在整个沟通过程中不能忽略文化背景的影响。2013 年，在对一些较大体量的工程项目的研究中发现，在项目管理过程中促进项目相关人员进行有效沟通并建立沟通网络是极为重要的。2017 年，陈有均强调在项目推进过程中适配的项目沟通管理制度以及体系的重要性，同时提出需要规范项目沟通管理技术，打造项目沟通管理文化。

随着"一带一路"建设的推进，越来越多的企业进入经济全球化的浪潮，其经营管理不再是单一的本土化文化环境，而是多种文化主体和多种差异的文化环境，凸显了跨文化沟通管理的重要性。1988 年，保罗在著作《发展中国家的跨国合资企业》中对发展中国家的跨文化经营管理进行了阐述，他认为一方面合资企业有可能是最好的办法，另一方面合资企业内部需要充分沟通并且尊重双方的文化和履行承诺。2013 年，基蒂等认为在进行跨文化管理沟通的时候要时刻注意不同社会文化的差异，了解不同社会文化的内涵，这样才能尽可能地避免冲突和误解的发生，并且可以通过委婉语等方式来避免跨文化管理沟通中存在的一些问题。进入 21 世纪，国内学者也开始重视跨文化沟通管理问题。2000 年，俞文钊和严文华创新性地提出了跨文化管理的同化理论，并应用于上海大众汽车有限公司。2001 年，严文华指出沟通的开放性与组织绩效、工作满意度等呈正相关。2013 年，赵晓波则从更广泛的视角进行研究，认为跨文化沟通管理主要存在三大方面的障碍，即语言层面的沟通障碍、认知层面的沟通障碍和文化中心主义的障碍，并且相应地提出对策和建议。随着互联网和即时通信工具的发展，各种即时通信工具已经被广泛地应用到企业和项目的沟通管理中，作为网络化沟通的一种新形态。

综上所述，国外学者在沟通管理问题方面关注得较早，研究成果更为丰富，已形成比较成熟的理论模型。反观国内，对沟通管理有所认识，也有所研究。沟通管理有两个新领域：一是在目前企业跨国经营与国际化趋势下，跨文化沟通已成为国际工程管理中不可忽视的问题；二是在互联网时代下，网络时代的沟通管理成为沟通管理领域的一个新议题。

12.1.2 沟通的原则

在工程项目沟通过程和工作中，必须贯彻一些基本的沟通原则，以保证项目组织的有效沟通。

(1) 准确性原则

项目沟通的准确性原则包括两个方面：一是沟通中所传递的信息本身必须准确；二是沟通中所使用的语言和信息传递方式应该能被接收者所理解，从而能够使对方获得准确的信息。任何项目组织中的沟通只有贯彻了准确性原则，才不至于出现沟通障碍。因为项目组织沟通的目的就是要使发送者的想法和信息能够被接收者正确地理解和接收，以便团队成员能够更好地合作去实现项目目标。

(2) 完整性原则

项目沟通的完整性原则包括两个方面：一是提高信息的完备性；二是实现沟通的完全

性。提高信息的完备性是指在沟通过程中所传递的信息应该是基本完备的，不能留下很大的信息缺口，那样会增加接收者理解信息的难度，从而出现沟通障碍。实现沟通的完全性强调的是沟通过程的完整无缺。项目的沟通管理模式应该使沟通行为的要素与环节齐全，尤其是不能缺少必要的反馈过程。只有沟通管理的过程完整无缺，信息的流动才能畅通无阻。

(3) 及时性原则

在项目沟通过程中，不论是项目主管人员向下沟通，还是下级或团队成员向上沟通，以及项目团队各职能机构或小组之间的横向沟通，在保证沟通准确性和完整性原则的基础上，还必须保证项目沟通的及时性。这一原则要求项目组织的信息交流应发生在信息的时效期内，使沟通过程中的人员能及时掌握项目的信息和反馈意见，从而提高项目管理的水平。坚持项目沟通及时性原则的最重要原因在于，任何信息都有一定的时效性和有效期，即任何信息过了一定时间便会失去指导决策的作用。

12.1.3 沟通的种类

对于工程项目的任何一方来说，都要进行内部沟通和外部沟通。

(1) 内部沟通

内部沟通是指组织系统内成员的互动和协调，以实现组织目标的沟通。内部沟通与组织内部因素相关联，组织内部因素包括有形和无形两个方面。有形因素是指组织内部结构和组织的有形环境（包括技术环境、物质环境、人力资源等），无形因素是指组织文化和组织的无形资源（包括价值观、思维方式和经营理念等）。

(2) 外部沟通

外部沟通是指组织与相关环境的信息交换和协调，使组织与环境之间保持动态平衡。外部沟通与组织外部因素相关联，组织外部因素可以从宏观环境和行业环境两方面分析。其中宏观环境可以分为政治法律环境、经济政策环境、社会文化环境、技术进步和技术政策环境以及自然环境五个方面。

12.2 项目沟通过程、方式和渠道

12.2.1 沟通的过程

任何项目的沟通都必须有沟通的主体和渠道，其中信息的发送者和信息的接收者是沟通的主体。沟通主体双方通过一定的渠道，按照图12-1的步骤去实现项目信息的交换和思想的交流。

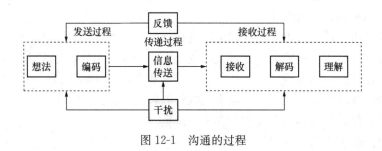

图12-1 沟通的过程

项目沟通过程有八个步骤，具体内容如下：

（1）想法。在项目沟通过程中，信息发送者首先要确定沟通的内容、目的与想法。

（2）编码。根据信息接收者的个性、知识水平和理解力等因素，信息发送者努力设法找到一种对方能够理解的语言和表达方式，将自己要发出的信息或想法进行必要的加工处理。

（3）渠道。信息发送者选择合适的沟通渠道，将信息传递给信息接收者。沟通渠道的选择要考虑所传递信息的特性、信息接收者的情况、沟通渠道的噪声干扰情况以及是否有利于信息反馈等因素。

（4）传送信息。使用选定的渠道将项目信息传送给信息接收者。一般情况下，电子型信息传送靠信息网络，书面型信息传送可借助快递公司，思想型信息传送多以面谈的形式来完成。

（5）接收编码。信息以编码的形式从发送者手中传到接收者一方，并由信息接收者所接收。在这一步骤中，信息接收者必须全面关注并认真接收对方传送的全部编码，特别是在面对面的沟通过程中，仔细倾听对方的讲述，全面接收对方用口头语言和肢体语言传递的信息编码是非常重要的。

（6）进行解码。解码是指信息接收者对已经接收到的编码信息进行形式转化，得到可理解形式的信息的加工工作。比如，把各种机器代码转换成自然语言的过程，将外语翻译成中文的过程，将方言或暗语、手势转化成能够理解的语言的过程等。

（7）分析理解。分析理解是指通过汇总、整理、分析和推理的过程，来全面理解那些已经完成解码的信息所表达的想法和要求。例如，全面认识对方描述的事件的特性，真正明白对方所表达的意图和想法，完全了解对方安排的任务和工作，体会和掌握对方的心情和感情等。

（8）积极反馈。反馈是指信息接收者对信息发送者提供的信息有疑问、有不清楚的地方或者为了回应对方而做出的询问或信息回馈，这是一种反向的信息沟通过程。反馈是项目沟通过程中必不可少的环节，它有助于人们的相互理解，而只有相互理解才能够使沟通继续下去。

在上述过程中，沟通和交换的信息既有用语言、文字表达的信息，也有"字里行间"和"言外之意"的信息，特别是在思想交换和感情交流的沟通过程中更是如此。因此必须充分使用编码、反馈和非语言沟通等手段，否则会造成沟通中断或"言者无意，听者有心"等各种误解的情况和结果。项目经理必须熟悉项目沟通过程，并充分使用这一过程去分析和发现项目管理中出现的各种沟通障碍，从而使项目组织中的信息畅通。

12.2.2 沟通的方式

（1）正式沟通和非正式沟通

正式沟通是指通过项目组织规定的渠道进行信息传递和交流的方式，如各种例会、报告、汇报和函件等形式。正式沟通有较强的约束力，沟通效果好，但是往往速度较慢。非正式沟通是指在正式沟通渠道之外进行的信息传递和交流，如私人谈话等。非正式沟通信息传递速度快，有时能够获得正式沟通难以取得的信息，但是由于不具备约束力且信息传递人不必承担责任，信息容易失真和带有个人偏见。

（2）单向沟通和双向沟通

单向沟通是指信息发送者和接收者之间地位不变，一方只发送信息，另一方只接收信息，双方不需要信息反馈，如报告、指令等。这种沟通方式信息传递速度快，但由于接收者可能不止一方，准确性差，容易产生信息疏漏，还可能使接收者的想法无从表达，易产生抗拒心理。双向沟通是指沟通过程中信息发送者和接收者之间的位置不断变换，双方以协商和讨论的姿态相对，重复商谈，意见及时反馈。这种方式有助于增加信息接收者的参与感和责任心，有助于双方达成共识。但是信息传递和执行的速度较慢，信息发送者要做好受到质疑、反对、批评和挑剔的心理准备。

（3）书面沟通和口头沟通

书面沟通是指用书面形式进行的信息传递和交流，如通知、备忘录、文件等。这种方式的优点是可以作为资料长期保存、反复查阅。口头沟通是运用口头表达进行信息交流活动，如谈话、游说、演讲等。这种方式的优点是速度快、灵活自由。

（4）上行沟通、下行沟通和平行沟通

上行沟通是指下级的意见向上级反映，即自下而上的沟通。项目经理应鼓励下级积极向上级反映情况，只有上行沟通渠道畅通，项目经理才能全面掌握情况，作出符合实际的决策。上行沟通有两种形式：一是层层传递，即依据一定的组织原则和组织程序逐级向上反映；二是越级反映，它是指减少中间层次，让项目最高决策者与一般员工直接沟通。

下行沟通是指领导者对员工进行的自上而下的信息沟通。如将项目目标、计划方案等传达给基层群众，发布有关组织的新闻消息，对组织面临的一些具体问题提出处理意见等。这种形式的沟通是领导者向被领导者发布命令和指示的过程。

平行沟通是指组织中各平行部门之间的信息交流。在项目实施过程中，经常可以看到各部门之间发生矛盾和冲突，除其他因素外，部门之间互不沟通是重要原因之一。保证平行部门之间沟通渠道畅通，是减少部门之间冲突的一项重要措施。

12.2.3 沟通的渠道

沟通渠道是指沟通过程中信息在特定的组织人群中流动的途径，项目组织中的沟通渠道有两种形式，即正式沟通渠道和非正式沟通渠道，并分别在项目的沟通中起着不同的作用。

1. 正式沟通渠道

正式沟通渠道由项目的组织结构形式、项目管理的相关工作流程和一定的规则决定，有固定的、经过专门定义的沟通过程和方式方法，被项目成员一致认可，沟通结果具有法律效力。正式沟通渠道主要有项目手册、计划和指令等各种书面文件、协调会议、各种工作检查验收以及制度、程序等。这种渠道传递的信息比较规范，一般对组织成员来说具有约束力和权威性。其缺点是信息传播途径固定、层层传递缺乏灵活性，此外也存在信息失真或扭曲的可能。

以五个人为一个群体为例，正式沟通基本上可形成五种沟通形态。

（1）链式

在一个组织系统中，它相当于一个纵向沟通网络，代表五级层次，信息自上而下或自下而上进行传递。信息经层层传递、筛选，容易失真，各个信息传递者所接收的信息差异很大，平均满意程度有较大差距。在垂直的组织结构中，信息就是按这样的规律进行传递的。

(2) 轮式

发布命令者居中，下级与领导者进行单向沟通，下级之间没有沟通。在组织中，大体相当于一个主管领导直接管理几个部门的权威控制系统。此网络集中化程度高，解决问题的速度快。同时，这种方式信息传递的集中度高，传递速度快，它要求领导的能力强，使领导者的工作变得很繁重。

(3) Y式

信息的传递是由两个成员或两个部门通过一个成员（部门）进行传递，这是一个纵向沟通网络，其中只有一个成员（部门）位于沟通内的中心，成为沟通的媒介。在项目职能组织结构中，信息是按这样的方式进行传递的。这种信息传递方式适用于主管人员需要有人选择信息、提供决策依据，而又要对组织实行有效控制的情况。同时，这种方式也会使领导间的协调困难，下级在接收到不同的信息时，也会感到无所适从。

(4) 环式

此形态可以看成是链式形态的一个封闭式控制结构，表示五个人之间依次联络和沟通。只有相邻的成员之间才能进行信息沟通，不存在其他的多向交流。这种沟通渠道的信息传递不集中，传递速度慢，传递过程中信息失真度高。

(5) 全通道式

组织中的成员可以自由地多向交流，交流时成员的地位是平等的，没有明显的领导者。这种沟通渠道由于成员间有充分的交流，交流的效果好，信息传递速度快，但集中度差，缺乏领导。在这种结构中，组织成员的平均满意程度高且差异小，对于解决复杂问题、增强组织合作精神、提高士气均有很大作用。但是，由于这种网络沟通渠道太多，易造成混乱，影响工作效率。

五种沟通形态的比较见表 12-1。

五种沟通形态的比较　　　　　　表 12-1

沟通形态 评价标准	链式	轮式	Y式	环式	全通道式
集中性	适中	高	较高	低	很低
速度	适中	1. 快（简单任务） 2. 慢（复杂任务）	快	慢	快
正确性	高	1. 高（简单任务） 2. 低（复杂任务）	较高	低	适中
领导能力	适中	很高	高	低	很低
全体成员满意程度	适中	低	较低	高	很高
示例	命令	主管对四个部署	领导任务繁重	工作任务小组	非正式沟通（秘密消息）

上述五种沟通形态和网络都有其优缺点。作为一名主管人员，在管理工作实践中应灵活运用、扬长避短，从而使组织成员进行有效的人际沟通。

2. 非正式沟通渠道

非正式沟通是指在组织正式信息沟通渠道之外进行的信息交流，主要有聊天、小组会议、座谈、现场巡视、旁听会议、小道消息等。当正式沟通渠道不畅通时，非正式沟通渠道作为正式沟通渠道的有机补充，常常会起到十分关键的作用。

美国心理学家戴维斯将非正式沟通分为以下几种途径：集群式、密语式、随机式以及单线式，集群式又称葡萄藤式，在沟通过程中可能存在几个中心人物，由他们转告若干其他人，这种形式具有某种程度的弹性。密语式又称流言式，沟通过程是由一人告知所有其他人，如同独家新闻。随机式是信息传播者碰到什么人就转告什么人，并无一定中心人物或选择性。单线式沟通过程是一个转告另一个人，另一个人也只再转告下一个人，这种情况最为少见。

非正式沟通渠道在任何一个项目组织中都存在。非正式沟通渠道往往能提供正式沟通渠道无法获得的信息，这种渠道传递的信息更能反映员工的真实思想、意见和感情，传递速度快。例如，随着互联网的普及，一些企业和组织在公司的网站上设立了相关论坛、BBS公告、微信公众号等多种非正式的沟通渠道。这些渠道的沟通信息能够较为真实地反映组织成员的一些思想、感情和想法。其缺点是传递无规律可循，有很强的感情色彩。最为经典的案例是被誉为"20世纪最伟大的经理人"之一的美国通用（GE）公司执行总裁杰克·韦尔奇，在公司内部引入"非正式沟通"的管理理念，韦尔奇经常给员工留便条和亲自打电话通知员工有关事宜，从而增强管理者和员工之间的理解、相互尊重和感情交流。

在管理决策时，管理者应以正式沟通渠道传递的信息为主，注重非正式沟通渠道传递的信息。管理者尤其应注意，当项目组织中的正式沟通渠道不畅通时，非正式沟通渠道会特别活跃。

12.2.4　网络时代下的沟通管理

传统的沟通都受限于一定的条件，因此进行有效的沟通常常需要时间、地点和环境的配合。传统的沟通渠道在企业的沟通过程中发挥了重要作用，但互联网的发展弥补了传统沟通渠道的一些不足，影响着沟通管理。

1. 对沟通过程的影响

传统的沟通就是信息发送者将自己的思想进行编码，通过一定的通道传递给接收者，而传递的过程中会受到外界因素的影响，接收者需要对信息进行译码，译码成功将获得发送者的思想。在互联网时代下，组织沟通过程发生了以下变化：发送者编码方式多样化，互联网、云计算、物联网、大数据等信息技术是其重要依托；发送者传递编码信息的渠道增多，如微信、微博、QQ等沟通工具；接收者译码的能力要求降低，只需要会使用这些软件就可以完成译码；编码受噪声影响的概率降低；整个沟通过程很少受时间、成本、信息量、自然环境等方面因素的影响。

2. 对沟通方向的影响

在传统环境中，垂直沟通特别是自上而下的沟通成为主要的沟通方向，管理沟通的渠道与进程附属于企业的层级体系，从而给沟通管理造成了许多障碍。垂直沟通甚至会产生诸如官僚主义、文牍主义等的影响，而互联网的使用却能有效地解决垂直沟通中存在的这些问题。互联网使企业的组织界线变得越来越模糊，它也使企业管理者的身份（在互联网中）变得没那么重要，最高经营管理者可以直接与各层级的员工进行沟通。通过这种跨越层级的沟通，从而减少信息的过滤与失真，极大地提高了企业沟通的效率。

12.3 有效的工程项目沟通管理

12.3.1 项目沟通的障碍

在项目沟通过程中会出现一些障碍和问题,导致项目沟通的风险增大。其实,沟通中的障碍不仅仅会增加沟通的风险,甚至会对整个项目的成败起到决定性作用。了解这些障碍及其原因可以更有效地进行工程项目的沟通及沟通管理工作。项目沟通的障碍包括以下几种。

(1) 信息不准确

信息不准确包括信息出现错误或者信息不完整等情况,这是影响项目沟通非常大的一个障碍。信息不准确会直接导致项目沟通的失败,一个沟通过程从源头就是不准确的。另一种情况是传递的信息过于繁琐,需要耐心地去理解关键信息,以确保信息是无错误和完整的。

(2) 噪声和干扰的存在

噪声和干扰是在信息传输、接收以及解码过程中都会出现的障碍。根据噪声的来源,我们可以把噪声分为三类:内部噪声、外部噪声以及语义噪声。有时团队内部的沟通主体也会产生沟通噪声,比如团队成员之间的文化差异、接收者的注意力被分散等。外部噪声的种类较多,比如环境因素等。干扰则是信息传递过程中人为造成的噪声,应该尽量去规避。

(3) 项目发送者对项目沟通的影响

项目沟通、信息的传递都是起自信息发送者,所以信息发送者的沟通能力、信息编码能力、理解能力对整个信息传递过程都具有重大影响。信息发送者是确保信息准确的保障,如果发送者不能正确理解之前商定好的内容进行编码传递,则会影响项目沟通的过程,最终对整个项目的管理产生负面影响。由此可见,整个项目沟通需要仔细选择信息发送者。

(4) 项目接收者对项目沟通的影响

信息发送者将信息以编码的形式选择适合的渠道传递给信息接收者,信息接收者需要准确接收这些信息。如果是纸质类信息或者邮件类信息,我们可能会有机会多次反复地去获取信息。如果是口头方式的信息传递,不论是电话或者面对面的信息传递,接收者都需要做到全神贯注,不错过传递出来的任何语言信息。如果是面对面沟通,那接收者还需要从发送者的肢体以及面部表情中去提取有效信息。在此时接收者的能力开始影响沟通的走向,是否具有好的接收能力、理解能力、信息处理能力以及正确的价值导向会对沟通成功与否起到重要作用。

(5) 信息有效性对项目沟通的影响

信息源的有效性最终会影响项目的沟通结果。如果信息本身就存在错误,那沟通期望的效果自然难以实现。在项目沟通中首先要确认的就是需要传递的消息是否有效,这一点需要项目决策者和项目发送者进行判断。

(6) 沟通方式对项目沟通的影响

项目沟通渠道和方式的选择,需要考虑的就是如何将信息准确、快速地传递给信息接收目标。不论采取口头传达、书信、邮件等哪种方式，都要依据信息本身的特性选择最适合的方式。

(7) 接收者的反馈对项目沟通的影响

反馈对信息传递的影响容易被忽略。当信息接收者接收到发送者对于项目过程的问题或者是不解之处时，接收者需要反馈；或者对信息本身还不够清楚、不够明白时，信息接收者也需要向发送者反馈。当然仅仅向发送者告知信息的获取情况，也是一种必要的反馈机制。可以看出，只有对信息进行反馈才能形成一个闭合完整的沟通过程，这样有助于项目的继续进行。

12.3.2 实现有效沟通的方法

工程项目管理的有效沟通是指能够实现沟通的目的，使每项沟通内容都被沟通双方准确理解和最大限度地接受，以建设高起点、多层次、多渠道、全过程的沟通协调机制和诚实守信、互利共赢的项目沟通管理文化。实现有效沟通的方法包括以下几种。

(1) 重视沟通的培训工作

在工程项目启动时，就重视沟通的作用，可以对如何实现有效沟通进行相关培训或统一规定；在项目的各个阶段开始时，由于会出现项目参与方发生变动的情况，也要进行这项工作。

(2) 有效利用多种沟通渠道

无论是组织的内部沟通还是外部沟通，都要重视和有效利用多种沟通渠道，综合利用各种正式沟通渠道和非正式沟通渠道，提高信息沟通的整体效应。

(3) 重视双向沟通

双向沟通的双方以协商和讨论的姿态相对，一方的意见能够及时反馈给另一方，并且可以加深双方对沟通内容的进一步理解，并达成共识。这样可以使信息发送者了解实际情况，让信息接收者反映具体困难，从而有助于问题的解决和项目最终目标的实现。

(4) 重视良好项目文化的建设

建设良好的项目文化有助于项目的不同利益方将各自的利益与项目总体利益统一，站在同样的起点和角度看待要解决的问题和矛盾，对项目沟通形成正确的导向。良好的项目文化也可以从根本上减少项目内部和外部的冲突，降低沟通的难度。

(5) 重视沟通中的细节问题

很多沟通不力的情况都是由于细节问题造成的，如文字上的模棱两可和针对性不强会造成理解上的误差；不必要的信息过多会造成信息接收者负担过重而忽视所有信息的重要性；信息发送者言行不一或肢体语言及表情运用不好会造成信息接收者反感或怀疑等。因此，沟通前要做好充分的准备工作，应做到语言简练，概念明确，信息必要及时，沟通过程中表情动作和语言文字相配合，沟通目的明确，沟通方式与信息接收者的背景环境吻合等细节问题，提高沟通的有效性。

(6) 近期目标和长远目标相结合

沟通不仅仅是为了解决眼前的问题，更是要实现长远目标。因此，沟通中不能为了急于解决眼下的矛盾而给将来埋下隐患，必须有长远的眼光和判断能力，甚至在必要时牺牲局部利益服从整体利益，牺牲短期效益以求得组织的长远发展。

(7) 重视信息的反馈和跟踪

信息的反馈有时是滞后的、不直接的，对沟通内容的理解和指令的执行程度要在一个较长的时期内才能显现出来。项目管理人员要在信息沟通后进行跟踪，取得反馈，了解项目进展和沟通内容的落实情况。

(8) 沟通中要善于采用激励手段

激励是调动团队成员积极性和培养创造精神的重要手段，在沟通中采用多元化的激励手段可以从根本上激发团队成员的工作热情，减少沟通障碍，加深相互了解，建设高效的项目团队。

(9) 充分利用会议沟通的有效性

尽管沟通的方式众多并各具特点，但是在工程项目管理中会议沟通被认为是一种最普遍、最有效的沟通方式。有项目各方参加的沟通会议，可以在公开、公正的前提下通报情况、解决矛盾、达成共识，还有利于在正确的引导下形成优良的工作作风和项目整体文化。

(10) 遵循进行建设性沟通的一般原则

进行建设性沟通要求不仅能实现有效的信息传递，还能通过沟通形成积极的人际关系，并且能切实解决实际问题。这要求沟通时要注意换位思考，沟通内容精确对称、对事不对人，沟通时尊重和认同对方。在外部沟通方面，应注意树立项目整体形象，以争取各建设主管部门的支持和理解，以良好的姿态面对社会公众及新闻媒体，建立友好、互信、支持、公正、监督的工作体系，形成良好的项目管理工作外部氛围。在内部沟通方面，应以项目利益最大化为目标，把项目各利益相关主体紧密联系在一起，提高项目团队凝聚力。

12.4 跨文化沟通管理

跨文化沟通是指具有不同文化背景的人之间进行的信息交流。从全球化的角度来看，不同文化群体之间的距离越来越近，持不同世界观、价值观、语言行为的人们需要越来越多地相互理解和交往，因此跨文化沟通是一个必不可少的过程。如果不能进行有效的跨文化沟通，风俗习惯、行为举止、价值观方面的差异会给管理带来很大的障碍。

12.4.1 影响跨文化沟通的因素

(1) 文化差异

文化是后天习得的，是指用以解释经验和感受并产生社会行为的知识。它在组织或团体中共享，代代相传。文化形成价值、生成态度并影响行为。不同国度、不同民族的思维方式有很大的差异，而不同的思维方式往往会导致人们在问题认知和处理方法上出现差异。在跨文化项目管理中，往往会忽视这个问题或者对东道国文化认识不足，遭到项目组内当地项目成员的抵制，引发冲突，成为项目顺利进行的绊脚石。

(2) 沟通方式和语言

在跨文化沟通中，语言的多样性与复杂性常常是造成沟通障碍的主要原因，也是直接原因。除了在语言层面存在障碍，在非语言层面也存在沟通障碍。非语言符号是对语言符号的补充，有时甚至是对语言符号的强化和修订。本国、本民族的非语言符号运用能够产生相互间的默契，而异国、异族之间的非语言沟通需要主动了解和真诚理解。例如不同的衣着颜色、式样、礼仪尺度以及各种禁忌等。在跨文化沟通过程中，人们更多地使用非语言沟通形式，而且不同文化背景的国家对非语言沟通的使用偏好不同。

（3）宗教信仰与风俗习惯

宗教信仰是处于文化最深层的东西，凝聚着一个民族的悠久历史和文化。世界上有一千多种宗教，不同的宗教有不同的价值倾向和行为禁忌，影响人们认识事物的方式和思维习惯甚至价值观念，进而使人们的行为方式和风俗习惯大相径庭，从而可能导致管理中产生文化冲突。

（4）相异的国家和行业标准

无论是工程设计还是施工过程，多数第三世界国家当前尚没有相关的国家和行业标准或者不完善。所以，外贸合同原则上都会有标准适用条款。但在实际工程项目管理中，依旧存在特定项目没有适用标准的情况，导致用户要求的随意性，增加项目的沟通难度和管理难度。

12.4.2 跨文化沟通管理的原则

对于跨文化的国际合作来讲，由于其存在跨文化沟通管理问题，在消除由于跨文化带来的障碍时需要遵循以下原则。

（1）因地制宜原则

来自不同文化背景的沟通者，要根据当地的实际情况来制定沟通策略。

（2）平等互惠原则

与一般的人际沟通不同，跨文化沟通管理是为了获取一定的利益，带有明确的目的性。因此，平等互惠有利于保护自身的利益，也有利于双方建立长期合作的良好关系。

（3）互相尊重原则

在进行跨文化沟通时，相互尊重是最基本的要求。而受到尊重也是人需求层次中较高层次的需求，这种需求的满足将极大地增强人的自信心和上进心，对沟通交流起到积极作用。

（4）互相理解原则

由于组织中的人来自于不同的文化背景，其思想观念、行为方式、性格爱好等各方面都存在一定的差异，在沟通中也会对同一事物持有不同的态度和看法，作出不同的判断和采取不同的处理方法，为沟通带来许多复杂的矛盾和冲突。这就需要沟通双方相互理解、换位思考，减少这些矛盾和冲突对沟通造成的影响。

（5）互相信任原则

在组织中，沟通双方的相互信任是相互工作配合、有效进行沟通的重要基础和前提。沟通双方如果没有信任的基础，就没有沟通交流。只有坚持相互信任，沟通双方才愿意在合作过程中积极了解对方，消除沟通中的障碍。

（6）互相了解原则

在沟通交流中，大多数沟通障碍的产生都源于沟通双方的相互不了解。只有增进沟通双方的相互了解，做到敞开心扉、保持积极的心态去了解对方并让对方了解自己，才能做到"知己知彼"，并逐渐建立起相互间的信任。

12.4.3 国际工程项目跨文化沟通管理

在国际工程项目中，项目开发与建设的重要节点都需要进行复杂的、频繁往复的跨文化沟通。没有科学的跨文化沟通规划、较好的跨文化沟通基础、条件与氛围,将降低跨文化沟通的效率和质量,增加跨文化沟通的成本,甚至影响到跨文化沟通的成功。

在项目初步开发阶段,要搞清楚项目所在国的文化习俗、种族结构、宗教信仰、政策法规、技术工艺标准、国民素质与诉求、相关的资源条件、官方语言及其他主要语言、政府构成及运作状况等,为推进项目进行跨文化沟通奠定基础。

在项目深度开发阶段,为了减少或降低语言障碍、非语言误解和成见,弱化异质文化交流带来的复杂性、冲突性、紊乱性和模糊性,要对多元文化背景的团队成员进行跨文化培训;为了明确跨文化沟通的重点,要制定跨文化沟通规划;为了增强价值观的一致性,缩短团队成员价值观之间的距离,要培育建立在多元文化背景条件下的项目团队文化;要营造和谐进步的沟通氛围,使团队成员以及主要利益相关方乐意通过沟通解决问题;要建立项目沟通管理信息平台和在线分级共享、互联互通的知识管理信息系统,使沟通更加顺畅,这些都是进行良好跨文化沟通的基础。

跨文化沟通的基础建立后,在进行跨文化沟通时,还要根据沟通的对象、内容、时间、地点以及具备的资源条件等选择跨文化沟通的媒介、方式、渠道,以便使跨文化沟通简单、准确、便捷。在整个沟通过程中,要按照沟通规划使用适当的沟通技巧、沟通工具等,克服沟通障碍,提高沟通效率和质量,降低沟通成本。

12.5 沟通管理案例——泉州西街民居改造项目

12.5.1 改造背景

20世纪90年代,随着房地产市场的逐渐兴起,旧城的建设开发也随之达到高潮。但是由于地方政府对于旧城的保护意识不足,建设开发往往变成了破坏,珍贵的历史建筑就此在改建中消失殆尽。泉州的西街文化是具有地方特色的文化,并不像一般的物质环境,有图样就可以根据原貌重建。老街文化一旦失去了传承,就会因为其建构元素的消失而逐渐萧条。老街承载的不仅是古老的建筑,更是在老街上的一种生活方式。如何在改建中保留老街原来的风貌并使其焕发新生,良好的项目管理起到了很大的作用。在许多改建项目中,常常会出现效率低下的情况,究其原因,很大一部分是因为沟通管理不到位,导致参与者不能很好地配合,使项目进程滞后。每个项目都有其不同的沟通管理模式,无法制定一个统一的模块化标准,而应根据不同的项目环境选择不同的沟通方式。在旧城的更新改造项目中,因为其涉及的群体更多,更容易存在矛盾,在沟通方面需要谨慎对待。

12.5.2 沟通管理策略

沟通管理需要解决四个问题:干系人能理解沟通信息的内在含义;沟通是干系人的期望导向,人们习惯于听取他们想要听到的信息,对于不符合他们期望的信息会排斥,所以要循序渐进的沟通;信息发布者应先分析传递给干系人的信息是否值得他们花费时间来接收;保证提供的信息有价值。

针对西街改建项目的沟通管理策略有以下几种。

(1) 信息的强调与其组织策略

重要信息应放在信息载体的显著位置,运用受众感兴趣的因素吸引注意。通过调查表发现,在西街改建项目中干系人主要关注项目资金、施工质量、生活秩序等方面。这些信息在信息载体中就应该占据主要位置。信息从众多素材中提炼而来，有的完整、有的零散、有的是好消息、有的是坏消息、有的是结论性的消息、有的是过程性的消息，需要对信息进行重组后传达，并根据干系人关注度的大小排列其在信息文本中的次序，用简明易懂的文字明确其观点和主体内容。改建项目中的主要信息包含以下几种，根据在西街调查中其受关注度进行排列如下，改建资金＞施工质量＞生活秩序＞改建工期＞工艺传承＞材料。

（2）渠道策略

信息技术普及前主要靠口述及文字来传达信息。随着信息技术的发展，可供选择的载体多种多样。除了原有的电视广播以外，还有网络及微信等渠道可以采用。西街的居住人群以中老年人居多，应根据年龄层来选定信息发布渠道。在调查中发现，60岁以下的人群中，赞成使用微信公众号为载体的占据大多数，而60岁以上的人群中，也有一半选择了微信公共号。根据这一调查结果，对西街改建项目沟通渠道的选择应以微信公众号为主，并且利用微信公众号的留言功能可以迅速接收信息反馈。在此基础上，辅以电视广播等传统媒体，以及电话信函等原有信息传达方式。各沟通渠道信息传送和反馈接收速度对比见表12-2。

各沟通渠道信息传送和反馈接收速度对比 表12-2

信息传递载体	信息传送速度	反馈接收速度
微信公众号	快	较快
新闻节目	快	较慢
查询窗口	较慢	快
电话	较快	快
信函	慢	慢

（3）文化策略

在制定每个沟通策略时，都不能忽略地区文化因素的影响。不同的文化决定了不同沟通方式的有效性，也使得干系人对同一事件所持有的态度和期望不一致，并在一定层面上影响渠道策略的选择。西街居民多数崇尚佛教，农历二十六的勤佛日每每人流如织，而且他们的家族观念很重，对于祖宅等极其看重，所以西街一带曾经宗祠众多。文化因素可以给沟通带来正面影响，也可以带来负面影响，在沟通策略制定中应该注意。对于文化忌讳的事项，在沟通中应尽量避免，对于其文化偏好可以在传播中加以利用，使信息易于被接收。闽南地区主要文化因素见表12-3。

闽南地区主要文化因素 表12-3

	偏好	忌讳
宗教文化	佛教及道教	
民俗文化	祭祖、普渡等	镜对床、送伞等
建筑文化	三开间或五开间的大厝	见损、破格等

12.5.3 设计阶段的沟通管理

在西街改建项目的进程中，各个群体所代表的利益不同，所追求的结果也不完全一致，在项目设计阶段有一些沟通方面的问题就可以先在各个群体之间进行沟通，这样才有足够的时间完成后面的事项。

1. 政府与设计单位的沟通

在工程前期，政府部门需要跟设计单位沟通，挑选对闽南建筑文化比较了解的设计单位来进行设计规划，以减少设计中出现的问题。

在设计前期准备阶段，政府用正式沟通的方式在合同中注明对于设计的要求，并要求设计单位派设计人员过来进行实地考察调研。在设计阶段，许多政府部门暂未考虑到的专业方面的问题设计单位都应充分考虑，并提出解决方案，通过正式的会议或书面沟通将设计需要的前期资料罗列出来，以后发生问题才能做到有证据可依。除此之外，可行性研究、方案会审、方案扩初会审等正式沟通也必不可少。在施工时期，设计单位的图纸在现场施工时总是会遇到各种问题，这些问题都需要设计单位解决。政府应要求设计单位外派设计师驻扎在现场，方便及时解决各种问题，以减少信息传递浪费的时间。

2. 设计单位与承包商的沟通

设计单位与承包商之间的配合是整个改造项目最终是否成功的关键，施工方能够理解设计师的意图，并完整的还原出设计的原貌。在项目施工阶段，无论再有经验的施工方也会遇到各种设计上的问题需要与设计师沟通，而且在部分施工技艺方面，有经验的施工方还能给设计师好的建议。

（1）设计单位与施工单位最开始的沟通，是通过施工图会审进行的。施工单位认真查看设计单位的图纸，对于图纸中的疑惑以及不了解的问题用书面的形式在会议上提交给设计单位，由设计师现场解答。之后由会议记录人员出具会议纪要，将问题以及答复一一列出，由各方确认后盖章存档。

（2）在项目施工时，对于现场出现的问题，可以通过工程联系单进行沟通，让设计单位确认如何对施工或者对原有设计进行修改，并将工程联系单交给政府部门存档。工程联系单需要由施工单位列出问题，然后由现场监理以及相关各方盖章确认问题确实存在后方才生效，设计单位收到后对问题进行修改并加盖设计单位公章，这样才能确保工程联系单的必须知情人都能确认信息。

（3）通过工程联系单进行沟通所需时间较长，从施工单位提出问题到设计单位答复快则一周，多则几周，如果遇到急需解决的问题，这种处理方式难免会影响到工程的时间进度。而且有很多现场问题用文字或者图案不能完全表达清楚，只有现场查看才是最直观的，也不容易引起误解。如果不涉及造价问题，可以先行指导施工队施工，后期补充工程联系单；如果涉及造价问题，则应该及时同政府相关部门联系，避免后期决算时引起不必要的争执。

3. 承包商与居民的沟通

在工程项目施工中，基本上每个屋主都希望较多较深入地介入工程管理，主要是希望项目管理的权利能掌握在自己手中。他们有可能会限制项目经理的权利，或者会对项目经理或承包商进行干预以及越级指挥，主要原因可能有以下几点：①毕竟是自己以后要居住的房屋，屋主主观上会希望工程能做的更为圆满，所以要事必躬亲；②对项目管理人员的信任度不够；③觉得自己具备一定的项目管理能力，但实际上其知识、时间、能力等不足；④觉得自己的居住房屋自己就应该有最大的发言权与管理权，存在一种盲目的追逐权利的心理。

针对以上问题，承包商应做到以下几点：

（1）应该先让屋主了解到，对于西街改建这种特殊项目，政府肯定会挑选有相应古建筑施工资质的承包商，对古建筑的修复与建造有较为丰富的经验，他们对于现场的施工及管理能力一定优于屋主，是可以信任的。但是在一定程度上，承包商也要保证屋主应有的权利，有些影响到屋主正常生活的情况，最好能以屋主的意见为准。比如说对施工作业时间的要求，尽量按照屋主的作息时间来，不能为了赶工期在中午或者深夜施工，影响屋主的正常休息。

（2）经过调查发现，改建中屋主最为担心的问题，是施工单位在施工工程中偷工减料、以次充好的行为。施工单位材料进场的时候，都附有材料的检测报告，可以随时供设计单位查阅，但是有的屋主对此并不知情。改建过程中，施工单位应该及时向居民公布进场材料的质量检验表格等，包括这个批次进了多少材料、检验合格率如何、检验的仪器是否经过年检等问题，通过各种官方渠道及时发布出去，接受各方的监督。

（3）项目管理者可能经常会觉得"屋主什么都不懂，还要乱干预"。这虽然确实是一个普遍存在的情况，但是不能把这个问题完全归咎于屋主。如果一直持有这种心态，对于屋主的管理不配合或者态度不佳，就容易引起两个群体之间的矛盾。项目管理者要向屋主解释说明施工时为什么要这样做，这样做的好处，如果按屋主的做法可能会出现什么问题。这样就能使屋主了解一定的项目管理方法，并对施工工艺及施工步骤等有一定的认知，从而减少屋主的干预。

（4）由于西街许多居民是世代生活于此，随着后代的繁衍，房屋的产权人就会变多，而且有的在外地甚至在国外，没有办法做到一一沟通，对于改造房屋的事情，每个产权人都拥有知情权，不能因为他们不在当地就剥夺他们了解情况的权利。但是为了能够节约时间，可以请留在当地的产权人代为负责，举家都在外地的可以委托一位信得过的亲友作为代理人，让施工方等直接与其沟通主要的意见或者改建方面的问题等，再由代理人代为传达给每个产权人，免去与每个产权人交谈并在其中协调所造成的时间的浪费。

（5）在工程施工过程中，应该尊重屋主应有的权利，有关项目的事情，比如项目进行到哪个阶段，接下来要做什么等，都应该及时告知屋主，积极沟通。不能因为有的屋主由于资金问题没有自己出资改建，就认为他没有发言权，只能听从政府及承包商的安排，这样会激化矛盾，使后续工作不能顺利进行。

由此可见，好的解决方法就应当让屋主一起参与项目的全过程，调动起他参与的积极性，并不是只给他一个改造完成的结果。并且在参与过程中，与屋主进行良好的沟通，使屋主能对如何改建自己的住房有一个较为全面的了解和认识。

【复习思考题】

1. 沟通的原则是什么？为什么要遵循这些原则？
2. 沟通的过程是什么？沟通的渠道是怎样划分的？
3. 列举出五种实现有效沟通的方法。
4. 跨文化沟通时，如何在工程项目生命周期的不同阶段完成有效的沟通？

第 3 篇　管理创新

第 13 章 可持续建设与施工

13.1 可持续建设

13.1.1 概述

可持续发展理论起源于 20 世纪中后期的自然环境保护运动，是在探索经济发展与环境保护的辩证关系中，通过对经济增长、社会公正和环境稳定三个协同共生关系的不断认识、理解和实践而获得的新发展观。世界各国以及众多的国际组织对可持续发展进行了大量的研究，从联合国有关可持续发展问题的文件《人类环境宣言》(1972)、《世界自然保护大纲》(1981)、《我们共同的未来》(1987)、《保护地球——可持续生存战略》(1991)、《里约环境与发展宣言》(1992) 和《全球 21 世纪议程》(1992) 等相继发表后，人们增进了对可持续发展理论的理解。国际社会开始对可持续发展的理论和实践进行广泛、深入地研究探讨，可持续发展理论逐渐成为世界许多国家经济社会发展总体战略的指导原则。可以说，人类进入了可持续发展的新时期。我国的可持续发展理论研究是从 20 世纪 80 年代中期开始的，我国政府于 1994 年制定并通过了《中国 21 世纪议程》这一重要文件，作出了实施我国可持续发展战略的重要决策。国内学者在这一领域也取得了很多的进展和显著的成效，主要集中在对可持续发展理论的系统学方向研究、评价理论研究和战略实施与能力研究几方面。《中国 21 世纪议程》确立了中国可持续发展战略目标为：建立可持续发展的经济体系、社会体系和保持与之相适应的可持续利用的资源和环境基础。

可持续设计是在可持续发展理论的基础上发展起来的，为了满足人类的生存安全和精神安全需要，设计建立持久性生产系统，以保证社会、精神、智力长期安全稳定发展的一种设计理念。由维克多·帕帕纳克撰写的《为真实的世界设计》一书中，首次提出了绿色设计理念，并于随后的 20 世纪 80 年代发展起来，逐步演化为生态设计，其强调产品从原料提取到使用报废的全生命周期的可持续设计；再后来又演化为系统设计，从单纯的产品设计到设计"解决方案"，将非物质化的考虑纳入设计当中，有别于传统的物质化设计。近年来，可持续设计的重心从经济商业领域逐步转移至社会领域，更多地关注社会资源的分配、传统文化的延续等方面，从系统设计演变为社会创新设计。

可持续设计的理念在被社会各界广泛认可的同时，也逐渐渗透至建筑行业，衍生出可持续施工的概念。可持续施工由联合国环境与世界发展委员会首次提出，是指在施工过程中，以工地所在区域的环境和资源为基础，通过科学整体策划，实现工地消耗标准在区域生态容量承受范围的目标，同时使所在区域环境、经济和社会综合效益可持续发展的施工过程。2003 年，美国绿色建筑委员会（USGBC）制定了 LEED 绿色建筑评价体系，并于 2013 年更新了 LEED V4 版，进一步推动了可持续施工的应用与发展。在此之后，绿色建筑与绿色施工的理念也得到了社会各界的广泛关注。

绿色建筑是可持续发展的、生态的、最低限度消耗资源的，同时又能提供更加环保、舒适的居住空间。绿色建筑的概念起源于20世纪60年代初，美籍意大利建筑师保罗·索勒瑞把生态学（Ecology）和建筑学（Architecture）两个词合并为"Arology"，提出了著名的"生态建筑"（绿色建筑）新理念。1980年，德国、英国等发达国家开始广泛应用节能建筑体系，并促使这一体系逐渐完善。1990年，英国发布了世界上第一个绿色建筑标准。在1992年巴西里约热内卢的联合国环境与发展大会后，我国相续颁布了若干与绿色建筑发展息息相关的纲要、导则和法规，开始大力推动绿色建筑在我国的发展。2000年之后，我国政府陆续出台了《绿色建筑评价标准》《绿色施工导则》《绿色建筑技术导则》《绿色建筑评价技术细则》《绿色建筑评价标识管理办法（试行）》等与可持续建设相关的指导规则以及评价标准。2004年9月建设部（现称为"住房和城乡建设部"）开始启动"全国绿色建筑创新奖"的评比，标志着我国的绿色建筑进入全面发展阶段。截至2016年9月，绿色建筑地图网数据显示，我国绿色建筑标识项目已多达4615项，增长幅度较快。"十三五"规划中明确提出从2016~2020年，新建绿色建筑总面积应占新建建筑总面积的50%，这一数据相较2015年增长了15%。相关机构预计，2020年我国竣工完成的建筑面积将达到58.54亿m^2，预计将新增绿色建筑面积17.56亿m^2，这充分说明我国绿色建筑具有广阔的发展前景。

绿色施工是指工程项目施工过程中，在工程质量、人员安全等最基本的要求得以保证的前提下，利用科学的管理制度与施工技术，达到最可能的资源节约、最充分的资源利用与减少环境污染的施工活动，实现对能源、土地、材料、水资源等的节约与环境保护。我国政府于2007年发布了《绿色施工导则》，它是国内第一部用于指导绿色施工的文件，给出了绿色施工大的框架及其要点。导则为绿色施工在国内的推行提供了一个良好的依据，可以较好地用于指导工程的绿色施工。2013年1月，国务院办公厅发布《国务院办公厅关于转发发展改革委住房城乡建设部绿色建筑行动方案的通知》（国办发〔2013〕1号）提出"十二五"期间绿色建筑的发展目标，也对"十二五"期间绿色建筑的方案、政策支持等予以明确。

当前，我国可持续设计与施工在实际推广中存在深度、广度不足，系统化、规范化差，口头赞同多，实际行动少等现象。业主方对可持续设计与施工认识不足，实施的推动力不够；企业自身对项目部的可持续设计与施工缺乏指导与规范的规章约束；建设行政主管部门对可持续设计与施工还没有系统科学的制度来予以促进、评价及管理，造成可持续设计与施工的先进技术、管理方法并未得到充分应用。

13.1.2 可持续建设的定义

可持续建设是一种新的概念，它要求建筑物建设每个阶段的决策都要考虑可持续发展的目标。可持续建设提倡在建筑物全生命周期内使用无毒、可循环的资源，主张减少资源消耗和保护自然环境，创造舒适的生活环境，强调使用者的生活质量。佛罗里达大学Charles教授认为，可持续建设是"采取有效利用资源和基于生态学的原则，以建立一种健康的建筑环境。"同时，他提出可持续建设的六个原则：资源消耗最小化；资源重新利用最大化；使用可再生的资源或者可循环使用的资源；保护自然环境；创造一个健康的、无毒的环境；创造高质量的人民居住环境。

可持续建设致力于将节约能源和保护环境这两大课题结合起来，在建筑物的全生命周期内,工程项目建设中的可持续性问题不仅涉及节约不可再生能源和利用可再生洁净能源,而且涉及节约资源、减少废弃物污染以及材料的可降解和循环使用,同时又不忘考虑社会文化问题。

根据可持续建设的概念,可持续建设主要包括以下三点:首先,可持续建设应处理好建筑业中当前与未来的关系、人与自然的关系及经济发展与环境保护的关系;其次,可持续建设的实施周期应为项目的全生命周期,即可持续建设的思想应贯穿于建设活动的全过程,从项目前期策划、可行性研究,到设计、施工、使用、改扩建,直至拆除的整个生命周期,因为项目全生命周期每个环节的建设活动都会对环境产生影响;最后,可持续建设主体应为项目建设的所有参与方,即项目的可持续建设目标必须通过包括业主、设计单位、承包商、材料及设备供应商及政府相关机构在内的各个方面的共同努力才能实现。

13.1.3 工程项目可持续性的内涵

工程项目可持续性的内涵包括两个方面:一是项目自身的可持续性,包括项目是否能长期地适应需求、项目的更新改造以及项目的防灾能力;二是项目对其所影响区域的可持续性,包括对该区域社会、经济、资源环境可持续性的贡献及其协调发展。

1. 项目自身的可持续性

项目自身的可持续性是指项目的建设资金投入完成之后,项目目标是否可以持续,项目是否具有重复性,能否满足长期的适应需求、利于更新改造、具备相应的防灾减灾能力。

(1) 满足长期的适应需求

1) 运行的可靠性,是指项目在特定条件下,在其运行期内,可以发挥其预期的特定功能的能力。它要求项目失败的可能性最小,一旦项目失败所造成的不良后果最小。项目运行的可靠性包括基本可靠性、平均维修间隔时间、任务的可靠性、耐久性等。

2) 低成本运行,要求在工程项目可行性研究阶段就考虑并重视项目后期运营的费用,重视费用与效益的测算。控制全生命周期的费用,实现规划、设计、施工、运行一体化,优化设计方案,从而降低后期运营、维护费用。

3) 可维护性,是指在工程项目后期,对项目维修的方便、可达、迅速、经济、安全、检测诊断准确,有较好的维修和保障计划,能降低运行成本,延长项目的服务寿命等。

(2) 利于更新改造

工程项目的功能定位和形象设计,应能满足将来的社会发展、人民生活水平的提高、审美观念的变化、科学技术的进步与经济增长方式的转变等需要。在功能上不仅要能满足当前的需要,还应具有良好的可扩展性,便于项目的更新与改造。因此,可持续性的工程项目要求工程项目的功能、规模、建筑造型、结构、空间布置等具有发展余地,便于更新改造。工程项目的更新改造主要包括工程项目功能的更新、结构的更新和物质的更新。

(3) 具备防灾减灾能力

工程项目应该具备灾害监测预报和防御能力,使其对灾害应急快且便于灾后重建。在工程项目规划设计时,要具有长远的预测性,充分估计可能出现的灾难的可能性,做到防患于未然,避免重大损失的出现。所以,往往在项目前期就应该考虑项目的防灾能力。

2. 项目对影响区域的可持续性

(1) 对社会可持续性的贡献

工程项目必须符合社会可持续性的总体要求,促进社会的可持续发展。对所在区域的社会影响能够促进人口素质、文化教育、生活质量和社会稳定等社会事业和谐发展。如住宅的建设可以增加人均住房面积；交通道路的修建可以改善交通状况，提高道路的运输能力。

（2）对经济可持续性的贡献

工程项目要实现与所处区域经济发展相协调，在充分考虑环境的价值和成本的前提下，创造经济效益，增加社会财富和福利，促进该区域经济的可持续发展。如促进该区域的 GDP 增长、增加就业机会、改善投资环境等。

（3）对资源环境可持续性的贡献

工程项目一定要摆脱传统的高能耗、低效能的模式，必须提倡建筑节能、绿色环保，避免污染和生态退化。工程项目要与自然环境相适应，保持和增强环境对其的承载力，以及其对自然资源永续利用的能力。要求注重保护和恢复环境系统的平衡，提高资源利用率，扩大综合利用和循环利用，减轻项目的资源消耗给自然环境带来的承载压力。除了不影响当地环境外，另一方面是力求对环境可持续发展作出贡献，如垃圾填埋场的兴建、污水处理厂的建设，其目的是处理污染、改善环境。

（4）社会、经济、资源环境的协调发展

影响工程项目可持续性的因素涉及社会、经济、生态环境、管理机制等诸多方面，若这些因素单方面发展，此消彼长而非协调发展，也不利于项目产生协同放大效应，不能最终保证工程项目的可持续性。

13.1.4　工程项目可持续性的影响因素

工程项目的可持续性不是由某个因素单独决定的，而是受到多种因素的影响，是多种因素综合作用的结果。工程项目可持续性影响因素一般可分为内部因素和外部因素。

1. 内部因素

内部因素主要包括规模因素、技术因素、市场竞争因素、运行机制因素、人力资源因素和工程安全因素。

（1）规模因素。即项目是否有经济规模，经济效益和竞争力如何。如果没有经济规模，是否易于扩展到经济规模。

（2）技术因素。即项目所选用技术的成长性和竞争性如何。

（3）市场竞争因素。即项目产品的竞争力以及对市场变化的适应能力如何。

（4）运行机制因素。即项目的体制和管理水平能否适应和促进项目的发展，是否善于协调项目不同利益群体的关系。

（5）人力资源因素。即在人员结构、人力资源开发和利用方面是否得当，是否有利于人员施展自己的才能，促进项目发展。

（6）工程安全因素。即工程项目是否重视安全生产，是否具有相应的安全措施，工程是否出现重大人员伤亡事故。

2. 外部因素

外部因素主要包括资源因素、自然环境因素、社会环境因素、政策法规因素、资金因素和地区经济发展因素。

（1）资源因素。对于资源开发项目和大量利用不可再生自然资源的工程项目，资源的储量和持续可行性是影响项目持续性的重要因素。资源开发的持续时间是资源开发项目寿命的制约因素，不可再生自然资源的持续可行性会严重影响项目的发展和经济效益。

（2）自然环境因素。外部环境对项目"三废"排放的要求，对项目运输设施和方式的制约，都可能影响项目的生存和发展。

（3）社会环境因素。项目所在的社会环境可能对项目的发展形成制约，也可能促进项目的发展。如一些大型水利项目可能涉及移民安置补偿问题，势必要调整好各种利益格局，确保社会稳定。

（4）政策法规因素。项目是否符合国家当时的产业政策，国家的产业政策在可预见的未来是否有调整的可能以及该调整对项目的影响程度，其他经济政策如投融资、金融、税收、财会制度改革对项目的影响等。

（5）资金因素。所需资金是否有可靠来源，是否能按时到位，都会对项目的发展产生至关重要的影响。

（6）地区经济发展因素。工程项目的投资目标，除了要满足自身既定目标外，还要增加项目区域的经济财富和福利。

13.1.5 工程项目可持续发展评价

工程项目评价按照评价的时间，可分为项目前期可行性研究阶段和项目后评价阶段。工程项目的可持续发展评价一般适用于大型基础设施项目，主要针对的是项目完成后的可持续发展评价。工程项目可持续发展评价的目的在于为项目管理者提供决策依据，对工程项目的可持续性进行诊断，对发展的趋势进行预测，并提出改进意见和建议。

1. 工程项目可持续发展评价内容

工程项目可持续发展评价的主要内容包括社会效益评价、经济评价、环境效益评价和管理水平评价四个部分。

（1）社会效益评价主要是指评价项目对交通、文教、卫生、就业、治安等各方面的社会影响，各种影响之间的和谐性，以及项目对社会可持续发展战略的贡献等。

（2）经济评价主要是指评价项目的经济净现值和经济内部收益率，以及项目的内部效益、外部效益和技术进步效益，也包含项目生产的清洁性、可持续性等。

（3）环境效益评价主要是指评价项目对土地、水、大气的影响，项目的环境质量控制能力，以及对自然资源的适度开发、污染治理与综合利用等。

（4）管理水平评价是指评价项目的科学决策水平、工程质量、项目规模、项目运行机制、经营管理、用户满意度、配套设施建设和对政策法规的适应性等。

2. 工程项目可持续发展评价指标体系

现有可持续发展评价指标体系主要包括生态需求指标（ER）、人类活动强度指标（HAZ）、人文发展指数（HDI）和持续发展经济福利模型等。这些指标体系大体可分为三大类型：综合性的可持续发展指标体系、层次结构的可持续发展指标体系和多维矩阵结构的可持续发展指标体系。

（1）综合性的可持续发展指标体系是指不局限于单一指标，综合考虑项目多方影响因素的指标体系。它具有直观、简单和概括性，比较适合宏观层次如以国家为单位的研究和比较，但是无法反映可持续发展的复杂内容，也不符合基于项目层次的实践要求。

（2）层次结构的可持续发展指标体系是基于社会统计学方法的指标体系，其在现有的社会经济统计系统基础上进行整体和综合分析并设计出指标体系，再通过多指标综合评价方法得出综合指数，用以对评价对象进行综合评价。

（3）多维矩阵结构的可持续发展指标体系是近年来提出的一种建立可持续发展指标体系的新思路，其从多个维度分析项目可持续评价指标之间的纵横影响关系，适用于影响因素错综复杂的项目。其典型模型有压力（Pressure）—状态（State）—响应（Response）概念模型（PSR）和驱使力（Driving-force）—状态（State）—响应（Response）概念模型（DSR）。我国学者提出的地区社会发展水平评价方案，也是一种矩阵结构形式。

3. 工程项目可持续发展评价方法

国内外使用的工程项目可持续发展评价方法很多，理论也较为成熟。基本类型主要有四类：第一类是专家评价法，主要包括主观打分法、综合评分法、优序法等；第二类是经济分析法，包括费用效益分析法等；第三类是运筹学与其他数学方法，包括多目标决策法、DEA法、AHP法、模糊综合评价法、满意度评价法及数理统计方法等；第四类是综合评价方法，包括系统模拟与仿真评价方法、信息论方法、灰色系统评价方法、物元分析法、动态综合评价法、交互式多目标综合评价法、交合分析法、粗糙集理论评价方法、模糊神经网络方法等。此外，还有基于环境经济学的方法、生态足迹方法和能值分析方法，作为大尺度的评价方法在工程中的应用还有待普及。近年来，可持续评价领域也开始应用计算机模拟技术进行某些性能评价的模拟和定量分析。

在实际应用中，应当根据评价重点、指标设计与数据情况，选择合适的评价方法。通常是从主观、客观的角度出发，定性与定量相结合进行分析，各类方法综合使用，从而确保评价结果准确、可靠。

13.2 绿色建筑

绿色建筑是房屋建筑中一个长期永恒的方向，我国在《绿色建筑技术导则》和《绿色建筑评价标准》GB/T 50378—2019 中，将绿色建筑明确定义为"在建筑的全生命周期内，最大限度地节约资源（节能、节地、节水、节材）、保护环境和减少污染（简称"四节一环保"），为人们提供健康、适用和高效的使用空间，与自然和谐共生的建筑"。这一定义也是目前在我国被广泛接受和应用的对绿色建筑的理解。

绿色建筑应该是可持续发展的、生态的、最低限度消耗资源的，同时又能提供更加环保、舒适的居住空间。绿色建筑的概念具有综合性，既要衡量建筑对外界环境的影响，又涉及建筑内部环境的质量；既包括建筑的物理性能，也涵盖部分人文及社会因素。绿色建筑的核心价值在于最低限度能源、资源消耗，对环境无污染。

13.2.1 绿色建筑的内涵

根据以上对绿色建筑所作的定义，应有以下内涵：

（1）在全生命周期内，它主要强调从项目决策规划、设计、施工到运营直至建筑拆除全过程，应对建筑的经济效益以及对环境的影响进行评估，而不应仅仅着眼于建筑的某个阶段。工程项目全生命周期的概念在建筑前期决策规划过程中就必须得到应有的重视。

（2）最大限度的节约资源、保护环境和减少污染。一方面，资源的节约和材料的循环使用是关键，力争减少 CO_2 的排放，做到"少费多用"。另一方面，也要通过现代科技，充分利用太阳能、风能等可再生能源,甚至使建筑成为能源发生器。

(3) 绿色建筑首先考虑的是健康、舒适和安全,这才是保证人们最佳工作和生活环境的建筑。因而,我们强调的节能并不是以牺牲人们的舒适度和人们的工作效率为代价,而是指能源利用效率的提高、能源利用方式的转变。比如提倡利用太阳能、地热能等可再生清洁能源,在满足同等照度的前提下将白炽灯换为发光效率更高的荧光灯,采用蓄能空调错峰避谷等措施。

(4) 建筑与自然要和谐共存。发展绿色建筑的最终目的是要实现人、建筑与自然的协调统一。

13.2.2 绿色建筑评价体系

1. 各国绿色建筑评价体系概述

绿色建筑发展走向成熟的标志就是建立绿色建筑评价体系。20世纪90年代以来,从因地制宜的角度出发,考虑到气候条件、生态环境和经济发展水平的差异化,不同国家和不同地区有不同的绿色建筑评价及执行标准。当前世界上有数十个国家开发了数十套不同的绿色建筑评价体系,见表13-1。

各国绿色建筑评价体系　　　　表13-1

国家	评价体系	始于
美国	Leadership in Energy and Environmental Design (LEED)	1994
英国	BRE Environmental Assessment Method (BREEAM)	1990
澳大利亚	Green Building Council of Australia Green Star	2001
中国	绿色建筑评价标准	2006
日本	CASBEE	2002
德国	DGNB/CEPHEUS	2006
加拿大	LEED Canada/Green Globes	1996
挪威	Eco Profile	1995
荷兰	BREEAM Netherlands	2001

在这些评价体系中,美国的LEED、英国的BREEAM、日本的CASBEE和德国的DGNB应用比较广泛,得到了较为广泛的认可。虽然这些体系所采用的评价内容、评价机制不完全相同,但仍然存在共性。首先确定评价指标,根据自身情况在环境、健康、社会、规划等项目中确定指标项目。其次确定各指标项目评价标准,这一标准可以是定性的,也可以是定量的,这一环节集中体现了不同体系的区别。最后,根据标准对建筑项目进行评价,依照体系确定的方法进行评级。

2. 美国LEED

能源及环境设计先导计划简称LEED,由美国绿色建筑委员会于1993年开始着手制定。这是美国绿色建筑委员会为满足美国建筑市场对绿色建筑评价的要求,提高建筑环境和经济特性而制定的一套评价体系,它从建筑全生命周期视角对建筑整体的环境性能进行评估,为绿色建筑提供了明确的评价标准。

2013年11月,LEED标准V4版本发布,提供了一套内容丰富全面、评价与指导相结合的使用手册,主要由以下几个评价标准构成:LEEDBD+C——"建筑设计与施工"

分册、LEEDO+M——"建筑运营与维护"分册、LEEDID+C——"室内设计与施工"分册、LEEDND——"社区开发"分册和LEEDHOMES——"住宅"分册。

(1) 权重系统

LEED给予大部分评估条款相同的权重，只对少数明显重要的评估条款大幅增加权重。其中能源与大气大类权重第一，权重并列第二的是选址与交通和室内环境质量大类，但只占前者的一半左右；其他大类的权重相对接近。LEED标准权重在节能减排方面最为突出，其次关注室内环境，这也正是绿色建筑发展的两个主要动力，即节能与舒适。

(2) 指标评价

LEED通过以下八项指标对建筑项目进行绿色评估，包括选址与交通（LT）、可持续场址（SS）、用水效率（WE）、能源与大气（EA）、材料与资源（MR）、室内环境质量（EQ）、创新（IN）和地域优先（RP）。在每个大项内，具体包含了若干个得分点，根据项目是否达到得分点的要求，评出相应的得分。各得分点下包含目的、要求和相关技术对策三项内容，各条得分点得分累加得出总评分。

LEED标准V4版本的总分是110分，但指标大类的总分是109分，另外1分并不包含在任何一个大类中，而是单独列在大类之外的得分点——整合过程。整合过程得分点鼓励从绿色建筑项目的初期开始寻求不同专业之间的协同，其评价内容主要包括场地评估、能耗模型分析、照明和热舒适性分析、用水预算与系统、运营计划等。LEED标准分项的具体分值分布见表13-2。

LEED标准分项分值分布　　　　　　　　表13-2

指标	LEED分值	指标	LEED分值
可持续场址（SS）	10	创新（IN）	6
用水效率（WE）	11	地域优先（RP）	4
能源与大气（EA）	33	选址与交通（LT）	16
材料与资源（MR）	13	整合过程	1
室内环境质量（EQ）	16	合计	110

(3) 评价结果

LEED标准总分统一为110分，其中加分项（创新大类和地域优先大类视为加分项）10分，认证等级分数也相应统一：LEED认证级需要得到40~49分，银级50~59分，金级60~79分，铂金级至少80分，见表13-3。

LEED评分等级　　　　　　　　表13-3

等级	LEED得分	等级	LEED得分
铂金认证	80~110	合格认证	40~49
金奖认证	60~79	不及格	40以下
银奖认证	50~59		

LEED的主要目的是规范绿色建筑的概念，防止建筑的滥绿色化，推动建筑绿色集成

技术的发展，为建造绿色建筑提供一套可实施的技术路线。LEED 是性能性标准，主要强调建筑在整体、综合性能方面达到绿色化要求，很少设置硬性指标，各指标可通过调整相互补充，以方便使用者根据本地区的技术经济条件建造绿色建筑。

3. 我国绿色建筑评价标准

我国最早的绿色建筑评价体系，是服务于 2008 北京奥运会的《绿色奥运建筑评估体系》（GOBAS）。这一体系按照全过程监控、分阶段评估的指导思想，将评估过程分为规划、设计、施工、调试验收与运行管理四个阶段。随后，在 2006 年发布的《绿色建筑评价标准》GB/T 50378—2006 中，首次以国家标准的形式明确了绿色建筑在我国的定义、内涵、技术规范和评价标准，并提供了评价打分体系。这一标准将绿色建筑划分为一星、二星、三星三个等级，后来又推出了《绿色建筑评价标准》GB/T 50378—2014。2019 年 3 月 13 日，住房和城乡建设部发布公告，批准新版国家标准《绿色建筑评价标准》（GB/T 50378—2019 自 2019 年 8 月 1 日起实施，原《绿色建筑评价标准》GB/T 50378—2014 同时废止。

新版《绿色建筑评价标准》共分为九章，主要技术内容有：总则、术语、基本规定、安全耐久、健康舒适、生活便利、资源节约、环境宜居和提高与创新。新版标准重新构建了绿色建筑评价技术指标体系，调整了绿色建筑的评价时间节点，增加了绿色建筑等级，拓展了绿色建筑内涵，并且提高了绿色建筑性能要求。新版标准将绿色建筑划分为基本级、一星级、二星级、三星级四个等级，并规定绿色建筑评价指标体系由安全耐久、健康舒适、生活便利、资源节约、环境宜居五类指标组成。

作为规范和引领我国绿色建筑发展的根本性技术标准，《绿色建筑评价标准》自修订工作启动起就备受行业关注。修订之后的《绿色建筑评价标准》已被住房和城乡建设部列为推动城市高质量发展的十项重点标准之一，将对建设领域落实绿色发展理念、切实满足人民美好生活的需求起到重要的作用。

13.2.3 信息技术在绿色建筑中的应用

绿色建筑应综合考虑物理环境中的综合因素影响，利用信息技术，以计算机模拟为主要手段，从多个角度对建筑环境进行准确评价，从而有助于实现建筑物的智能控制水平，降低能源消耗，其中代表性的信息技术为建筑信息模型（BIM）技术。

BIM 是一种技术理念，倡导共享知识资源、分享建筑各方面的信息，为建筑从规划到拆除全生命周期中的所有决策提供可靠的依据。绿色建筑和 BIM 均注重建筑的全生命周期，前者强调生命周期建筑的各项性能，后者尽力为建筑性能优劣的判断提供可靠的数据信息支持，二者不谋而合。绿色建筑为 BIM 提供了广阔的展示舞台，而 BIM 则为绿色建筑的实现提供了强大的技术支撑。

BIM 技术在绿色建筑中的应用贯穿于建筑的全生命周期。在设计阶段，BIM 技术可以发挥协同优势，及时对建筑设计性能进行对比分析，对建筑场地的环境气候等进行分析模拟，使工作人员随时对项目设计方案的更改进行跟踪，提高各部门在项目全过程中的参与度，并且能够关注到各个专业之间的相互联系。在施工阶段，BIM 技术可以对施工操作进行模拟及可视化，进行碰撞检查、进度管理模拟和资源规划，形成建筑项目设计施工一体化，对绿色建筑项目施工周期长、施工方案复杂等问题给出有效的解决方案。在运营阶段，BIM 技术可以对运行期间的设备状态做到实时监控，精确定位设备的损坏点，做到及时维修。建立 BIM 信息平台可以有效连接多方参与主体，降低沟通成本，做到运行期间的信息畅通。从具体功能而言，BIM 在绿色建筑中的应用主要体现在以下几个方面。

(1) 建立数字化模型

通过使用 BIM 技术，可以在计算机上构建出一个清晰的三维立体数字化模型，这种模型具有仿真、可视化特性，能够从各个角度呈现出建筑物的所有结构和设计排布，包括一些比较精密的细节。此外，数字化模型还能够结合实际需要调整大小，以便技术人员分析建筑整体和局部之间的关系。

(2) 节能与能源利用分析

利用 BIM 模型可以进行建筑耗能分析和日照分析，调整优化围护结构方案以及相关参数的设置，实现对设计过程中节能标准的预期控制。同时，可以分析太阳辐射强度及其分布，用于各太阳能设备的方案设计与优化，实现可再生能源的最大化合理利用。另外，还可以优化室外植被的配置比，如合理确定喜阳植物、喜阴植物、中性植物的种植位置；进行室内自然采光分析，充分利用自然采光降低人工照明能耗。

(3) 节水与水资源利用分析

根据 BIM 建立的三维信息模型，结合各地的暴雨强度系数以及当地的暴雨强度计算公式建立一个完整的数据库，作为雨水采集计算的重要依据。然后根据各种雨水采集方式中不同地貌和不同材质对确定径流系数的影响关系以及建筑、道路和绿地的面积来计算集雨量，并进行适时调整，优化设计方案。

(4) 节材与材料资源利用分析

BIM 具有强大的数据信息和强有力的材料统计功能，可以很快计算出各类材料的用量，指导工程的材料配置，使其满足评价标准的要求。不仅如此 BIM 技术还可以综合建筑、结构、水、暖、电、动等各专业的设计内容于一体，并具备碰撞检查功能，将各专业的冲突在设计阶段解决，从而避免在施工阶段才发现冲突所造成的材料浪费，这也对节省材料有所贡献。

(5) 室内环境分析

室内环境的施工质量直接关系到居住用户的舒适程度和居住感受，在正式施工之前必须指定合理方案，充分考虑到各个细节。通过应用 BIM 技术，能够对各个环节实施有效控制，对重要的建筑参数进行调整，例如室内的噪声控制、光照条件、通风口的设置等，技术人员通过在建筑模型上进行演示和调整，能够模拟出较为理想的施工状态，并且按照模型的设置去落实操作。

13.3 绿色施工

绿色施工是指保证在建筑施工过程中，最大限度地节约资源、能源的使用，通过合理的施工规划和人员、资源管理，保证施工现场的清洁化、绿色化的生产。它响应了当前建筑业可持续发展的要求，从全局角度考虑施工过程，包括人员的安排、机械的操作、现场环境的整治以及各类绿色化技术的采用等各个方面。绿色施工基于施工基本工序，从最小的施工单元着手，保证施工现场的节地、节材、节能、节水和环境保护，统筹兼顾施工全过程，保证施工的高效性、绿色性和安全性。

13.3.1 绿色施工定义及内涵

我国政府于 2007 年发布了《绿色施工导则》，它是国内第一部用于比较清楚指导绿色施工的文件，给出了绿色施工大的框架及其要点。其为绿色施工在国内的推行提供了一个良好的依据，可以较好地用于指导工程的绿色施工。

根据《绿色施工导则》中的定义：绿色施工是指工程施工过程中，在保证质量、安全等基本要求的前提下，通过科学管理和先进技术，最大限度地节约资源与减少对环境负面影响的施工活动，实现节能、节地、节水、节材和环境保护。

绿色施工将可持续发展观应用在传统施工上。根据绿色施工的定义可知，绿色施工是一项涉及多学科的行业，它涉及施工管理、施工选材、施工环保、施工节材、施工节水、施工节地、施工智能、施工应急预案等技术问题。总之，绿色施工外延性很广，需要不断探讨和研究，为提高绿色施工技术水平和管理水平提供理论基础。

13.3.2 影响绿色施工的因素

近年来，我国在绿色施工的推行实施方面取得了一些实质性成果，但还是存在深度、广度不足，系统化、规范化差，口头赞同多，实际行动少等问题。影响绿色施工的因素主要有以下几个方面。

（1）施工相关方对主体职能认识不足，意识不到位

我国绿色施工行动滞后于国家标准规定及要求现象普遍。市场主体各方对绿色施工的认识不足且尚存在较多误区，由于宣传不足，绿色施工被误以为是文明施工，社会没有形成目标明确、责任清晰的效果考核机制，法规评价及实施标准规范落实困难，绿色施工在政府、投资方、承包商各主体间难以快速落实到位。

（2）绿色施工还需要推进

工业与民用建筑服务年限短，装修模块化程度低，拆除工程量大，会造成扬尘污染，并产生大量建筑垃圾；场地硬化不当、建筑材料很少循环使用，据统计建筑施工垃圾占城市垃圾总量的三分之一；施工粉尘超过城区粉尘排放量的五分之一；施工工艺产生的噪声及光污染不能有效控制在标准要求以下；我国的施工设备有相当部分仅能满足生产功能的简单要求，其耗能、噪声排放等指标仍然较高，亟待更新。

（3）政府激励制度不健全

市场无序竞争往往会演化为价格战，建筑业企业虽然有高涨的推进绿色施工的热情，但在成本控制的巨大压力下也只能望而却步。因此，制定强有力的支持绿色施工的正激励机制是推进绿色施工的重要举措。

（4）市场约束性机制不完善

一方面，关于绿色施工的规定仍然停留在政府倡导的阶段，绿色施工标准对于施工方没有强制作用力。作为处罚主体，国家没有健全的、具体的、量化的依据，相关规范没有把绿色施工列入强制性条款，建设行政主管部门很难按照建筑工程绿色施工评价标准要求施工企业完全落实。另一方面，目前施工工地检查存在部门交叉执法，城管部门对施工工地享有三十多项处罚权，但施工工地的审批权属于建设行政主管部门，所以城管等部门对施工企业的约束力大打折扣，造成绿色施工执行困难。

13.3.3 绿色施工评价

2011 年 10 月，住房和城乡建设部颁布的《建筑工程绿色施工评价标准》GB/T

50640—2010开始实行。随后几年,各省市也相继出台了地方绿色施工评价标准。例如,2013年,广东省住房和城乡建设厅发布《广东省建筑工程绿色施工评价标准》DBJ/T 15—97—2013;2018年,上海市住房和城乡建设管理委员会发布《上海市建筑工程绿色施工评价标准》DG/TJ 08—2262—2018等。因此,不同地方企业可查询和参考该地出台的绿色施工标准进行施工。

2018年12月,住房和城乡建设部组织中国建筑股份有限公司和中国建筑第八工程局有限公司等单位起草了国家标准《建筑工程绿色施工评价标准(征求意见稿)》,对原有技术内容进行了更新。该标准共分十二章,主要内容包括:总则、术语、基本规定、环境保护评价指标、节材与材料利用评价指标、节水与水资源利用评价指标、节能与能源利用评价指标、节地与土地资源保护评价指标、人力资源节约与保护评价指标、创新与创效、评价方法及评价组织和程序,具体内容可以翻阅相关标准文件。

目前,我国虽然已有诸如《绿色建筑评价标准》《绿色奥运建筑评估体系》等绿色建筑评价体系,且大量相关文献是关于绿色施工评价指标体系与方法的研究,重点在指标体系的建立及权重的确定。但具有针对性的绿色施工相关评价标准与评价方法尚且缺乏,造成绿色施工管理与绿色施工技术推广上的障碍。

13.3.4 绿色施工相关技术

绿色施工技术是要保证在建筑施工过程中,最大限度地节约资源、能源的使用,通过合理的施工规划和人员、资源管理,保证施工现场的清洁化、绿色化生产。在一定程度上保证资源、能源的合理利用,减少施工现场的能源浪费和对周围环境的污染,从而实现施工的"四节一环保"。根据《建筑工程绿色施工评价标准》中的相关规定,绿色施工技术主要分为资源节约技术和环境保护技术两方面。

1. 资源节约技术

资源节约技术主要包括水资源节约技术、材料资源节约技术、能源节约技术和土地资源节约技术。

(1) 水资源节约技术

水资源节约技术可分为节水和循环利用两方面。节水方面,要求生产、生活用水分开计量,生活用水设施均为节水型器具,并制定每人每月定额用量,以确保节约用水人人有责;施工中采用先进的节水施工工艺,如地下室的防渗施工中在混凝土中加入防渗剂,混凝土养护用水可采用中水,且采取覆盖措施,竖向构件喷涂养护液。循环利用方面,将施工现场的雨水和废水收集处理,并进行二次利用,雨水可用来喷洒路面、绿化浇灌;废水可用于现场的冲洗和降尘。

(2) 材料资源节约技术

材料资源节约技术可从设计阶段和施工阶段分别论述。在设计阶段,要合理使用建筑材料,在保证建筑基本功能的基础上尽量减少材料的消耗,并选用获得环保认证、符合国家相关要求的材料。在施工阶段,做好设计交底,制订合理的材料采购计划,就地取材并合理回收利用。

(3) 能源节约技术

施工现场消耗的能源主要是电能和汽油、柴油等。施工现场应加强生产、生活、办公及主要耗能机械的节能指标管理,选择节能型设备,并对主要耗能设备进行耗能计量核算。根据当地气候和自然资源条件，合理利用太阳能或其他可再生能源，如将太阳能热水用作办公区和生活区用水。主要耗能设备包括焊机、电梯、塔吊、水泵、切割机、卷扬机等，应对其节能指标进行控制。国家、行业、地方政府明令淘汰的施工设备、机具和产品不应使用。

（4）土地资源节约技术

在设计阶段，要保证对地下空间的合理运用，以及对建筑密度和容积率的合理布置。在施工过程中，通过施工组织设计，保证对施工现场土地的合理规划，从而更好地利用现场的场地空间，来配合施工过程中材料以及机械设备的操作空间需求。施工现场布置应合理并应实施动态管理。施工临时用地应有审批用地手续，施工单位应充分了解施工现场及毗邻区域内的人文景观保护要求、工程地质情况及基础设施管线分布情况，制定相应保护措施，并应报请相关方核准。施工总平面布置应紧凑，并应尽量减少占地。在经批准的临时用地范围内组织施工，根据现场条件合理设计场内交通道路。施工现场临时道路布置应对原有及永久道路兼顾考虑，并应充分利用拟建道路为施工服务。

2. 环境保护技术

施工现场的环境保护包括资源保护、人员健康、扬尘控制、废气排放控制、建筑垃圾处理、污水排放控制、光污染控制和噪声控制。

（1）资源保护

资源保护主要包括水资源保护和土地资源保护两方面。水资源保护主要是保护周边及地下水资源环境，避免对生态环境进行破坏，减少地下水的抽取，有效控制工地周边地下水的流失。土地资源保护是指避免施工中使用的危险品及化学用品污染土地，以及施工污染物排放对环境的破坏。

（2）人员健康

施工现场人员健康指标应包含以下要点：施工作业区和生活办公区应分开布置，生活设施应远离有毒有害物质；生活区应由专人负责，并有消暑或保暖措施。现场工人劳动强度和工作时间应符合现行国家标准《体力劳动强度分级》GB 3869—1997 的有关规定；从事有毒、有害、有刺激性气味和强光、强噪声施工的人员应佩戴相应的防护用具；深井、密闭环境、防水和室内装修施工应有自然通风或临时通风设施；现场危险设备、地段、有毒物品存放地应设置醒目的安全标志，施工应采取有效的防毒、防污、防尘、防潮、通风等措施，应加强人员健康管理；厕所、卫生设施、排水沟及阴暗潮湿地带应定期消毒；食堂各类器具应清洁，个人卫生、操作行为应规范。

（3）扬尘控制

扬尘是施工现场主要的环境影响指标，不仅会对场地内造成危害，还会对场地外造成不良影响。施工现场扬尘控制应包含以下要点：现场应建立洒水清扫制度，配备洒水设备，并应由专人负责；对裸露地面、集中堆放的土方应采取抑尘措施；运送土方、渣土等易产生扬尘的车辆应采取封闭或遮盖措施；现场进出口应设冲洗池和吸湿垫，进出现场车辆应保持清洁；易飞扬和细颗粒建筑材料应封闭存放，余料及时回收；易产生扬尘的施工作业应采取遮挡、抑尘等措施；拆除爆破作业应有降尘措施；高空垃圾清运应采用密封式管道或由垂直运输机械完成；现场使用散装水泥应有密闭防尘措施。

（4）废气排放控制

施工现场废气排放控制应包含以下要点：进出场车辆及机械设备废气排放应符合国家年检要求；不应使用煤作为现场生活的燃料；电焊烟气的排放应符合现行国家标准《大气污染物综合排放标准》GB 16297—1996 的规定；不应在现场燃烧木质下脚料。

(5) 建筑垃圾处理

施工现场建筑垃圾处理应包含以下要点：建筑垃圾应分类收集、集中堆放；废电池、废墨盒等有毒、有害的废弃物应封闭回收，不应混放；有毒、有害废弃物分类率应达到100%；垃圾桶应分为可回收利用与不可回收利用两类，应定期清运；建筑垃圾回收利用率应达到 30%；碎石和土石方类建筑垃圾应用作地基和路基填埋材料。

(6) 污水排放控制

施工现场污水排放控制应包含以下要点：现场道路和材料堆放场周边应设排水沟；工程污水和试验室养护用水应经处理达标后排入市政污水管道；现场厕所应设置化粪池，化粪池应定期清理；工地厨房应设置隔油池，隔油池应定期清理；雨水、污水应分流排放。

(7) 光污染控制

施工现场光污染控制应包含以下要点：夜间进行焊接作业时，应采取挡光措施；工地设置大型照明灯具时，应有防止强光线外泄的措施。

(8) 噪声控制

施工现场噪声控制应包含以下要点：应采用先进机械、低噪声设备进行施工，机械、设备应定期保养维护；产生噪声较大的机械设备应尽量远离施工现场办公区、生活区和周边住宅区；混凝土输送泵、电锯房等应设有吸声降噪屏或其他降噪措施；夜间施工噪声声强值应符合国家有关规定；吊装作业指挥应使用对讲机传达指令。

【复习思考题】

1. 什么是可持续建设？
2. 工程项目可持续性的本质特征是什么？
3. 绿色建筑的定义是什么？有哪些评价体系？
4. 简述信息技术在绿色建筑中的应用。
5. 绿色施工的定义是什么？影响绿色施工的因素有哪些？
6. 我国的绿色施工评价标准是什么？请简述其内容。

第14章 精益建造与住宅工业化

14.1 精益建造概述

精益思想是从精益生产中提炼出的系统的理论,是一种现代化企业管理组织方法。精益生产是组织和管理产品开发、作业、供应商和客户关系的业务系统,与过去大量的生产系统相比,精益生产可以消耗较少的人力、空间、资金和时间制造最少缺陷的产品,以准确满足客户的需要。

14.1.1 精益思想的来源

精益思想是以整体优化的观点合理配备和利用拥有的生产要素,消除生产过程中的一切浪费。Womack Jones 在《精益思想》一书中,总结出精益思想的五个基本原则,即正确的确定价值、识别价值流、价值流流动、需求拉动生产和尽善尽美原则。将这些原则运用于实践中,可总结出七条具体的实施战略:一是以客户为中心,从客户的角度来确定产品的价值,根据客户的具体需求生产产品,即定制化;二是明确价值流,分辨生产全过程中可以增加价值的活动和可以去掉的不增加价值的活动,提高有价值活动的效率和消除可去掉的不增加价值的活动;三是以销售作为生产过程的起点,实行 JIT 生产和流水线作业,依据订单量来定量生产产品,即产其所销、以需定产、零库存和无废品等;四是采用并行工程,缩短产品开发周期;五是与供应商、客户建立稳定的、不断发展的相互关系,信息相互共享,达到双赢;六是强调以人为中心,工作人员一专多能,充分调动人的积极性;七是持续不断地对过程进行改进,应尽善尽美。

14.1.2 精益建造的概念

精益建造模式是以生产管理理论为基础,以精益思想原则为指导,对工程项目管理过程进行重新设计,在保证质量、最短工期、消耗最少资源的条件下以建造移交项目为目标的新型工程项目管理模式。精益建造的内容包括:精益生产的目标——最大化价值和最小化浪费——在新项目交付过程中具体的技术以及技术的应用。因此,通过精益建造模式可以做到以下几点:

(1) 将资产和它的交付过程一起设计,以便于揭示和完成客户的目标。在这一过程中支持积极的推敲,减少消极的返工。

(2) 从项目交付角度来结构化整个过程中的工作,以实现最大化价值和减少浪费。

(3) 管理和改进绩效工作的目的就是改进整个项目绩效,因为它比降低成本、加快工作进度更重要。

(4) "控制"从"检测追踪结果"被重新定义为"促使事情发生"。计划和控制系统的绩效被测量和改进。

(5) 做好设计、供应和装配专业人员之间的工作交接,确保价值交付给客户并且浪费得到消除。

（6）精益建造在复杂、不确定和工期要求紧的项目中尤其有用。整个精益建造理论的目的就是为了实现价值的转移。通过精益建造理论使项目的客户目标更明确，完成的产品更符合客户的需求。

14.1.3 精益建造的特点

精益是一个从环境到管理目标都全新的管理思想，它作为一个自治系统，与建筑业的环境、文化及管理方法高度融合在一起，以达到项目的最优化。由于建筑项目具有复杂性和不确定性，所以精益建造并不是简单地将精益生产的概念应用到建筑业中，而是根据精益的思想，结合建筑的特点，对建造过程进行改革，以形成更加完整的建造体系。精益建造作为一种新的建造体系，其有如下特点：

（1）以顾客的价值为第一目标

在精益建造中，由于使用信息平台，就可以避免信息不对称或不流通而造成的浪费。运用这个信息平台，一旦给出设计方案，顾客、材料供应商、施工方、销售都能同时得到信息，从而大大缩短工期。

（2）传送目标更为完整

在精益建造中，工作流是使项目成为整体的通道，它减少了因单独行为而导致的不必要的浪费，使相关工作人员协调合作，发挥团队力量。

（3）循环实施计划控制体系

在精益建造中，要不断地重复进行计划和控制体系调整，同时循环实施，工作人员的工作量则随着计划的变化而变化，以保证拉动式生产。

（4）设计与管理并行

精益建造设计施工过程与管理程序并行，以减少浪费。在建造过程中，绝大部分工作都是在现场进行的，整洁有序的施工现场可以大大提高建造效率，因此精益建造中运用5S现场管理，即整理（SEIRI）、整顿（SEITON）、清扫（SEISO）、清洁（SEIKETSU）和素养（SHITSUKE），其中核心和精髓是"素养"。现场管理方案是由制作者根据现场情况编制的，可以避免大量不必要的浪费。

14.2 精益建造的理论体系

14.2.1 精益建造的指导思想和基本原则

精益建造的指导思想就是在满足建筑市场多元化需求的前提下，运用多种现代化管理方法和手段，以充分发挥人的主观能动性为根本，整体优化精益组织结构，有效配置和合理使用企业资源，使现场管理更加科学合理，最大限度地为工程项目精益建造谋求经济效益的一种先进、科学的管理思想。精益建造的核心思想是"消除建造中的浪费，强化精简组织结构"和"不断改善工程项目的质量、成本和进度"。精益建造的基本原则是：①减少浪费，在产品设计、制造、销售等各个环节剔除一切多余和无用的东西；②识别价值流，确定设计、采购、生产、销售产品和服务整个价值流中所有的活动，发现冗余并消灭冗余；③要求创造价值的活动流动起来，没有中断、返工、等待和废品，强调不间断的流动；④及时按顾客的需求拉动价值流；⑤不断用价值流分析方法找出更隐藏的冗余，做进一步改进消除冗余,从而达到尽善尽美的境界。

14.2.2 精益建造的基础理论

Koskela 对传统生产理论进行分析研究后提出生产的"TFV 理论",认为人们对于生产过程的认知有三种观点,即转化(Transformation)观点、流(Flow)观点和价值生成(Value Generation)观点。生产理论实际上是这三种观点的集成,在生产过程中须对这三个方面同时进行管理。建筑生产也是一种从输入向输出的转化:输入就是包括设计图纸、原材料、机械设备、工人劳动以及管理过程的一系列外部资源和内部资源的消耗;而输出则就是客户要求的最后交付物。这一系列输入到输出的转化活动(任务)又组成一条条流,把价值最终传递给客户。"TFV 理论"使精益建造成为一门学科,并把目前以转化为中心的工程管理理论包含进来。但精益建造决不是精益生产原则在建筑业中的直接应用。建筑业有其自身特性,与制造业有很大不同,精益建造必须基于建筑生产的本质。

14.2.3 精益建造的应用理论

精益建造主要包含以下五个方面的主要内容。

(1) 客户需求管理

客户满意理论起源于 20 世纪 80 年代瑞典斯堪的纳维亚航空公司的"服务与管理"观点。最近几年,在工程项目建设中对价值管理的关注度不断提高,主要是因为客户对工程质量要求的提高和工程项目的复杂程度不断增加。这些变化也引起了与工程相关的学术组织和专家观点的改变。项目的成功在很大程度上取决于,在项目设计过程中设计团队如何与客户进行沟通、如何把握客户的需求。对客户需求的管理主要分为项目利益相关方分析、项目前期策划、双方信息沟通和客户反馈四个方面。

(2) 设计模式变革

传统的设计模式是在项目开展之前就决定设计活动的范围、义务和责任,设计活动经常由承包商来完成,再由其把设计交给分包商和制造商,结果最有资格进行详细设计活动的人往往无法参与到设计过程中。然而,精益思想要求设计考虑合理化原则,考虑项目驱动者以及利益相关方的需求,进而优化建造过程,以便更好地运用价值工程和最佳管理实践。

(3) 减少变化,提高绩效

变化、流动可靠性和绩效之间存在非常复杂的关系。可变性是工程项目中普遍存在的,必须进行有效的管理。精益思想认为通过降低可变性可以提高劳动生产率,降低成本。因此,可以通过采取措施降低输入的数据、资源的变动性,来实现工作环境的稳定,最终稳定地提高输出的绩效。

(4) 工程项目标准化管理

所谓标准化管理是指工程项目实施中,在提出标准化要求、贯彻实施标准化要求的总任务方面,对计划进行组织、协调、控制,并对人员、经费及标准化验证设施等进行的管理。

(5) 项目过程绩效评价

绩效评价是管理的重要组成部分,可以为项目过程控制提供必要的信息,而且使建立有挑战性的可实现的目标成为可能。许多全面质量管理思想(Total Quality Management，TQM）的基本原则与评价的应用有很大关系，例如根据实际数据提供反馈、在过程中持续改进、在决策过程中鼓励员工参与等。

14.2.4 精益建造实施的核心方法

精益建造实施的核心方法可以简要总结为准时化拉动式建造、最后计划者体系、标准化管理、创建持续流、并行工程和构建精益供应链。

(1) 准时化拉动式建造

准时化拉动式建造就是以市场需求为依据，准时地组织每个建造环节。在施工流水中要求上一道工序完成的工作立即进入下一道工序，最终实现间隔时间最小的状态。前道工序所完成的工作必须满足后道工序的要求，即在必要的时候完成必要的工作，杜绝一切浪费。准时化建造是一种全方位的系统管理工程，是拉动式建造思想的核心内容。它要求供应商按照需要的数量准时地把材料送到现场，财务要准时地划拨并运用资金，销售时要准时地将建筑产品按市场的需求销售出去。

(2) 最后计划者体系

最后计划者体系用其逐步细化的计划编制来提高计划的可靠性，改善计划的执行情况，从而保证工作流的稳定性，达到减少成本、缩短工期的目的。工程项目的实施过程是复杂的，它需要整个组织的参与，贯穿项目的整个寿命期。通过滚动的计划编制过程，做好阶段计划、未来计划和周计划的编制工作，以提高计划完成情况。

(3) 标准化管理

标准化管理是指工程项目实施中，在提出标准化要求、贯彻实施标准化要求的总任务方面，对计划进行组织、协调、控制，并对人员、经费及标准化验证设施等进行的管理。工程项目管理标准化主要包括工程项目管理程序标准化、工程项目管理内容标准化和施工作业标准化。

标准化文件是标准化工作的基础，建立满足工程项目产品和工程项目建设过程需要的标准化文件体系是实现工程标准化目标的基础。其主要包括工程项目采用的通用标准化文件和工程项目专用的标准化文件两部分。工程项目专用的标准化文件主要是指工程项目范围内的贯彻实施标准和标准化要求的文件，它是按系统层次在研制建设过程中分阶段逐步形成的，两者结合构成完整的标准系统。为保证工程项目在设计过程实现技术上的协调和统一，应建立工程项目标准化文件信息系统，将工程项目标准化要求具体化，以便在项目执行过程中实施。

(4) 创建持续流

建造流程是一个随时间和空间的变化，从原材料到最终产品不断向顾客传输价值的持续流动的过程。从流程的角度管理建造活动不同于传统的建筑管理模式，它强调把项目看成一个整体，注重项目中每个人、物、过程与信息的流动，以求提高整个流程的可靠性。

(5) 并行工程

并行工程要求在建筑产品的设计开发阶段，将开发、结构设计、施工、销售、顾客等结合起来，以最快的速度按要求完成工程。

(6) 构建精益供应链

建筑供应链主要是从业主的有效需求出发，以总承包商为核心企业，通过对信息流、物流、资金流的控制，从中标开始到施工、竣工验收以及售后服务，将分包商、材料供应商、工程机械设备供应商、业主等连成一个整体的功能性链状结构模式。

14.2.5 精益建造的新发展

（1）TPS 理论的发展

Gideon Francois Jacobs（2007）深入研究了 TPS 框架与主题建筑建设的匹配问题，结果表明从事精益建造的人员不应被限制于研究一个特定的建筑行业，而应进行更广泛的研究，包括建筑设计、重型机械和土木工程行业，这些行业可以从未来的精益生产研究中受益。精益建造的研究对于精益知识在建筑行业的发展有重大作用。其强调精益研发意识与 TPS 框架的一致性，提出以建筑业为平台，鼓励进一步探索实施 TPS 的原则，以便 TPS 理论更好地发展。

（2）仿真技术的应用

Manfred Breit 等人（2008），深入研究了 3D/4D 建模、仿真和建筑模型可视化、组织和过程（POP）如何支持精益建造的实施等内容。初步研究结果表明，工艺设计模式有支持 ICT 精益建造的潜力。运用过程考古学，能发现哪些工具可以用来支持精益施工计划、仿真和控制的运行。其研究主要通过引进工艺设计模式来建立跨学科的 POP 设计，通过应用程序设计模式在建筑结构的半自动方法，来优化施工工序。Manfred Breit 的研究提出了具有集成解决方案和专家知识的流程设计模板，并证实该流程设计模板能确保设计出高品质的工艺模型。

（3）IPD 模式与 BIM 技术

在 IPD 模式下，基于 BIM 的精益设计、精益采购和施工建造所带来的价值比单独运用精益建造或 BIM 所带来的价值更大，是双赢智慧的体现。BIM 作为一个可以为项目设计阶段决策提供可靠依据的具有海量信息的信息交换中心，满足了精益设计对信息存储、信息共享、信息交换的需要，以此不断优化改善整个计划流程，形成持续的控制流，实现项目整体的成功与最优。IPD 的实现是 IPD 合同、文化、组织架构、BIM 和精益建造这五个因素相互关联、综合作用的结果。

（4）JCT 与 BIM

精益建造思想与方法对于 BIM 的作用多反映在减少变化、可视化管理和并行工程方面。在实际工程项目中，可以采用减少变化、可视化管理、并行工程等精益原则来指导 BIM 实践，使 BIM 技术效益最大化。而 BIM 技术对于精益建造的作用多集中在模型整合和功能分析、4D 可视化进度管理、项目信息的在线和即时通讯方面。

14.3 住宅工业化概述

14.3.1 住宅产业化定义

住宅产业化是指利用科学技术改造传统住宅产业，实现以工业化的建造体系为基础，以建造体系和部品体系的标准化、通用化、模数化为依托，以住宅设计、生产、销售和售后服务为一个完整的产业系统，以节能、环保和资源的循环利用为特色，以减少劳动力使用、提高住宅质量、缩短建设周期为目标，在提高劳动生产率的同时，提升住宅的质量与品质，最终实现住宅的可持续发展。住宅产业化分类见表 14-1。

住宅产业化分类　　　　　　　　　表 14-1

住宅产业化											
工业化（住宅工业化施工和部品、构件工业化生产）				市场化			信息化		低碳化		
标准化	集成化	模数化	机械化	构件供应社会化	产业分工专业化	产品定制化	部品组合个性化	家具生活智能化	住宅长寿化	住宅建造低碳化	住宅使用低碳化

14.3.2 住宅工业化的发展

1. 国外住宅工业化的发展

世界上最早的工业化住宅在 20 世纪初到 20 世纪 40 年代就已在欧美等少数国家出现，第二次世界大战后才开始大规模流行。总体上讲，住宅工业化的发展在 20 世纪 50 年代开始起步、20 世纪 60 年代蓬勃发展、20 世纪 70 年代后开始走向成熟，21 世纪不断升级。对于每一个具体的国家，实际情况不同其发展状况也不同，但不可否认的是，建筑工业化是世界建筑技术的发展趋势，其原因主要在于住宅使用需求量大、劳动力短缺且各国的经济在发展、技术在进步。

美国住宅工业化注重单栋住宅别墅的生产，而日本住宅工业化则注重多、高层住宅技术研究，中国在住宅建设上也不乏借鉴美、日两国先进生产技术的实例，从国情及发展历程来看，美、日两国的住宅工业化对中国住宅工业化的发展有重要的启示。

（1）立法保障

中国目前的住宅工业化不缺乏技术规范，但对于建设方以及开发商在住宅工业化发展过程中所应承担的责任并没有明确规定。明确责任归属能更加规范住宅市场，促进各机关单位企业对住宅工业化的应用与研究。

（2）标准及规范指导

美国的 HUD 规范保证了住宅工业化的顺利发展。同样，日本的住宅产业标准体系设计在住宅产业发展过程中也起到了重要的指导作用，标准规范对住宅结构体系以及住宅部品体系的发展进行方向上的约束，使不同厂家以及不同生产技术能够统一在住宅产业这个宏观范围内。标准及规范的指导也是住宅产业市场必需的坚强保障，住宅产业只有在标准及规范的统一指导下才能更具持久性与活力。

（3）强大的技术及经济支持

日本最初的住宅工业化研究是由以住宅公团为主的政府机构进行的，政府提供研究经费，并设专门部门研究工业化技术体系。美国的住宅工业化虽然以市场主导为主进行研究，但是大型住宅企业也投入相当多的经费来研究成型的住宅工业化技术体系。中国目前除了几家大型结构厂家有自己的生产技术体系外，其余的多是借鉴他国经验或本国经验，没有自主知识产权的技术体系。过多的研究经费投入对厂家来说不利于发展，因此需要政府加大对住宅工业化技术体系研究的经济投入以及社会研究机构的技术支持，这样工厂作为生产链最后一个环节才会面对较小的经济压力，从而也可以保证产品质量。

2. 我国住宅工业化的发展

我国住宅工业化的发展可分为三个阶段,即1949~1979年:住宅工业化及技术的创建期;1980~1999年:住宅工业化及技术的探索期;2000年至今:住宅工业化及技术的转变期。

(1) 住宅工业化及技术的创建期

中华人民共和国成立初期,城市住宅严重短缺,全面复兴的住宅建设与住宅工业化相结合。本阶段住宅工业化及技术以大量建设且快速解决居住问题为发展目标,重点创立了住宅工业化的住宅结构体系和标准设计技术,部分采用预制构件的砖混结构体系住宅大量建设,1970年随着西方发达国家工业化技术经验的系统性引进,促进了构件预制化技术的研究工作,也推动了早期住宅工业化试验项目的建设工作。

(2) 住宅工业化及技术的探索期

20世纪八九十年代,随着住宅建设规模的迅速扩大,传统的建设水平与施工技术已经不能满足新形势下住宅数量的需求,住宅施工质量问题日益突出,逐渐成为住宅建设的头等问题。改善住宅的内部功能和外部环境从而提高住宅的综合质量,是该阶段的主要发展目标。在该阶段,全社会逐渐形成通过提高设计质量来解决工程质量问题的住宅建设指导思想,以提高住宅施工质量为前提,力求提升住宅的综合质量,多方面、系列化地进行工业化生产的住宅技术和理论体系的综合研究、部分技术的系统应用和整体性实践的项目尝试。

(3) 住宅工业化及技术的转变期

20世纪末,随着经济的迅速崛起,商品化住宅的迅速发展对住宅工业化产生了巨大影响。商品房的增多、经济的发展与人们环境意识的增强促进了住宅建设从观念到技术各个方面的转变。粗放型的住宅建设方式不再适合可持续发展的战略思想,也不利于全面提高综合住宅品质,因此本阶段实现由传统的建设方式向现代工业化生产方式的探索与转变。保障性住房的大规模建设为住宅工业化体系的发展提供了良好的环境,引进了先进水平的生产技术,推动了住宅工业化的项目建设。

在我国住宅工业化正在进入全面推进的关键时期,应着力推动我国住宅工业化从"住宅建设的工业化阶段"向"住宅生产的工业化阶段"的转变。住宅工业化的核心是用工业化生产方式来建造住宅,住宅工业化的生产问题是制约我国住宅发展的关键因素。当前住宅工业化关键建设技术研发与实践的核心工作是要解决我国住宅工业化生产及技术的四个方面:第一,健全住宅工业化生产的制度和技术机制;第二,推进住宅工业化的部品化;第三,开发先进住宅建设体系;第四,生产关键集成技术攻关。

14.3.3 住宅工业化的特征

住宅工业化具有以下主要特征:

(1) 集约化:各项技术的集成,是一个系统工程。
(2) 标准化:建筑设计和构件设计的标准化。
(3) 工厂化:构件在工厂生产后,直接转运到施工现场安装。
(4) 机械化:主要是施工过程的机械操作。
(5) 科学化:工业化住宅的设计、构件生产、现场施工都需要科学合理的组织管理。

传统建造方式与工业化生产方式对比见表14-2。

传统建造方式与工业化生产方式对比表 表14-2

比较项目	传统建造方式	工业化生产方式
劳动生产率	现场作业，效力低下	节省劳动力和工期，现场机械化程度高，劳动生产率高
资源、能源消耗	耗能、耗水、耗地、耗材	节能、节水、节地、节材，循环经济特征明显
环境污染	建筑垃圾、建筑噪声和建筑扬尘是城市环境污染的重要来源	构件工厂生产，现场直接安装减少噪声和扬尘，建筑垃圾回收率高
质量与安全	质量通病突出，高空作业、露天作业安全隐患大	全面提升了住宅的综合质量和品质，基本消除质量通病，工厂化生产与机械化安装，大大降低工人安全隐患
建筑工人	农民工流动性大、劳动强度高、时间长、社会保障及福利低、工人需求量大	现场主要为机械化施工，有利于缓解人力资源紧缺等问题，特别是用工荒的问题
住宅寿命	建筑寿命短、可改造性差	部分体系中的内部空间可改造，延长建筑寿命

14.4 住宅工业化的体系分类

14.4.1 住宅工业化的技术体系分类

发展住宅工业化不仅是一个技术问题，还是一项涉及多学科、多部门、跨行业的综合性系统工程。住宅工业化不仅涉及主体结构，而且应尽可能包括装修和设备部分。建筑主体结构起主导作用，它决定了建筑的最核心部分；装修和设备受主体部分的约束。住宅工业化按建造技术来分类，一般分为两大体系，即专用体系和通用体系。

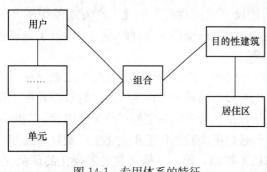

图 14-1 专用体系的特征

1. 专用体系

专用体系是指从单体建筑的标准化入手，采用定型化设计或非定型化设计建造的住宅体系，通过制定一整套相应的生产、运输、施工方法以及管理措施，形成完整的生产链条。如图 14-1 所示，专用体系的构件及其连接构件只能在某一特定的体系中使用，因此构件规格较少。这有利于提高生产效率和加快建设，但缺少与其他体系配合的通用性和互换性，往往由于着眼于批量生产的效益，而过分强调构件规格的简化，以致在满足多样的使用需求方面暴露了一定的局限性。由于几个专用体系之间类似的构件也不能互换，因而往往会影响构件厂的稳定生产。

2. 通用体系

通用体系是针对专用体系的局限性而提出来的。它通过建筑的各种构配件、配套制品和构造连接技术实行标准化、通用化，是使各类建筑所需的构配件和节点构造可互换通用的商品化建筑体系，如图 14-2 所示。设计人员可以根据相关通用产品的目录，按照设计

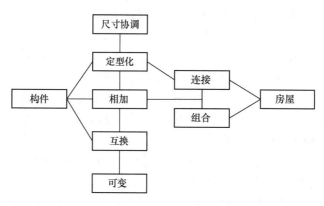

图 14-2　通用体系的特征

要求选择构件组合成住宅建筑，因而既有标准化的特点又具备多样化的可能。通用体系的优势正是这种基于规范化、模块化所带来的开放性，以若干标准节点为核心，放松节点与节点之间的约束和限制。这样就可以充分发挥各构件生产厂家各自的优势，同时也可以满足各类使用者不同的消费需求。从专用住宅体系到通用住宅体系的过渡是技术进步的必然阶段，通用体系与专用体系相比有以下优势：

（1）部品（构件）可以进行专业化的大批量生产，形成丰富的产品系列。建筑师可以从产品目录中自由挑选组合，从而设计出形式多样、富于个性的住宅，把构件生产标准化、批量化与建筑多样化紧密结合起来。

（2）按部品（构件）来组织专业化生产，有利于建设生产的高度机械化和自动化，能够大大提高生产效率，降低建造成本。

（3）不受工程规模以及形式的限制。无论是成片建设还是小单元插建，集合住宅还是独户住宅，新建工程还是改建工程皆适用。

（4）改变了设计方式，使建造过程合理化。对于建筑师来说，设计将成为对市场上商品化的部品进行评选搭配的工作，将建筑师从部品和细部构造的设计中解放出来，进而集中力量分析用户需求、进行方案比较，以做出最佳的设计方案。

（5）可以从主体工程的工业化扩大到包括设备以及装修工程在内的全建筑过程的工业化。

14.4.2　住宅工业化的结构体系分类

住宅工业化按建造结构分类，可以分为以下三种：木结构、LGS 结构和 PRC 结构。其中，PRC（Precast Reinforced Concrete）结构是指预制混凝土结构；而 LGS（Light Gauge Steel）结构是指轻型钢结构，简称轻钢结构。

1. 木结构

木结构本身就有易燃、易潮、易受虫害等缺陷，况且我国的森林资源和木材储备都十分稀缺，由于我国人口众多，如果大量采用木结构必将导致长久依赖于进口木材。同时，这种对木材的消费还会对全球的木材资源造成无法估量的破坏，所以木结构并不适合中国住宅工业化的发展，在中国数量较少。

2. LGS 结构

轻钢结构体系被美国建筑商认为是替代木结构体系最好的选择，轻型钢材是用 0.5～

2mm 厚的薄钢板外表镀锌制成，以这种压型材料作结构主体，可以造出最高九层高的建筑。同时，薄钢板被压制成美国建筑木材的形状，所以人们依然可以沿用建造木结构建筑的方法来建造轻钢结构的建筑。唯一的不同点是两者的节点：木结构建筑是用钉子连接的，而轻钢结构用的是螺栓。轻钢结构具有强度高、塑性及韧性好、结构延性及抗震性能好、材质均匀符合力学结构要求以及绿色环保等优点。不过其存在以下不足：

(1) 耐火性差。当温度为 400℃时，钢材的强度将降至原有强度的一半，达到 600℃时，钢材已基本丧失全部强度，结构失去承载力。

(2) 钢构件的热阻小、传热快。钢构件处理不当则易在金属构件的连接处产生热桥冷桥效应，不利于住宅在使用过程中的保温隔热。

(3) 耐腐蚀性差。如果没有有效的保护，钢材暴露在空气中易生锈、腐蚀，导致材料脆性和强度急剧下降，造成结构脆性破坏，且日常维护困难。

(4) 钢结构建筑自重小，抗剪刚度不足，需要混凝土剪力墙或核心筒等有效的抗剪力构件。

(5) 采用轻型钢结构建造的房屋大多是低层（1~3 层）的独立式住宅（别墅），虽然也可能修建高达九层的住宅建筑，但从建造技术和建造成本上来看都是不够经济的。我国人口众多，土地资源也很紧张，这种仅适合于低层住宅的建筑体系在我国普遍性不高。

3. PRC 结构

PRC（Precast Reinforced Concrete）结构，即预制钢筋混凝土结构，是在 RC 结构的基础上发展起来的，将部分现场浇筑的工作量转移到工厂进行。对于住宅生产者来说只是生产方式的转变，而对于居住者来说，其基本属性以及给居住者的感觉并没有发生改变。

在我国，混凝土工程在多层建筑中依然占据着主导地位，与其他结构相比，其发展历史悠久、技术成熟、耐久性好、结构刚度大而且造价相对低廉，是现阶段发展住宅工业化的首选。

4. 部分新型工业化住宅结构体系介绍

随着我国住宅产业化发展，新型工业化节能住宅结构体系得到较大的发展。结合我国近几年来新型工业化节能住宅结构体系的发展，就目前应用比较广泛、具有代表性的几种新型工业化节能住宅结构体系进行介绍。

(1) CTSRC 住宅结构体系

CTSRC 住宅，即钢网构架混凝土复合结构住宅体系，是由工厂预制的钢构骨架和现场浇筑其中的混凝土构成墙体和楼板，从而形成整体结构。钢构骨架由格构钢和与之正交的型钢拉条构成。结构再用钢模网充当永久模板，最后浇入混凝土从而形成整体墙体、楼板等住宅建筑中的基本受力构件。

钢网构架混凝土复合结构住宅体系具有较高的承载力和延性、较好的抗震性能，适用于建设多层和小高层住宅的新型结构体系。它具有钢筋混凝土住宅体系和钢结构住宅体系的优点，目前该体系已完成了相应技术规程、计算软件和标准图集的编制。

(2) 错列桁架钢结构体系

错列桁架钢结构体系的基本构件由柱子、平面桁架和楼面板组成。柱子布置于房屋的外围，室内无柱。桁架的高度与层高相同，长度与房屋的宽度相同。桁架两端支承于外围柱子上，桁架在相邻柱子上为上、下层交错，布置楼面板一端搁置在桁架的上弦，另一端则搁置在相邻桁架的下弦。桁架或支撑均在分户墙中。错列桁架钢体系中的常见桁架形式有空腹桁架、实腹桁架和混合桁架。楼面板可采用钢筋混凝土楼盖、压型钢板楼盖或者木楼盖。

错列桁架钢结构体系适用于高烈度地震区的多、高层住宅、旅馆、办公楼等平面为矩形或者由矩形组成的钢结构房屋。目前我国提出了采用木格栅和 OSB 板组成的木楼盖代替传统的楼盖,有效地减小楼盖自重以减小其地震反应和避免现场湿作业等措施,进一步扩大了其适用性。

(3) 无比轻钢龙骨住宅结构体系

无比轻钢龙骨住宅结构体系是一种密梁密柱轻钢结构体系,该体系的构件主体是由镀锌冷弯高频焊接的轻型薄壁方管(矩形管)和三角形的 V 形连接件构成的小型格构式方管桁架,用这种桁架可以构建梁、墙、楼板和屋顶。由上述小桁架作为骨架的墙体,并把轻型墙体材料作为围护结构,可分为承重墙和非承重墙。一般墙架系统都由墙支柱、墙上导轨、墙下导轨、墙体支撑、墙板和连接件组成。梁柱截面也由薄壁冷弯镀锌方管用 V 形连接构件组成的小桁架结构组成。

14.5 住宅工业化的数字化应用

14.5.1 BIM 技术在住宅工业化中的应用

BIM 模型参与流程如图 14-3 所示。

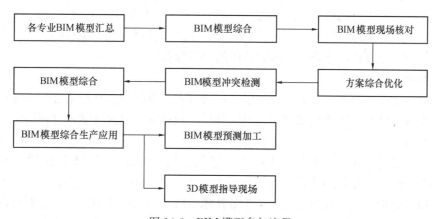

图 14-3 BIM 模型参与流程

(1) BIM 在规划、设计阶段的应用

此阶段尽管与传统住宅建筑中 BIM 技术的应用方式相差无几,但对工业化建筑的发展同样具有重大意义。在工程建设前期,规划选址工作直接关系到项目投资的成败。传统的规划选址分析往往缺乏信息的联动性,不能对信息进行综合的对比分析。

在这一阶段引入 BIM 技术,同时利用地理信息系统,通过获取的空间信息与 BIM 技术结合,进行相关信息分析,帮助决策者在规划选址、场地分析、交通流线组织关系、建筑布局等方面做出正确决策,从而做出最理想的场地规划,一定程度上解决了传统研究方法中定量分析不够、大量信息数据无法科学处理、主观因素过多等诸多问题。

参数化设计是 BIM 技术的核心特征之一。利用软件预设的规则体系进行模型参数化的构建，在一定程度上改变了传统的设计方式和思维观念。在进行模块化设计之前，需要对建筑方案系统进行分析，把工程项目拆分为独立、可互换的模块。根据工程项目的实际需要，有针对性的对不同功能的单元模块进行优化与组合，精确设计出各种用途的新组合。住宅工业化中的预制构件、整体卫生间、幕墙系统、门窗系统等，都是模型的元素体现，这些元素本身都是小的系统。

（2）BIM 在构建工厂化制造中的应用

构件设计完成后进入工厂化生产阶段，在生产之前生产人员与设计人员需要进行沟通，以便正确理解设计意图。传统的设计意图交底以二维设计图纸作为基础，设计人员在交底时很难将设计意图完整地呈现给生产技术人员，导致构件的生产出现错误。在实际生产过程中，有时会根据生产需要对某些构件进行细节设计和更改，这些信息不能实时反映给设计人员，不仅延误生产的工期，还会给参与人员的沟通带来困难，而使用 BIM 技术则可避免这种情况。

（3）BIM 在施工阶段的应用

在此阶段，对构件入场和吊装施工中的管理进行专门研究探讨。在常规的施工现场运行中，构件的存放往往受区域范围的限制，若不做详细的规划，找错构件、找不到构件的情况时有发生。

利用 GIS 技术实时追踪、监控构件存储吊装的实际进程，并以无线网络即时传递信息到以 BIM 技术为核心的数据处理平台，可以有效地对构件进行追踪控制。在传统的施工现场，大批量的进行构件验收、吊装使用时，通过人工方式填写报告、录入信息的方式，信息延误的现象时有发生，工作人员常常无法判断构件的真实状况，很容易出现错误，导致各种问题发生，势必会影响到整体的经济效益。

（4）设施管理

设施管理是一门近些年新兴的交叉学科，通过人、空间与流程相结合，实现对人类工作场所和生活环境有效的规划和控制，它综合了工程技术、建筑科学、管理科学、行为科学的基本原理。

BIM 信息化技术的真正价值在于模型信息在建筑全生命周期中不同阶段的提取和重复利用，围绕住宅工业化的特点，设计团队需要与生产和施工紧密配合并贯穿整个 BIM 的应用过程，将构件生产和施工安装工艺等技术手段整合到设计中。此外，通过设计前期的绿色节能分析、建立标准的户型与构件数据库、施工模拟等 BIM 信息化手段，促进住宅工业化产业链中各部门的信息共享及交互，逐步实现设计、生产、施工的全过程项目流程，为产业化的最终实现推波助澜。

14.5.2 物联网在住宅工业化中的应用

物联网技术运用于控制过程，工业化则是生产构件。目前，住宅工业化以智慧建造为特征，以 BIM 信息化平台为载体，实现"物联网＋信息化＋智能化"的项目协同、建筑设计、工期管控、工程管理、材料跟踪、质量安全、智慧工地以及运营维护的智慧化，实现信息化与工业化的融合。

近年来，物联网技术发展迅速，在建筑施工与管理中的运用还处于起步阶段。物联网（Internet of Things，简称 IoT）是指通过 RFID、红外感应器、全球定位系统、激光扫描器、气体感应器等各种信息传感设备，依照约定的协议将物品与互联网连接起来实现物信息交换和通讯，可用于定位、智能化识别、跟踪、管理和监控等的一种网络；IoT 是新一代信息技术的代表，表征"信息化"时代的技术水平。物联网所指的物物相连有两层含义：其一，核心技术仍是互联网，是对互联网技术的一种延伸和扩展；其二，借助互联网，可实现任何两个物体之间的信息交互。

通常，实现物联网技术的应用主要有三个步骤：

（1）标识物体属性。物体的属性依据状态可以分为静态和动态两种，其中前者可以直接存储在标签中，后者的信息则需要借助专用传感器进行实时探测。

（2）属性的读取。通过专用识别设备读取物体属性信息，并将其转换为可以进行网络传输的信息数据格式。

（3）信息的传输。物体的信息通过网络传输至信息处理中心，由处理中心进行物体通信的相关计算。

1. 电子定位技术

物联网的技术关键是电子定位技术。工业化建筑中常用的电子定位技术有全球定位系统（GPS）和无线射频识别技术（RFID）。我国已经成功自主研发了中国北斗卫星导航系统（BDS，BeiDou Navigation Satellite System）是继 GPS、GLONASS 之后的第三个成熟的卫星导航系统。

（1）全球定位系统（GPS）

全球定位系统（Global Positioning System，简称 GPS）始于美国军方的一个项目，20 世纪 70 年代发展成为卫星定位系统。GPS 由卫星星座、地面控制系统和用户设备三部分组成，定位的原理是测量出已知位置的卫星到用户接收机之间的距离，然后综合多颗卫星的数据判断出接收机的具体位置。GPS 定位技术具有定位精度高、灵活性、可操控性、对基准点依赖性低等特点，在建筑构件的定位中，具有可以实现无误差一次测定到位、数据测定和分析 PC 化、控制网基点布点灵活等优点，并能准确测定建筑物的日照变形和振动变形。

GPS 技术（包括北斗）存在以下问题，需要在技术上进一步解决：

1）GPS 信号容易受电流层、电离层干扰，也容易受高层建筑、树木、高山等因素影响，导致信号非直线传播引起测量误差。

2）GPS 虽具有一定的精度，但在其施测的市政工程测量控制点，尚需借助常规仪器进行水准联测，方能保证高程精度满足需要。

3）由于卫星信号容易受外界干扰和影响，导致 GPS 测量中观测点位的精度会受所选控制点位置差异化的直接影响。

（2）无线射频识别技术（RFID）

无线射频识别技术（Radio Frequency Identification，简称 RFID）是构建"物联网"的关键技术，又称电子标签、射频识别，是指通过无线电信号对特定目标进行识别并读写相关数据，无需进行机械或光学接触。一套完整的 RFID 系统常分为阅读器、电子标签（应答器）、应用软件系统三个部分，其工作原理是读写器针对目标发射一特定频率的无线电波，来驱动电路实现数据的传送并依序接收解读数据，随时传送给应用端做相应的处理。由于 RFID 系统具备抗油渍、抗灰尘污染等特点，所以其工作环境不受任何限制。

RFID具有可为建筑构件定位的所有特征，因此近年来开始被应用在建筑领域，它具备以下优势：

1) 读取方便快捷：数据读取简单，可透过外包装来进行。
2) 有效识别距离大：其中自带电池的主动标签有效识别距离可大于30m。
3) 识别速度快：标签可实现信息的即时读取，并且能实现即时批量识别。
4) 数据容量大：通常的二维条形码（PDF417）最大存储量为2725个数字，如果信息中含字母信息则存储量小，而RFID标签可依据用户需要将标签容量扩充至数10K。
5) 使用周期长，应用范围广：尤其是其无线电通信方式，可在粉尘、油污等高污染环境和放射性环境中工作，其封闭式包装的寿命远超印刷的条形码。
6) 标签数据可动态修改：RFID标签具有交互式便携数据的功能，并且写入速度快。
7) 更好的安全性：可采用嵌入式、附着式安装于各种形状和类型的产品之上，并且可设置密码保护，有较高的安全性。
8) 实现动态实时通信：标签与解读器进行通信的频率为50～100次/s，因此可以实现动态追踪和监控出现在解读器有效识别范围之内的携标签物体的位置信息。

2. 构件定位系统

目前，物联网技术主要用于构件定位系统，建筑构件的定位追踪系统是信息化平台实现建造模拟、建造进度管理以及住宅全生命周期信息管理的关键技术系统。

（1）定位系统的架构

在工业化住宅的全生命周期中，建筑构件要经历设计、物料计划、订单生成、构件生产、运输、建造现场堆放、构件安装、运行维护等各个阶段的不同状态，每个状态都包含质量稳定情况、使用情况、位置方位、运输速度和距离等多种数据，并且这些数据信息都需要及时采集和分析，以便及时进行处理或做出计划安排。因此，电子定位信息系统是实现设计—建造协同，乃至实现住宅全生命周期信息化与工业化结合的关键技术系统。电子定位信息系统由BIM技术和物联网技术共同架构而成，其中电子定位技术在构件的全生命周期中起到关键作用。

（2）BIM模型与定位信息的数据交互

1) 信息交互的实现。基于BIM的工业化住宅在设计—建造过程中的信息传递如图14-4所示，通过调用构件库的构件完成BIM模型设计后，需要结合施工单位的进度模拟，实现对实体构件生产、运输、建造等的合理管控。这便需要将现场建造的构件与BIM模型之间实现关联与信息共享，产生BIM模型信息与定位信息的交互问题。

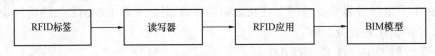

图14-4 工业住宅设计—建造过程中信息传递

2) RFID标签数据结构。RFID标签是预制构件出厂的唯一标识，编码在符合行业相关规定的基础上，应能反映构件的基本属性、制造信息、吊装信息等，并与施工图相对应。RFID编码可分为EPC编码区和用户区。前者是标签出厂的唯一标识，后者是根据用户需求用于存储信息的编码区域。用户区分为标头、标识对象和记录段等，记录段是用户输入信息的关键编码区。实现信息交互后，RFID编码中包含的信息主要有：RFID出厂信息、模型 ID 信息、构件产品参数、状态、过程参数、历史数据、环境数据、位置数据等。

在装配式建筑整个流程的监控中，通过给每个构件按规定赋予唯一的构件编码，并以 RFID 芯片的方式固定在构件统一的位置，从构件在场内开始记录每一个构件的所处状态。工人通过手持式 RFID 扫描器来扫描构件上的芯片，统一更改构件的状态信息，通过数据流上传到系统内，随时掌握构件的状态。

（3）定位流程

实现数据交互后，BIM 模型含有与实体构件一致的信息，通过物联网技术，借助智能手机等终端实现构件状态信息追踪读取。借助定位追踪系统，可以完成 BIM 模型 4D 建造模拟，并进行施工进度的设计和管控；可以进行构件状态追踪、隐蔽工程检查、危险程度提醒、构造节点检查等所有建造的协同工作。

1) 设计与生产阶段：构件 ID 和 RFID 标签基本信息交互，并完成 RFID 标签的固定工作。

2) 运输阶段：依据构件尺寸、重量进行运输车辆选择、运输路线规划，依据建造工地状况和建造模拟顺序组织构件运输，同时进行 RFID 标签相关运输单位代码、运输路段及位置、堆放位置信息的录入和交互。

3) 建造阶段：依据构件 ID 和 RFID 标签进行构件入场检查、吊装管理、吊装位置检查、构件安装位置确认及建筑工人的危险操作警示等工作以及相关数据录入和交互。

4) 运维阶段：指导隔墙体系、内装修体系、管线设备体系等的安装，投用后工业化住宅构件维护与更换，建筑生命周期终结时进行可回收性判断等。

14.6 案例分析：防疫应急装配技术立大功

14.6.1 项目概况

厦门国际健康驿站项目一、二期工程总建筑面积 15.8 万 m^2，可提供防疫用房 4036 间，配套发热门诊、健康服务中心等，满足入境人员"一站式"健康管理要求，如图 14-5 所示。项目于 2021 年 9 月 1 日开工，于 2022 年 3 月 18 日竣工，仅 158 天就完成精装交付及验收手续，远快于同体量项目传统建造方式 2.5 年的建设周期。

图 14-5 项目实景图与效果图

14.6.2 精益建造和住宅工业化技术的具体应用

该工程由中建一局东南公司作为总承包商,为了满足防疫应急需要,综合采用了精益建造、工业化技术和智慧工地,达到了既定目标。以下是精益建造、工业化技术和智慧工地的具体应用:

(1) 引入装配式整体卫浴

采用装配式卫生间,4h 装修一套。在厦门市防疫项目中首次大规模引入整体卫浴,实行"工厂预制、现场安装"、现场全干法施工,低碳环保。

① 材料性能佳。墙板和地板板材强度高、防水性好、耐腐蚀。

② 安装效率高。"强龙骨+卡扣式"拼装,单套完工仅4h。

③ 综合效益好。管线分离,维护简便;造价估算略高于传统卫浴5%~10%,但综合工期、人工、环保、维修等因素,其综合效益更好。

装配式整体卫浴工效分析如图 14-6 所示。

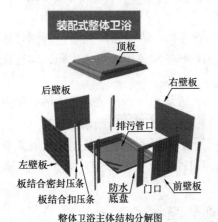

图 14-6 装配式整体卫浴工效分析

装配式整体卫浴与传统卫浴对比见表 14-3。

装配式整体卫浴与传统卫浴对比表　　　　表 14-3

	装配式整体卫浴	传统卫浴
工期	标准化施工、不需要做防水、4h 安装、速度快、标准高	传统铺贴完全靠工人手工作业、施工工期长
工艺	干法拼接施工、结构防水	多数湿贴作业、施工技术参差不齐
吸水率	0.05%	≥0.3%
环保	低甲醛、无辐射;甲醛释放量低于国际最低标准、无味无伤害、环保材料可作餐具	二次切割及施工造成环境、噪声及水污染
负重量	轻量化、一整套卫生间全部加起来不超过200kg	重量大
清洁度	材料分子紧密、不藏污纳垢、便于清理、施工无粉尘噪声产生、后期使用方便清洗打理	黏胶处容易滋生细菌,产生跑、冒、滴、漏等售后隐患

续表

	装配式整体卫浴	传统卫浴
耐磨度	底盘耐磨达到3000转以上、耐磨、耐腐、耐老化、三十年以上使用寿命、不褪色	
安全性	绝缘防导、安全系数高；SMC良好绝缘材质、防串电	具备一定安全隐患
优缺点	耐腐蚀、有挠度、抗冲击能力强、对现场施工作业基层平整度要求高、产品工厂预制化生产、结构卡件式拼接、简单快捷效果好	导热系数低、材料温润、节能环保、易粘贴、易脱落、湿贴容易空鼓脱落
施工成本	轻薄、柔韧性高、施工标准化、减少施工周期、节省人工成本	重、搬运困难、施工周期长、施工成本高、施工质量参差不齐

(2) 采用轻质内隔墙板

采用装配式轻质内墙节约2/3工期。ALC墙板和竹木纤维饰面板组成装配式墙板，甲醛含量低，健康又环保，可快速装修入住。

① 材料节能耐火：ACL墙板4～5cm能达到砖墙24cm的保温效果；10cm的耐火极限可达4h以上。

② 施工便捷快速：现场切割，便于线管埋设；墙板提前预制，分为公槽母槽，安装快、免抹灰。

③ 成品美观耐久：外表面光洁，平整度高；强度高；经过蒸养，水泥基产品与建筑同生命周期。

ALC板与普通砌块对比见表14-4。

装配式内隔墙：ALC板与普通砌块对比表　　　　表14-4

	普通砌块	ALC板
主材辅材人工		市场价每平方约为普通砌块2倍
水泥砂浆抹面		免抹灰
落地灰清理及人货梯费用	约为ALC板7倍	
施工速度	用传统水泥砂浆砌筑，需要养护，特别是精装修房建项目，不能交叉施工、影响工期	工期只有普通砌块1/3，专用配套黏结剂，施工无需养护，强度高，可交叉作业
施工质量	平整度差、影响后期装修效果	平整度高、装修效果好
环境保护	水泥砂浆用量大、需水量大、落地灰多、需专门清理，对环境影响大	无落地灰，黏合剂用量少、蓄水量少、保护环境
综合评价	相对而言，ALC板与普通砌块相比具有强度高、进度快、平整度好、施工速度快、质量佳及对环境影响小等诸多优势	

ALC板安装工序如图14-7所示。

(3) 精益施工与智能管控

实行精益化施工，建设周期不到半年。通过装饰装修与主体结构、机电设备协同施

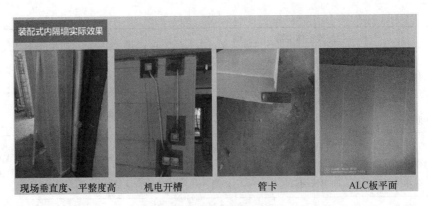

图 14-7　ALC 板安装工序

工，发挥结构与装修穿插施工的优势，再凭借干作业优势、信息管理与智慧管控的综合应用以及工地 24h 运转不辍，比定额工期缩短 720 天。

① 室外场地施工永临结合：室外场地施工临时给水排水、施工道路均按设计图纸一次性施工，减少后期拆改；市政道路与管线工程穿插施工。

② 室内结构装修穿插施工：主体结构施工到第 9 层时启动装修工程，各工序有序穿插形成同步向上的流水作业施工，提高工效，缩短工期。

市政道路与管线工程穿插施工如图 14-8 所示。

图 14-8　市政道路与管线工程穿插施工

多专业精益化穿插施工如图 14-9 所示。

智慧工地平台如图 14-10 所示。

14.6.3　总结

本案例采用精益建造技术，大规模地采用装配式轻质内隔墙板、引入装配式整体集成卫浴、配合精益施工及智慧工地应用，对缩短工期有决定性作用。同时，本案例又是一个防疫应急工程项目，全面考虑了防疫工程的特点，在运营期投入各类机器人（送餐机器人、防务机器人等）实现全流程自助服务，保证安全、健康。

(1) 全面选择建筑装配化基本要素。项目顺应快速建造需要，科学优选适用装配技术的预制构件，充分体现装配建造的工期、成本、环保等优势。

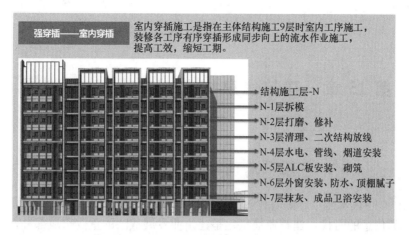

图 14-9　多专业精益化穿插施工

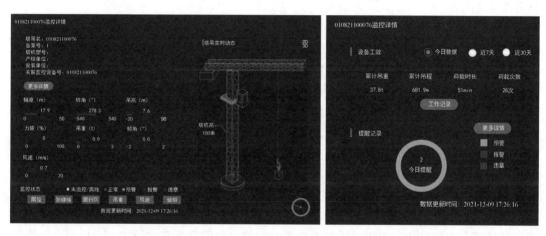

图 14-10　智慧工地平台：塔机、状态监测、限位管理、
区域保护、群塔防碰撞功能

（2）高度重视策划统筹和施工组织。设计注重全过程统筹、充分满足施工要求，展现了系统策划组织管理的能效，工序有序穿插、作业流水紧凑。

（3）切实全面地运用智慧管控和信息管理。运用信息智能技术对施工进度、劳务管理、物料使用、扬尘噪声等进行预警监控、应急指挥，完美履约。

【复习思考题】

1. 简述精益建造的概念和发展。
2. 你认为精益建造的应用前景还有哪些？
3. 分别描述住宅工业化和住宅产业化以及两者之间的区别。
4. 简述住宅工业化技术体系和结构体系。
5. 谈谈你对 BIM 技术在住宅工业化中应用的看法。

第 15 章　建筑信息技术、自动化与智能化

15.1　建筑业信息化与信息系统技术

20 世纪 90 年代末至今，随着计算机网络技术和项目管理软件的飞速发展，我们迎来了一个知识和信息的时代，建筑业信息化是建筑业发展战略的重要组成部分，也是建筑业转变发展方式、提质增效、节能减排的必然要求，对建筑业绿色发展、提高人民生活品质具有重要意义。

15.1.1　建筑业信息化概述

当今时代，随着网络技术的飞速发展、信息技术与信息系统的推广应用，信息资源在全球范围内快速传播与共享，信息化已成为当今世界经济与社会发展的大趋势。建筑业信息化是指采用信息技术，特别是计算机技术、网络技术、通信技术、控制技术、系统集成技术和信息安全技术等，改造和提升建筑业技术手段和生产组织方式，提高建筑企业经营管理水平和核心竞争能力，提高建筑业主管部门的管理、决策和服务水平。

建筑业信息化包括建筑业电子政务信息化和建筑企业信息化两大组成部分。建筑业电子政务信息化建设主要以政府机关内部办公业务网、办公业务资源网和以互联网为依托的公众信息服务网及建筑业的电子信息资源库，即"三网一库"的基本架构为主要建设内容。建筑企业信息化根据企业承包工程范围划分为工程总承包类建筑企业信息化和施工总承包类建筑企业信息化。工程总承包类建筑企业信息化的重点是建设"一个平台（网络平台）、三大系统（工程设计集成系统、综合项目管理系统和经营管理信息系统）"。施工总承包类建筑企业信息化的重点是建设"一个平台（网络平台）、二大系统（项目管理系统和经营管理信息系统）"。建筑企业信息化根据企业经营管理的范围可以划分为两个层面：一是建筑企业管理层面上的信息化，包括信息的采集、文档的传递等基本工作流程，还包括经营、计划、预算、采购、供应、设备、人力资源、财务、后勤、客户关系等方面的信息化；二是工程项目管理层面上的信息化，包括进度计划、网络计划编制、施工平面图、项目成本控制、机具设备管理、合同管理、材料管理、图纸管理、安全管理等方面的信息化。

15.1.2　建筑业信息化的发展历程

1. 建筑业信息化 1.0（1950～1990 年）

建筑业信息化 1.0 代表了建筑设计开始从传统的手工绘图转变为省时、省力并且更加精确的计算机绘图，CAD 应用开始普及。自 20 世纪 50 年代计算机辅助设计（Computer Aided Design，CAD）技术诞生以来，商品设计、工程设计等设计领域得到了蓬勃发展。但由于一开始计算机和图形学的设备价格昂贵、技术复杂，商品化的 CAD 设备较少。直至 20 世纪 80 年代，大规模和超大规模集成电路、工作站等的出现使 CAD 系统的性能有了很大的提高，与此同时图形软件更趋成熟，二维和三维图形处理技术、有限元分析和优

化、模拟仿真、动态景观、科学计算可视化等方面都已进入实用阶段,包含 CAD、CAE（Computer Aided Engineering）等技术的一体化综合软件包开始出现,引发了信息技术对建筑行业的第一次技术革命。

2. 建筑业信息化 2.0（1990~2000 年）

建筑业信息化 2.0 代表了建筑工程项目各参与方的信息通过互联网得到共享、多项目之间的数据得到互换、大型项目信息管理系统得以构建。20 世纪 80 年代末,互联网开始兴起,作为全球性计算机网络,互联网为人们提供了各种巨大的信息资源和服务资源,全世界范围内的人们可以通过互联网进行信息交换与技术交流,这也使得建筑信息的共享成为可能。随着 20 世纪 90 年代互联网的广泛使用,建筑工程项目各参与方的信息得到了充分的共享、多项目之间的数据得到了充分的互换,建筑信息集成技术开始形成。因此,互联网技术引发了信息技术对建筑行业的第二次技术革命。

3. 建筑业信息化 3.0（2000~2010 年）

建筑业信息化 3.0 代表了 BIM 技术的应用、BIM 技术标准的建立以及 BIM 与互联网的融合。虽然随着信息技术的发展,建筑信息化软件不断涌现,但建筑信息仍处于零散化的状态,建筑信息丢失现象不断,这就促使 BIM 技术的产生。BIM 是由卡内基梅隆大学在 1975 年提出的,BIM 技术将建设工程项目中的相关信息有机地组织起来,形成一个数据化的建筑模型,作为整个建设工程项目的数据资料库或信息集合。随着互联网的进一步发展,BIM 技术的广泛应用使得建筑业发展趋于个性化、定制化、集约化,逐步实现产业链条上下游数据、信息的共享。

4. 建筑业信息化 4.0（2010 年至今）

建筑业信息化 4.0 代表了物联网、云计算、大数据、区块链技术、地理信息系统（GIS）等新兴技术的建筑业集成化应用,建筑业资源整合能力得到进一步提升,建筑业开始朝着智能化、自动化的方向发展,智能建造和智慧工地的概念被提出,并开始得到初步应用。

15.1.3 建筑业信息化标准

建筑业信息化的标准规范是指在整个建筑行业范围内推行的,为确保企业信息化规划得以贯彻实施,确保信息化建设成功,在信息化全过程中必须遵守的一系列管理和技术规定。标准化工作是信息化建设中的一项基础性系统工程,是信息系统开发成功和得以推广应用的关键之一,具有重要的现实意义和深远的历史意义。

（1）信息指标体系标准化

信息指标体系标准化是指建筑行业内所有信息的标准,按其内在联系所组成的、科学的有机整体,是行业进行宏观调控和企业进行经营管理的基础。它应具有目标性、集合性、可分解性、相关性、适应性和整体性等特征。建立科学的、实用的、完善的信息指标体系结构是信息标准化工作的首要任务。

（2）信息分类编码标准化

信息分类编码标准化是信息系统交换和建设的前提,是信息系统运行的保证。信息分类必须遵循科学性、系统性、可扩展性、兼容性和综合性等基本原则,要遵循国际标准—国家标准—行业标准—企业标准的原则,建立适合和满足本行业需要的信息编码体系和标准。

(3) 信息系统开发标准化

信息系统开发标准化主要是指在系统开发中遵守统一的系统设计规范、程序开发规范和项目管理规范。系统设计规范规定字段、数据库、程序和文档的命名规则和编制方法，应用程序界面的标准和风格等。程序开发规范对应用程序的模块划分、标准程序流程的编写、对象或变量命名、数据校验及出错处理等过程和方法作出规定。在信息系统开发过程中，必须遵守软件工程的设计规范，实现信息系统开发标准化。

(4) 信息交换接口标准化

信息交换接口标准化是指针对信息系统内部和信息系统之间各种接口方式以及信息系统输入和输出的格式制定规范和标准，包括网络的互联标准和通信协议、异种数据库的数据交换格式、不同信息系统之间数据的转换方式、报表文件格式和统计口径标准化、数据文件传送标准化等。接口标准化是信息标准化的重要一环。

(5) 信息技术支撑标准化

建筑企业信息化必然要以信息技术作为强大的支撑，离开信息技术的标准化，信息系统的集成、整合将面临巨大的困难。有必要在信息化工作开展之初，就从企业信息化整体战略的角度，规范信息技术的选择和应用管理。企业信息化所需要提供支撑的信息技术包括：数据库、数据仓库、网络、操作系统、开发工具；应用软件包含：ERP、CAD、CAPP、CAM、PDM、OA、EB、DSS、SCM、CRM、群件等。企业应该根据自身的规模和对内部信息化工作的管控模式，或统一进行选型，或制定明确的选型原则、选型方法和标准过程，对下属单位的软件选型进行约束和规范，从而确保企业中信息化的集成性和发展性。

15.1.4 工程项目管理信息系统技术

1. 工程项目管理信息系统的概念

工程管理信息系统是一个较为广泛的概念，在英文中也有多种名称，如 PMIS（Project Management Information System）、PIMS（Project Information Management System）以及 CMIS（Construction Management Information System）等。随着工程管理理论的发展，工程管理信息系统又被赋予许多新的内涵，如项目控制信息系统（PCIS）、项目集成管理信息系统（PIMIS）。国际上对工程管理信息系统普遍认可的定义是：工程管理信息系统是处理项目信息的人—机系统。它通过收集、存储及分析项目实施过程中的有关数据，辅助工程项目管理人员和决策者规划、决策和检查，其核心是辅助对项目目标的控制。它与一般管理信息系统的差别在于，工程管理信息系统是针对工程项目中的投资、进度、质量目标的规划与控制，是以工程管理系统为辅助工作对象。

工程管理信息系统作为工程管理的技术手段，其作用在于：

(1) 利用计算机数据存储技术，集中存储管理与项目有关的信息，并动态地进行查询和更新。

(2) 利用计算机准确、及时地完成工程项目管理所需信息的处理。

(3) 通过工程管理信息系统可以按决策需要方便、迅速地生成大量的控制报表，提供高质量的决策信息支持。

2. 工程项目信息特征分析

对工程项目信息进行分类是基于工程项目信息管理的需要，各种各样的信息在其来源、层次、稳定程度等各方面都会表现出不同的特点。对工程项目信息进行分类不仅是对信息的研究，也便于在工程项目信息管理中采取必要的措施使得信息能通畅的流动。通过对信息的分类来明确信息的特点，从而有助于下一步研究，下面就从不同角度对工程项目中的信息进行分类。

（1）按照信息的来源划分

按照信息的来源划分，项目信息可以分为内部信息和外部信息。内部信息是指在工程项目管理活动中产生的信息，如工程概况、可研报告、设计、合同、项目管理制度、监理规划、项目进度目标等；外部信息是指来自项目外部环境的信息，如国家政策、国内及国际市场材料设备价格、类似工程造价、毗邻单位有关情况等。项目与外界信息的沟通基本上属于点对点式，信息交换比较单一；项目内部信息交换频繁，为一对多点、多对多点，属拓扑网络状，信息沟通比较复杂。

（2）按照信息的稳定程度划分

按照信息的稳定程度划分，项目信息可以分为固定信息和流动信息。固定信息是在一定时间内相对稳定不变的信息，如各类规范、标准、定额、条例等；相对而言，流动信息是指在一定时间内，随施工生产和管理活动不断更新变化的信息，如工程量、进度中的材料消耗量、人工等。

（3）按照信息的层次划分

按照信息的层次划分，项目信息可以分为战略信息、策略信息和业务信息。战略信息是提供给上级领导的重大决策性信息；策略信息是提供给上级部门的管理信息；业务信息是基层部门例行性工作需用的日常信息。

（4）按照管理职能划分

按照管理职能划分，项目信息还可以分为投资控制信息、进度控制信息、质量控制信息、费用控制信息、合同管理信息及行政事务管理信息等。

3. 工程项目管理信息系统的功能和架构

（1）工程项目管理信息系统的功能模块

随着信息技术的发展及其与工程项目管理思想、方法的不断互动，近年来工程项目管理信息系统的功能也在不断发生变化，在工程项目管理中也发挥出更为巨大的作用，高性能的工程项目管理信息系统已经成为工程公司核心竞争力的重要组成部分。

工程项目管理信息系统应实现的基本功能是相同的，一般认为工程项目管理信息系统的基本功能构成应包括投资控制、进度控制、质量控制及合同管理四个子系统，各个子系统应实现的基本功能如下：

1）投资控制子系统：投资分配分析；编制项目概算和预算；投资分配与项目概算的对比分析；项目概算与预算的对比分析；合同价与投资分配、概算、预算的对比分析；实际投资与概算、预算、合同价的对比分析；项目投资变化趋势预测；项目结算与预算、合同价的对比分析；项目投资的各类数据查询；提供多种（不同管理平面）项目投资报表。

2）进度控制子系统：编制双代号网络计划（CPM）和单代号搭接网络计划（MPM）；编制多阶网络（多平面群体网络）计划（MSM）；工程实际进度的统计分析；实际进度与计划进度的动态比较；工程进度变化趋势预测；计划进度的定期调整；工程进度各类数据的查询；提供多种（不同管理平面）工程进度报表；绘制网络图；绘制横

道图。

3）质量控制子系统：项目建设的质量要求和质量标准的制定；分项工程、分部工程和单位工程的验收记录和统计分析；工程材料验收记录；工程设计质量的鉴定记录；安全事故的处理记录；提供多种工程质量报表。

4）合同管理子系统：提供和选择标准的合同文本；合同文件、资料的管理；合同执行情况的跟踪和处理过程的管理；涉外合同的外汇折算；经济法规（国内外经济法规）的查询；提供各种合同管理报表。

（2）工程项目管理信息系统的系统架构

工程项目管理信息系统的系统架构包括三大模块：感知层、支撑层以及应用层，如图 15-1 所示。

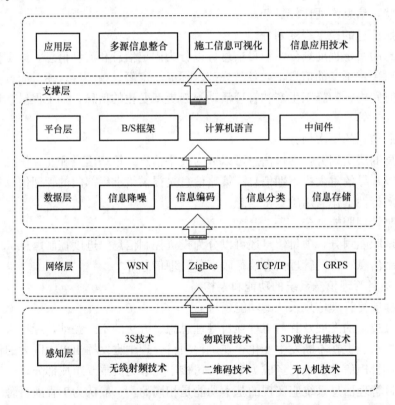

图 15-1 工程项目管理信息系统的系统架构

1）感知层：感知层是系统基础数据与信息的来源，主要通过使用新兴信息技术，对建设项目全过程产生的数据进行采集、汇聚。首先，建设工程项目管理信息系统需要能够利用先进的数据感知技术对项目各阶段进行实时监测，动态采集；其次，感知层对采集的分散、零碎的信息、知识和数据进行结构化、系统化梳理；最终形成各种数据知识库。

2）支撑层：支撑层是建设工程项目管理信息系统的中间层，能够为底层感知层采集的数据提供传输通道，同时也为应用层的数据处理、系统决策和系统功能使用等提供技术手段和参考依据。支撑层主要是进行施工数据的传输、处理、存储、导入等，支撑层包括网络层、数据层和平台层。

3）应用层：应用层主要是建设项目管理信息系统进行数据处理的过程，包括对平台层的多源异构指标数据进行融合，以评价建设项目的施工状况；或将管理信息系统的运行结果以二维或三维模型、视频等形式呈现，为项目管理人员的决策工作提供完善的信息。同时，为信息应用技术，如数字孪生（DT）、建筑机器人、3D 打印等技术的应用提供条件。

15.2 建筑信息模型（BIM）技术

建筑业一直存在信息流失、表达不明确等问题，且信息化程度相对低于其他行业。随着计算机技术在各个领域的广泛应用，传统建筑业迫切需要变革之时，建筑信息模型（BIM）应运而生。建筑信息模型（BIM）是数字技术在建筑业中的直接表达，带来了建筑业的根本变革。

15.2.1 建筑信息模型（BIM）技术概述

建筑信息模型（Building Information Modeling，BIM）概念最早是由美国人，别称为"BIM 之父"的佐治亚理工学院 Chuck M. Eastman 教授提出的。其在 20 世纪 70 年代出版的著作和论文中提到了建筑信息模型的概念，将其定义为："建筑信息模型是将一个建筑建设项目在整个生命周期内的所有几何特性、功能要求与构件的性能信息综合到一个单一模型中。同时，这个单一模型的信息中还包括施工进度、建造过程的过程控制信息。"Jerry Laiserin 提出 BIM 是"以数字形式表现建设过程和设施管理，同时也是以数字形式进行建设过程以及设施管理的信息交流和相互操作"。符合 BIM 内涵的首次实践探索是在 1984 年 Graphisoft 公司依托其软件产品 Archi CAD 提出来的虚拟建筑（Virtual Building）理念。而 BIM 技术以及这种特定的称谓是在 2002 年由 Autodesk 公司率先提出，并逐渐得到世界建筑行业的普遍接受和认同。

BIM 具有以下几个特点：

（1）可视化

可视化是 BIM 技术最为直观的特点。不同于传统的 CAD 技术，在 BIM 软件中，所有的操作都是在三维可视化的环境下完成的，所有的建筑图纸、表格也都是基于 BIM 模型生成的。BIM 的可视化不仅仅是作为模型展示的工作，如展示构件的几何信息、关联信息、技术信息等；还可以进行节能模拟、碰撞检查、施工仿真等，将建设过程中的信息动态地表达出来。

（2）协调性

BIM 的协调性体现在两个方面：一是在数据之间创建实时的、一致性的关联，操作者对数据库中的任何数据进行更改，可以立刻在其他关联的地方反映出来；二是在各构件实体之间实现显示、智能互动。BIM 的协调性使同一数字化模型的所有图纸、图标均互相关联，避免了用 2D 绘图软件出图时的不一致现象。BIM 的协调性为建设工程带来了极大的方便，尤其是对设计师，能够方便地完成设计上的修改，避免造成返工与浪费。

（3）模拟性

BIM 可以模拟不能在真实世界中进行操作的事物。在设计阶段，BIM 可以对设计上需要进行模拟的一些事物进行模拟实验，例如，节能模拟、紧急疏散模拟、日照模拟、热能传导模拟等；在招标投标和施工阶段，可以进行 4D 模拟确定合理的施工方案，同时还可以进行 5D 模拟实现成本控制；后期运营阶段，可以进行日常紧急情况处理方式的模拟，例如地震人员逃生模拟及消防人员疏散模拟等。

(4) 可出图性

通过对建筑物进行可视化展示、协调、模拟、优化以后，可以帮助业主出如下图纸：综合管线图（经过碰撞检查和设计修改，消除了相应错误以后）；综合结构留洞图（预埋套管图）；碰撞检查甄错报告和建议改进方案。

15.2.2 BIM 的相关软件

BIM 作为工程领域的新技术，几乎涵盖了每个应用方向、专业、项目的任何阶段，但是目前没有一个或者一类软件能涵盖一个项目的全生命周期。目前，市面上的 BIM 软件种类繁多，一般有两种分类方式，一种是按照 BIM 软件的核心功能进行分类，另一种是按照 BIM 软件的开发平台进行分类。

(1) 按照 BIM 软件的核心功能分类

按照 BIM 软件的核心功能进行分类，可以分为 BIM 核心建模软件和 12 类衍生软件，BIM 核心建模软件构成 BIM 类软件的基础，由这类软件按照扩展出的功能可以衍生出 BIM 方案设计软件、与 BIM 接口的几何造型软件、可持续分析软件、机电分析软件、结构分析软件、可视化软件、模型检查软件、深化设计软件、模型综合碰撞检查软件、造价管理软件、运营管理软件、发布和审核软件 12 类，具体见表 15-1。

BIM 软件分类表 表 15-1

序号	BIM 软件类型	主要软件产品 （可跟 BIM 核心建模软件联合工作）	国产软件情况
1	BIM 核心建模软件	Revit Architecture Structura/MEP, Bentley Archhitecture/Strautural/Mechanical, ArchiCAD, Digital Project	空白
2	BIM 方案设计软件	Onuma, Afflnlty	空白
3	与 BIM 接口的几何造型软件	Rhino, SketchUP, Formz	空白
4	可持续分析软件	Ecotech, IES, Green Building Studio, PKPM	
5	机电分析软件	Trane Trace, Design Master, IES Virtual Environment, 博超, 鸿业	
6	结构分析软件	ETABS, STAAD, Robot, PKPM	
7	可视化软件	3DS MAX, Lightscape, Accurebder, ARTLABTIS	空白
8	模型检查软件	Sloibri	空白
9	深化设计软件	Tekla Structure (Xsteel), Tssd	
10	模型综合碰撞检查软件	Navisworks, Poiectwivie Navigator, Solibri	空白
11	造价管理软件	Innovaya, Solibri, 鲁班	
12	运营管理软件	Archibus, Navisworks	空白
13	发布和审核软件	PDF, 3D PDF, Design Review	空白

(2) 按照BIM软件的开发平台分类

目前，全球的BIM软件从研发的角度主要分为三大软件群，分别是Autodesk公司的Revit软件群、Bentley公司的Power civil软件群以及Graphisoft公司的ArchiCAD软件群，如图15-2所示。Autodesk公司是世界领先的设计软件和数字内容创建公司，业务主要涉及建筑设计、土地资源开发、生产、公共设施、通信、媒体和娱乐。Bentley公司是一家全球领先企业，致力于提供全面的可持续性基础设施软件解决方案。Graphisoft公司致力于为建筑师、工程师以及施工人员提供专门的软件及技术服务，凭借其卓越的产品和创造力已成为众多软件公司中的领先者。Graphisoft公司为建筑师打造了第一款BIM ArchiCAD，结合其创新的BIM生态系统解决方案持续引领行业进步和BIM变革。

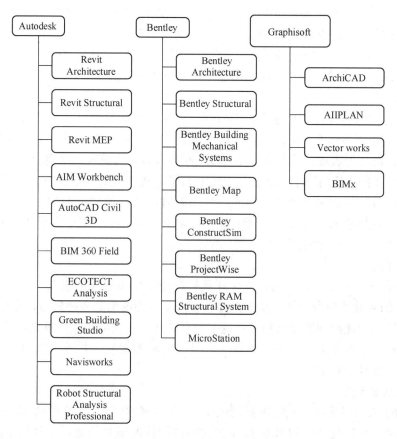

图15-2 全球BIM软件厂商及软件

15.2.3 不同项目参与方的BIM应用

工程项目是一个庞大复杂的产品，要完成它需要有众多的参与方加入进来。有些参与方是直接参与工程建设的，而有的则是间接对工程项目的建设产生影响。下面列举几个不同项目参与方的BIM应用。

(1) 政府机构

当前国内的政府机构处于职能型政府向服务型政府转变的过程，传统的粗放式管理已不能满足高速发展的城市建设的需要，BIM技术在建设工程全生命周期的应用能够辅助政府机构实现城市精细化管理的目标。重点项目管理办公室等政府机构作为城市公共基础设施的建设主体,利用 BIM 技术可以提升和优化工程质量、成本、工期等的控制水平。作为建设工程行业管理部门的政府机构,可以通过颁布相应政策、法规,编制相关技术标准,引导行业 BIM 应用,提高行业精细化管理水平。

(2) 业主方

业主作为 BIM 应用的受益方之一,是 BIM 推广的原动力。应用 BIM 有助于业主更清楚地表达自己的想法,更好地与其他项目参与方进行沟通,节省工期,节约成本,保证质量。在项目建设初期,业主可以组织其他项目参与方参与到项目规划中来。结合业主的期望和不同专业参与方的意见,尽可能地发现并解决项目在实施阶段可能出现的问题,保证项目在实施时按计划顺利进行。

BIM 可以帮助业主在运营期更好地管理项目。应用 BIM 技术的项目在竣工时,通常会将带有丰富项目信息的 BIM 模型交给业主,这些模型在项目今后漫长的运营期内将发挥重要的作用。通常,一个工程项目的运营成本是其工程造价的三倍。因此,主要生成于建设阶段的 BIM 模型将给自营型项目的业主带来巨大的价值。

(3) 设计方

设计方是 BIM 技术使用的主力,BIM 的社会认同度和发展生命力均来自设计领域的普遍应用。BIM 能够从项目设计之初就帮助设计师进行可行性分析,注重提升能源利用率,争取更佳的环保表现、改善室内环境以及减少浪费,力求项目品质的完美。同时,传统设计模式在采用 BIM 协同设计之后,整个工作方式变成并行、交互、融合的。以前,整个设计院的设计时间短于画图的时间,画图的时间短于改图的时间。采用 BIM 以后,设计修改变得容易起来。在 BIM 模型中,所有数据、图形的修改、设计师向业主展示以及沟通都变得更加直观和便捷。

(4) 施工方

施工方是 BIM 的集中应用者,也会在具体应用中获得巨大的收益。集中表现在以下方面:应用 BIM 技术进行三维管线的碰撞检查,不但能够消除各种碰撞,优化工程设计,减少在施工阶段可能出现的错误损失和返工的可能性,而且可以优化净空,优化管线排布方案;虚拟施工给施工方带来的价值在于,可以随时随地直观快速地知道计划是什么样的,实际进展是什么样的。

(5) 预制加工商

BIM 的引入可以让建筑业使用智能模型进行构件的数控加工,做到和制造业的配件加工一样准确。标准化构件的 BIM 模型包含实体构件的所有信息,预制加工商可以根据项目标准化构件的 BIM 模型进行标准化构件的预制加工,再将构件运到工程现场进行装配,这样不但可以提高施工效率,而且使预制加工商成为工程建设行业的重要参与方之一。

(6) 材料设备供应商

BIM 环境下的材料供应是实时的,通过 4D/5D 模拟,我们可以得到项目实时的材料需求,从而制订出及时合理的材料供应计划。应用 BIM 技术,供应商还可以从前期阶段就参与到项目工作中去,了解项目的特点、进度、施工工艺以及材料使用计划,针对单个项目制订具有针对性的材料或设备生产计划,以匹配项目对材料和设备的需求。

BIM 作为一种全新的理念和技术，不同类型的建筑项目和不同的项目参与方都可以在 BIM 平台找到自己亟待解决问题的办法。近年来国内 BIM 应用的典型案例汇总见表 15-2。

国内 BIM 应用的典型案例　　　　　　　　　　　表 15-2

项目名称	项目典型特征	BIM 主要应用阶段	主要参与方	成效
北京水立方	大型场馆、结构复杂	钢结构设计	设计方	实现设计内容协同一致
上海中心大厦	超高层建筑，涉及专业多	设计阶段，计划在全生命周期推行 BIM	设计方、施工方、业主方、材料供应商	3D 模型有利于设计深化的推进；促使协同工作方式
上海世博会德国馆	建筑造型和空间关系复杂	深化设计阶段	设计方	不到半年完成所有深化设计
万科金色里程	大量采用预制混凝土构件	3D 模型墙体设计，建筑综合设计	设计方、施工方、预制加工商、业主方	墙体之间的关系一目了然
西溪会馆	建筑群组合复杂、高低错落、角度考究	应用与方案设计	设计方	3D 模型直观地呈现建筑形态；实现有效团队沟通

15.3　其他关键信息技术及相关应用

近年来，随着物联网技术、信息物理系统技术、大数据技术、云计算技术、区块链技术、地理信息系统技术（GIS）等新兴信息技术的发展，建筑业信息化进入 4.0 时代，《2016～2020 年建筑业信息化发展纲要》中明确指出：要通过增强 BIM 及"云大物移智"等关键信息技术的集成应用能力来全面提高建筑业数字化、网络化、智能化水平，住房和城乡建设部工程质量安全监管司组织编写的《建筑业 10 项新技术（2017 版）》中也已经将这些新兴信息技术列入。

15.3.1 物联网技术及物理信息系统技术

1. 物联网技术的概念

目前,关于物联网(Internet of Things,IoT)的定义争议很大,还没有被广泛接受的统一定义,各个国家和地区对于物联网都有自己的定义。例如,国际电信联盟(International Telecommunication Union,ITU)对物联网的定义是,物联网主要解决物品到物品(Thing to Thing)、人到物品(Human to Thing)、人到人(Human to Human)之间的互联,从而实现智能化识别、定位、跟踪和管理。美国对物联网的定义是,物联网是指通过各种信息传感设备,如传感器、射频识别(RFID)技术、全球定位系统、红外感应器、激光扫描器、气体感应器等各种装置与技术,实时采集任何需要监控、连接、互动的物体或过程,采集其声、光、热、电、力学、化学、生物、位置等各种需要的信息,按约定的协议,把任何物体与互联网相连接,进行信息交换和通信,以实现对物体的智能化识别、定位、跟踪、监控和管理的一种网络。其目的是实现物与物、物与人、所有物品与网络的连接,方便识别、管理和控制。欧盟将物联网定义为将现有互联的计算机网络扩展到互联的物品网络。

不难看出,狭义上的物联网是指连接物品到物品的网络,实现物品的智能化识别和管理;广义上的物联网则可以看作是信息空间与物理空间的融合,将一切事物数字化、网络化,在物品之间、物品与人之间、人与现实环境之间实现高效信息交互的方式,并通过新的服务模式使各种信息技术融入社会行为,是信息化在人类社会综合应用达到的更高境界。

2. 物联网技术的特征

从通信对象和过程来看,物联网的核心是物与物以及人与物之间的信息交互。物联网的基本特征可以概括为全面感知、可靠传输和智能处理。

(1) 全面感知

利用射频识别、二维码、智能传感器等信息设备来获取物体的各类信息。

(2) 可靠传输

通过各种电信网络与互联网的结合,将感知到的物体信息实时、准确地传送,便于信息交流与分享。

(3) 智能处理

使用云计算、中间件、模糊识别、数据挖掘等各种智能技术,对所得数据、信息进行处理分析,实现监测与控制的智能化。

3. 信息物理系统的概念

信息物理系统(Cyber-Physical System)简称 CPS,是一个集合了计算机网络世界与实际物理世界的复杂系统。CPS 通过集成"3C"技术,即计算(Computing)、通信(Communication)和控制(Control),实现了虚拟和物理世界的实时交互,以便人们通过虚拟世界以可靠、安全、协作和高效的方式监测与操控物理实体。简单地讲,CPS 旨在将实际与虚拟双向连接,以虚控实,虚实结合,其中的"实"包括设备、人力、资源等,而"虚"则指数字孪生。如果说工业 4.0 的核心是 CPS,那么 CPS 的核心便是数字孪生。

从概念内涵角度,物联网包括万事万物的信息感知和信息传送;而物理信息系统更强调反馈与控制过程,突出对物的实时、动态的信息控制与信息服务。

4. 基于物联网技术的建筑业信息化应用

物联网技术与建设项目管理信息系统的集成应用可有效进行施工现场监管,利用生物识别系统、现场监控系统、无线射频 RFID、传感设备等对现场人机料进行实时跟踪,可实现对质量安全等目标的有效控制。因此,结合建筑业发展需求,加强低成本、低功耗、智能化传感器及配套软件系统的研发,开展示范应用对于建筑业智能化施工有重大意义。

例如,基于物联网的工程项目物资全过程监管技术,是指利用信息化手段建立从工厂到现场的"仓到仓"全链条一体化物资、物流、物管体系。通过手持终端设备和物联网技术,实现集装卸、运输、仓储等整个物流供应链信息的一体化管控,实现对项目物资、物流、物管高效、科学、规范的管理,解决传统模式下无法实时、准确地进行物流跟踪和动态分析的问题,从而提升工程总承包项目物资全过程监管水平。

15.3.2 云计算技术

1. 云计算的概念

云计算(Cloud Computing)是由 Google 公司提出的。狭义的云计算是指 IT 基础设施的交付和使用模式,指通过网络以按需、易扩展的方式获得所需的资源;广义的云计算是指服务的交付和使用模式,指通过网络以按需、易扩展的方式获得所需的服务。云计算是一个虚拟的计算资源池,它通过互联网将资源池内的计算资源提供给用户使用。云计算的基本原理是通过使计算分布在大量的分布式计算机上,而非本地计算机或远程服务器中,使企业数据中心的运行与互联网相似。完整的云计算是一个动态的计算体系,提供托管的应用程序环境,能够动态部署、动态分配、重分配计算资源,实时监控资源使用情况。云计算按照运营模式可以分为三种,即公共云、私有云和混合云。

云计算改变了服务模式。云计算服务可以是与 IT 和软件、互联网相关的,也可以是任意其他的服务,它具有超大规模、虚拟化、可靠安全等特点。建筑业的软件供应商 AutoCAD 公司就从销售软件逐步开发云计算服务。云计算有以下几种服务模式,如 SAAS(软件即服务)、实用计算(Utility Computing)、网络服务、平台服务、MSP(管理服务提供商)、商业服务平台、SAAS 和 MSP 的混合应用、互联网整合等。

2. 基于云计算技术的建筑业信息化应用

云计算技术能够改造提升企业信息化平台及软硬件资源,降低建筑行业、企业信息化办公及管理成本。云计算不仅在规划设计阶段能够让设计人员通过模型共享实现高效协同,也可以在施工现场管理中使现场作业人员通过移动设备实时获取更新信息,其已是建筑业信息化不可缺少的支撑技术。

例如,基于云计算的电子商务采购技术。基于云计算的电子商务采购技术是指通过云计算技术与电子商务模式的结合,搭建基于云服务的电子商务采购平台,针对工程项目的采购寻源业务,统一采购资源,实现企业集约化、电子化采购,创新工程采购的商业模式。平台功能主要包括采购计划管理、互联网采购寻源、材料电子商城、订单送货管理、供应商管理、采购数据中心等。通过平台应用,可聚合项目采购需求,优化采购流程,提高采购效率,降低工程采购成本,实现阳光采购,提高企业经济效益。

15.3.3 大数据技术
1. 大数据技术的概念

1989年，Gartner Group 的 Howard Dresner 首次提出"商业智能"（Business Intelligence）的概念。随着互联网络的发展，企业收集到的数据越来越多、数据结构越来越复杂，一般的数据挖掘技术已经不能满足需要，这就使得企业在收集数据之余，也开始有意识地寻求新的方法来解决问题。由此"大数据"的概念产生了。

从宏观世界角度来讲，大数据是连接物理世界、信息空间和人类社会三元世界的纽带，因为物理世界通过互联网、物联网等技术有了在信息空间中的大数据反映，而人类社会则借助人机界面、脑机界面、移动互联等手段在信息空间中产生自己的大数据映像。从信息产业角度来讲，大数据还是新一代信息技术产业的强劲推动力。

多个企业、机构和数据科学家对大数据的普遍共识是："大数据"的关键是在种类繁多、数量庞大的数据中快速获取信息的能力和技术。维基百科将大数据定义为：所涉及的资料量规模巨大到无法透过目前主流软件工具，在合理时间内达到撷取、管理、处理，并整理成为帮助企业经营决策更积极目的的资讯。目前，大数据主要在商业、医疗、金融、制造业具有较多的应用。随着建设工程项目体量扩张、工程技术复杂程度增加、建设参与方个数增加、建设全生命周期的延长，建设工程项目产生的数据量随之激增，大数据技术在建设工程领域的应用也逐渐增多。

2. 基于大数据技术的建筑业信息化应用

建立建筑业大数据应用框架，汇集从施工一线到整个建筑行业市场、企业、项目、从业人员的完整信息数据，可用于建筑全生命周期的管控、分析和决策。建筑业应充分利用大数据价值，其在行业政策制定、态势分析、市场行情动态把握、企业科学决策、投资分析及风险控制等方面均有参考意义。

基于大数据的项目成本分析与控制信息技术，是指通过建立大数据分析模型，充分利用项目成本管理信息系统积累的海量业务数据，按业务板块、地区、重大工程等维度进行分类、汇总，对"工、料、机"等核心成本要素进行分析，挖掘出关键成本管控指标并利用其进行成本控制，从而实现工程项目成本管理的过程管控和风险预警。

（1）项目成本管理信息化技术。项目成本管理信息化技术是指建设包含收入管理、成本管理、资金管理和报表分析等功能模块的项目成本管理信息系统。

（2）成本业务大数据分析技术。建立项目成本关键指标关联分析模型。实现对"工、料、机"等工程项目成本业务数据按业务板块、地理区域、组织架构和重大工程项目等分类的汇总和对比分析，找出工程项目成本管理的薄弱环节。实现对工程项目成本管理价格、数量、变更索赔等关键要素的趋势分析和预警。采用数据挖掘技术形成成本管理的"量、价、费"等关键指标，通过对关键指标的控制，实现成本的过程管控和风险预警。

15.3.4 区块链技术
1. 区块链技术的概念

区块链的出现始于2008年末一个自称为中本聪（Satoshi Nakamom）的人或者团体发表在比特币论坛的一篇论文（Bitcoin：A Peer-to-Peer Electronic Cash Systern）。比特币系统是第一个采用区块链技术作为底层技术构建的系统，是去中心化、去信任化、安全、可靠的电子现金系统。区块链技术是构建比特币系统的基础技术，区块链记录了所有元数据和加密交易信息，从而建立了一个完全通过点对点（P2P）技术实现的电子现金系统，此系统使在线支付的双方不用通过第三方金融机构就可以直接进行交易。

区块链技术是一项集成创新的技术，是将许多已有的跨领域学科整合到一起从而形成的一种技术，涉及数学、密码学、计算机科学等领域。麦肯锡在研究报告中指出，区块链技术是继蒸汽机、电力、信息和互联网科技之后，最有潜力触发第五轮颠覆性革命浪潮的核心技术。目前，区块链技术仍然处于萌芽期，特别是在学术方面的研究相对滞后。

区块链技术的核心优势是去中心化，其能够通过运用数据加密、时间戳、分布式共识和经济激励等手段，在节点无需互相信任的分布式系统中实现基于去中心化信用的点对点交易、协调与协作，从而为解决中心化机构普遍存在的高成本、低效率和数据存储不安全等问题提供解决方案。

2. 区块链技术的建筑业信息化应用

现阶段在我国建筑行业中，使用最多的操作模式为：业主同施工方签订总承包合同，由总包将各项专业工程下分至多个分包商，再由总包与分包签订相关合同。这样的工程总承包方式有利于业主管控施工成本、转移风险等，但在一定程度上却减少了业主对项目质量的控制，使业主与项目的最终成果中夹杂了很多人，降低了业主对项目最终成果的把控度。

基于区块链技术"去中心化""公开透明"等特点，可以实现基于区块链技术的合同管理，即使是总包点对点地与不同分包个体直接签订合同，但业主作为区块链中的一份子随时可以对整个工程"链条"中的任一分包商实施监控，强化了合同管理的过程。这样一来业主可利用智能合同来监管项目质量和风险，加大了业主在项目中的参与度，最大程度地避免了承包方非法转包、发包方拖欠工程款、建筑商偷工减料、采购方压价要回扣等影响工程质量的问题，使建筑中的每一细部都可在区块链中变成不可以更改但可以回溯的数据信息。

15.4 自动化和智能化技术

以机械代替人工，实现建筑施工自动化与智能化，是建筑施工领域的发展趋势。自1760年起，随着蒸汽动力的应用，人类进入了机械制造时代，这之后，人类便一直在自动化与智能化的道路上不断摸索与前进。近年来，随着大数据、云计算、物联网等技术的兴起与应用，建筑机器人、3D打印技术、机器视觉技术、数字孪生技术开始进入人们的视野，并被尝试应用于建筑施工领域。智能建造和智慧城市的概念应运而生，建筑业也正式迈向自动化和智能化时代。

15.4.1 3D打印技术

1. 3D打印技术的概念

3D打印技术（3D Printing）是以数字模型作为基础，将材料逐层累加来制造实体零件的技术。3D打印作为一种制造工艺主要涉及三个方面：材料（Material）、设备（Machine）、模型（Modeling），如图15-3所示。

2. 3D打印建筑工艺

目前应用在建筑领域的3D打印技术主要有三种：D型工艺（D-Shape）、轮廓工艺

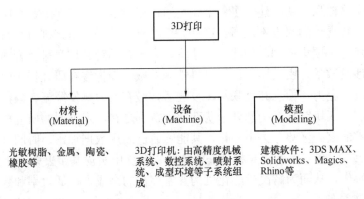

图 15-3 3D 打印技术

（Contour Crafting）和混凝土打印（Concrete Printing），如图 15-4 所示。

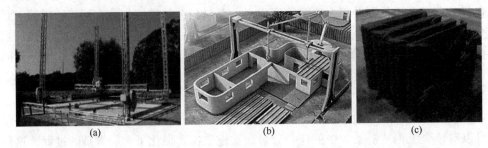

图 15-4 三种 3D 建筑打印工艺
(a) D 型工艺；(b) 轮廓工艺；(c) 混凝土打印工艺

（1）D 型工艺

"D 型工艺"由意大利发明家 Enrico Dini 发明，D 型工艺打印机的底部有数百个喷嘴，可喷射出镁质黏合物，在黏合物上喷撒砂子可逐渐铸成石质固体，通过一层层黏合物和砂子的结合，最终形成石质建筑物。

（2）轮廓工艺

"轮廓工艺"是由美国南加州大学工业与系统工程教授比洛克·霍什内维斯提出的。与 D 型工艺不同的是，轮廓工艺的材料都是从喷嘴中挤出的，喷嘴会根据设计图的指示，在指定地点挤出混凝土材料，就像在桌子上挤出一圈牙膏一样。然后，喷嘴两侧附带的刮铲会自动伸出，规整混凝土的形状。这样一层层的建筑材料砌上去就形成了外墙，再扣上屋顶，一座房子就建好了。

（3）混凝土打印工艺

"混凝土打印"由英国拉夫堡大学建筑工程学院提出，该技术与轮廓工艺相似，使用喷嘴挤压出混凝土，通过层叠法建造构件。该团队研发出一种适合 3D 打印的聚丙烯纤维混凝土，并测试了这种混凝土的密度、抗压和抗折强度、层间黏结强度等物理性质，证实该混凝土可以用于混凝土打印技术。目前，该团队已经用混凝土打印技术制造出了混凝土构件。

3. 3D 打印技术在建筑领域的应用

3D 打印作为数字建造领域的重要支撑技术，可以与多种信息化手段（BIM、CIM、云计算、大数据、物联网）结合，是发展装配式建筑、实现中国建筑产业现代化转型升级的重要手段。该技术可以实现建筑的个性化设计，在节约人力、工期和材料的同时，还能有效地增加节能效果。建筑 3D 打印可广泛应用于装配式建筑、复杂形体建筑体、可移动式建筑、环境景观小品的建造等，在市政工程、地下管廊工程、传统建筑和文化遗产保护修复等领域也有非常大的应用前景。

2014 年上海张江高新区青浦园展出了 10 栋 3D 打印的二层办公用房（图 15-5），仅花费 24h；2015 年初在苏州工业园区东方大道展出了 1 栋 1100m² 的别墅和 6 层住宅楼，墙体由 3D 打印而成。这两栋建筑使用 3D 打印技术节约了 30%～60% 的建筑材料，减少了建造过程中的能源消耗，还节省成本约 50%，并降低了生产时的噪声，保护环境，实现绿色化生产。2015 年 7 月，西安首栋 3D 打印别墅展出，两层高的精装别墅搭

图 15-5 国内首批 3D 打印房屋

建只花费了 3h。传统别墅修建需要半年，而 3D 打印模块组建别墅从生产到搭建仅需十几天，并能抵抗 9 级地震。

15.4.2 机器视觉技术

1. 机器视觉的基本概念

机器视觉是用计算机实现人的视觉功能——对客观世界三维场景进行感知、识别和理解，实现对数字图像的采集、处理、分析。相较于传感技术（如 RFID、GPS 和 UWB），机器视觉可以提供更加丰富的图像和视频信息，并且不需要佩戴传感器。20 世纪 60 年代，MIT 的 Roberts 教授将二维图像的统计模式识别扩展到以理解三维场景为目的的研究，标志着机器视觉（Machine Vision）的产生。20 世纪 70 年代，MIT 智能实验室的 David Marr 教授提出了由早期视觉处理直到最终进行 3D 描述的机器视觉三阶段理论框架。21 世纪以后，随着计算机科学的发展和数据采集设备分辨率的不断提高，机器视觉相关的三维重建和特征识别、点云的快速及精确处理等成为该领域研究的热点。

2. 机器视觉的主要理论算法

机器视觉的重要一步是目标物体检测，即从图像中识别出特定目标。目标检测的算法众多，主要可以分为两种：浅层次机器学习和深度学习。前者主要的算法有方向梯度直方图（HOG）、光流直方图（HOF）、支持向量机（SVM）、近邻分类等，但这些方法需要人工创建特征，这个过程较为耗时且难以兼顾检测精度和计算效率。此外，施工现场普遍存在的不确定性和不断变化的施工场景会影响图像的特征提取，例如视点方差、尺度方差、类内方差或背景杂波会导致物体检测精度降低。作为一种端到端学习方法，深度学习具有强大的特征表示能力和较高的学习精度，是目前建筑行业机器学习研究中的主流算法，如 SSD（Single Shot Multibox Detector）算法、YOLO（You Only Look Once）算法和 CNN（Convolutional Neural Networks）算法。其中，CNN 是深度学习算法的基本元素，包括多重卷积层、整流线性单元、池化层以及全连接层。CNN 的出现使机器视觉在目标检测中取得较大的提升。基于 CNN，各种算法也逐步被开发出来，如 RNN、Fast R-

CNN、Mask R-CNN 等。

3. 机器视觉技术在建筑领域的应用

建筑行业是高危行业之一，极易引发安全事故和人员伤亡。如何利用机器视觉实现施工过程的自动化安全监管，及时发现施工过程中的不安全行为或不安全状态，并及时反馈给管理人员是一大研究热点。

图 15-6　桥梁缺陷检测

随着摄像设备的发展和深度学习算法的成熟，机器视觉在建筑领域也被广泛应用，主要集中于施工过程中的安全监测、生产力分析以及大型基础设施（道路、桥梁、隧道等）缺陷检测（图 15-6），其中基于机器视觉的施工过程中的风险识别和监测是研究热点。传统施工依赖周期性的人工巡检，巡检过程耗时耗力且不能实现全天候的监控，而基于机器视觉的自动化监控能更好地强化安全管理。

15.4.3　建筑机器人

1. 建筑机器人的基本概念

随着人口红利的消失、建造技术的提升，中国建筑业面临着巨大的人工成本压力，以及现代建筑的高危性工作量增大、生产效率低下等一系列难题。从全球来看，建筑行业是世界上数字化程度最低、自动化程度最低的行业之一。在既有的现代化技术体系中，最有可能承担起建筑业革新重任的便是机器人技术。建筑机器人是自动执行工作的机器装置，它既可以接受人类指挥，又可以运行预先编排的程序，也可以根据以人工智能技术制定的原则纲领行动。

按施工过程分类，建筑机器人分为拆除机器人、建筑测绘机器人、挖掘机器人、预制板机器人、施工机器人、钢梁焊接机器人、钢丝机器人和碳纤维编织机器人、混凝土喷射机器人、装修机器人、地面铺设机器人、砌砖机器人（图 15-7）、清洗机器人、建筑服务机器人等；按建筑后期使用分类，建筑机器人分为安保机器人、物业管理服务机器人、清洁服务机器人、管家型服务机器人、智能建筑管理服务机器人等；按具体性能分类，建筑机器人分为坑道作业机器人、主体工程施工机器人和建筑检查机器人。

图 15-7　砌砖机器人

2. 建筑机器人带来的管理变革

机器人作为程序化设定的系统硬件，其拥有人类无法比拟的高强度、高效率、误差率小等优势，其无疑是人工智能发展的一个重要领域。但是如何正确地安排机器人到施工场地工作呢？这本身并不是技术问题，而是一个管理问题。原因是机器人的工作效率是额定的，不再是粗放式管理，而是完全可量化的精细化作业，这时对于每一道工序的准备工作，如需要什么样的作业环境、多少材料、多少配比、材料堆放位置、最优路径规划、配合工序的机器人和人工以及机器人本身的充电、施工参数都应是一键生成的，以此来保证机器人工作的顺畅进行。

目前乃至未来相当一段时间，建筑机器人都不会全部取代人工，在这个过渡时期，建筑机器人将会被作为劳务施工班组使用。运用网络计划技术进行建筑机器人和人工的综合调度，既可以解决工效计算问题，也可以将施工过程的颗粒度无限降低，合理化工艺、工序。结合建筑机器施工的工效、工作面需求以及人工配合需求等综合资源，形成人机协同调度管理机制，从而科学谋划每一个工艺、工序乃至每一个动作，实现机器人的合理调度。

15.4.4 数字孪生

1. 数字孪生的基本概念

数字孪生（Digital Twin），又称为DT，是指在虚拟世界中创建的关于物理世界中实物或系统的"高保真"数字化模型。这里的"高保真"并不一定指从内到外完全相同的复制，而是根据不同的目的，可以构建细节程度不同的模型，甚至是模型先于实体而存在。但这些模型具有与实际物体一致的功能，可以如实反映实际物体在环境改变时的变化，并能实现对实际物体的实时监测与操控。

2. 数字孪生的创建

数字孪生的创建主要包括两个步骤：数据采集和数据建模。

（1）数据采集

数据采集是利用包括卫星遥感、航空摄影测量、激光探测与测量（LiDAR）等在内的测量采集技术，对地表、地下或建筑物内等各种物理空间进行数据测量与收集。采集工具主要由传感器和搭载设备构成，其中传感器负责采集真实环境数据，类型有摄影、光谱、动力学传感器等。搭载设备则是负责承载传感器的工具。

（2）数据建模

传感器采集了大量的物理世界原始数据后，下一步就是利用数据分析算法进行后续处理，建立数字孪生。利用图像如照片、视频、LiDAR点云进行数据建模的方法主要包括摄影测量、同步定位和映射、对象识别和追踪等。摄影测量是从照片中获取测量结果并恢复点的确切坐标的科学。同步定位和映射是机器人领域中用于构建或更新未知环境地图，并跟踪终端在其中位置的方法。对象识别和追踪是基于计算机视觉和人工神经网络的技术，也是建筑工地上机器人应用的基石，其应用案例包括无人机的导航以及路线规划，机器人识别目标来获取将要拾取或移动物体的精确位置。在数字孪生中，对象识别和追踪可以更好地帮助人们规划无人机路线、实时预测控制任务、监控复杂的机械，也可用于预测施工现场施工人员和设备的位置。

3. 数字孪生在建筑施工中的应用

与计算机辅助设计（CAD）不同的是，数字孪生摆脱了 CAD 局限于计算机模拟环境的限制，且可以达到对不同组件间相互作用以及全生命周期的监测，这也是数字孪生成为工业 4.0 中一个重要概念的原因。尽管数字孪生仍处于概念阶段，但设想其在建筑施工中的应用会发现，数字孪生在建筑施工领域存在广阔的应用前景。

在建筑设计阶段，数字孪生先于建筑实体而存在，其作用主要是为设计师和工程师提供可视化模型和建筑仿真模拟。在施工阶段，数字孪生可以拓展到包括设备、人员、资源等在内的整个场地，它与物理实体同时存在，且具有实时的双向连接。数字孪生在这一阶段的应用可以延伸至包括智能施工、进度监控、质量管理、资源分配、人员设备管理、施工安全等众多方面。

15.4.5 智能建造和智慧城市

中国工程院院士丁烈云教授曾指出：智能建造是新一代信息技术与工程建造融合形成的工程建造创新模式，即利用以"三化"（数字化、网络化和智能化）和"三算"（算据、算力、算法）为特征的新一代信息技术，在实现工程建造要素资源数字化的基础上，通过规范化建模、网络化交互、可视化认知、高性能计算以及智能化决策支持，实现数字链驱动下的工程立项策划、规划设计、施（加）工生产、运维服务一体化集成与高效率协同，不断拓展工程建造价值链、改造产业结构形态，向用户交付以人为本、绿色可持续的智能化工程产品与服务。

智能建造是以土木工程为基础，以建造过程中所使用的材料、机械、设备的智能为前提，在建造的设计与仿真、构件加工生产、安装、测控、结构和人员的安全监测、建造环境感知中采用信息技术与先进建造技术的建造方式。其显著特点为：信息化设计、数字化生产、智慧化施工、全周期管理、大数据集成。所以，智能建造不仅是工程建造技术的变革创新，更将从产品形态、建造方式、经营理念、市场形态以及行业管理等方面重塑建筑业。

智慧城市是在城市化与信息化融合等背景下，围绕改善民生、增强企业竞争力、促进城市可持续发展等关注点，综合利用物联网、云计算等信息技术手段，结合城市现有信息化基础，融合先进的城市运营服务理念，建立广泛覆盖和深度互联的城市信息网络，对城市的资源、环境、基础设施、产业等多方面要素进行全面感知，并整合构建协同共享的城市信息平台，对信息进行智能处理利用，从而为城市运行和资源配置提供智能响应控制，为政府社会管理和公共服务提供智能决策依据及手段，为企业和个人提供智能信息资源及开放式信息应用平台的综合性区域信息化发展过程。智慧城市的内涵有三个重点，即有效的感知、便利协同和智能处理。

【复习思考题】

1. 建筑业信息化的内涵是什么？
2. 建筑业信息化标准应该包括哪几个方面的内容？
3. 请列举一些常用的 BIM 软件。
4. 物联网技术、数字孪生技术、信息物理系统技术之间的区别和联系是什么？
5. 你认为机器视觉技术的应用前景还有哪些？
6. 数字孪生的创建分哪几步？请尝试制作数字孪生的思维导图。

参 考 文 献

[1] 谢非. 风险管理原理与方法[M]. 重庆：重庆大学出版社，2013.
[2] 戚安邦. 项目风险管理[M]. 天津：南开大学出版社，2010.
[3] 张元萍. 风险投资与风险管理[M]. 北京：中国城市出版社，2004.
[4] 尹意敏，李璐，牛永宁. ALARP准则下建设项目经济风险评价标准研究[J]. 合作经济与科技，2019(4)：129-131.
[5] 孙星. 风险管理[M]. 北京：经济管理出版社，2007.
[6] Zhou H，Zhao Y，Shen Q，et al. Risk assessment and management via multi-source information fusion for undersea tunnel construction[J]. Automation in construction，2020，111(Mar.)：103050.1-103050.16.
[7] 闫晓荣. CM模式在我国公路工程项目管理中的应用[J]. 交通世界，2016(3)：104-105.
[8] 邓吉. 基于新制度组织理论的战略管理研究综述[J]. 中国商贸，2013(13)：171-173.
[9] 周红，成虎. 基于中国传统的项目管理研究[J]. 中国工程科学，2006(2)：85-89，94.
[10] 包隆桦. CM模式在园林工程中的应用[J]. 现代园艺，2018(10)：178.
[11] 蒋咏涛. 建设工程全过程咨询管理模式运用探究[J]. 建材与装饰，2020(8)：200-201.
[12] 陈莉平，王凤彬. 企业组织理论新发展[J]. 经济学动态，2005(2)：66-69.
[13] 卢晓涛，宋元涛. 全过程工程咨询管理模式探讨[J]. 建设监理，2018(9)：55-57.
[14] 武文霞，刘良山，曾群华. 西方企业组织理论及其发展动态[J]. 企业活力，2010(4)：79-83.
[15] 王辉. 基于BIM技术的隧道施工过程模拟[J]. 山西建筑，2020，46(1)：145-147.
[16] 柳尚. 基于数据挖掘的隧道施工全过程安全风险动态评估方法及工程应用[D]. 济南：山东大学，2018.
[17] 杨长城，王宁，余磊. 地铁施工动态安全风险管控信息系统的构建[J]. 安全与环境工程，2017，24(5)：115-119.
[18] 杨凯. 基于BIM技术工程项目4D进度优化研究[D]. 西安：西安工业大学，2017.
[19] 程雨婷，滕丽，喻钢，等. 基于BIM的市政工程施工进度管理研究[J]. 施工技术，2016，45(S1)：768-771.
[20] 徐梦杰. 基于BIM的施工进度管理研究[D]. 徐州：中国矿业大学，2016.
[21] 刘继龙. 基于BIM技术的工程项目进度管理研究[D]. 西安：西安工业大学，2016.
[22] 王婷，池文婷. BIM技术在4D施工进度模拟的应用探讨[J]. 图学学报，2015，36(2)：306-311.
[23] 刘荷花. 建筑工程造价的动态管理与控制[J]. 江西建材，2015(3)：258-259.
[24] 周鹏超. 基于4D—BIM技术的工程项目进度管理研究[D]. 赣州：江西理工大学，2015.
[25] 王国堂. 大数据环境下项目成本管理优化研究[J]. 经济论坛，2018(1)：111-114.
[26] 苏义坤，潘月. 基于知识管理的项目成本管理优化研究[J]. 建筑技术，2017，48(5)：484-488.
[27] 符涛. 建筑工程项目成本管控体系研究[D]. 郑州：郑州大学，2016.
[28] 李菲. BIM技术在工程造价管理中的应用研究[D]. 青岛：青岛理工大学，2014.
[29] 张春廷. 建设工程项目全过程跟踪审计研究[D]. 青岛：青岛理工大学，2014.
[30] 李郁楠. 建设项目工程造价控制的研究[D]. 大连：大连海事大学，2014.

[31] 祁超. 项目管理在高校科研项目管理中的应用研究[D]. 泉州：华侨大学，2014.

[32] 钱程. 基于BIM的工程项目精益成本控制研究[D]. 西安：西安建筑科技大学，2014.

[33] 张帆. 基于工程量清单计价模式下建设工程施工阶段的造价管理研究[D]. 青岛：青岛理工大学，2014.

[34] 褚彦秋. 工程造价管理信息系统的设计与实现[D]. 厦门：厦门大学，2014.

[35] 牛秀杰. 工民建施工现场管理质量控制要点[J]. 中外企业家，2020(6)：79.

[36] 张洋. 高速铁路施工项目全面质量管理的对策研究[J]. 智能城市，2019，5(24)：74-75.

[37] 刘敬敏，黄宝添，秦康，等. BIM技术在装配式混凝土框架结构项目施工质量管理中的应用[J]. 建筑施工，2019，41(12)：2257-2259.

[38] 石超. 浅谈加强建筑工程项目质量控制的有效措施[J]. 大陆桥视野，2019(8)：58-59.

[39] 宁羡连. 浅论土木工程中建筑工程项目质量控制[J]. 建材与装饰，2019(21)：43-44.

[40] 李俊龙. YL工程项目的质量管理研究[D]. 成都：电子科技大学，2019.

[41] 韩佳育，张新天，李博，等. 中外公路工程质量管理模式比较分析[J]. 山西建筑，2018，44(8)：239-240.

[42] 杨成赫，叶建，徐弘扬. 基于机器视觉的机械产品在线装配质量控制系统[J]. 计算机系统应用，2017，26(6)：88-92.

[43] 毕文辉，张宏宇. 应用智能环境监测微系统提升装备质量管理安全性[J]. 仪器仪表与分析监测，2016(3)：34-37.

[44] 周福新，黄莹，李清立. 基于流程化视角的建筑工程项目质量管理研究[J]. 工程管理学报，2016，30(1)：98-102.

[45] 佟磊. 房屋建筑工程施工质量管理的研究[D]. 长春：吉林大学，2015.

[46] 王峰娟. 公路工程沥青路面施工技术与质量控制策略[J]. 交通标准化，2014，42(8)：39-41.

[47] 张燕芳. 建筑工程施工质量管理的研究与实践[D]. 广州：华南理工大学，2013.

[48] 陈立. Y供电局计量自动化系统建设项目质量管理研究[D]. 广州：华南理工大学，2012.

[49] 毕明军. 大型建筑企业海外项目供应链融资相关问题探究[J]. 中国集体经济，2015(25)：82-83.

[50] 周晓红. 供应链融资在建筑类核心企业工程项目中的具体应用[J]. 财会学习，2019(11)：212.

[51] 李君辉. 供应链融资在建筑施工企业中的实践[J]. 财会学习，2017(10)：208，216.

[52] 王扬晨. 供应链融资在建筑施工企业中应用的研究[D]. 南昌：华东交通大学，2014.

[53] 戴毅. 建筑施工企业供应链融资管理分析[J]. 会计师，2018(18)：39-40.

[54] 郭辉明. 建筑施工企业应用供应链融资模式问题浅析[J]. 商，2016(25)：163，156.

[55] 姚颢. EPC、DB、EPCM、PMC四种典型总承包管理模式的介绍和比较[J]. 中国水运(下半月)，2012，12(10)：106-108，110.

[56] 王灏. PPP的定义和分类研究[J]. 都市快轨交通，2004(5)：23-27.

[57] 刘薇. PPP模式理论阐释及其现实例证[J]. 改革，2015(1)：78-89.

[58] 陈凭. 工程项目管理(PM)模式及其应用研究[D]. 成都：西南财经大学，2008.

[59] 王建廷，王振坡. 建设工程项目管理及工程经济[M]. 重庆：重庆大学出版社，2012.

[60] 刘春斌. A施工项目中HSE管理体系优化研究[D]. 南昌：南昌大学，2018.

[61] 孙旭. BJXS公司HSE管理优化研究[D]. 北京：中国石油大学，2018.

[62] 许彤. CPI电力企业安健环(HSE)管理诊断与改进研究[D]. 南宁：广西大学，2019.

[63] 陈磊. CQ钻井总公司HSE管理绩效评价研究[D]. 西安：西安石油大学，2019.

[64] 韩国波. 建设工程项目管理[M]. 重庆：重庆大学出版社，2011.

[65] 戴忠. HSE管理体系中的环境保护[J]. 环境保护，2000(10)：12-13.

[66] 邱雅梦. HSE管理在石油企业中的应用与改进[D]. 深圳：深圳大学，2018.

[67] 郭倩. HSE体系在长庆油田水电厂安全管理中的应用研究[D]. 西安：西安科技大学，2018.
[68] 王芳，范建洲. 工程项目管理[M]. 北京：科学出版社，2007.
[69] 任宏，张巍. 工程项目管理[M]. 北京：高等教育出版社，2005.
[70] 王佳杰. 北京道路改建项目全过程环境管理优化对策研究[D]. 北京：北京建筑大学，2020.
[71] 王玮. 房地产开发项目环境影响分析[J]. 山西科技，2020，35(5)：105-107，110.
[72] 于娟. 港口建设项目环境影响分析与评价[D]. 天津：天津大学，2017.
[73] 李燕龙. 工程项目环境影响综合评估研究[D]. 天津：天津大学，2012.
[74] 代红凤. 公路建设对环境的影响及对策分析[J]. 工程建设与设计，2018(17)：151-153.
[75] 黄卉. 广西田乐公路工程项目全过程环境管理优化研究[D]. 南宁：广西大学，2018.
[76] 曹蓓蓓. 国际工程项目HSE管理体系研究[D]. 北京：华北电力大学，2015.
[77] 王尊豫. 华油科技园HSE管理体系实施研究[D]. 北京：中国地质大学，2018.
[78] 陈有均. AF项目执行过程中的沟通管理研究[D]. 成都：电子科技大学，2012.
[79] 王媛. A公司跨文化管理沟通中存在的问题及对策研究[D]. 济南：山东财经大学，2017.
[80] 李哲. CZ片区美丽乡村基础设施建设项目沟通管理研究[D]. 济南：山东大学，2019.
[81] 范宝琦. C区教委安装新风系统项目沟通管理研究[D]. 北京：北京工业大学，2019.
[82] 林艳红. F集团越南子公司跨文化沟通管理研究[D]. 南宁：广西大学，2018.
[83] 吴霞. JZ公司巴基斯坦合作项目中的跨文化沟通管理[D]. 成都：电子科技大学，2013.
[84] 田宏杰. M公司中印项目沟通管理问题与对策研究[D]. 南宁：广西大学，2019.
[85] 吴雪媛. N单位对外服务项目沟通管理研究[D]. 北京：北京邮电大学，2019.
[86] 李丹. T高校科研项目团队沟通管理研究[D]. 北京：北京邮电大学，2019.
[87] 王清勤，叶凌.《绿色建筑评价标准》GB/T 50378—2019的编制概况、总则和基本规定[J]. 建设科技，2019(20)：31-34.
[88] 刘金健，许号琪. BIM技术在绿色建筑全寿命周期内的应用分析[J]. 中国管理信息化，2019，22(20)：154-155.
[89] 段培培，刘春花，王玲玲. BIM技术在绿色建筑中的应用[J]. 建材与装饰，2019(5)：19-20.
[90] 万圆. BIM技术在绿色建筑中的应用研究[J]. 智能建筑与智慧城市，2019(6)：40-42，45.
[91] 丁颖. 高层新型工业化住宅设计与建造模式研究[D]. 南京：东南大学，2018.
[92] 陈尧东. 从预制建筑结构体系的应用浅析中国住宅工业化的发展[J]. 住宅科技，2015，35(12)：30-32.
[93] 陈海涛. 住宅工业化环境下结构标准化设计的实现思路解读[J]. 住宅与房地产，2015(22)：6.
[94] 孙炯，杨正清，苏峥嵘，等. 业主视角下的全生命周期精益建造理论研究——以安谷水电站项目为例[J]. 项目管理技术，2015，13(8)：98-102.
[95] 陈一平，王胜，黄晋，等. 业主视角下重大水利工程生态环境精益管理模式研究[J]. 项目管理技术，2015，13(8)：120-123.
[96] 卢尚煜，牛思琦. 中国住宅工业化集成技术推广对策[J]. 辽宁经济，2015(7)：32-33.
[97] 覃爱民，夏松，杨波. 融合精益建造提高建筑施工管理水平[J]. 湖北科技学院学报，2015，35(3)：17-19.
[98] 陈礼靖，佘健俊，李梅. 基于AHP-GRAP模型的建筑业企业精益建造能力评价研究[J]. 施工技术，2015，44(6)：67-70.
[99] Sampson I U，Mohamad S F．Recent Technologies in Construction：A Novel Search for Total Cost Management of Construction Projects[C]// Sustainable and Integrated Engineering International Conference 2019 (SIE 2019)．2019．
[100] 卢有杰. 中国营造管理史话[M]. 北京：中国建筑工业出版社，2018.

[101] 徐长山. 工程十论[M]. 成都：西南交通大学出版社，2010.

[102] 殷瑞珏，汪应络，李伯聪. 工程哲学[M]. 北京：高等教育出版社，2018.

[103] 丁长青. 工程哲学视阈下的中国水利科学发展观探要[J]. 河海大学学报：哲学社会科学版，2010(3)：42-46.

[104] 保罗·K·盖勒特，芭芭拉·D·林奇，张大川. 引发迁移的大型工程项目[J]. 国际社会科学杂志：中文版，2004，21(1)：15-26.

[105] 余道游. 工程哲学的兴起及当前发展[J]. 哲学动态，2005(9)：71-75.

[106] 王远旭，别毕荣. 美国工程师培养中的高校工程伦理教育[J]. 高教发展与评估，2020，36(6)：107-116，122.

[107] 何继善，王进，喻珍. 工程和谐与工程创新的互动关系研究[J]. 中国工程科学，2008，10(12)：4-9.